生态经济评论

Ecological Economic Review （第九辑）

伍国勇 主编

中国社会科学出版社

图书在版编目(CIP)数据

生态经济评论. 第九辑 / 伍国勇主编. —北京：中国社会科学出版社，2019.9

ISBN 978-7-5203-5078-5

Ⅰ.①生… Ⅱ.①伍… Ⅲ.①生态经济—文集 Ⅳ.①F062.2-53

中国版本图书馆 CIP 数据核字(2019)第 194223 号

出 版 人	赵剑英
责任编辑	王莎莎　刘亚楠
责任校对	张爱华
责任印制	张雪娇
出　　版	中国社会科学出版社
社　　址	北京鼓楼西大街甲 158 号
邮　　编	100720
网　　址	http://www.csspw.cn
发 行 部	010-84083685
门 市 部	010-84029450
经　　销	新华书店及其他书店
印刷装订	北京市十月印刷有限公司
版　　次	2019 年 9 月第 1 版
印　　次	2019 年 9 月第 1 次印刷
开　　本	710×1000　1/16
印　　张	21
插　　页	2
字　　数	343 千字
定　　价	119.00 元

凡购买中国社会科学出版社图书,如有质量问题请与本社营销中心联系调换
电话:010-84083683
版权所有　侵权必究

编委会主任 王红蕾
主　　　编 伍国勇
执 行 主 编 李文钢
编委会成员（按姓名汉语拼音顺序排列）
　　　　　　　白志红　　崔明昆　　段豫川　　洪名勇
　　　　　　　马翀炜　　潘天舒　　赵旭东　　张应强

目　录

社会治理研究

人情消费对农户平均消费倾向的影响 …………………… 方帅（3）

产权边界：乡村社会秩序建构的中国实践
　　——兼谈当下宅基地确权中的边界权属问题 …………… 刘长勇（18）

公事公谈：传统乡村社会协商治理的实践过程
　　——以江西省鄱阳县桃溪村"谈公事"为例 …………… 谭文平（30）

三权分置背景下土地流转合作社的服务模式及其问题优化
　　——以新农邦合作社为例 ………… 朱兴涛　张传运　丁智慧（45）

社会发展研究

乡村振兴的两种时态：两岸农业文化保护与发展之比较
　　——以重庆渝东南地区与台湾地区台东县为对象 ………… 王剑（65）

乡村振兴、社会变迁与民族文化
　　——以淇江河畔布依族村寨为例 …………………… 韦玮（93）

市场化背景下的乡村公共资源管理困局及冲突调节
　　——广西 M 村采砂事件的人类学分析 ………………… 朱倩（104）

游离于个体与组织之间
　　——滇西农村微商生存策略调查 ……………………… 杨开院（127）

社会实践论：研究中国绿色住宿消费的新视角 ………… 刘齐（150）

民族学与人类学研究

神话的"谜思":二律背反与"触及岩石"
　　——兼谈列维-斯特劳斯《阿斯迪瓦尔的武功歌》……… 刘明（167）
传统民俗现代转型的成效研究:以佤族新米节为例 ……… 陈明君（181）
人类学视野下贵阳市非遗展示中心建设的可行性分析 …… 陶金华（198）
社会和生态环境共同塑造文化价值观
　　——结合作物种植史和移民史对稻米理论
　　　的质疑 ………………… 乔艳阳　张积家　彭申立　张洁（220）
文化对人与自然关系的调适
　　——兼论西南少数民族原初文化的生态价值 ………… 顾久（234）
汉族地区乡村人类学研究反观与反思（1877—1980）……… 郑进（252）
全球环境污染和变暖背景下传统村落复兴的
　　意义 ……………………………………………………… 倪盛俭（262）

发展研究专题书评

农民家庭经济态度变迁下的经济行为改变
　　——评《小农理性及其变迁——中国农民家庭经济行为
　　　研究》…………………………………………………… 于福波（277）
中国小农家庭的未来:兴起抑或衰微?
　　——兼评《发展型小农家庭的兴起》 ………… 程军　刘玉珍（288）
国家形式转变与发展的"经济化"
　　——兼评《发展的迷思:一个西方信仰的历史》 ……… 李文钢（303）
"三农"政策需要体现利益包容
　　——对龚春明和梁振华商榷文的思考与回应 ………… 宁夏（319）

社会治理研究

人情消费对农户平均消费倾向的影响[*]

方帅[**]

内容提要：基于全国3000多名农民连续3年的调研数据，研究2015—2017年农村地区人情消费的基本趋势及其对农户平均消费倾向的影响。研究发现：当前农村地区的人情消费绝对值逐年增加，但人情消费占家庭总消费的比重稳中有降；超半数农民表示存在人情消费压力；人情消费与农村家庭平均消费倾向呈正相关，相关系数为0.754，即农户的人情消费愈高，其平均消费率就会愈高，而农户的人情消费占家庭总消费比重与平均消费倾向呈负相关，相关系数为-4.665，这就表明当人情消费占家庭总消费的比重超过适度范围时，则会对家庭平均消费产生挤出效应。

关键词：人情消费；农村消费；平均消费倾向

一　问题提出

一直以来，中国乡土社会是一个人情社会，人情在中国人的人际交往中发挥着极为重要的作用。学界对"人情"亦做过诸多界定。费孝通先生曾对此打了一个十分形象的比喻："以'己'为中心，像石子一般投入水中，和别人所联系成的社会关系，不像团体中的分子一般大家立在一个

---

[*] 基金项目：教育部人文社会科学研究青年基金项目"乡规民约与农村基层治理法治化的对接机制研究"（16YJC810011）；华中师范大学研究生创新资助项目。

[**] 作者简介：方帅（1992—），男，汉族，华中师范大学中国农村研究院博士生，主要研究方向为基层治理与农村问题。

平面上,而是像水的波纹一般,一圈圈推出去,愈推愈远,也愈推愈薄。"①李伟民认为,人情是中国人和他人建立关系并进行交往的主要准则,其决定了彼此交往互动时所表现出的互惠互利的社会性交换行为以及在人际交往活动中的关系取向。②孙春晨则将人情提炼出三层含义:"一是为增进情感和友谊,人与人在交往中实施的相互性应酬和馈赠行为;二是被大众所认同的、似乎是不言自明的日常交往行为准则;三是情面和恩惠。"③翟学伟对此做了进一步拓展,他指出,中国人际关系的本土概念是:人缘、人情和人伦。其中,人情是其基本样式,决定了中国人际关系是包含血缘关系和伦理思想而延伸的人际交换行为。④尽管学者们对人情的理解不尽相同,但基本达成一个共识,即"在中国'人情'既是一种社会情感,也是一种可以用于人际交换的资源,是彼此人际互动的纽带和准则"⑤。

人情具有伸缩性,人情往来具有回报性。⑥在诸多人情交往的基础上,生发出了具有中国本土特色的人情消费行为。人情消费是指"在与自己关系紧密的他人遇到人生重大事项时,为表达祝贺或同情等心意,以实物或金钱的形式对他人进行的馈赠,其目的是为了在自己所生活的社会关系网中获得所需要的社会支持和社会文化心理上的满足"⑦。而这样的人情消费大多与身份礼仪相关,主要包括婚丧嫁娶、生儿育女和子女升学等。⑧一般而言,弗洛姆认为"消费行为应该是具体的、有创造性的幸福体验"⑨。但在中国,因受到市场经济的冲击,同时又伴随着农村社会的

---

① 费孝通:《乡土中国》,人民出版社2008年版,第30页。
② 李伟民:《论人情——关于中国人社会交往的分析和探讨》,《中山大学学报》(社会科学版)1996年第2期。
③ 孙春晨:《"人情"伦理与市场经济秩序》,《道德与文明》1999年第1期。
④ 翟学伟:《中国人际关系的特质——本土的概念及其模式》,《社会学研究》1993年第4期。
⑤ 朱晓莹:《"人情"的泛化及其负功能——对苏北一农户人情消费的个案分析》,《社会》2003年第9期。
⑥ 金晓彤、陈艺妮:《关于中国本土化人情研究的述评》,《理论学刊》2008年第9期。
⑦ 刘艺:《论农村人情消费》,《湖南社会科学》2008年第5期。
⑧ 陈浩天:《城乡人口流动背景下农村地区人情消费的行为逻辑——基于河南省10村334个农户的实证分析》,《财经问题研究》2011年第7期。
⑨ 晁钟丹、牛余凤:《弗洛姆消费异化理论视域下的大学生消费异化问题探析》,《济宁学院学报》2016年第4期。

城镇化转型,我国农村地区的人情消费出现了异化现象。贺雪峰指出,农民收入中几乎有1/3用于人情支出。[①] 卢飞在恩施州调研"整酒风"现象时发现,"每户除婚丧嫁娶外,每年还要吃'无事酒'。送礼支出最低约在3000元,最高可达上万元,约占家庭总支出的60%"[②]。于洪彦等人对吉林省农村调研时发现,"一般家庭的人情往来支出为每年1000—2000元,占年净收入的20%。有32.4%家庭表示人情支出压力较大,有57.5%的家庭表示有一些压力"[③]。面对人情消费异化现象,学界对此也展开了深入探讨,研究成果颇为丰富。

例如,通过对人情消费的消费域研究可知,人情礼可分为两类:节日礼仪与身份礼仪[④];对人情消费泛滥的原因研究,可知人情消费泛滥有三方面原因,即文化的无意识、社会关系的折射,以及人情消费可帮助获得社会支持[⑤];对城乡人情消费对比研究可知,相对于城市而言,农村家庭人情消费要高,且家庭经济地位的自我感知和家庭收入对家庭人情消费具有正面影响[⑥];对农村居民人情消费影响因素研究可知,家庭类型、家庭总收入和受教育程度与人情消费正相关[⑦]。社会网络的普遍扩大加重了农民的人情负担,且在很大程度上工具主义对人情交换的渗透助长了人情之风。[⑧] 而对交易费用与农村人情消费研究,通过借助交易费用理论可知,从非正式制度视角去解释农村人情消费这一带有普遍性的现象[⑨];对人情

[①] 贺雪峰:《论熟人社会的人情》,《南京师大学报》(社会科学版)2011年第4期。

[②] 卢飞:《农村熟人社会人情异化及其治理——基于恩施州"整酒风"的考察》,《湖南农业大学学报》(社会科学版)2017年第4期。

[③] 于洪彦、刘金星、张浩宇:《农村居民消费行为分析:基于吉林省农村的调查研究》,《调研世界》2009年第9期。

[④] 吴林婧、刘澈元:《泛北部湾中国农村人情礼影响因素的经济学研究——基于广西荔浦、全州两县303个农户的实证分析》,《开发研究》2013年第6期。

[⑤] 李晓青:《社会文化视野下的农村人情消费》,《理论视野》2012年第2期。

[⑥] 赖凯声、孙晓冬:《中国城乡家庭人情消费及其影响因素研究——基于CGSS2010数据的实证分析》,《消费经济》2016年第5期。

[⑦] 吉宇琴、付裕、张钰、姜会明:《吉林省农村居民人情消费行为影响因素分析》,《农业经济》2017年第8期。

[⑧] 胡杰成:《理性或非理性——试析目前农民人情消费之风》,《调研世界》2004年第12期。

[⑨] 田学斌、闫真:《农村人情消费中的非正式制度:一个交易费用理论框架》,《消费经济》2011年第3期。

消费与村庄治理研究可知，春节期间的人情消费会在心理与物质上加重农民工的负担，进而削弱农民工对家乡的认同[①]；对人情消费与农民生活水平研究可知，农村居民的消费情况影响着农民的生活水平，而农民的人情消费一直以来又都占据着农民家庭消费支出的重要位置[②]；对人情消费与家庭负担研究可知，人情支出与生活满意度和主观幸福感之间呈正相关；部分居民表示人情支出已经造成了家庭的负担并呈现出较低的生活满意度与主观幸福感[③]；对人情消费与权力运作研究可知，作为一种非正式礼仪性行为，人情消费是构成中国社会交往的最重要社会事实，影响着社会结构要素与多元文化规则[④]；对人情消费与社会地位研究可知，人情支出具有地位商品属性，我国农民人情支出行为表现出显著的地位攀比特征。[⑤]

这些研究在很大程度上引导人们要进行合理的人情消费。但遗憾的是，以往的这些研究主要集中在特定横截面数据的分析上，而缺少历时性的比较分析。同时，既有研究并未将人情消费放在新时代背景下进行考察，尤其是未将其放入乡村振兴战略中"乡风文明"这一要求下研究，缺少时代回应。再者，当下对人情消费的研究多是将人情消费作为因变量考察人情消费的影响因素，而只有少数学者将人情消费作为自变量，考察其对其他因变量的影响，如曾起艳等研究过人情消费对居民幸福感的影响。[⑥] 但不得不承认的是，鲜有学者研究过人情支出与农户家庭平均消费倾向之间的关系。而从实际情况看，在人情消费异化的今天，考察人情消费对农民家庭正常消费倾向的影响具有十分重要的现实价值。

[①] 何永松：《农民工春节"归家族"人情负担及其治理——基于西安Y县的调查》，《湖南农业大学学报》（社会科学版）2014年第1期。

[②] 付裕、冯婉蓉、孙榕、吉宇琴：《吉林省农村居民人情消费调查分析》，《中国农业信息》2017年第8期。

[③] 邹宇春、茅倬彦：《人情支出是家庭负担吗——中国城镇居民的人情支出变化趋势与负担假说》，《华中科技大学学报》（社会科学版）2018年第3期。

[④] 张金荣、郑琳：《人情消费：一种权力传递和再生产的运作方式》，《经济与管理》2016年第2期。

[⑤] 闫新华、杭斌、修磊：《中国农户的人情支出行为——基于地位寻求模型的实证分析》，《消费经济》2016年第1期。

[⑥] 曾起艳、孙凯、曾寅初：《人情消费能使我们幸福吗？》，《消费经济》2017年第2期。

基于此，本文拟在分析近3年我国农村地区人情消费基本趋势的基础上，深入剖析人情消费对农户平均消费倾向的影响。本文所使用的数据来源于华中师范大学中国农村研究院"百村观察"项目组2015—2017年对全国31个省、市和自治区农村村民的调查数据（详见表1）。2015年有效农民样本为4062个，2016年有效农民样本数为3819个，2017年有效农民样本数为3844个。

表1　　　　　　　　样本农民的背景特征　　　　　　（单位:%；个）

指标	选项	2015年 特征值	2015年 有效样本	2016年 特征值	2016年 有效样本	2017年 特征值	2017年 有效样本
地区分组	东部	32.4	1308	32.1	1227	26.12	1004
	中部	40.6	1637	41.5	1586	46.41	1784
	西部	27.0	1091	26.3	1006	27.47	1056
	南部	56.0	2259	57.0	2176	56.2	2161
	北部	44.0	1777	43.0	1643	43.8	1683
性别	男	75.1	3047	76.3	2909	73.05	2808
	女	24.9	1012	23.7	904	26.95	1036
年龄分组	30岁以下	2.0	81	0.8	32	1.27	49
	30—39岁	7.1	287	5.9	225	5.59	215
	40—49岁	24.4	991	22.5	860	20.06	771
	50—59岁	30.9	1253	31.6	1205	31.76	1221
	60岁及以上	35.6	1447	39.2	1495	41.31	1588
民族	汉族	86.1	3497	87.1	3324	86.29	3317
	少数民族	13.9	565	12.9	493	13.71	527
政治面貌	党员	23.2	942	24.8	945	23.39	897
	非党员	76.8	3114	75.2	2866	76.61	2938
婚姻状况	已婚	90.3	3666	90.9	3469	89.78	3451
	其他	9.7	396	9.1	346	10.22	393
健康状况	是	81.0	3292	92.1	3508	91.8	3519
	否	19.0	770	7.9	300	8.2	316

续表

指标	选项	2015 年		2016 年		2017 年	
		特征值	有效样本	特征值	有效样本	特征值	有效样本
学历分组	文盲	9.3	379	8.3	315	9.11	350
	小学	34.4	1394	35.7	1362	36.72	1410
	初中	38.0	1542	38.6	1473	38.80	1490
	高中	14.6	591	14.4	550	12.92	496
	大专及以上	3.7	152	3.0	115	2.45	94

二 农村地区人情消费的描述性分析

对人情消费的已有研究主要集中在讨论人情消费的支出领域和消费种类、消费规模和方式、消费动机与心理等。[①] 本文将主要从 3 个方面对 2015—2017 年农村地区的人情消费进行描述性分析：一是近 3 年人情消费的总体趋势；二是基于身份礼仪基础上不同人情内容的历时性消费比较；三是农民对人情消费的历时性压力感知。

（一）人情消费的总体趋势

对农村人情消费总体趋势的考察分 3 个层次展开：

第一，家庭人情消费的均值比较。由表 2 可知，从全国样本看，受访农民所在家庭的人情消费均值自 2015—2017 年逐年递增。2015 年全国家庭人情消费均值为 4869.71 元，而 2016 年和 2017 年数据显示分别增加 400 多元、500 多元。从横向地区结构看，农村地区人情消费均值自东向西递减，且这一状况在 3 年内未发生变化；从南北差异看，近 3 年来，我国南方农村地区的家庭人情消费平均金额一直高于北方农村地区。

---

① 杨潇、金晓彤：《发展型消费的影响因素：基于新生代农民工与同龄城市青年的比较研究》，《农业技术经济》2016 年第 5 期。

表2　　　　　近三年不同农村地区家庭人情消费及其占比　　　（单位：元,%）

地区分组	2015年 均值	占总收入比重	占总消费比重	2016年 均值	占总收入比重	占总消费比重	2017年 均值	占总收入比重	占总消费比重
东部	5376.63	11.94	13.94	6076.93	15.83	15.78	5898.29	12.25	14.77
中部	4638.64	13.15	18.22	5151.09	17.34	19.15	5086.13	17.53	17.41
西部	4614.04	15.85	16.24	4603.27	16.38	16.23	5393.87	17.64	16.87
南方	5732.54	14.83	17.38	6089.99	17.34	18.53	6239.22	17.31	17.29
北方	3787.63	11.82	14.93	4215.78	15.61	15.62	4238.88	14.85	15.68
全国	4869.71	13.49	16.29	5297.47	16.61	17.30	5376.91	16.25	16.60

第二，家庭人情消费占家庭年收入的比重。从全国来看，2015—2017年这一比重的占比分别为13.49%、16.61%和16.25%。这就说明，近两年我国农村地区家庭人情消费占家庭年收入的比重较2015年有明显增加，约高出3个百分点。但从地区结构看，不难发现，整体来看，2015—2017年东部农村地区的家庭人情消费占家庭年收入比重较中西部地区要低，且2017年东部农村地区这一比重较2016年有明显回落；而中西部农村地区这一比重在3年里持续走高。

2015—2017 年，东部占比分别为 11.94%、15.83% 和 12.25%。农村地区的家庭人情消费占家庭年收入比重较中西部地区要低，且 2017 年东部农村地区这一比重较 2016 年有明显回落；而中西部农村地区这一比重在三年里持续走高，且在 2017 年较为平稳，未有回落迹象，这可能与各地区推行"移风易俗"的政策紧密相关。笔者曾在山东省东平县对移风易俗进行过专门调研，发现当地针对乡风文明的改革力度之深、成效之大。从南北差异看，3 年来，北方农村地区的家庭人情消费所占比重较南方要低，且呈现出历时性的回落趋势。这可能与南方地区的传统文化有关，要想改变这一现状则需要时间。

第三，家庭人情消费占家庭总消费的比重。尽管人情支出的绝对数在逐年增加，但是其在家庭总消费中的比例未随之显著提高[1]，这与邹宇春和茅倬彦的发现基本一致。同时，"由于人情支出绝对值和其在家庭总收入中的占比均有提高，说明我国农村居民家庭收入的增长和日常消费支出的增长并不同步，即家庭年收入的增速要低于人情支出的增速"[2]。具体来看，2015—2017 年全国家庭人情消费支出占总消费支出的比重依次为 16.29%、17.30% 和 16.60%。从东中西差异看，中部农村地区的占比要高于东、西部农村地区，但从趋势看，东部农村地区这一比重相对稳定，中部农村地区这一比重有所降低，西部农村地区则相对平稳。从南北差异看，南方农村地区的这一占比高于北方农村地区，但从趋势看，二者变化差异不大。

（二）不同人情内容的历时性消费比较

本文对人情内容的分类主要借鉴吴林婧、刘澈元及陈浩天等学者的划分标准，具体来说有四项：嫁娶支出、丧葬支出、升学支出和生子支出。同时，结合费孝通先生提出的"差序格局"概念，对各支出进行"至亲"和"一般"的亲疏关系区分（详见表3）。

---

[1] 邹宇春、茅倬彦：《人情支出是家庭负担吗——中国城镇居民的人情支出变化趋势与负担假说》，《华中科技大学学报》（社会科学版）2018 年第 3 期。

[2] 同上。

表3　　　　　近三年不同农村地区不同人情内容的消费　　　　（单位：元）

年份	地区分组	嫁娶 至亲	嫁娶 一般	丧葬 至亲	丧葬 一般	升学 至亲	升学 一般	生子 至亲	生子 一般
2015	东部	965.26	290.19	535.27	171.15	416.61	139.34	558.78	185.93
	中部	809.06	189.43	487.18	135.51	397.99	111.99	510.27	132.90
	西部	692.29	210.59	529.24	154.48	292.18	86.66	334.72	108.77
	南方	955.13	258.37	614.53	185.24	444.11	138.28	549.53	168.12
	北方	674.29	190.91	389.16	111.08	294.46	85.17	397.94	114.75
	全国	829.49	228.39	514.25	152.42	377.11	114.72	481.55	144.43
2016	东部	1158.08	262.59	643.51	200.38	621.73	200.94	710.47	209.18
	中部	682.37	170.66	642.18	157.05	481.55	147.65	501.47	156.33
	西部	738.34	162.82	452.94	128.35	431.18	135.42	473.01	147.71
	南方	994.61	226.11	750.89	190.59	595.31	183.46	654.18	198.55
	北方	657.79	159.31	395.81	124.09	378.21	122.51	451.62	137.69
	全国	847.90	196.93	590.83	161.26	506.72	158.85	559.51	170.31
2017	东部	930.73	297.36	661.61	216.68	631.30	248.79	609.63	220.67
	中部	766.80	183.55	549.42	147.77	541.22	174.24	573.75	166.23
	西部	715.29	161.29	513.17	141.69	570.18	159.20	511.30	151.32
	南方	939.65	239.69	663.71	195.03	642.38	212.94	650.94	204.16
	北方	606.85	160.18	463.18	123.04	503.53	158.70	479.88	144.35
	全国	793.06	204.62	564.01	160.62	570.49	186.27	567.07	175.45

首先，从横向的内容对比可以发现，嫁娶支出是农村地区人情消费的首要内容，接着是丧葬，升学与生子排在第三位。其次，人情消费在中国农村呈现出显著的亲疏差异，最低相差200多元，如2015年全国数据显示，农民在升学的人情支出上"至亲"与"一般"相差262.39元；最高相差800多元，如2016年农民在嫁娶的人情支出上"至亲"与"一般"相差650.97元。再次，从历时性比较可以发现，以"嫁娶"为人情项目的支出金额自2015—2017年有所回落。数据显示，2015年至亲农户关系间的嫁娶支出均值为829.49元，2017年则降为793.06元，这可能与各地倡导红白喜事不宜大操大办有关。最后，从地区间差异分析可知，总体而言，东部农村地区的家庭在不同人情内容上的消费金额绝对值均要高出中西部地区，且南方农村地区在这一方面要高于北方地区，这可能是由地区间经济发展不充分、不平衡所致。

（三）人情消费的历时性压力感知

通过考察农民对人情消费的压力感知发现，2015年全国农民表示人情消费压力"非常大"和"比较大"的累计占比为52.2%，2016年和2017年则均为51.7%。这一数据反映出两个方面的现状：一是当前一半以上的农民有着较大的人情消费压力；二是近3年来我国农村地区的人情消费压力并未明显减缓（详见表4）。

从横向地区差异看，在2015—2016年，中部农村地区（2015：54.1%；2016：54.9%）人情消费压力"非常大"和"比较大"的累计占比相对于东部（2015：50.8%；2016：45.7%）和西部（2015：51%；2016：53.8%）农村地区农民而言更大。但2017年情况发生了变化，西部地区农民的人情消费压力相对更大。从纵向地区差异看，2015—2017年南方地区农民表示人情压力比较大占比分别为52.7%、51.8%和49.8%，而北方地区农民比较大占比依次为51.6%、51.6%和54.1%，表明南北地区农民的人情消费压力感知存在波动。不过整体而言，近3年来，我国农民的人情消费压力感知呈现出显著的地区差异性。

表4　近三年不同农村地区农民人情消费压力感知　　（单位:%）

年份	地区	非常大	比较大	一般	不太大	非常小
2015	东部	14.7	36.1	36.3	10.6	2.3
	中部	15	39.1	34.9	10.1	0.9
	西部	12.2	38.8	36.4	10.6	2
	南方	14	52.7	36.1	9.7	1.5
	北方	14.4	51.6	35.3	11.2	1.9
	全国	14.2	38	35.8	10.3	1.7
2016	东部	14.8	30.9	37.7	13.2	3.4
	中部	11.8	43.1	35.7	8.2	1.2
	西部	16.4	37.4	34.8	9.8	1.6
	南方	11.9	51.8	35.7	10.2	2.3
	北方	16.7	51.6	36.5	10.2	1.7
	全国	14	37.7	36.1	10.2	2
2017	东部	11.2	48	36.8	12.7	2.3
	中部	14.7	51	37.3	9	2
	西部	15.8	55	34.1	8.7	2.2
	南方	12.1	49.8	37	10.3	2.9
	北方	16.6	54.1	35.5	9.3	1.1
	全国	14.1	37.6	36.3	9.8	2.2

三　人情消费对农户平均消费倾向影响的回归分析

(一) 变量处理与概念化操作

1. 因变量

本文主要考察人情消费对农村家庭平均消费倾向的影响。因此，农村家庭的平均消费倾向为被解释变量，其计算公式如下：

$$家庭平均消费倾向 = \frac{家庭总消费支出}{家庭年收入}$$

家庭总消费支出包括日用品、饮食、交通、通讯、医疗卫生、能源、赡养、旅游、文化、教育、人情 11 个大类的消费。我们用家庭总消费支出除以家庭年收入就能够得到家庭平均消费倾向，将其作为因变量。

2. 自变量

通过前文的文献梳理，结合既有研究，本文的自变量主要分为客观变量和主观变量。客观变量主要有：（1）人情消费（取对数）；（2）人情消费占家庭年收入比重；（3）人情消费占家庭总消费比重。主观变量为农民的人情消费压力感知，结合问卷题目"您觉得您家目前的人情消费压力大吗？"答案设置为"非常大、比较大、一般、不太大和非常小"，并对其进行 1—5 分的赋值。

3. 控制变量

根据以往的定量研究经验，本文选取的控制变量主要有：性别（男性 =1，女性 =0）；年龄：此为连续变量。同时，为了在回归模型中考察是否具有曲线关系，本文还新增了"年龄平方"变量，教育水平（连续变量），政治面貌（党员 =1，非党员 =0），婚姻状况（已婚 =1，其他 =0），健康状况（好 =1，差 =0）和家庭年收入（取对数）。

（二）模型建构

为了研究农村人情消费与家庭平均消费倾向之间的关系，特建立如下函数关系：

$$Y（家庭平均消费倾向）= F（人情消费，控制变量）+ \varepsilon_i \quad (1)$$

由于自变量属于二分类变量和连续变量，同时因变量属于连续变量，因此研究拟使用多元线性回归（方程 2）。为了验证研究假设，将建立以下纳入各变量后的线性回归模型方程：

$$Y = a + \sum_{i=1}^{n} \beta_n W_i + \varepsilon_i \quad (2)$$

该方程公式适用于上述函数关系。以上 Y 代表因变量，a 为常数，W_i 表示一系列解释变量，β_n 表示各解释变量的回归系数，ε_i 为随机误差项。

（三）人情消费对农户基本消费倾向的影响

首先利用 VIF（方差膨胀因子）方法对解释变量进行多重共线性检

验,结果显示 VIF 均小于 3（根据统计学要求,当 0 < VIF < 10 时,模型的解释变量之间不存在共线性）,说明本模型不存在共线性问题。为了保证模型的稳健性,本文采取解释变量递进回归的方法,共得出两个模型（如表 5 所示）:模型 M1 只包含控制变量,模型 M2 在模型 M1 的基础上加入了人情消费的解释变量。从调整后 R 方看,模型 M1 的拟合优度为 24.8%,模型 M2 的拟合优度为 46.8%,且两个模型的 Sig. 均等于 0.000。因此,总体来看,该模型证实有效。

表 5　人情消费对家庭平均消费倾向影响的多元线性回归估计结果

预测变量		模型 M1	模型 M2
控制变量			
	性别	0.122（0.113）	0.079（0.095）
	年龄	0.029（0.024）	0.041*（0.020）
	年龄平方	-0.032（0.022）	-0.040*（0.019）
	教育水平	0.025（0.016）	0.022（0.014）
	政治面貌	-0.084（0.127）	-0.169（0.108）
	婚姻状况	-0.259（0.157）	-0.338*（0.133）
	健康状况	-0.151（0.198）	0.015（0.169）
	家庭年收入	-1.289***（0.122）	-1.940***（0.130）
解释变量			
	人情消费取对数		0.754***（0.067）
	人情消费占家庭年收入		0.050（0.068）
	人情消费占家庭总消费		-4.665***（0.449）
	农民的人情消费压力感知		-0.050（0.046）
	常数	6.498***（0.832）	3.729***（0.770）
	调整后 R 方	24.8%	46.8%
	F 值	15.681	27.105
	Sig.	0.000	0.000
	Durbin-Watson	1.523	
	备注	*$P \leq 0.05$, **$P \leq 0.01$, ***$P \leq 0.001$;括号内为标准误差	

我们首先考察了控制变量对农户家庭平均消费倾向的影响。结果表明,农民的性别、年龄、受教育水平、政治面貌、婚姻状况和健康状况与家庭平均消费倾向均无显著相关性。仅家庭年收入变量与农户家庭平均消费倾向呈显著的负相关性,即农村家庭的年收入越高,农户家庭的平均消费倾向越低。这一结果说明,"随着收入的上升,边际消费倾向递减,从而导致平均消费倾向减小"[①]。

在模型 M2 中,我们引入了人情消费、人情消费占家庭年收入比重、人情消费占家庭总消费比重和农民的人情消费压力感知 4 个变量。结果显示,家庭的人情消费支出与家庭平均消费倾向具有正相关性(回归系数为 0.754),即人情消费支出越高,农户家庭的平均消费倾向越高,表明"人情支出不仅没有挤出家庭正常消费,反而促进了家庭正常消费"[②]。但家庭人情消费支出占家庭总消费的比重与家庭平均消费倾向具有负相关性(回归系数为 -4.665),即人情消费占总消费比重越大,农户家庭的平均消费率就会越低。这就说明如果人情消费超越了其他类型消费比重,则会挤压家庭正常消费。这就启示人们要适度进行人情消费。此外,由模型 M2 可知,人情消费占家庭年收入的比重和农民的人情消费压力感知对平均消费倾向并无显著影响。为保证结论的可靠性与模型稳定性,笔者以同样的研究方法对 2015 年与 2016 年数据进行了回归分析,除具体数字存在差异外,研究结论与 2017 年保持一致(因篇幅有限,不再附表)。

四 结论与启示

人情消费是人与人之间正常交往的一种感情投资。但随着市场经济的冲击,农村地区的人情消费出现了异化现象。为深入剖析当下我国农村地区人情消费的现状和基本趋势,本文利用 2015—2017 年连续三年的数据,对此进行量化分析,并就人情消费对家庭平均消费倾向的影响做了详细探讨。

[①] 周广肃、马光荣:《人情支出挤出了正常消费吗?——来自中国家户数据的证据》,《浙江社会科学》2015 年第 3 期。

[②] 同上。

研究发现：第一，当前农村地区的人情消费绝对值在逐年增加，且呈现出显著的地区差异性，但人情消费占家庭总消费的比重趋于平缓，甚至略有下降；第二，从人情消费内容上看，农村地区的红白喜事依旧占据着人情支出的主要位置，不过，从趋势上看，红白喜事的人情支出逐渐减少；第三，当下超半数农民表示能够感受到人情消费压力，中、西部农村地区的农民感知尤为突出；第四，人情消费对农村家庭平均消费倾向有显著的正相关影响，即农户的人情消费愈高，其平均消费率就会愈高，农户的人情消费占家庭总消费比重与平均消费倾向呈负相关趋势。

产权边界：乡村社会秩序建构的中国实践
——兼谈当下宅基地确权中的边界权属问题[*]

刘长勇[**]

内容提要：产权边界具有多种形式且与乡村社会秩序相关联，固化的边界不仅是物理载体，同时也反映了人与人之间的权力关系，凝结了社会结构的"密码"。从社会权力的视角来看，隐藏在产权边界背后的是一整套维持乡村社会运作的逻辑，正是通过"正式"与"非正式"的边界确认方式，乡村权力才得以在产权边界建构的关系网络中运行，乡村社会秩序也因此而得以建构。在当下社会，产权边界所承载的维持乡村社会秩序的功能依然存在，且发挥着难以替代的作用。

关键词：产权边界；社会秩序；宅基地确权

一 问题提出：乡村社会何以有序运行

传统时期，中国作为一个庞大的帝制国家，作为统治阶级的上层社会与作为被统治阶级的乡村社会长期处于隔绝状态。如何实现国家政权对乡村社会的有效控制，保持乡村社会的有序运行，历来是各个朝代统治者需要考虑的头等大事。但面对如此辽阔的疆域，统治者往往难以将国家权力

---

[*] 基金项目：教育部人文社会科学研究青年基金项目"乡规民约与农村基层治理法治化的对接机制研究"（16YJC810011）；中央高校科研基本业务经费项目"乡村振兴视野下村民自治有效与单元有效的关系研究"（20205180602）。

[**] 作者简介：刘长勇（1988— ），男，汉族，华中师范大学中国农村研究院博士研究生，主要研究方向为农村基层治理。

的末梢深入到乡村社会，政府也难以提供满足民众需求的公共性物品，原因之一就是国家在县域以下没有直接设置国家政权机构。即便如此，乡村社会仍然可以有序运行，出现"无论上层如何变动，而下层不动"的现象。那么，乡村社会的秩序何以形成？又为何出现"皇帝无为而天下治"的景象呢？对于这一"治理之谜"，学术界已有不少理论探讨，但仍有进一步挖掘的空间。

秩序优先性已经成为当今较为普遍的价值取向，没有秩序作为保障难以促进社会的发展，"公共生活的有序状态是人类社会共同体存在、持续的前提和基础。在一定意义上，秩序也是其他社会价值具有意义的前提和基础"①。事实上，对于社会秩序何以形成的问题，历来是一个值得探讨的话题，无论是国外还是国内，学者对于秩序的关注和研究甚多，并已积累起大量的研究成果。亚里士多德在谈论城邦问题时认为："法律就是某种秩序；普遍良好的秩序基于普遍遵守法律的习惯。"② 在描述国家成立前的人类社会状态时，霍布斯认识到，没有秩序的自然状态是混乱的战争状态，不会存在任何的"是非正义"③。福柯在探讨社会权力的来源时指明："一个社会秩序的形成来源于两种权力规则的运作，一者是显形的借重庄严的礼仪和程式表达的宏观权力策略，一者是隐形的通过细节安排而实现规训目的的微观权力策略。"④ 哈耶克则将社会秩序分为生成性的和建构性的两种，前者是指"自生自发的秩序"，它们是人之行动的非意图的后果，而非人之设计的结果；而后者则是指"人造的秩序"，是组织中一致行动的结果，是人有意而为的一种产物。而在功能主义社会学看来，社会秩序是"社会得以聚集在一起的方式"⑤。社会行动主体之间的互动关系以及其中所呈现出来的一致行动能力，构成了特定社会秩序形成并赖以维持的社会基础，从而也使一定社会整合成为可能。梁漱溟先生在

---

① 周光辉：《政治文明：人类对合理的公共秩序的追求》，《社会科学战线》2003年第4期。
② [古希腊] 亚里士多德：《政治学》，吴寿彭译，商务印书馆1965年版，第252页。
③ [英] 霍布斯：《利维坦》，黎思复等译，商务印书馆1985年版，第96页。
④ [法] 米歇尔·福柯：《规训与惩罚》，刘北成等译，生活·读书·新知三联书店2012年版，第2页。
⑤ [美] 西摩·马丁·李普塞特：《一致与冲突》，张华青等译，上海人民出版社1995年版，第12页。

《中国文化要义》一书中对中西社会秩序的形成进行了差异性比较，他认为，同西方团体本位与个人本位的互动关系所衍生出的社会秩序相比，中国传统社会则是一个伦理本位的社会秩序，"人和团体的关系消融在了人和人之间的关系里了"[①]。费孝通先生则认为，中国传统乡土社会秩序结构是差序格局的，在差序格局中，社会秩序的安排建筑在由个人推出所取得的差序网络中，建筑在人与人之间的相互关系中。[②] 曹海林则从村落公共空间的角度探讨乡村社会秩序的生成，他认为，村庄社会秩序形成的内生力量大致有三：一是村庄内部的习惯法，如乡村的宗族宗法制度；二是村庄精英的活动及其权威的影响；三是民主自治的实践。[③]

通过对文献的梳理可知，国内外学术界对社会秩序探讨的传统已久，但从产权的视角来探讨社会秩序起源的问题还略显不足。基于此，本文试图以笔者在四川省乐至县石湍镇三教观村进行的农村调查为研究案例，从房屋产权边界的视角，深入研究中国传统乡村社会秩序形成及维持的逻辑，以加深对当下中国农村"宅基地确权"改革的认识。

二 产权边界：社会秩序形成的乡土实践

产权制度是维持社会良序运转的重要制度之一，不仅制约着人们的行为选择，也直接影响和决定着国家的治理形态。从权利关系的角度而言，可以将产权简要定义为"是围绕着物而形成的权利关系和利益关系"[④]，即它是人们围绕着对具体的物的占有而形成的一种可选择与可支配的权利。这里的物，即是存在于现实生活中的各类物质实体，如乡村社会中最重要的物质财产——土地与房屋。在资源相对有限的社会，基于物而形成的产权边界是人们在长期的生活实践中逐渐形成的，不仅是一种经济关系的体现，同时也是身份的区分——以此区分"你我"与"他我"，并最终

[①] 梁漱溟：《中国文化要义》，上海人民出版社2005年版，第70页。
[②] 费孝通：《乡土中国》，北京出版社2005年版，第40页。
[③] 曹海林：《村落公共空间：透视乡村社会秩序生成与重构的一个分析视角》，《天府新论》2005年第4期。
[④] 邓大才：《产权单位与治理单位的关联性研究——基于中国农村治理的逻辑》，《中国社会科学》2015年第7期。

形成一种秩序和权力的格局，以此规范和塑造人们的关系和行为。笔者所调查的村庄，产权边界已然成形并无比清晰。通过对产权边界的研究，可以透视乡村社会秩序的形成以及隐藏在背后的村民的行为逻辑。但此处需要特别交代的是，围绕产权边界的习惯法其形成年代已过于久远，受访者已难以清晰地还原其形成的具体缘由，这不能不说是一种缺憾，因此，本文对产权边界的陈述，更多的是偏重于事实性方面，即更多的是对产权边界形态的陈述，以此阐述产权边界与乡村社会秩序形成之间的关系。

（一）何以为界[①]：基于产权基础上的利益选择

房屋是安身立命之所。除土地外，房屋是乡村社会最重要的物质资源，作为在传统中国可以继承和自由买卖的重要财产，房屋不仅具有经济功能，还具有重要的社会保障功能。因此，划定产权边界并明确其归属便成为房屋村民共同追求的目标。在调查村庄内，无论是因兄弟分家还是邻里乡里而产生的房屋边界，都异常明晰。

1. 分家中的房屋边界

分家析产是传统社会最重要的家产代际传递形式。在分家的时候，不同于西方的长子继承制，中国社会的传统是普遍采用诸子均分的财产分割方式，可以说，这是家族共理财观念的具体体现和执行。在分家的时候，房屋也自然成为重要的分割对象，成为主张个人财产权利的重要载体。在一个家庭中，房屋和参与分家的儿子的数量非奇即偶，所以在本文中，笔者仅列举和讨论两种分家时房屋分割的情况，一是家有两兄弟且分割两间房屋；二是家有三兄弟且分割三间房屋。考虑到其他房屋分割情况和原则与本文所列举的两种分割情况相近或相通，因此本文暂不列举其他房屋分割的情况。

首先陈述两兄弟分割两间房屋的情况。为方便叙述，笔者将房屋和墙体进行编号。如图1所示，在分家过程中，某农户家中共有两间待分割的房屋，且房屋是在两个兄弟之间进行分割（此处假设在分家的过程中父母的房屋不参与分割），两间房屋相邻且分别编号为：A 和 B，因相邻的

---

① 房屋边界的口述资料来源于2016年6月到8月蒲南章与冷建华两位老人的口述，在此表示感谢。

两间房屋共有三面墙体，所以将墙体编号为：1、2和3。如前所述，当地分家也均遵循诸子均分的原则，按此原则，两兄弟可分得房屋各一间，此处假设哥哥分得A房屋，弟弟分得B房屋。对于1号和3号墙体，两兄弟可单独享有其全部产权；对于2号墙体，则兄弟共有。对共有的2号墙体虽不进行实际的拆分，但并不意味着该共有的墙体没有边界，具体而言，共有的墙体以墙壁中心，即"壁心"为边界，从中间对称分开，各家享有在自己这侧的产权。

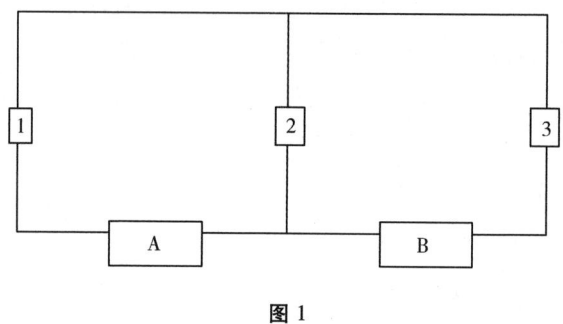

图1

下面则陈述家有三兄弟，对三间房屋进行分割的情况。为方便叙述，同样对房屋和墙壁进行编号。如图2所示，某农户家中共有A、B、C三间房屋，三间房屋共有编号为1、2、3、4的四面墙体，同样遵循诸子均分的原则，三个兄弟每人可各分得一间房屋。对于墙体的分配原则略不同于两兄弟分配两间房屋的情况，具体而言，分有A间房屋的人拥有1号墙体，分有B间房屋的人拥有2号墙体，分有C间房屋的人拥有3号墙体；对于特殊的4号墙体则采取兄弟三人共有的形式进行分割，即兄弟三人，每人均占有4号墙体三分之一的产权，除再次分家外，在无其他特殊情况的前提下，每个人都无权去破坏或拆除4号墙体。对于2号墙壁，名义上虽属于B户所有，但基于B户与A户共用的事实，B户也无权私自将其拆除；3号墙体与2号墙体遵循同样的使用规则。

2. 邻里之间的房屋边界

与兄弟分家时会形成精细却难以从外观辨识出的房屋边界相比，邻里之间的房屋边界则相对容易区分，具体而言，在三教观村主要有以下几类因相邻而产生的房屋边界。

空地为界。此类边界即当邻居双方房屋相邻时，以房屋中间的一处空

产权边界：乡村社会秩序建构的中国实践 / 23

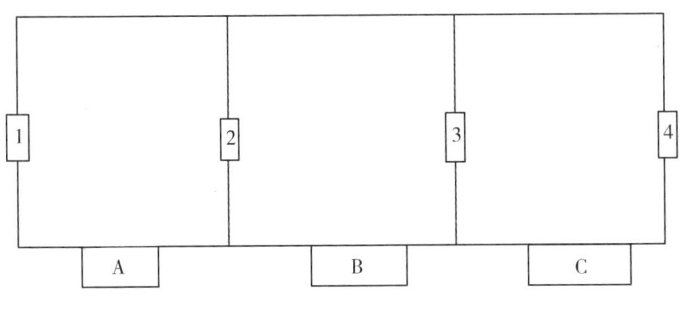

图 2

地当作双方房屋之间的边界。这种边界形成的习惯较为久远，当一家的房屋已经修建完成时，成为村民所说的"先来户"，相对于先来户而言，后到的人家被称为"后来户"。后来户若想在先来户的房屋周围建房，必须要向先来户打招呼，经过先来户同意后才可以修建房屋，并且在修建房屋的时候，要和先来的邻居的房屋之间空出一定的距离。在留出的空地上，村民会栽种几簇竹子或几棵果树当作两家的边界；有些邻里房屋之间的空地并没有明显的可供分辨的物体，但邻里双方之间也明确知悉双方具体的边界在何处。对于房屋之间的空地，双方一般不得在其上堆砌杂物，更不能再另私自搭建房屋去达到"事实"与"非事实"的侵占。

溪沟为界。将溪沟当作边界的情况多出现在山坳和溪沟处。三教观村地处长江流域，每年六七月该地区便进入梅雨季节，雨水沿山坳处顺势流下，经长年冲刷而形成沟渠，留下明显的冲刷痕迹，形成自然的沟壑，成为天然的边界分割界线。村民多沿溪沟两岸修建房屋，溪沟便成为天然的房屋边界。与将房屋之间的空地当作边界不易辨识的情况不同，将溪沟当作边界具有较高的可辨识度。边界清晰划定后所产生的结果虽然不易区分，但也是显而易见的。虽然同为一族，在特定的场所和特定的地理环境中生活的村民，虽然在血缘上会展现出一种模糊化，但是在血缘共同体内部，却因边界的认定而出现"区域化"的表现特征。

滴水①为界。人类对财产权利的界定正是由于资源的有限性，"一旦资产不再稀缺或者不再值得拥有，对资产界定财产权利的做法也就可以废

---

① 雨水沿房屋侧檐滴落时在地面所形成的界线，距离屋基一般约为半尺至一尺宽。

止了"①。资源的稀缺性在该类边界上体现得最为明显。由于地处丘陵地区，可供村民们修建房屋的平地有限，这便造成邻居双方在修建房屋时在中间预留的空地极为狭窄，这时多出现成滴水为界的情况。具体而言，若甲户已经建好房屋，现乙户计划挨着甲户的房屋继续修建房屋，那么，以甲户房屋侧边屋檐上雨水滴落在地上所形成的线痕为界，乙户所修建房屋的侧边沿上滴落的雨水不能与甲户房屋的雨水线重合或越过甲户房屋的雨水线，此雨水线即当作两家房屋的边界。大多数情况下，为了不使邻居房屋上的雨水落在自家屋顶上，在建房村民均会选择与邻居家的房屋保持一定距离，且把自家房屋修的与邻居家房屋一般高，会为了多占一点边界而特意将自己家房屋修的比邻居家房屋低的情况在笔者调研的村庄并没有发现。

（二）边界认定：多重保障机制下的秩序建构

边界的意义不仅在于作为辨识的物理界限，更重要的是对于边界以及附属于其上的人与人之间特定的互动关系的维持，从而才可以在真正意义上确保产权主体在边界范围内进行生产和活动。在确保这一准则正式实施的过程中，产权相关主体往往会赋予其特定的社会规则，从而保证附着在产权边界上的惯行可以顺利运作。在笔者所调查的村庄，产权边界认定涉及的主体众多，各主体在产权边界认定及保障由此产生的秩序方面发挥着特殊的乡土作用。

1. 分家：亲属见证与契约为证

想确切地说明是什么样的事由导致了分家大概是不太可能的，但分家是一个"明确的法律上的概念"②，这一点是确定无疑的。在当地村民心中，分家意味着儿子们独自去"挣乾坤"，因此，分家往往成为村民们家中的一件大事。在分家的过程中，一般先由家长按照均分的原则对家中财产进行初步的分割，针对初步划分的结果，兄弟们可以提出自己的意见，由家长进行二次调整，以求达到实质上的公平。在正式分家的当天，家长会招请儿子的叔伯、外公、舅舅或亲家到场。这时，兄弟间如果对财产的

---

① [美] 理查德·派普斯：《财产论》，蒋琳琦译，经济科学出版社2003年版，第96页。
② [日] 滋贺秀三：《中国家族法原理》，张建国等译，商务印书馆2013年版，第73页。

搭配等仍有分歧,到场的亲属可以进行调和,并对田地的搭配提出进一步的建议和意见以供家长及兄弟们参考。除邀请家中亲属到场外,村民有时也会邀请村中有威望的老人或保长到场进行协调和见证。

兄弟之间若对财产分割无异议,则以抓阄的方式来决定财产的所属。阄须由第三者扔进一个深口罐中,由兄弟各人依次用竹筷从罐中夹出,此为分家过程中的"抓阄"。需要指出的是,阄的制作必须要保证外观上的一致,从而在最大程度上杜绝作弊行为。抓阄采取"赖子阄上死"的原则,即无论抓到什么阄,必须当众亮明并对其进行承认,绝无反悔之可能。

空口无凭,立约为据。抓阄意味着财产分割的完成,但并不意味着分家的结束,此时还要写"分家单",分家单是表示分家的有效形式,也可以说是家产分割时的必要条件。对于房屋的产权边界,在分家单中有较详细的交代和说明,包括中间的墙壁(壁料)不能随意拆除的规定都要写进分家单,对于房屋周边的空地及其地上的附属物,也一并在分家单中进行说明。分家单上除签上兄弟的名字之外,还有签上执笔人、中间人的名字。若日后兄弟间因房屋的产权边界发生纠纷,在处理纠纷时即以最初的分家单为调解依据。

2. 邻里:非正式确认与"弱者的武器"

在研究农民的反抗形式时,斯科特指出,公开的、有组织的政治行动对于多数从属阶级来说是过于奢侈的,因为这即使不是自取灭亡,也是过于危险的,农民更多的是利用一些日常的形式进行反抗,这些日常的形式通常包括:偷懒、装糊涂、开小差、假装顺从、偷盗、装傻卖呆、诽谤、纵火、暗中破坏等,这些被称为"弱者的武器"。[①] 这一解释框架也为邻里之间关于房屋边界认定时的行为提供了很好的理论依据。

在修建房屋时是否会侵占邻居家的房屋边界,邻居一般不会在正式场合到场进行确认,以免伤了邻里之间多年的和气,"面子上过不去""万一人家就没有侵占呢?"但在一个不正式的场合,邻居会在自己房屋周围"转悠"一圈,用眼"瞄一瞄",以确认自己的边界是否被侵占。若自家

[①] [美]詹姆斯·C.斯科特:《弱者的武器:农民反抗的日常形式》,郑广怀等译,译林出版社2007年版,第2页。

房屋的边界没有被侵占，则邻里之间仍会"相安无事"，和谐相处；若自己家的房屋边界确实存在被侵占的情况，邻居则会提出正式交涉。交涉有时是平和的，有时则较为激烈，这时往往容易激化更大的矛盾。在交涉无果的情况下，邻居一般很难会选择忍气吞声，这时会启动"弱者的武器"这一反抗形式，通常的做法是在背地里说对方的坏话，或者在紧临边界线但不超越边界线的地方开挖水井，经过长时间的雨水侵蚀，对方的房屋就有可能沉降甚至是垮塌，因为水井的挖建并未超过边界，所以即使自己气急败坏，也对邻居也是无可奈何，邻居因而会达到"将自己军"的目的。

三　界而治之：乡村社会秩序形成的理论考量

与土地所有形式体现着人与人之间的相互关系一样，建立在土地之上的以自然地貌特征当作边界的习惯也体现着人与人之间的相互关系。边界不是一个孤立的、静态的、自然的边界，它是围绕生态、国家、社会的相互关系而展开的。[①] 事实上，在理解社会秩序的形成时，特别是在理解人们为什么追求特定社会秩序状态时，应把分析的侧重点放在自发性上，力求从社会生活中了解社会秩序的自发生长。[②] 这启示笔者，若研究房屋这一特殊的产权边界如何影响乡村社会秩序的形成，需要从乡土社会本身特有的性质出发进行综合考察，并且将房屋产权边界及相关主体者行为二者的关系放置在动态的历史过程中。

（一）秩序形成的核心是划定清晰的产权边界

村庄房屋的边界状况，不仅是空间上的组合，也是人与人之间的关系在空间上的表现，因而房屋产权边界反映了社会的权力关系，决定着乡村社会秩序的形成。对房屋边界及其维系规则的确定，在更深层次上体现的是不稳定的生态环境下的技术制度和经营策略，以此形成对产权的防护和对资源的控制，并追求静态、稳定的乡村社会秩序。即使社会动荡，依托

[①] 胡英泽：《流动的土地：明清以来黄河小北干流区域农合研究》，北京大学出版社 2012 年版，第 377 页。

[②] 曹海林：《村落公共空间：透视乡村社会秩序生成与重构的一个分析视角》，《天府新论》2005 年第 4 期。

于稳定的产权，农民也可因此渡过难关而不至于陷入困顿，稳定的边界为村民的生存和发展提供了多种可能。村民通过乡土契约、非正式制度形成对产权边界的初步认定，国家则对乡村习惯法进行默认或通过行政、法律等手段实现对产权边界的控制和稳定，地方社会的秩序因此得以建立。村民对乡村社会秩序的适应即围绕着以房屋为代表的各类产权边界划分所形成的各类乡土制度，这类制度一经形成，便具有普遍性的特点，对产权主体活动具有不可逾越的规范作用。可以说，围绕此类制度所展现的是该区域内最重要的文化特质。

（二）产权边界规塑主体行为并形成权力关系网络

任何一种房屋边界的形成都体现着占有和排他，或者也可以更进一步地说，它是两个相邻产权者之间的那种统一的关系在空间上的表示，在正常情况下，这种统一的关系表面上处于和谐的状态，但实际上却存在着一种惰性的紧张状态，即在产权边界受到侵犯时，利益相关者便会采取积极的行动对边界进行维护，从而出现一种紧张的对立关系。从这一意义上讲，产权是"对行动者之间关系的界定"[①]。房屋作为重要的产权形式，凝结了大量的人的劳动，因此可以说，房屋是财产"所有者人身的延伸"[②]。家户之间以及家户与村庄之间的秩序因对房屋边界的争夺而建立、调整，围绕长期存在的资源争端与边界纠纷，面对更高层次的资源争夺和社会冲突，多个同姓家户之间更容易走向联合，从而更大范围的社会关联得以形成和维系，由此构架成权力的关系网络，形成"权力在互动关系中运行"[③]的格局。

（三）乡村社会秩序的维系在于对产权边界规则的认同

传统中国乡村社会，是一个礼俗社会，资源边界和社会秩序的维持，也同样依赖于乡村社会的礼俗。中国人在完成重要的法律行为时，为了确

[①] 申静、王汉生：《集体产权在中国乡村生活中的实践逻辑——社会学视野下的产权建构过程》，《社会学研究》2005 年第 1 期。

[②] [美] 理查德·派普斯：《财产论》，蒋琳琦译，经济科学出版社 2003 年版，第 94 页。

[③] 徐勇：《"关系权"：关系与权力的双重视角——源于实证调查的政治社会学分析》，《探索与争鸣》2017 年第 7 期。

定行为的成立及其内容、杜绝日后的纷争而采用的手段，经常是第三者的见证和文书的制作这两种，家产分割也不例外。①

对产权边界规则的认同是村民们在日常生活中形成的，它以村民同处于相同的、相对稳定的村落活动空间为基本前提。在这个相对封闭的空间内，村民拥有生活经验的共同性，村民之间的交往因而才有遵守共同规则的可能性和自觉性，从而促使村民对产权边界规则有集体认同，使乡村社会处于有序的运行状态，这种秩序具有内生性的特点，因而更能保持其稳定性和持久性。

四 传统到现在：房屋边界在当下社会的延续

在传统时期的中国，国家的治理能力有限，因而无法为乡村社会秩序的形成和维系提供强有力的制度支撑，乡村社会通过特定的产权边界制度的安排，解决了乡村社会秩序不彰的问题，走出了一条具有中国底色的秩序形成之路。当前国家在大力推进农村宅基地改革，或许可以从传统之路中得到经验和启示。

明晰的产权归属将有利于主体权益的保障，避免财产遭受他人的侵犯，因此，从产权的社会保障功能而言，进行宅基地改革是推进国家治理现代化的一种必然结果。中共中央、国务院在2014年11月发布的《关于引导农村土地经营权有序流转发展农业适度规模经营的意见》中提出："在稳步扩大试点的基础上，用5年左右时间基本完成土地承包经营权确权登记颁证工作，妥善解决农户承包地块面积不准、四至不清等问题。"在具体的确权过程中，一方面，国家推动宅基地改革过程中出台了一系列的规章政策；另一方面，地方政府也配套颁布了具体的实施细则，可以说宅基地改革取得了巨大的实效，农民因此维护了自身权益。但在看到取得成绩的同时，我们还必须看到宅基地确权工作中还存在着一些问题，制约着确权质量和工作效率，这其中最突出的一项即是农户与农户之间存在划界的纠纷。而权属调查工作又是宅基地确权过程中最重要的一步，这就要求国土部门根据土地使用权人的申请，对宅基地范围、界线、界址、权属

---

① ［日］滋贺秀三：《中国家族法原理》，张建国等译，商务印书馆2013年版，第73页。

性质、用途等情况进行实地调查、记录，除此之外，本宗地使用者和相邻地使用者也应到场共同指界，并对双方共同确认的用地界线和界址点进行签名、盖章。

但由于生态环境和社会经济社会长期处于一个动态的变迁状态，具有不稳定性，加上历史习惯与主体登记模糊等原因，农民对宅基地及房屋的边界所属仍存在相当大的争议，对产权边界的精确划分带来诸多困难，这就要求国家相关部门在划定资源边界的时候，除需掌握精准的技术，以求在保护和分配资源的时候可以实现最大程度的社会公平外，还需要兼顾历史。因此，在依据法律的基础上，确权工作可以适度考虑习惯法的运用，照顾当地农民生活习惯，尊重村民在习惯法上对于宅基地边界的认定，对边界遗留问题进行协商解决，减少确权工作开展的阻力，从而在根本上维护乡村社会的和谐与稳定，减少上访事件的发生。

五　结论与讨论

产权边界的确立与维护，受到生态环境、政治制度、社会组织等多重因素的影响，其功能主要是将乡村社会中、处于无序状态的主体活动规范塑造成和谐有序的统一行动，从而保持乡村社会的稳定存在。可以说，确立稳定的边界、形成稳定的秩序往往成为社会和国家的共同追求。但正因为如此，房屋及其他形式的产权边界变动更具有整体效应，关联多项乡村规约及国家制度，往往是牵一发而动全身。值得注意的是，以产权为边界而形成秩序的基础是传统乡村社会处于一个相对封闭的状态，各活动主体受到传统、习惯及经验的支配，通行于村落中的活动机制为大家的行动提供了依据和条件，这种活动机制对各主体具有规范与整合的作用。随着现代社会的到来，这种规范和整合的力量虽处于下降的趋势，但底色和惯行的力量却深深内化于主体者的内心，影响并支配着主体者的行动，因此，国家在宅基地确权过程中，更有必要考虑乡村惯行的重要性。

公事公谈:传统乡村社会协商治理的实践过程

——以江西省鄱阳县桃溪村"谈公事"为例[*]

谭文平[**]

内容提要:在传统中国,"皇权不下县",形成了国家上层官治和底层社会自治的治理格局。自治主要是依靠乡绅为代表的乡土精英,通过协商的形式来实现。"谈公事"是协商治理的一种地方实践。通过乡村社会中各种权威主体,采取相对平等的协商方式,解决区域内的矛盾纠纷,凝聚共识,促进公共建设等。文章通过阐述这一传统协商治理实践的运行过程,分析其存在的社会基础、内在运行逻辑以及促使其顺利运行的各种保障机制等,以此挖掘传统乡村治理中的治理资源,为提高乡村治理能力、完善国家治理体系提供有效借鉴。

关键词:传统;乡村社会;谈公平;协商治理

党的十八届三中全会提出了推进国家治理体系和治理能力现代化的目标,乡村振兴战略也提出了健全现代乡村治理体系的具体要求。实现这些目标不仅能够提升国家治理水平,也能够给广大人民群众带来福祉。但"一个国家选择什么样的治理体系,是由这个国家的历史传承、文化传统、经济社会发展水平决定的,是由这个国家的人民决定的"[①]。因此,

---

[*] 基金项目:教育部人文社会科学研究青年基金项目"乡规民约与农村基层治理法治化的对接机制研究"(16YJC810011);中央高校科研基本业务经费项目"乡村振兴视野下村民自治有效与单元有效的关系研究"(20205180602)。

[**] 作者简介:谭文平,男,汉族,华中师范大学中国农村研究院博士研究生,主要研究方向为乡村治理。

[①]《习近平谈治国理政》,外文出版社2014年版,第105页。

不少学者将目光重新投向了传统乡村治理方面,期待挖掘优秀的传统治理思想,为当下社会治理提供支持。在江西省鄱阳县桃溪村,通过对传统乡村治理形态的调查发现,该村及周边地区存在一种"谈公事"的协商治理方式。本文将以此为例,解剖传统时期协商治理实践的过程,以期为当下的社会治理提供有益借鉴。

一 问题的提出

传统中国"皇权不下县"[①]"正式的皇权统辖只施行于都市地区和次都市地区"[②],广大的乡村地区主要依靠士绅、宗族等自我治理。

(一) 士绅与传统乡村治理

士绅是传统乡村精英的代表,"士绅阶层是乡村社会实际的'统治阶级'"[③],是"国家政治统治的阶级基础"[④]"乡绅阶层成为乡村社会的主导性力量"[⑤]"皇帝任命的任何县官只有获得当地士绅的合作才能进行治理"[⑥],形成"县官之县,乡绅治乡"[⑦]的权力格局。"真正与官府打交道的是地方士绅,庶民、小农则完全处于国家的间接统治和乡绅的直接领导。"[⑧]

士绅是乡村社会的实际掌权者,士绅也把"自己家乡的福祉增进和利益保护为己任"[⑨]。"在承平时期,他们给公共生活定下调子。在动乱时

[①] 秦晖:《传统十论》,东方出版社2014年版,第8页。
[②] [德]马克斯·韦伯:《儒教与道教》,洪天富译,江苏人民出版社2014年版,第98页。
[③] 费孝通:《乡土中国》,上海人民出版社2006年版,第27页。
[④] 徐勇:《非均衡的中国政治:城市与乡村比较》,中国广播电视出版社1992年版,第84页。
[⑤] 吴理财:《民主化与中国乡村社会转型》,《天津社会科学》1999年第4期。
[⑥] [美]费正清:《美国与中国》,张理京译,世界知识出版1999年版,第38页。
[⑦] 徐勇:《政权下乡:现代国家对乡土社会的整合》,《贵州社会科学》2007年第11期。
[⑧] 任吉东:《多元性与一体化——近代华北乡村社会治理》,天津社会科学院出版社2007年版,第66页。
[⑨] 张仲礼:《中国绅士——关于其在十九世纪中国社会中作用的研究》,李荣昌译,上海社会科学院出版社1991年版,第232页。

期，他们组织并统帅民兵的防守力量。"① 同时，"他们在乡里发挥着广泛的作用，如税收和治安，乡村日常社会生活的组织，民间的调节、教育、道路和水利等社会公益事业的兴力等"②。可以说，"'乡绅之治'在平衡国家权力、促进基层自治，节约行政成本等方面发挥着重要的作用"③。

学界对传统乡村的研究多是以"国权（皇权）—士绅阶层—民众"的纵向视角进行的。这方面的研究为我们揭示了传统国家的治理之谜：庞大的国家和官僚体系，却不需要庞大的官僚队伍。这是因为有一个庞大的乡村管理阶层——以士绅为代表的乡村精英。但仅从这种视角观察传统乡村治理，也有待商榷之处：以往的研究更多的是士绅作为一个阶层整体在传统社会治理中作用，而很少深入研究这个阶层内部关系，也即士绅阶层是如何互动的，地方权力在士绅之间是如何运作的，等等。

（二）宗族与传统乡村治理

士绅是"无可争议的地方领袖，加上传统社会中无所不在的家族关系，使得士绅可以对基层社会实施严密的控制"④。因此，有学者认为，"清代乡村以士绅为纽带，宗族为基础实行自治政治"⑤，并且"以族权为代表的乡村社会成员有自我管理内部事务的实际要求"⑥ "宗族特有的势力却一直维护着乡村社会的安定和秩序"⑦。故"'乡绅—宗族'几乎成了传统乡村社会的代名词"⑧。

有学者通过对徽州乡绅的研究，认为"乡绅对基层社会的控制是通

---

① ［美］费正清：《美国与中国》，张理京译，世界知识出版1999年版，第37页。
② 孙立平：《中国传统社会中贵族与士绅力量的消长及其社会结构的影响》，《天津社会科学》1992年第4期。
③ 秦德君、毛光霞：《中国古代"乡绅之治"：治理逻辑与现代意蕴——中国基层社会治理的非行政化启示》，《党政研究》2016年第3期。
④ 孙立平：《中国传统社会中贵族与士绅力量的消长及其社会结构的影响》，《天津社会科学》1992年第4期。
⑤ 于建嵘：《岳村政治：转型期中国乡村政险结构的变迁》，商务印书馆2001年版，第52页。
⑥ 冯尔康：《简论清代宗族的"自治"性》，《华中师范大学学报》（人文社会科学版）2006年第1期。
⑦ ［美］W. 古德：《家庭》，魏章玲译，社会科学文献出版社1986年版，第166页。
⑧ 秦晖：《传统十论》，东方出版社2014年版，第9页。

过宗族组织来实现的"①。徽州地区宗族势大,因而"在处理本族成员的民事纠纷与诉讼时,宗族拥有较大的发言权,特别是族长,俨然是宗族成员纠纷与诉讼的最高裁判者"②。纠纷和诉讼的解决依靠宗族的习惯法,"其执行者则是宗族的族长、由宗族族长委托的管理人员和宗族中的缙绅集团"③。

上述众多学者的研究,通过"士绅—宗族(村庄)—民众"的横向分析维度,让我们从社会治理的角度,认识到宗族在乡村社会中的巨大作用:抵御皇权的不断向下渗透,使国家权力悬浮于乡土社会之上;同时,也弥补国家权力悬浮造成的基层权力真空,促进乡村社会自治的运行。但现有的研究,对于地区内宗族之间联系的关注较少。事实上,宗族之间或因为地方区域性的事物,如水利、防卫等公共事务,必然会产生联系。而在这其中各宗族权利之间的横向联系又是如何运作的,没有进行深入挖掘。

(三) 区域社会与乡村治理

不少学者超越士绅和宗族的研究视角,对传统乡村进行区域性的研究,并提出了分析概念和模型。杜赞奇(Prasenjit Duara)提出"权力的文化网络"概念,认为身处其中的乡村领袖出于提高社会地位、威望、荣耀并向大众负责的考虑,并不是追求物质利益。④ 舒绣文认为传统中国乡土秩序或民间力量是以家族(宗族)为中心,聚族而居形成大大小小的自然村落。每个家族(宗族)和村落是一个天然的"自治体",这些"自治体"结成为"蜂窝状结构"。⑤ 黄宗智认为国家与社会之外可能存在一个"第三领域","它处于'公域'与'私域'之间,是一个国家与社会都参与其间的区域。绝大多数村民正是由此领域才感

---

① 唐力行、张翔凤:《国家民众间的徽州乡绅与基层社会控制》,《上海师范大学学报》(哲学社会科学版) 2002 年第 6 期。
② 卞利:《明代徽州的民事纠纷与民事诉讼》,《历史研究》2000 年第 1 期。
③ 卞利:《明清徽州乡(村)规民约论纲》,《中国农史》2004 年第 4 期。
④ [美] 杜赞奇:《文化、权利与国家——1900—1942 年的华北农村》,王福明译,江苏人民出版社 2003 年版,第 5 页。
⑤ 陈洪生:《传统乡村治理的历史视阈:政府主导与乡村社会力量的对垒》,《江西师范大学学报》(哲学社会科学版) 2006 年第 3 期。

受到国家的存在意义"①。

杜赞奇提出了不同以往的分析概念,但由于研究目的的导向,他并未就乡村领袖内部情况进行研究。舒绣文的"蜂窝煤结构"概念,看似将宗族联系起来,但是"蜂窝煤"的各个"孔"是相互不通的,忽视了宗族之间相互联系的一面。黄宗智的研究为乡村研究提供了一个新的视角,在这个"第三领域"中,国家权力和乡村力量进行互动,官僚和士绅等进行合作,形成多元主体互动、协商共治的乡村治理格局。他虽然超越了先前的士绅和宗族的研究,但由于原始资料的限制,没能就治理过程展开研究。

综上可知,关于传统乡村治理的研究,视角丰富,成果丰硕。但也存在有待深化的地方:一是纵向视角中,以士绅为代表的权力阶层内部,如何进行乡村治理运作;二是从横向上来看,以宗族为代表的乡村权力组织机构之间是如何进行横向联系,来实现乡村治理的。对此,笔者曾在江西省桃溪村以及其所在的长安畈②地区进行田野调查,欲挖掘传统社会在以士绅为代表的乡村权力阶层和以宗族为代表的权力组织进行乡村治理的过程中,其内部是否有互动运作。调查发现,权力阶层内部和权力组织之间有丰富的互动活动,具体表现为对乡村社会事务治理时,进行充分的协商,形成协商治理的格局,并且形成了一套习惯机制——"谈公事"解决。本文欲通过该地的实地调查,以"谈公事"为例,就传统乡村社会权力阶层内部和权力组织之间的协商治理过程展开论述,以期对当下基层治理有所借鉴。

二 "公事公谈"的协商治理实践

桃溪村地处鄱阳湖边沿,旧时是桃溪河的渡口所在地,彼时经济发达,文化繁荣,社会交往频繁,是长安畈地区的中心地带。长安畈历来有民主协商的传统,在桃溪村的调查发现,这种协商治理形成了一种特有的

---

① 黄宗智:《集权的简约治理——中国以准官员和纠纷调解为主的半正式基层行政》,《中国乡村研究》2009 年第 5 辑。

② 长安畈地区即在传统时期桃溪村和周边的十几个村庄之统称,其北、东、西三面均是山丘,南面濒临鄱阳湖。

机制:"谈公事",即在桃溪村和及其周边村庄组成的区域社会中,凡是涉及两户村民或者是两个村庄以上的公共事务,相关村民和村庄都可以邀集社会中有声望的人士,以众人协商的方式解决,也即"公事公谈"。

(一)何事可公谈

所谓公共事务,一是指普通村民之间的矛盾纠纷,如田间过水产生的过水纠纷,房屋边界等产生的产权纠纷,或是农产品买卖纠纷等,矛盾纠纷的双方难以自我有效解决,便请中间人过来调解,即"谈公事"。一旦结果使其中一方难以接受和满意,不满意的一方可再次提议"谈公事",邀请更多的中间人和见证者,以断是非、明曲折,从中调解;二是一个或多个宗族或村庄,双方形成一种针尖对麦芒的形势,同样使矛盾难以有效调节,一方或者是势弱的一方提议以"谈公事"解决,便邀请其所处区域社会内权威人士进行调解;三是有关于区域所有村庄的事物,如乡村建设、地区抗旱防洪、防范土匪强盗等,只要有一个村庄或宗族提议,即可邀请区域社会内所有的权威人士进行商讨,决议采取何种措施,保卫乡民。

在长安畈地区有两次"谈公事",年长的村民至今仍然记得当时的情形;另一次是清末民国初年,长安畈地区发生水源纠纷。长安河是当地主要水源,住在河流上游的方家村,拦河蓄水,中下游地区水源锐减,中下游地区几个村庄联合与方家村进行交涉未果,便进入"谈公事"的流程,由长安畈地区的所有村庄和权威人士共同商谈解决之策;另一次是农历甲戌年(1934年)该地发生严重旱灾,田地龟裂,唯长安畈边沿的桃溪河有少许水流。由于水流少,需要进行有效分配,且抗旱全靠人力,工程巨大,需要集中人力物力,吴家村便提议由所有的宗族的族老板[①]等权威人士"谈公事",商讨如何处理相关事宜。

(二)何处可公谈

"谈公事"的地点不是固定的,它根据具体情况而定,也可由众人商量而定。村庄或宗族内部间的矛盾纠纷公谈的地点,多为两种情况:一是发起人自己家中;二是在宗族祠堂中。被发起人如果不同意,可以提议一

---

① 族老板,即族长。

个地点。村庄间的矛盾纠纷,"谈公事"的地点可以在发起者家中,也可以在集市上或村中觅一公共场所,但一般不会到某个村庄的祠堂里,因为祠堂多是不允许外姓人进入的。区域间的公共事务,一般是在发起者家中,或者公共场所,如集市上的杂货铺、寺庙等。

由于"谈公事"有时需要经过几轮协商,当需要择日进行下一轮的时候,如果是双方矛盾,可以在原地接着进行,也可以在被发起者建议的地方。通常,一轮协商总是能够达成协议的,只是难以使双方都满意,这时不满意的一方可以提议下一轮协商,并提议商量地点。区域内公共事务地点比较容易确定,无论是几轮协商,一般都是由发起者决定。

清末的水源纠纷,虽然是由吴家村提议,针对方家村,协商却是在第三地点进行的。当时桃溪河有个渡口,渡口上有个专门放渡船的屋子,这间屋子就成为大家都认可的地方。甲戌年的抗旱,就由吴家村发起,因事情不涉及纠纷,所以较好确定,最后就在吴家村族老板的家中进行。抗旱因由吴家村发起,一开始便就在吴家村族老板家里进行的,中途也就没有换过公谈地点。

(三) 何人来公谈

"谈公事"是一个多方共同参与,协商解决乡村纠纷的机制。参与"谈公事"的首先是发起者和被发起者,可以是个人、宗族,也可以是村庄,发起者自然是为了维护自己的利益。被发起者也会参与:一是出于面子上的考虑,不愿他人以为自己惧怕;二是处于社会舆论的压力,若不参与,恐社会舆论流传其欺负过发起者。

其次是一众被邀请的权威人士。若是宗族或村庄内部,首先邀请的是族老板、股房[①]老板和家中长辈,这些人的意见通常能够发挥较大的作用;而后是村内以教书先生为代表的乡绅等,他们掌握乡村社会各种文字规范、契约规范等的使用。一般不会邀请宗族和村庄外部的人士参与,也很少邀请保甲长参与。

若是涉及两个或多个村庄:首先请双方族老板、宗族长辈等;其次是

---

① 股房,即宗族的门、房,股房老板也即通常的宗族房长、门长。

乡绅等；再次是乡村社会中说话比较管用的人士，如一些老板[①]；最后也会邀请保甲长参与。通常，邀请权威和名望人士要达到一定的数量，这是为了使协商的结果更具有说服力。一些权威和名望人士如果没有被邀请，会视之为对他们的忽视，甚至轻视。若是涉及乡村建设的"谈公事"，邀请参与的人士，也大抵如此。若是在外村的佃户与本村间进行，首先就要邀请老板为其评理说道。

在水源纠纷案例中，吴家村等几个发起村的族老板和绅士都参与了，方家村也是如此。长安畈地区另外的十多个村庄被邀请的村庄族老板和绅士也应邀到场。整个长安畈地区的近十位教书同时到场，村民仍然记得，"但凡长安畈能够叫得上名号的人物，都邀请到了"。甲戌年的抗旱，那是整个长安畈的大事，地区内的吴家村、陶家村（桃溪村）、方家村、程家村等十多个村落的族老板，地区有名望有权威的人物，共计几十人尽数参加。

（四）如何来公谈

发起者通常也即公谈的主持者，公谈有关的主题、整体进度等多由其掌控。"谈公事"的具体方式，主要有两种方式，一种是村庄内部的，在餐桌上协商解决。当地一个"三媒六证"的说法中，"六证"指的就是这个解决的过程。协商多在发起者的家中进行，除涉事双方，包括被邀集的六名权威名望人士。发起者招待饭食，在餐桌上边吃边协商。传统的八仙桌，除了矛盾双方，只能坐下六个人，故此只邀请六人，这才有了"六证"的传统。如果这一次形成的结果，某一方未能满意，则按照"六证"的惯习，再次商讨。

另一种是宗族或村落之间的协商，若在公共场所协商，则只是就事论事，无人招待饭食，此种情况较少；多在发起村庄的族老板家中，为其提供饭食，在餐桌上协商解决，这种情况对于参与人数是没有限制。参与人员就相关事情的缘起、经过先前的具体商议，评断双方的是非曲直，众人不会因为发起者提供饭食而进行偏袒。众人按部就班评断之余，也提出他们的意见，力促达成双方满意的结果。如果发起者仍然对结果不满意，则

---

① 老板：传统时期该地对地主和做生意人士的统称。

约定时间再次协商公谈；若是被发起者不满意公谈的结果，他可以发起公谈，并邀请更多的权威名望人士参加，若上次是六桌，此次其或邀请八桌。若是仍无法解决，可上诉官府，寻求官方的判决。对于乡村建设性的公谈，发起者只需在家中备足饭食，由众人商量对策，再由发起者统率执行。

水源纠纷经过两次公谈，第一次是在渡船屋，众说纷纭，但没能商讨出水源分配的方案；第二次是在吴家村族老板家中，总共有6桌、48人参与了公谈，众人重断曲直，指出方家村纵意拦河蓄水的过失，希望吴家村等其他村庄放下成见，共同协商解决水源矛盾。最后众人一致提议按照区域内的人口数量和土地面积总体评估，分配水源，形成"三七"分水的决议，即方家村取三分水，其他所有村庄共用七分水，并在长安河上游建造水堰，取名"三七"堰。

（五）公谈的结果

一轮或多轮公谈之后，通常能够达成共识，并且多将共识转换成文字契约的形式，赋予其民间法律的职能。采取"六证"方式公谈的，因事件较小，能够较快地达成共识，契约文书也相对简单。由在场知道文书惯习的人，将事件的缘起、经过、结果等书写一式两份，双方各自签字画押，保留一份。被邀集的权威名望人士，都以见证人的方式在上面留下字据。

若是多个宗族村庄进行公谈，按照惯例也必须留下契约文书。此外，所有参与的村庄都会将该事迹和契约文书，记录于自己的族谱，一是教育子孙后代；二是留作历史证据，记录事件的起承转合。对于乡村社会建设性的公谈，以达成共识，形成公论，做出决议为主，通常可不留下契约文书，因为这些决议很快都将付诸实践。待整个事情处理好后，众人也会撰文记录该事，并收录进各自族谱中。

对于公谈不能形成定论的，或者是觉得定论让自己受损的，便不会接受和承认该公谈的结果。他们通常会上诉到地方政府。如果不是损害官府的行为，不是扭曲事实的公事决议，官府会维持原来的决议，上诉者也只好接受该结果。

三七堰水源纠纷的过程中，即便到了第二次"谈公事"形成的三七分水，方家村也不愿接受该结果。一是其觉得自己家族势力大，不愿意妥协接受；二是认为自己靠近水源，按照"近水楼台先得月"的先用水的惯行，自己理应要分得更多的水源。所以他们最后上诉到了官府，但是官府认为，这是地方社会协商的结果，于该区域并无害处，于是承认并遵循了公谈的结果。甲戌年抗旱，长安畈全部村庄加入了公谈，由于是公益性的，不涉及双边矛盾，因此没有留下具体的契约文书，但事后各个村庄的族谱皆有记载。

三 "谈公事"：传统协商实践的内在机理

"谈公事"这种公事公谈的协商治理机制，在一定程度上能促进乡村有效治理，促使"无讼社会"[①]的形成。这种机制能够形成、发挥作用、维系运行等有其深刻的社会根源。

(一) "谈公事"何以可能

1. "皇权不下县"塑造了传统协商的社会土壤

传统社会"皇权不下县"，国家正式的官僚行政体系对于县以下的基层乡村社会干涉也是有限的，国家与农民之间主要通过税赋发生联系，也就是所谓的"纳完粮，自在王"。正是这种国家干预限制少、农民自在自为的社会状态塑造了传统乡村社会深厚的协商土壤。在农民的日常生活和联系中，在这土壤上，内生出诸多的权威，代表宗族权威的族老板，代表乡村社会权威的士绅阶层，代表文化权威的教书先生等，由他们合作对乡村社会进行治理。但他们只是乡村社会精英，只是乡村社会某些方面的代表，他们的权威也是有限的，一种或多种权威都难以对全部的乡村社会进行有效治理，就必须进行合作，采取协商的方式进行。同时，他们可以代表广大的农民，但不能代替广大的农民，许多关系农民切身利益的事情，他们可以协助解决，但不能代替解决，这也促使了传统社会协商治理的出现。

[①] 费孝通：《乡土中国》，上海人民出版社2007年版，第51—55页。

2. 地域相邻和利益相关：基础和起点

传统社会受社会发展水平的制约，交通发展水平不高，农民可以活动的范围较小。因此，参与乡村政治活动，必须重点考虑交通出行问题。如果距离较远，一是由交通导致的金钱成本高；二是距离造成的时间成本高；三是距离远、时间久，会耽误农业生产。因此，地域相邻是传统时期农民或者宗族村庄能够参与地方政治事务的基础条件。长安畈地区能够形成"谈公事"的协商治理机制，就在于这是一个较小的自然区域，在这个区域内，各村庄虽然分散，但相距较近，农民参与政治活动的时间成本较小。

在乡土社会，农民"面朝黄土背朝天"，终日在土地上精耕细作，全靠土地经营维持日常生活。故因土地而形成的横向社会联系，远比纵向上与国家的联系丰富。因土地而形成的利益关联，可以将乡村社会分散原子化的农民进行整合，就任何危害小农经营的行为进行斗争。这种斗争，在具体的政治运作过程，具有丰富的表现形式，协商治理形式是可以将各方利益最大化的有效形式。"谈公事"这种协商机制得以形成，就在于利益将农民联结为利益体，协商只是为了减少利益受损或是促进利益最大化。

3. 多元主体参与：广泛的社会认同

在乡村社会中内生出的宗族老板、士绅阶层以及教书先生等权威主体，共同参与到具体的协商实践中，显示了各权威主体对乡村政治的广泛关注。在中华民国时期，国家权威衍生出的保甲长，也受邀参与到具体的协商政治当中。因此，传统协商治理实践，一开始就吸引了广泛的社会目光。再到具体的协商过程中，各权威主体进行广泛的商讨与合作，最终对协商议题达成共识。对于一些调解型的问题协商，所有参与主体，都将在契约文书上签字画押。这可以视之为凝聚了各权威主体广泛认同，同时这些认同能够落到实处。对于一些建设性的事物协商，各权威主体积极参与，并对协商做出的决议，从人力、物力上给予保障。正是因为拥有众多权威主体的认同，"谈公事"这种协商机制，才能够落到实处，并持续发挥作用。

此外，各个宗族对协商始末撰文入谱，以历史的形式、教化的力量等，扩大了相关事件的宣传，加强后人对相关事件记忆之余，无形之中也加强了民众对该事件的认同。因此诸如"谈公事"等协商机制，从开始，到事件运作，再到盖棺定论后，凝聚了普遍的社会关注和认同，才会出现"皇帝无为而天下治"的局面。

4. 相对平等的协商对话方式

协商对话最终形成一种治理机制，关键在于贯穿其中的平等思想，平等既是协商的前提，也是协商的内在价值，只有在平等的环境中，协商才能有效地进行，才能落到实处。在"谈公事"的协商实践中，这种平等主要表现为一种相对平等：一是协商主体势力的相对平等，势弱的一方通过邀集而认识更多的权威名望，通过更加广泛的社会关注增加自身势力，从而达到与对方势力的相对均衡状态；二是协商过程中发言讨论权利的平等拥有，无论是矛盾型的调解协商，还是建设型的事物协商，众参与者都可以就任何问题进行讨论，发表自己的意见；三是对于协商结果平等的认定，即凡是受邀请参与的人，无论其是官民、贫富等，最终都需要签字画押，实行平等的认定权。

5. 协商环境的开放性

传统社会乡村治理中的协商过程是开放的，这从前文提到的协商地点的协商性、参与主体的广泛性等可见一斑。协商环境的开放性才让"谈公事"等协商机制更深入人心。公谈虽说受邀请的都是乡村社会的精英人士，主要是这些人物在协商，但在具体的协商过程中，它并不排斥民众旁听，发表自己的看法。三七堰水源纠纷，第一次在渡船屋中进行协商时，一些船户佬[①]也旁听了，有些人还发表了意见，说了"公道话"。此外，一些在集市、杂货铺等公共场所进行的协商，商店顾客和行人，也常有好事者，驻足旁听。如此开放的协商环境，让更多的普通民众知道、甚至直接参与到协商之中，才让其获得一定的社会民众基础。

（二）"谈公事"以何保障

"谈公事"协商治理机制能够发挥效用，在于其协商结果的合情性、合法性、合理性，这是传统乡村社会协商治理形成、维系并发挥作用的保障。

---

① 船户佬：驾船和摆渡人的统称。

1. 多元权威的认定赋予"谈公事"合情性依据

民情不仅是乡村社会环境形成的社会基础，也作用于社会治理。它"能减缓最不利的地理环境和最坏的法制的影响"[①]。传统时期，士绅等权威精英阶层的存在是乡土社会民情的一个集中体现，他们是存在于国家与农民之间的中间阶层，沟通二者的同时，也缓解二者之间的矛盾。"谈公事"对乡村社会各类权威主体邀集，便是对这一社会民情的尊重。

士绅等权威阶层，代表着各自领域的社会权力和民众支持，他们对乡村社会事务的协商过程，也是他们对协商事件是非曲直的认定过程。这个认定过程，不仅是获得民情的支持，更是其身后的权力和民众的共同支持。正是因为如此，传统协商实践就获取了乡村社会的合情性依据。协商邀集的权威更加广泛、更加具有代表性，合情性的依据就更加具有说服力。

2. 国家权力的认同给予"谈公事"合法性支持

"谈公事"协商实践是乡村社会长期面临国家权力不在场的情境下，自发生长的乡村自治方式。它的存在可以弥补国家权力缺位。因而，长期以来国家权力默许它的存在。中华民国时期，长安畎地区的保甲长几乎没有社会地位，但是一些较大的公谈，还是要邀请保甲长参加。他们作为一种权威而被邀请，既为了获取更广泛的社会权威的关注，更在于他们作为国家力量在乡村的体现，代表国家对地方事物的干涉，一定程度上可以代表国家对相关事件的合法性进行干涉。

对于协商凝聚的共识，协商各方没有异议形成的契约文书，能够促进乡村社会有效治理，基层政府自然是默认和支持的。即便是协商一方对解决措施不满意的，如前文提及的三七堰水源纠纷中，可以上诉到官府，官府对于合乎乡村惯行的契约，也是认同支持的，并落实到具体的乡村治理实践中。这从表面上看只是基层政府对协商结果的认同和支持，其深刻内涵却是国家权力对其给予的合法性支持。

3. 基层民众的遵从是建立"谈公事"发展性基础

传统协商活动是在士绅等乡村精英之间进行的，但协商决议的有效性，取决于其贯彻执行的程度和力度。长安畎地区"谈公事"的矛盾型

[①] ［法］托克维尔：《论美国的民主》，董果良译，商务印书馆2008年版，第358页。

调解协商和建设型事物协商开展都有自己的特点,调解的前提是有一方觉得自己吃亏,寻求众人道义上的支援和现实当中的支持,其目的也是解决问题。经过权威的协商和认定,最终达成共识,被调解的双方最终都会接受调解的结果。对于建设型的协商,是地区为了更好地推进乡村建设,为民众获得更好地福祉,而出谋划策的共商共议。对于协商形成的决策,各个宗族和村庄都积极拥护,并落实到人力、物力等具体支持和行动当中。这便赋予了传统协商生命力,协商决议并不是存在于契约和意识当中,而是深深地扎根于社会的土壤,这是传统社会协商治理机制能够延续性发展的重要保障。

四 结论与进一步讨论

类似"谈公事"的协商治理方式,在其他地区的调查中也有发现。[①] 这些传统协商方式都是农民自主、自力解决自身事物的有效方式。这对于社会治理具有重大作用,对于基层社会,通过内部协商,可以加强社会的横向联结,化解社会矛盾,促进乡村建设。对于上层国家,首要的是弥补国家力量在乡村社会的不足,降低国家行政成本,减轻以农民赋税供养更加庞大官僚队伍的负担。

通过协商实践,我们会对于传统社会有更深刻的认识。长久以来,西方对中国社会的认识都停留在"东方专制主义",认为东方"不能产生自愿的联合,因而需要中央集权的政府进行干预"[②]。魏特夫也曾指出,中国具有深厚的东方专制主义的土壤。因此,西方普遍认为,在强大的专制政体下,人民处于被奴役、被专制的状态,是愚昧的、没有自由的。

随着中国社会科学调查和研究的不断深入,不断有学者对此提出质疑,徐勇教授在辨析东方专制主义的基础上,提出了"东方自由主义"的理念,认为它"是在东方中国自由小农经济社会基础上产生的农民的

---

① 参见晏俊杰《协商性秩序:田间过水的治理及机制研究——基于重庆河村的形态调查》,《学习与探索》2017 年第 11 期;史亚峰:《自主性治水:基层多单元水利治理的内在机制研究——基于洞庭湖区湖村的深度调》,《学习与探索》2017 年第 11 期;陈军亚:《公理公议:传统中国乡村社会协商治理及价值》,暂未刊发。

② 《马克思恩格斯选集》第 1 卷,人民出版社 1995 年版,第 762 页。

自由状态和追求"[①]。传统协商治理实践的证明,传统时期基层农民社会并非专制的,而是自由的,并且这种自由不是漫散无序的,而在一定的条件下可以产生"自愿联合"。

传统协商治理实践是在"皇权不下县"的社会土壤中生成的,随着国家一体化建设进程的推进,这种社会土壤逐渐消失。但随着社会的发展,民众联系和社会事务更加复杂,社会利益更加多元化,社会矛盾更加突出,这些都对社会治理提出了更高的要求。协商治理是解决这些社会问题的一种有效途径,通过协商,民众之间可以达成更加广泛的社会共识,实现公共利益的最大化。

当前国家正在大力推进治理体系和治理能力的现代化建设,乡村振兴战略也提出有效治理的目标,这需要我们对传统治理思想进行挖掘。中国传统治理思想及其实践是当代中国协商治理的生存土壤。当下推进协商治理,应吸收传统协商治理思想的精华,克服具体实践中的困境。一是应该扩大协商主体的覆盖范围,使协商具有更加广泛的代表性;二是丰富协商治理的内容和实践,通过协商凝聚更多方面的共识;三是加强协商过程的合法性建设,增强协商结果的权威性;四是完善协商结果的制度化表达,使协商结果能够真正落到实处。

[①] 徐勇:《东方自由主义传统的发掘——兼评西方话语体系中的"东方专制主义"》,《学术月刊》2012年第4期。

三权分置背景下土地流转合作社的服务模式及其问题优化

——以新农邦合作社为例

朱兴涛、张传运、丁智慧[*]

内容提要：土地流转能够在更大范围内实现农地的规模经营，成为一种实现适度规模经营的有效形式。新农邦合作社以土地流转为核心，提供农业种子服务，发展农产品深加工业，进行劳务输出，一方面实现农村土地的规模经营；另一方面增加社员的额外收入。本文在对吉林省梨树县新农邦合作社进行深入个案分析后发现，土地流转合作社发展普遍存在的困难与挑战，即土地流转短期行为严重，土地流转合作社服务质量有待提高；合作社股权集中度过高，土地流转合作社治理结构有待调整；"内部人控制"问题突出，土地流转合作社的监管机制有待优化；合作社社员缺乏认同感，土地流转合作社组织认同有待提高；土地流转合作社未建立有效的监督和培训制度，现代职业农民的职业培训体系有待建立等，并提出相应的优化策略。

关键词：土地流转；新农邦合作社；个案分析

2016年10月，中共中央办公厅、国务院办公厅印发了《关于完善农村土地所有权、承包权、经营权分置办法的意见》，围绕正确处理农民和土地关系

---

[*] 作者简介：朱兴涛（1984— ），汉族，东北师范大学马克思主义学部社会学学院讲师，党支部书记，主要研究方向为农村社会学、组织社会学；张传运（1994— ），土家族，东北师范大学马克思主义学部社会学学院硕士研究生；丁智慧（1997— ），汉族，东北师范大学马克思主义学部社会学学院本科生。

这一改革主线，科学界定"三权"内涵、权利边界及相互关系，逐步建立规范高效的"三权"运行机制，不断健全归属清晰、权能完整、流转顺畅、保护严格的农村土地产权制度，优化土地资源配置，培育新型经营主体，促进适度规模经营发展，进一步巩固和完善农村基本经营制度，为发展现代农业、增加农民收入、建设社会主义新农村提供坚实保障。完善"三权分置"办法，不断探索农村土地集体所有制的有效实现形式，落实集体所有权，稳定农户承包权，放活土地经营权，充分发挥"三权"的各自功能和整体效用，形成层次分明、结构合理、平等保护的格局。意见指出，要始终坚持农村土地集体所有权的根本地位；严格保护农户承包权；加快放活土地经营权；逐步完善"三权"关系。而实现这一目标的关键在于土地流转。

土地流转有利于实现土地资源的优化整合和农业产业化发展，有利于保障农民长期而稳定的收益，有利于加快农民的非农化转移和农村城镇化进程。土地流转能够在更大范围内实现农地的规模经营，成为一种实现适度规模经营的有效形式。在这十几年的全国土地流转实践中，农户大部分采用出租、转包、互换等方式进行土地流转。全国很多省市也出现了土地股份制、土地换保障等新兴的流转方式。不同的流转方式，会导致土地流转中土地规模化、集约化及市场化程度不同，进而影响土地流转过程的效率和流转后的效果。为了总结土地流转的发展经验，探寻新型土地专业合作社发展道路，围绕合作社的组织结构、运营发展，面临的挑战以及未来发展空间等几个问题，我们对吉林省梨树县以土地流转为主要服务对象的新农邦专业合作社进行了比较系统的调查研究。

一 新农邦合作社的基本状况

（一）新农邦合作社的发展规模

在不改变农民最敏感的土地承包关系和农户自主经营权的前提下，新农邦合作社以服务为宗旨，有效帮助农民解决一家一户做不了、做不好的事情，组织管理上，实行自愿结合，自由入退，提高农民的利益。

新农邦合作社是劳动群众自愿联合起来进行合作生产、合作经营所建立的一种合作组织形式。新农邦专业合作社位于胜利果乡，以优化整合农资、农机、土地等资源，致力于保护环境，从事用工业化管理使生产吨粮成本最小化的粮食生产和销售的合作社。坚持"满足社员要求,引领三农发展"的使命,提高人们的生活水平。新农邦合作社主要依托北京华农伟业种子有限公司,社员在新农邦合作社购买农资有优惠政策,属于农企联合性质。2010年5月,新农邦合作社正式在工商部门进行注册。在注册一年后,由最初的5人3户增加到70户,到了2013年,郭家"果乡"合作社合并到新农邦合作社中,人数增加到400户左右,而到2015年已有497户加入到新农邦合作社中。2013年,形成了从种植生产资料向土地流转转型的发展模式。详见图1。

2016年7月,为了提高社员质量,提高新农邦合作社发展水平并结合新合作社发展实际情况,对入社成员进行清理,将消费数量不达标,对新农邦合作社发展贡献小的社员强行劝退并返还其股金,将人数维持在500户,但在第二个"五年规划"中预计将入社户数提高到800户。同时加强对申请参加新农邦合作社的社员的监督,申请人提交申请并需要一位介绍人介绍,理事会商讨认为申请人符合条件后同意其入社,社员入社后不做贡献便会将其强行劝退,并且介绍人要对该社员负责。

图1　　　　2010—2016年新农邦合作社户数变化折线图　　（单位:户）

由图2可知,新农邦合作社的固定资产以大型农机设备为主,2011年仅一台康达的农耕机,随着合作社快速发展,其数量逐年增高,到2016年共有各种农机28台,且多为从美国、荷兰引进的大型农业生产设备,一部分在梨树县运作;另一部分常年在内蒙古自治区、河北省等地区。由于现在合作社发展态势逐年见好,发展规模逐年扩大,形成了"马太效应",即各种资源能够主动向合作社靠拢,使得合作社在低交易成本的条件下获得更多的收益。如2015年,新农邦合作社从美国进口了58万元的农耕机及

48万元的玉米秸秆粉碎打包机，都是美国驻中国厂家主动联系新农邦合作社，让合作社先使用后付款，因此合作社两年内就还清款额，并获得收益。

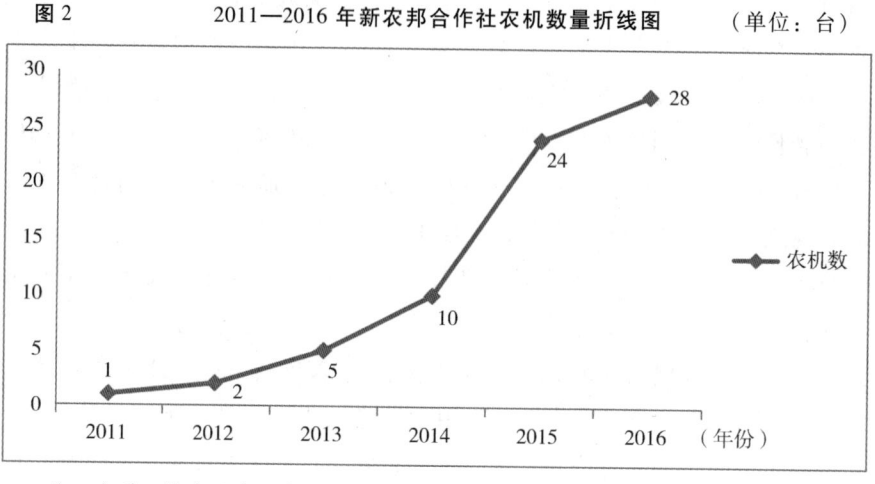

图2　　　　2011—2016年新农邦合作社农机数量折线图　　（单位：台）

注：小型四轮农用车没有计算在内。

而图3表明了新农邦合作社2012—2016年的营业额总体呈增长趋势，由初建的50万稳定发展到现在的55万左右，其间虽经历了失败和挫折，但是众人齐心，细心策划，使得新农邦合作社仍然健康良好地发展下去。未来新农邦合作社切实落实好下一个"五年计划"，提高新农邦合作社的公积金和公益金，增加分红，实现养老服务和医疗服务的建设发展。新农邦合作社的健康良好发展，也得到政府的肯定与认可，2014年荣获"国家示范点"称号，2015年荣获"高产状元"称号，2016年得到县委组织部专家的肯定。

图3　　　　2012—2016年新农邦合作社营业额统计表　　（单位：万元）

（二）新农邦合作社的组织结构

新农邦合作社的良好运行必然离不开队伍建设，管理人员主要是技术性人才，有社会权威人群，以及有一定的政治基础的人员。最高的权力机构是社员代表大会，每年召开两次，审查理事会与决策合作社大事，下属常设机构有理事会、监事会及顾问团。具体的运营状况由理事会操持，理事会由理事长、总干事两部分构成，理事长是合作社的法人代表，下属4名理事会成员，主要处理合作社日常事务与经营，带领会计、库管、出纳各1名，三者又归财务主管负责；财务人员由专业人才构成，具有会计证，都是乡里的财务能手，作为财务主管，并且进行软件管理，实现无纸化账目。总干事为合作社的主要负责人，负责合作社发展方向与重大事项，下设20多个地区干事负责地区发展与重大事项，以及设置运营主管、农机主管、农技主管等，主要协调团队运作（详见图4）。

干事挑选十分严格，要求具有办事能力和权威，说话有力度、有地位，只有这样才能领导监督好自己的事务，也有利于提高新农邦合作社跨区域管理的水平的质量。如新农邦合作社下属的一个分区的干事，便是当地基督教教区负责人，在当地具有很强的号召力，具有威信。理事长需要接受总干事的工作指导，同时需向总干事汇报工作。监事会由监事长与三名监事会成员组成，负责对理事会的账目、资金运转进行定期检查监督、审核，对理事会工作进行监督、督促。

顾问团则是新农邦合作社理事长王大伟和总干事王坻成通过自己的社会关系请来的农业相关的政府工作人员与高校教师，包括总顾问、法律顾问、农技顾问、农机顾问、质保顾问。总顾问是四平市经管站站长郭长负，担当土地仲裁，可以解决土地纠纷；质保顾问孔小春，是某农资企业东北区域的经理；农技顾问是吉林农业大学教师，负责指导合作社的农作物的种植与养护；农机顾问是乡里的农技站站长，主要负责涉及农机政策补贴；法律顾问是长春律师事务所的顾向杰，为合作社提供法律支持。

此外还有项目负责人，进行农业生产成本年预算，新农邦合作社会给予一定的周转资金。项目负责人自主提计划，新农邦合作社统一采购，再由负责人进行销售，从而避免了购销矛盾、农资滞留问题，有利于新农邦合作社的良性发展。为了提高新农邦合作社的工作效率和服务水平，保证新农邦合作社的自主性，新农邦合作社取消了不符合发展要求的事业部，但由于县党委要求设立了合作社党支部。

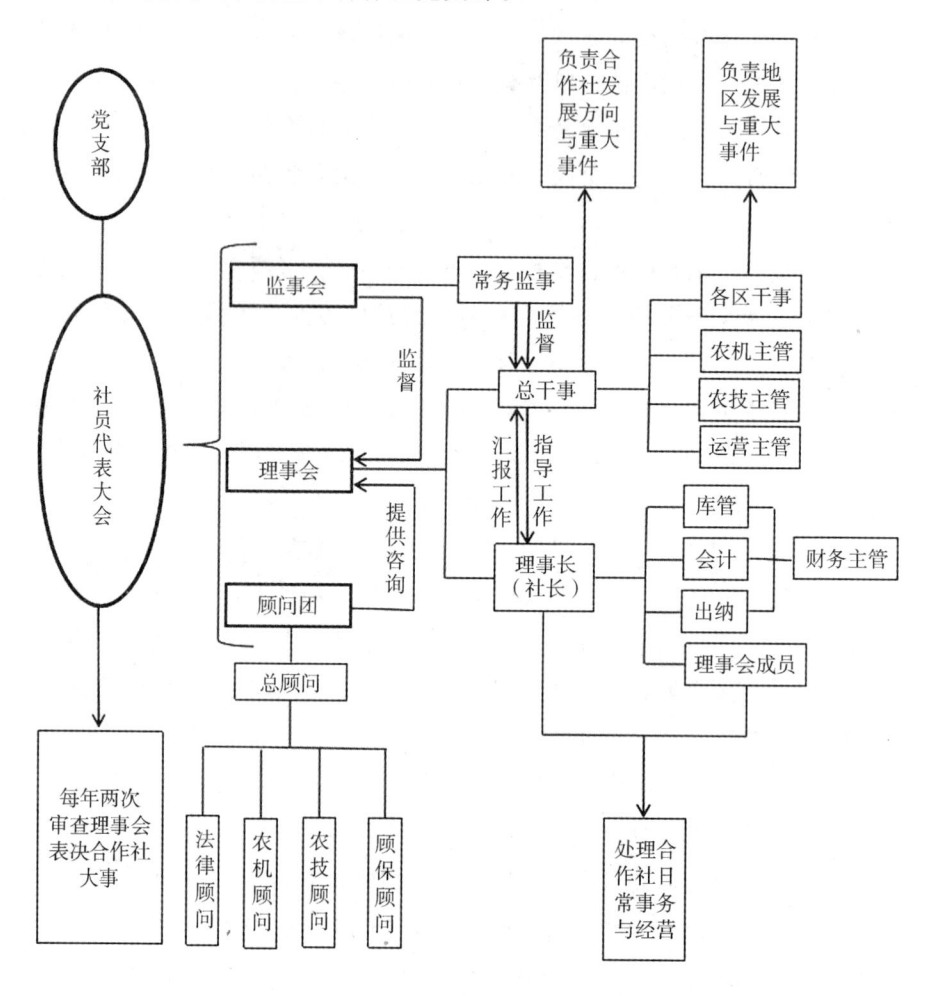

图4　新农邦合作社的组织结构

实际上，在新农邦合作社的管理队伍中，80%为义务工作，只有理事长、出纳和干事是有工资的。干事在预计目标都完成后，就可以获取工资。监事会和顾问都是义务工作。这一现象有力地表明了新农邦合作社的管理人员服务农民，切实提高农民利益的愿望和决心，也体现了新农邦合作社的运营和发展确实给人们带了实实在在的利益，增强了人们为新农邦合作社服务的积极性。

二 新农邦合作社的服务模式

新农邦合作社以土地流转为核心,依托大型农机设备,利用与农资企业合作的优势,开展全套全面的农业生产服务,同时对农副产品进行深加工,扩大产业链,增加收入,提高就业。

(一) 土地流转服务

罗纳德·科斯在《企业的性质》一文中表明了股份制企业是能够达到降低交易费用目的的组织创新成果,交易费用,一般发生在交易的各个方面,并随着交易次数的减少而减少。[①] 土地流转改变了单个农户单独与市场进行交易的双边规制结构现状,实现了以合作社集体与市场的统一交易,减少了交易的次数。目前,新农邦合作社土地流转出现了"土地入股(股田制)"和"土地托管"两种方式。2013年,新农邦合作社开始由从种植生产资料逐渐向土地流转转型的发展模式,2014年正式进行土地托管。

1. 土地入股模式(股田制)

由图5可知土地入股(股田制)模式,社员以土地作为资本入股,农资公司提供生产器具与科学技术,专业技术人员提供技术与劳动力。这样按盈利的百分比来分配。农民占土地产量的40%,公司占土地产量的40%并获取企业介入后所增加的粮食产量,技术人员则有20%。

大规模机械化生产提高了产量与质量,公司的专业性模式减少了风险,公司的关系网也扩大了销售渠道。合作社将农民手中的土地集中起来,由合作社进行大规模的生产和种植,给农民放手出去打工的机会,代理经营土地,每年年终根据入股比例进行社员分红。2013年,正式进行流转土地62公顷,随后几年逐年增加,到2016年已有120公顷土地进行流转。

这种运营模式虽然以公司为主导,农民没有决策权,但农民能在其中

[①] 李忠旭、黄荣蓉:《单边规制的制度优势:土地流转合作社的理论与实践》,《农业经济》2016年第8期。

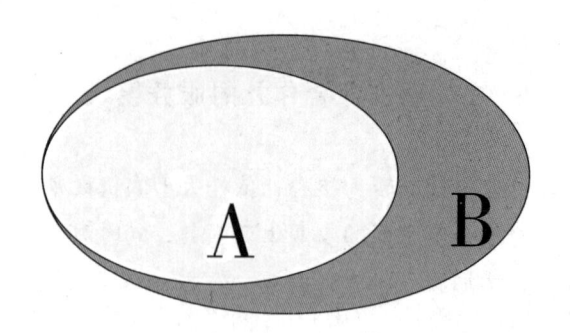

图 5　新农邦合作社土地入股（股田制）模式收益分配图

注解：

A：当地农田的均产量

B：企业介入所增加的粮食产量

合作社农民的获益 = A×40%（主要来自土地的使用权）

企业收入 = A×40% + B（主要生产器具与科学技术）

专业技术人员 = A×20%（技术与劳动力）

获得更多的实惠，而且风险小，解决了农民无资金人才技术以及无法把握市场等弱点。除此之外，由于梨树县是东北地区典型的农业县份，人均土地较多，有利于土地规模经营和农业产业化。然而，据观察，农资公司才是合作社的真正主导，公司想要通过合作社之手将农民的土地集合起来，然后种植的增产部分并不算是农民的分红，农民唯一受益的就是自己不用亲自种地。但是参与合作社并没有给农民带来过多的经济效益，反倒在这个过程中丧失了土地的使用权。

此外土地入股（股田制）模式使得农业生产收益都由合作社负责，社员对于农田生产漠不关心，不利于提高粮食产量，从而不利于提高农户参与生产的积极性。另外，由于合作社风险共担，因此农户的收益和新农邦合作社的收益呈现为正相关的关系，合作社农业生产出现亏损，农民也跟着亏损。

2. 土地托管模式（托管制）

土地托管模式，即社员什么也不用管，在空闲时间可以出去打工。但是其最低原则是"托管土地收益不低于临地收益"。社员与合作社共同计算单位面积下的生产成本，得到社员个人土地生产的总成本，双方达成协议，签订合同。社员分三次向合作社交托管钱，第一次为总成本的 1/2，第二次与第三次分别是总资产的1/4，土地托管关系就此形成，年底社员获得相应土地的农作物。新农邦合作社得到社员的托管后，因大规模机械生产与合作社农企合作的性质，在实际种植过程中，种子、化肥等农资可以低价购得，形成差价，成为合作社资产。

由图4可以看出从2014年正式托管210公顷土地，到2016年增加到760公顷土地，这在很大程度上提高了农户的生产合作积极性，提高了农产品的产量。由于新型的土地经营发展模式及其所带来的效益，新农邦合作社的经营范围早已超出了村庄甚至发展得更为广阔。2012年，新农邦合作社的范围跨越村庄，涉及小城子、关家村、孙城圍等4个村庄、7个乡镇；2014年，范围扩大到辽宁省。数字逐年增加，范围不断扩大，使得新农邦合作社的新型发展模式获得推广，得到广大农户的肯定与认可。

土地托管虽然还是将土地流转到合作社中集体耕作，但是其生产责任由原来土地入股的合作社责任全部负担转变为合作社与社员共同承担。虽然土地由合作社承担耕种，但是最终出产粮食仍由土地原经营者决定，因此为了获得最大限度的产量，社员也会主动关心生产情况。

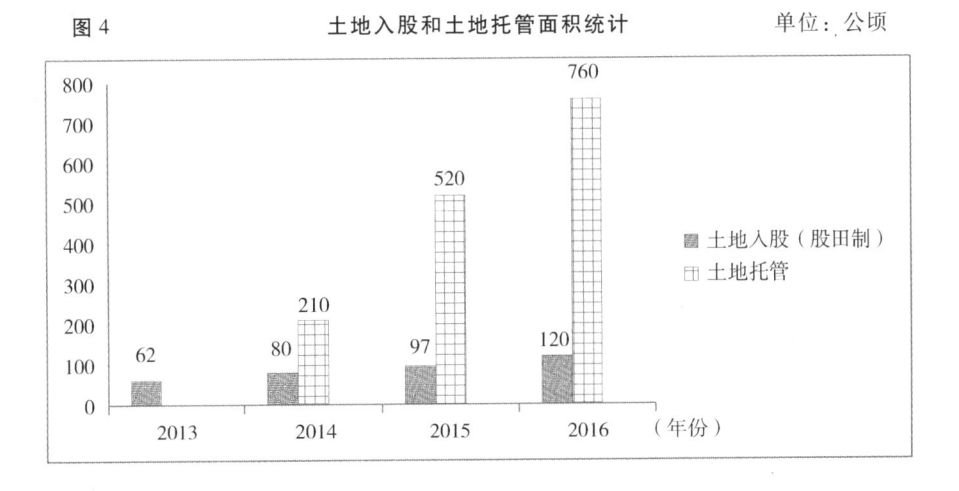

图4　　　　　　　　　土地入股和土地托管面积统计　　　　　单位：公顷

（二）农业种植服务

一般而言，农业生产发展的动力主要来源于两个方面：生产要素投入的增加和资源配置效率的改善。前者可以表现为土地、劳动的投入以及生产资料的投入等方面，后者则主要表现为技术进步方面。但是要素投入具有边际递减的规律，因此，从长远的角度看，农业科技的进步才是支持农业生产发展的持久推动力。① 除了具有特色的土地流转经营模式，新农邦合作社还提供全面周到的农业服务，进行科学种田。在技术服务方面，新农邦合作社进行了种子质保鉴定，拥有鉴定书，存档备案。保证质量，使农民内心稳定，种子一旦出了问题，就可以拿着质检报告找种子技术管理部门，追究技术管理部门的责任。

在田间管理上，主要使用两种药——防虫药和除草剂。剧毒的药水不仅危害农机手身体健康，而且不环保，严重污染土地和环境。使用进口瑞士的农药，并用高架车喷洒防虫药、将药水灌入土里是最为高效低毒的。其他服务还涉及质保防治灌溉，由新农邦合作社统一组织灌溉等活动，解决了自然资源的限制问题。

（三）农副产品深加工服务

新农邦合作社的农副产品深加工服务主要集中在两个方面：一方面是凭借自己的实力，形成自己的品牌。2015年注册"郭家窝"商标，主要进行玉米深加工和杂粮蔬菜等产品的深加工发展，如建立豆包加工厂，延长产业链。采用走订单经营模式，从服务区上划分，基本上是20户社员配备一个干事，干事的职能起到信息员的作用，上传下达，了解社员的具体需求，然后经过干事汇总，总干事能够清楚明白社员的需要并进行统一采购；另一方面是玉米秸秆粉碎打包服务。进行饲料加工，将打包后的玉米秸秆进行牲畜饲料深加工，然后出售。

（四）劳务输出服务

新农邦合作社发挥自己的社会资源优势，联系外地厂家，进行劳务输出，为社员提供就业机会。2015年时，合作社便与大连的罐头厂以合作社的名义签订合同，合作社为大连罐头厂提供劳动力，罐头厂直接将工资

---

① 张三峰、杨德才：《基于农民异质性的土地流转、专业合作社与农业技术推广研究——以江苏泗阳县X镇为例》，《财贸研究》2010年第2期。

汇到合作社的账户上，合作社再由罐头厂提供的工时向社员发放工资。2016年又与河北的雪糕厂签订了相同的合同。以合作社的名义输出劳动力拥有三个方面的优势：一是社员工薪水平较高。以合作社集体的名义与厂家签订劳务合同，合作社利用人员规模的优势可以对社员的工薪水平向厂家提出较高要求，掌握主动权；二是社员工薪获得保障。外出务工社员工资由新农邦合作社直接支付，即使工厂没有将工资按时汇到新农邦合作社的账户上，社员工资也依旧由合作社提供保障能够按时发，从而使社员工资获得保障；三是为土地流转提供闲置土地。劳务输出使得青壮年劳动力都外出寻求发展，农村出现大量的闲置土地，这有利于合作社进行土地流转，进行大规模连片耕种。

其实，新农邦合作社提供的四种服务不是独立且毫无关系的，而是以土地流转为核心，劳务输出为土地流转提供空闲土地，反过来土地流转又解决了人口输出后的土地荒芜问题；农业种植服务使得土地流转后提高了土地产量，增加收益，反过来土地流转形成大规模土地连片，降低了生产成本；农副产品深加工，扩大了土地流转的产业链，提高合作社的收益，进行土地流转，大面积、统一、科学耕种又能为农副产品深加工提供充足的优质原料。

合作社提供的高效率、机械化、科学化、连片化的种植服务，不仅仅为农副产品深加工提供优质原料，在源头上保证质量，而且可以解放农村剩余劳动力，方便劳动力输出。集中进行劳务输出，为种植服务提供空闲土地，也为产品加工提供劳动力。在产品加工方面，不但就近解决因土地流转空闲而不愿离家的劳动力，而且为高效种植服务解决农副产品的销路。"建立和发展合作社，正是土地规模经营和推进农业现代化进程的需要，它克服了小规模家庭经营的局限性，使农业生产闯出'专业化分工、规模化生产、产业化经营、企业化管理'的发展道路，更能加速农业结构的调整和优化，促进特色农业和优势产业的建设和发展，最终实现农业增效，农民增收。"[1]（详见图7）

---

[1] 吴桢：《土地流转合作社若干问题研究》，《农业科学研究》2010年第4期。

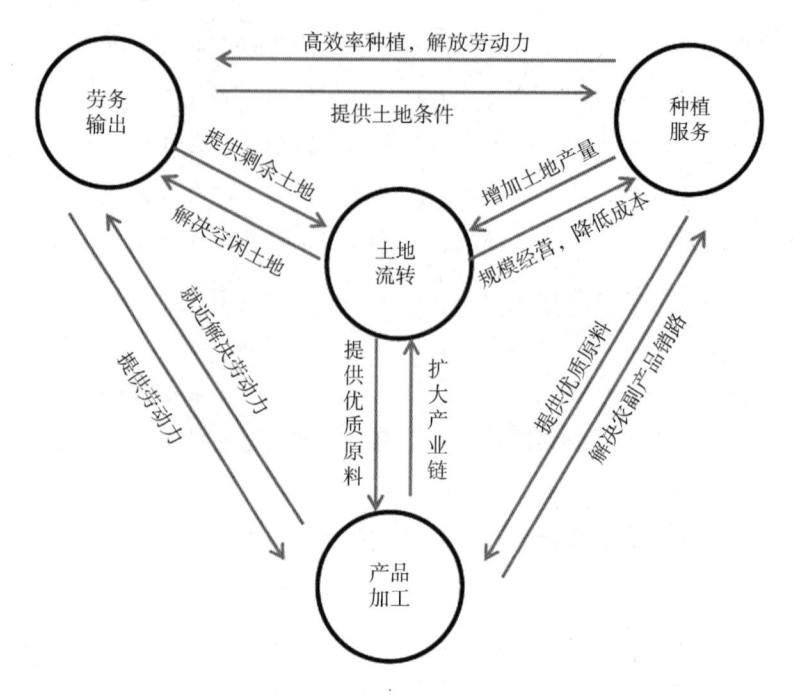

图7 新农邦合作社服务模式图

三 新农邦合作社带来的影响

(一) 改变农业经营模式，提高农民市场地位

在不冲突农村家庭联产承包责任制的情况下，保留农民的土地经营权，转让土地使用权。采用土地流转和土地托管的新型经营模式，整合农村土地资源，实现农村经济的规模效益。拓宽了农民与市场的联通渠道，打破分散的农户无法承受商家的漫天要价和弄假欺骗，节约了经营成本，提高了农民与市场主体的谈判话语权，提高了农民的市场地位。

(二) 增加农民就业机会，提高农民生活水平

农民将土地转让给新农邦合作社之后，有充足的剩余时间外出打工，获得额外的收入。加入合作社后，社员年收入由三部分组成，土地流转收入、合作社25%年终分红、社员外出务工收入。就业机会增加和收入水平提高，生活水平不断提高。同时，参加合作社的农机手获得的收益也获得了提高。由表5可知，2015年农机手的工资收益是3.8万元，但是

2016年仅农机手在胜利乡玉米秸秆粉碎打包的收入就有6万元。

图8　2012—2016年新农邦合作社农机手工资收益状况　　单位：万元

注：2016年数据仅为农机手在胜利乡玉米秸秆粉碎打包收入。

（三）丰富农民文化生活，促进农民思想转变

新农邦合作社历经20天的策划筹备，成功举办了首届"二人转杯"文艺表演活动，为农民提供了展示自己文化的舞台，上演了原汁原味的东北民间文化表演，得到了广泛的赞许。多种多样的文化活动形式，使农民改变了对新农邦合作社错误的看法，逐渐接受这种新型的土地经营模式。农民之间的占地边现象减少，文化素质在一定程度上有所提高，村庄文化氛围积极向上，和谐友好。

（四）促进农村产业结构调整，提高抗风险能力

新农邦合作社结合自身地理特点，除大面积种植玉米等粮食作物外，依托房前屋后的大面积土地，即所谓的"院子地"，种植葡萄、苦瓜等经济作物，探索多种经营作物，建立自己的品牌，形成多元种植结构，发展"庭院经济"，扩大结构效益。促进当地单一的种植结构改变，提高社员抵抗市场经济供需变化风险能力。

四　新型土地流转合作社发展面临的主要问题

（一）土地流转短期行为严重，土地流转合作社服务质量有待提高

从出让方来看，主要是务工经商不稳定，也担心政策变化，怕土地转出后失去土地，所以大多采取短期流转方式；从合作社的情况看，由于流转期限短，容易产生短期行为，致使合作社不愿在土地上投入过多的成本，难以发掘土地的最大效益。如新农邦合作社的土地流转服务不管是土地入股（股田制），还是土地托管，土地流转合同期限为一年，土地流转期短行为严重。

土地流转短期，合作社核心服务不稳定，致使其他服务也难以形成制度化、常规性、可持续发展性的关系。如新农邦合作社的顾问团是由合作社的成立者王大伟与王圳成利用自身的社会资源优势，将政府及社会单位工作人员组合进行义务服务的。一方面，随着时间的推移，顾问团的成员必然会在自身单位退休或其他原因不存在，成员会逐渐减少；另一方面，顾问团成员皆是由新农邦合作社成立者利用人际关系拉来义务服务的，未形成制度化联系。

（二）合作社股权集中度过高，土地流转合作社治理结构有待调整

农民专业合作社与其他经济组织的一个重要区别是产权属成员联合所有，表现为成员加入合作社时，采取公平的方式交纳入社股金，从而体现对合作社产权拥有的平等性，以保证在合作社中，包括资金的筹集及使用、公共积累提取及使用、盈余分配的程序及方式在内的重大事项的最终决策权集中在全体成员手中，并真正实现成员的民主控制。目前，土地流转合作社股金制度尚不健全，设立登记管理还不规范，再加上出于对核心成员的不信任，许多普通成员投资意愿不强，所以出资入股的普通成员数量非常少，导致合作社股权集中度非常高。这种产权拥有上的不平等，造成合作社决策机制不健全，利益分配等重要决策都由核心成员控制。在新农邦合作社中，并未设立最大个人控股限制制度，因此理事长与总干事掌握了合作社最大股权，合作社的大小事务、发展方向都由他们决定。

（三）"内部人控制"问题突出，土地流转合作社的监管机制有待优化

成员民主控制原则是合作社的原则之一，要求合作社的重大事项都要提交成员（代表）大会讨论通过，成员通过"举手投票"的方式管理合作社。目前，我国多数合作社融资非常困难，这些牵头人或理事长的作用

过于突出,此时出资多、作用大的发起人或核心成员顺理成章地成为理事会和监事会成员,而出资少的普通成员基本不能进入管理层。在合作社生产经营过程中,这些核心成员出资多,承担的风险大于普通成员,而且成员(代表)大会一般一年只召开一次,日常经营管理决策多由理事会成员决定,因此,合作社普遍存在"内部人控制"问题,表现为依赖牵头人"管事"的合作社多,真正实行民主决策、民主管理的合作社少,监事会也形同虚设,难以发挥监督作用。由于合作社"内部人控制"问题的普遍存在,核心成员进行利益分配时,往往故意违反相关法律法规以独占盈余、公积金及国家财政补助等。

(四)合作社社员缺乏认同感,土地流转合作社组织认同有待提高

虽然农村土地承包法对土地流转合作社给予了积极肯定,该法第四十二条指出:"承包方之间为发展农业经济,可以自愿联合将土地承包经营权入股,从事农业合作生产。"但社员在流转土地后很有可能成为土地名义所有者,理念层面上缺乏对主人翁角色的认同感,参与不了合作社的任何管理,更谈不上民主决议,合作社正在向私人农场方向发展,需要引起关注。而新农邦合作社更是通过劳务输出,转移到外地,社员缺乏参加合作社事务管理机会。但是值得我们反思的是精英管理是否真的不合适,社员在追求利益的过程中,只要自身利益获得满足即可,他们大多数既没有参与管理欲望,也没参与管理能力。

(五)土地流转合作社未建立有效的监督和培训制度,现代职业农民的职业培训体系有待建立

一些合作社的民主管理制度尚不健全,尤其是民主议事、奖赏惩罚,土地核实等决策不公开。由于缺乏监督,经营管理者的行为失去了约束,少数人控制了合作社,一股独大,出现"内部人控制"的局面,造成大多数社员利益的流失,合作社的存在也就失去了本来的意义。而且,一些土地流转合作社由于缺乏培训经费,相关业务的培训不到位,缺乏业务骨干,多数社员对土地流转的合法程序不甚了解,影响合作社经营水平的提高和经营规模的扩大。同时,农业生产科技人才缺乏,没能进行现代农业生产培训。

五 新型土地流转合作社发展问题的优化对策

第一，完善土地流转合作社的服务质量监控机制。只有在正确的理念指导下，社员才会明确自己的历史使命，真正为社员的利益考虑，谋取广大社员的福利。而当合作社的质量有保证后，才会增加对农民的吸引力，提高社员的生产积极性，实现新农邦合作社和社员的双赢。因此要完善土地流转合作社的服务质量监控机制，形成内外双重质量监控，内部加强监事会职能发挥，外部建立土地流转合作社联社，制订质量标准与行业规范。

第二，完善土地流转合作社的内部运行管理机制。建立良好有序的运行管理体制，选用有能力的人才。良好的内部组织体制约束着社员的行为，有能力的人又反过来维护体制的有序运行。有能力的人发挥引导作用，提供农业社会化服务，解决社员之间的难题，带领合作社健康发展。

第三，建立土地流转合作社的市场营销机制。建立市场营销机制，为土地流转合作社产品提供销售路径，如新农邦合作社可扩大自身产品销路，在市场竞争中进一步改变被动的地位。结合时代发展，市场营销机制应具有两方面的内容，一方面是市场营销窗口，不论是实体销售点还是电商交易；另一方面是加强宣传力度，增强人们对土地流转合作社的认可。开展多样的宣传方式，多参加各种文化交流活动，扩大合作社影响力，使更多的人认识并了解合作社的方方面面，获得外界的认可，如此不仅扩大了合作社的市场影响力，而且有利于吸引合适的人才，同时也有利于增加合作社的社会关系资源。

第四，建立现代新型职业农民的文化培养机制。现代新型职业农民应该具备较高的思想道德素养与科学技术素养。因此一方面要发展先进文化，提高农民的思想道德水平。坚持发展中国特色社会主义文化，弘扬社会主义核心价值观。文化的发展不应该仅仅停留在表面的口号上，土地流转合作社要努力寻找合适的时机，开展多样的文化学习活动，让农民参与到文化活动实践中，真正提高农民的思想道德水平，提高社员的文化自觉水平。摒弃腐朽落后的思想，形成理性开放的思想；另一方面要加强科学文化教育，引用高水平人才，发展先进技术。先进的技术是合作社长久发展的智力支持。组织开展专业技术的培训，培养专业的农机操作人员，延长农机的使用寿命和提高服务水平；组织开展对电脑技术、微信公众号宣传、淘宝网店经营的培训，提高新农邦合作社整体的现代化水平，符合社会发展的潮流，避免受到社会浪潮的冲击，同时加强法律等各方面的人才培育，加强自身实力。

第五，建立政府对土地流转合作社的扶持机制。政府要加大对土地流转合作社的扶持力度。制订专门的政策，支持合作社的发展，加大对合作社的资金扶持力度。各级政府提高对政策的落实程度，但是要注意不要矫枉过正，直接干预合作社的运行发展，导致合作社的政治色彩高于自主发展能力。要放手让土地流转合作社创新合作经营机制，政府要重在引导与扶持，而非直接介入土地流转。

社会发展研究

乡村振兴的两种时态：
两岸农业文化保护与发展之比较
——以重庆渝东南地区与台湾地区台东县为对象[*]

王剑[**]

内容提要：乡村振兴是全球化背景下的一个世界性问题，乡村振兴战略作为当前与今后一段时间中国广大农村地区的主要话题之一，对于其完成方式与实现路径方面的研究，是各学科关注的重点。台东县作为台湾地区最大的农业县之一，在农业创意文化和农田水利灌溉设施的保护方面，对即将全面展开的乡村振兴战略具有参考价值；重庆的渝东南地区作为中国西部唯一直辖市的主要农业地区，在农业文化的整体打造和农业文化遗产的申报方面，也有很多可供其他地区借鉴的经验。扬两地农业文化保护与发展之长，避两地之短，能够为乡村振兴战略的实施，提供最为直接的例证。

关键词：乡村振兴；农业文化；渝东南地区；台东县

务农重本，国之大纲。以农业、农村、农民为主要内容的"三农"问题，是关系国计民生的根本性问题。在"三农"之中，农业文化是中华文明立足的根本和传承的根基，2017年召开的中国共产党第十九次全国代表大会（以下简称"党的十九大"）做出了实施乡村振

---

[*] 基金项目：重庆市社科规划项目"重庆民族地区农耕文明传承与农业文化遗产保护研究"（项目编号：2018YBM2143）；重庆市教育委员会2018年人文社会科学研究项目"农业文化遗产发掘保护与重庆民族传统村寨乡村振兴路径研究"（项目编号：18SKJD042）。

[**] 作者简介：王剑（1981—），男，土家族，长江师范学院乌江流域社会经济文化研究中心、重庆民族研究院专职研究人员，副教授，主要研究方向为农耕民俗与区域民族文化研究。

兴战略的重大决策部署，标志着中国的"三农"问题进入了新时代历史征程。在中国特色社会主义新时代，社会的主要矛盾已经从"人民日益增长的物质文化需要同落后的社会生产之间的矛盾"转化为"人民日益增长的美好生活需要和不平衡不充分的发展之间的矛盾"。结合我国国情看，最大的不平衡是城乡之间的不平衡，最大的不充分是乡村发展的不充分。因此，实施乡村振兴战略、促进城乡融合发展，成为发挥农业的多功能性，促进农村经济发展，实现农民致富的必要步骤，更成为关系中华传统农耕文明传承和实现中华民族永续发展的重大命题。

从世界范围来看，人类社会的发展深受产业文化的影响，从原始的狩猎采集，到农业产业再到工业产业，产业的变化改变了人类的工作形态和环境空间结构，更深刻影响了人类生活世界的价值判断和文化交往方式的变迁。在产业文化的发展过程中，工业的创新发展生产出大量的产品，使人类社会能够扩大不单纯依赖自然资源的工作活动和生活空间，从而促进了城市的发展和壮大。然而，以工业为产业基础的城市，空间的拥挤和对环境资源的无度索求，给人类的发展带来了新的问题。进入21世纪，以全球变暖、金融海啸、发展滞胀、社会动荡为表征的灾难频发，疯牛病、禽流感、艾滋病等恶性传染性疾病的爆发，都让人类面临"后城市时代"生存问题与发展困境。反思产生这一问题与困境的根本原因，可以归结为以工业经济为主要经济基础的资本主义社会进程中，发展的不平衡和不均匀，造成的生物栖息地的急速破坏与消亡，使生物和文化的多样性快速减少，从而形成全球化快速发展中的病态局面。

国外学者已经在这一现象中认识到了全球化的两面性，他们将全球划分为健康的和不健康的两类[1]：健康的全球化追求城市和乡村、农业和工业、各个地区的平衡发展，不仅不会消灭"地方化"，更从"地方性知识"中汲取养分，用以丰富全球的社会和文化的多元性；不健康的全球化追求"集中"和"均质"，以"大资本"和"高技术"为主要

---

[1] Chossudovsky. M., "The Globalization of Poverty and the New World Order", *Global Research*, 2003, p.3.

"武器"的大企业和企业集团，不断挤压独立的小企业、私人作坊和小工业、小农业从业者的生存空间，造成贫富差距不断扩大，社会两极化发展。

因此，在现代化、全球化和信息化的今天，通过广大乡村地区的重建与复兴，建立起对抗和遏制"集中"与"同质"发展"拉力"的体系，才有可能在生态友好和永续发展的基础上推动整个社会的进步，这已成为世界上一些主要发达国家和地区的重要选择。

一 过去完成进行时：台湾地区台东县的乡村再生

1945年，第二次世界大战结束后，中国台湾地区在产业发展过程中，历经了"充裕军粮民食"乡村重建期（1945—1952年）、"农业培养工业"乡村分化期（1953—1968年）、"农工并重"期（1969—1981年）、革新调整期（1982—1991年），以及迈向"三生事业"期（1992—1997年）五个阶段。早期为追求经济的均衡发展，采取的是农业培养工业，工业发展农业的政策。1945—1955年时期的经济发展，主要从农业着手，通过农业的成长实现粮食供应的充足和工资、物价的稳定，并通过农产品的出口赚取外汇，以提供工业发展所需要的资本、设备及原材料，奠定工业发展的基础。[1] 在这一阶段，农业是推动台湾进步的重要产业，也是台湾发展的根本。但随着20世纪60年代以后台湾的经济起飞，台湾的重点产业从农业转向高科技产业，农业在台湾逐渐成为"夕阳产业"。

从表1可见，从1966年开始，台湾地区的农业生产占比已经开始大幅下降，原因在于从20世纪60年代末期，台湾地区"政府"提出了"以农业扶持工业，以工业发展农业"的口号，农业开始为工业的发展提供大量的人力资源，农村的劳动力开始迅速外移至第二产业和第三产业部门。

---

[1] 吴同权：《台湾农业发展之演变》，财团法人国家政策研究基金会，2010年5月23日（http://old.npf.org.tw/PUBLICATION/TE/094/TE-R-094-021.htm）。

表1　　　　　台湾地区近五十年一二三产业比例　　　　　（单位：%）

年度	比例（%）		
	第一产业（农业）	第二产业（工业）	第三产业（服务业）
1956	27.21	24.01	48.79
1961	27.15	26.15	46.71
1966	22.27	29.96	47.77
1971	12.89	37.96	49.15
1976	11.17	41.62	47.20
1981	7.10	42.91	49.99
1986	5.41	44.81	49.78
1991	3.65	38.02	58.33
1996	3.05	32.42	64.53
2001	1.85	27.62	70.53
2006	1.53	26.81	71.65

表2　　　　台湾地区近五十年一二三产业就业比例[①]　　　　（单位：%）

年度	就业比例（%）		
	第一产业（农业）	第二产业（工业）	第三产业（服务业）
1956	53.2	18.3	28.5
1961	49.8	20.9	29.3
1966	45.0	22.6	32.4
1971	35.1	29.9	35.0
1976	29.0	36.4	34.6
1981	18.8	42.4	38.8
1986	17.03	41.57	41.39
1991	12.93	39.93	47.12
1996	10.12	37.49	52.39
2001	7.52	36.00	56.48
2005	5.95	35.79	58.27

---

① 资料来源于"行政院农业委员会"《农业统计要览》2010年6月10日（http：//stat.coa.gov.tw/dba_an/As_toot.htm）。

从表 2 可见，中国台湾地区在 20 世纪 60 年代以后，随着第二、三产业的快速发展，农村的劳动力开始大量向城市移动。城市建设的快速发展和农村公共设施的不足，使得城乡生活环境差距过大，迅速造成农村地区的农业劳动力不足、农业人力成本上升、农产品价格波动、农民收入偏低、国际农产品竞争力偏弱等一系列问题。作为应对，台湾当局开始极力推动多项措施，以期通过扩大农村公共投资，改善生活与生产环境的方式，来缩小城乡差距：如 1974 年的《加强农村建设重要措施》，1982 年的《加强基层建设提高农民所得方案》等，内容主要包括：加强农村公共投资、兴修灌溉排水设施、兴建河堤及海堤、设置防风林、兴建产业道路、增设乡村简易自来水、开辟农村工业区、加强农村社区建设、改善农民住宅、充实医疗保健设施、实施农渔民健康保险等。[①] 但由于贯彻执行不力，以及最基本的人力资源问题没有得到有效的解决，所以并没有取得很好的成效。

在此基础上，2010 年 8 月，台湾地区"农政部门"公布了《农村再生条例》，以"促进农村永续发展及农村活化再生，改善基础生产条件，维护农村生态及文化，提升生活品质，建设富丽新农村"为目标，以现有农村社区为中心，强化由下而上的共同参与制度，并强调农村产业、自然生态与生活环境之共同规划及建设，注重农村文化之保存维护及农村景观之美化。建立农村再生计划的发展机制，整合农家生活、农业生产与农村生态的"三生"发展策略，分别对推动机制与原则、农村规划及再生、农村土地活化、农村文化及特色等方向制定相关条文，作为农村整体发展及规划建设的法令依据。[②]

在整个台湾地区农业疲软、农村凋敝、农民困苦的背景下，《农村再生条例》以及随之而来的 2000 亿元新台币的资金投入，为台湾地区的农业复兴做出了努力。然而，已经完成向二、三产业转型的台湾地区经济和人力资源结构，使这一努力注定难以从发展农业生产的角度实现乡村的再生和振兴。只有发挥农业的多功能性，实现以农业为基础的一、二、三产

---

① 吴同权：《台湾农业发展之演变》，财团法人国家政策研究基金会，2010 年 5 月 23 日 (http://old.npf.org.tw/PUBLICATION/TE/094/TE-R-094-021.htm)。

② 资料来源于"行政院农业委员会"，2008 年农村再生宣导座谈会议资料。

业融合发展，才有可能实现"农村再生"的目标。在这一层面上，台东县通过发展休闲农业的方式推动农村地区发展的例子，提供了有力的证据。

位于台湾岛东部的花东（花莲—台东）地区，依旧保有"后山净土"的美称。尤其是台东县，南濒太平洋，北接花莲，西南与高雄县、屏东县毗邻，地势狭长，海岸线南北长达 176 公里，境内多山，西南部为海拔 3000—3700 米的中央山脉诸山，东北部为海岸山脉。台东县下辖 16 个乡镇市，土地面积 3515 平方公里，其中山地面积为 2071 平方公里，占 58.92%。台东县根据地理环境可分为纵谷、东海岸与知本南回三条主线，县内不仅有丰富的自然景观，同时具有农村文化的多样性与原住民文化的多元性，占人口总数 32% 的原住民族群包括阿美、布农、卑南、鲁凯、排湾、达悟、噶玛兰等，使台东县成为台湾地区族群最多的县。台东县至今仍为台湾地区以农业为主要产业的大县，主要农作物以水稻、柑橘、释迦、凤梨、金针、洛神花、茶叶、蝴蝶兰、老叶等为主。近年来该地区"政府"的农业政策以精致、安全、休闲、生态为四大主轴，积极投入各项农业文化创意产业相关的公共设施和开发计划之中，使台东县成为发展以农业为主体，以创意经营为内容的农业文化的优良区域。

在整体环境上，台东县的农业与农村，同样面临整个台湾地区农业的共同困境：如表现为农业经济负成长的农业衰退（2007—2015 年，台湾地区农业占 GDP 比例为 1.45%—2.05%）、农业人口高龄化（台闽地区主要农业劳动力平均年龄为 63.4 岁，台湾地区农业就业人口 55 岁以上比例超过 50%）、兼职农业比例过高（part-time farmer，83%）、人口增长停滞及外流等。在这样的背景下，台东县的务农者在经济上处于弱势地位，加之农村基础设施的不足及公共服务的缺失，造成农村整体的文化逐渐消逝。

除了上述的共同困境，台东县的农业发展还有自身需要面对的问题。台东县作为台湾地区的农业生产大县，截至 2013 年年底，农户数为 16596 户，占现户数的 20.29%，远高于台湾地区的 5.28%；截至 2014 年，台东县的农业从业人数占全县人口的 21.08%，也远高于台湾地区的 4.95%；同时值得注意的是，台东县的农业从业人口的生产总额，仅占该地区比例的 15%，低于第二产业的 32% 和第三产业的 53%，可见农业的生产效率偏低。

台东县为了应对各种农业发展中的困境，以 2000 年"行政院农业委员会"出台的《休闲农业辅导办法》为政策蓝本，根据自身的实际情况和地方发展需求，推动实施了一系列将第一产业与第三产业融合发展的计划。

表3　台东县 2009—2015 年申请地方产业发展基金补助（辅导）计划项目[①]

年份	计划名称	施行地点	特色产业
2009	马卡巴嗨休闲文化产业发展辅助计划	台东市、卑南乡、东河乡	马卡巴嗨文化观光季
2009	卑南乡释迦咖窑产业辅助计划	卑南乡	释迦、陶艺、咖啡
2009	鹿野乡红乌龙特色茶产业辅助计划	鹿野乡	休闲观光茶园
2009	嘉兰部落灾后重建暨嘉兰部落工艺地方特色产业发展计划	金峰乡嘉兰村	嘉兰妇女工坊
2009	池上米产地认证实质辅导计划	池上乡	池上米
2009	太麻里乡特色产业实质辅导计划	太麻里乡	第一道曙光观光
2010	镖手传旗唱成功，麻荖漏地方特色产业辅导计划	成功镇	旗鱼镖鱼
2010	绿岛海岛特色产业辅导单点型辅助计划	绿岛乡	生态度假旅游
2010	台东市漂流木应用于伴手商品开发实质辅导计划	台东市	文化创意
2010	慢食慢游太平洋—东河乡海岸休闲产业实质辅导计划	东河乡	慢游形象产业
2011	纵谷区健康居游产业整合计划	池上乡、关山镇、鹿野乡、海端乡、延平乡	空域、海域、陆域运动
2011	海端乡特色产业实质辅导计划	海端乡	木雕及编织工艺
2012	关山黑白配在地生活产业整合计划	关山镇	关山米、黑葡萄

---

① 资料来源于台湾地区"行政院经济部"，2015 年数据。

续表

年份	计划名称	施行地点	特色产业
2012	嘉兰部落灾后重建暨嘉兰部落工艺地方特色产业发展计划	金峰乡嘉兰村	芭伊工坊
2013	东河乡尝风浪，蔚然海岸近在东海岸蓝海产业发展计划	东河乡	海洋休闲运动
2014	产地餐桌旅行品牌及行销发展计划	池上乡、关山镇、鹿野乡、海端乡、延平乡	有机米、凤梨、小米、茶、萝卜干
2014	绿色海岛，潜水天堂海洋运动产业发展计划	绿岛乡	海洋产业运动
2015	鹿野乡逐鹿高台产业发展计划	鹿野乡	热气球

从表3可见，台东县的产业发展计划大多与农业产业、农业景观或者农业技艺有关。根据台东县农业与旅游结合的不同类型和程度，大致可将台东县的农业文化创意产业分为产业观光、休闲农业和产地旅行三类。

（一）台东县的农业产业观光

产业观光系指利用具有高度历史文化价值的产业文化、生产现场、产业制品等作为观光资源，以达到人与人交流目的的活动，依产业特性规划生产配合展示与教育的体验，达到示范与寓教于乐的成效。[1] 目前台东县的农业产业景点包括台糖公司台东糖厂、池上农会碾米厂、鹿野乡公所红乌龙茶形象馆等。台东县此类文化创意产业点普遍带有农业工业化性质，台东市区附近的工业的规模化生产方式及实用性空间设置，难以与以农业为主题的旅游发展项目相匹配；偏远乡镇的小型工坊式景点缺少足够的土地与资金吸引更多的游客，很难进一步壮大发展。

---

[1] 张璠等：《体验经济时代来临对工业区发展之影响》，《经济情势暨评论》2001年第4期。

（二）台东县的休闲农业

休闲农业专指小规模或较大面积的农场，开放一般民众进行参观、采集、选购等观光休闲活动。由最初单纯农艺品的生产，搭配各种产销经营方式的观光旅游资源，近年逐渐结合度假村，发展更多元化的游憩趋势。[①] 目前台东县的休闲农业景点分为休闲农业区与休闲农场。休闲农业区包括池上米乡休闲农业区、关山休闲农业区、初鹿休闲农业区、高顶山休闲农业区、金针山休闲农业区和山猪窟休闲农业区；休闲农场包括竹湖山休闲农场、卑南休闲农场和东游休闲农场等。休闲农业是台东县政府着力培养和辅导的农业创意产业，然而，由于台东县大部分休闲农场面积较小，所能够提供的农业产业体验的空间受限，加之台湾地区的"法令"对休闲农场的土地和设施有较多的限制和规定，使台东县此类农业文化创意产业的发展受到一定的阻碍。

（三）台东县的农业产地旅行

农业产地旅行是近年来发展出来的以小农及消费者为主体的农业创意产业模式。将产地生态地景、在地农业知识与实践、农家生活观察与参与、分享与共食农产品，以及直接跟农夫买融合在一起。产地旅行强调慢游与慢食的概念，农家仅用以小规模的设施与资源嵌入观光领域，而不是增添提供观光客舒适的设施。产地旅行不同于网络下单采购友善农产品，而是到达农村分享农夫对土地的在地知识与生命观。也就是说，产地旅行的参访重点不是产地景色与农作物，而是农夫实践土地伦理与观光客进行消费正义，两者的互动与学习才是产地旅行包括饮食教育与环境教育的重要基础。[②] 目前台东县的农业产地观光旅行主要集中在老叶产业。老叶作为槟榔文化的重要组成部分，在台东县广泛种植，据统计，截至2014年，台东县老叶种植面积占台湾地区的83%，收获量占台湾地区的81%，是绝对的优势特色经济作物。台东县的老叶产地旅行，以田间种植体验为主

---

① 李素馨、侯锦雄：《台湾休闲农业之体验付费与观光商品化现象》，《观光研究学报》2004年第1期。
② 张育铨：《从特色产业观光定位台东老叶的新可能性》，《育达科大学报》2017年第4期。

要内容，包括落藤、排叶、烹调、经历分享等环节，使游客可以在老叶园中体会农业生产的乐趣。

台湾地区由于特殊的热带亚热带气候和海岛型环境，使农业的开展既有先天的优势，又受到极大的限制。在第二次世界大战结束至今的70余年间，台湾地区的农业经历过高潮，也度过了相当长时期的低谷。在台湾地区经济腾飞的过程中，农业作为舞台边缘的配角，一度受到忽视和冷漠对待。随着21世纪以来人们对食品绿色、有机的需求，台湾以特色农作物为基础的经济农业开始崭露头角，进而从农业产业的角度推动了农村的再生。这一过程在东部地区的农业大县——台东县表现得尤为明显，台东县以农业为基础的产业观光、休闲农业和产地旅行，部分恢复了早期台湾农业产业曾经的热闹景象，并在新的全球化背景下持续发展。因此，我们可以将这一进程比喻为"过去完成进行时"。

二　将来完成进行时：重庆渝东南地区的脱贫致富

重庆的渝东南地区，包括酉阳土家族苗族自治县（下简称酉阳县）、秀山土家族苗族自治县（下简称秀山县）、彭水苗族土家族自治县（下简称彭水县）、黔江区、石柱土家族自治县（下简称石柱县）和武隆区，地处武陵山区国家集中连片特困地区的核心区域，也是重庆市少数民族主要的聚居区。

从表4可见，渝东南各区县在重庆市区县经济总量排名中处于末端，排名最高的黔江区仅名列第25，最低的彭水县位列第35，且目前除石柱县外均没有动车站点，是整个重庆市平均经济水平最落后的区域之一。

渝东南地区位于北纬28°9′43″到北纬31°24′06″之间的乌江中下游，跨越了地球上最神秘的北纬30°线，加上该地区地处中国大陆第二级台阶向第三级平原的过渡地带，纵横的交错形成了该区域特殊的地理面貌、气候环境和水文情况，历史上，该地区曾是东西向的武陵民族走廊和南北向的秦巴文化通道的交汇之处，因此，存留了大量以枳巴文化、盐丹文化、黔中文化等为代表的文化遗迹和土家族、苗族与汉族等族群交融的痕迹。

表 4　　　　　　　　重庆渝东南地区各区（县）情况简表①

区（县）	幅员（平方公里）	人口（万人）	GDP（亿元）	主要少数民族	在重庆市各区县中经济总量排名	交通状况
酉阳县	5173	57.8	76.96	土家族、苗族	34/38	高速公路/普通火车
秀山县	2462	65	138.2	土家族、苗族	32/38	高速公路/普通火车
彭水县	3903	67.3	66.39	苗族、土家族	35/38	高速公路/普通火车
黔江区	2402	55.33	186.3	土家族	25/38	高速公路/普通火车/机场
石柱县	3012	54.77	162.28	土家族	31/38	高速公路/动车
武隆区	2901	34.6	145.61	土家族	33/38	高速公路/普通火车

然而，渝东南地区特殊的地理位置、独特的地形地貌，以及落后的居民素质与经济环境，极大地限制了该区域的发展。首先，渝东南地区是喀斯特山地集中连片发育和农村贫困人口相对集中的地区。受喀斯特环境特殊性的影响，这一地区的农业生态环境条件较差，水土流失严重，石漠化面积大，例如，根据遥感数据，酉阳县有797.42平方公里土地石漠化半石漠化（不含潜在石漠化面积），占全县土地总面积的15.41%，其中轻度石漠化309.05平方公里，中度石漠化426.41平方公里，强度石漠化57.73平方公里，极强度石漠化4.24平方公里，分别占全县土地总面积的5.97%、8.24%、1.12%和0.08%。② 这些都严重影响了该地区人们的

---

① 资料来源于渝东南各县人民政府公开资料。
② 李为科：《基于遥感的渝东南喀斯特石漠化特征分区及其治理模式实证研究》，《沈阳师范大学学报》（自然科学版）2006年第4期。

生存条件以及农村的可持续发展。其次,在渝东南地区,农业主要呈现粗放型耕作的状况,基本还是"靠天吃饭",现代农业技术利用度不高,机械化程度不高,农业作物的经济附加值不高,粗放型的生产方式一方面直接约束了渝东南地区农业生产效率的提升,抑制了农业的发展速度;另一方面也局限了该地区农业的生产效益,抑制了当地农业的发展精度。再次,渝东南地区从事农业生产的人口比重虽然很大,但文化素质和层次相对较低,以小学、初中文化程度的为主,高中毕业的就已不多,受过专业技术教育的更是寥寥无几,较低的文化素质使农民的思想观念较为落后,生态意识淡薄。大多数农民只注重开发当前现有的农业资源、看重眼前的经济利益,不考虑今后的长远利益。最后,渝东南地区落后经济发展水平使该地区在发展农业生产的过程中缺少资金支持,形成资金短缺—发展滞后—资金更加短缺的恶性循环。

党的十九大提出的坚持农业、农村优先发展,实施乡村振兴战略,是党中央着眼"两个一百年"奋斗目标和农业农村短板的问题做出的战略安排,也是渝东南地区在中国特色社会主义新时代摆脱落后与实现超越同时进行,脱贫和致富同时完成的新契机。在乡村振兴战略的背景下,如何发挥农业文化的价值,成为破解该地区发展困境之钥。

乡村振兴战略解决的是在新时代我国社会主要矛盾转化的基础上,农业和农村在农产品供给的数量与质量、农业生产的规模与效益、农业的生产与生态功能、国际国内市场和资源的利用,以及各类经营主体发展不平衡、不充分的问题。在中国共产党的领导下,坚持实现乡村的全面振兴,实现国内外共同发力,促进一二三产业融合的产业兴旺;实现统筹保护建设,加强资源环境保护,改善基础设施的生态宜居;实现移风易俗、文明进步,弘扬农耕文明和优良传统的乡风文明;实现健全自治、法治、德治"三治"相结合的有效治理;实现拓宽增收渠道,推进农业产业法治的生活富裕。乡村振兴战略的提出和实施,为渝东南地区指明了发展的方向,摆脱了唯 GDP 论的粗放型发展制约,为该地区走上生态文明的永续发展之路奠定了坚实的基础。

渝东南地区实现乡村振兴具有农业文化的天然禀赋。农业作为未来人类生活的基本诉求之一,存在多方面的功能和价值,使农业文化能够和乡村振兴的实践有机地结合起来。农业是具有多重产出的经济活动,可以同时对实现社会的各种目标做出贡献。农业的多重功能表现为农业除具有传统的农业生产这一商品功能外，还具有维持国家农业体系、粮食安全、区域均衡发展、景观维护、生物多样性、文化发展、社会体制建构、经济活动等非商品的产出。有学者将农业多功能性归纳为粮食及经济功能、生态及环境功能、社会及文化功能三大类。农业的多功能性具有广泛的内涵和深远的价值，同时也非常接近民众的日常生活。在农业的多功能性中，农业文化的价值在以下6个方面中得到彰显。

（一）农业的体力劳动文化价值

农业从本质上是人类主观对自然界的动植物进行的劳动，体力劳动是在机器未能全部取代人类劳动之前，开展农业生产的必备条件。农业的体力劳动对于长期从事农业生产的农民而言是一种谋生的手段，也是沉重的负担；然而对于整个人类社会全体民众的生活而言，农业体力劳动可以很好地调和都市人群长期使用脑力所累积的情绪压力和体力缺失，而且这种调和方式具有低成本、低能耗、可产出等实用特性。近年来，在渝东南地区逐渐兴起的农业采摘游、农事体验游、农耕节日参与游等乡村旅游新热点，正是都市人企图短暂逃离一系列"都市病"所做的努力。这也从另一个侧面彰显了农业体力劳动的文化价值。

（二）农业的景观艺术文化价值

在农业这一人类与自然界的植物的关系中，包括栽培、驯化和农业三类，其中，栽培包括了对土地整治和特定的植物管理利用方式的人类活动；驯化是在人类行为干预下，在遗传学和形态学意义上植物发生的变化。也就是说，最初的栽培是人类行为模式上发生的一种变化，而驯化则是因为人类行为变化而造成的植物的变化；农业则是由上述两种变化下形成的一种土地利用模式。换言之，农业可以看作是一种景观环境上发生的变化，是在人们持续栽培行为，以及驯化作物占主导的情况下出现的。[1] 因此，景观审美是农业的原始本质，农业景观介于自然景观和人造景观之

---

[1] ［英］傅稻镰：《稻作农业起源研究中的植物考古学》，秦岭译，《南方文物》2009年第3期。

间，是人类的审美体验超越少数人的独断，在与完全自然的景观的对照中，获得完整的生活化的审美体验，这一点充分彰显了农业景观的艺术文化价值。

（三）农业的生态资源文化价值

实现生态环境的可持续发展和提供各种作物资源，是农业的另一项原始的本质，农业介于人与自然之间，是人类实现自我发展和环境可持续发展的调节方式，也为人类的生存和生活提供有效的生存要素。农业的生态资源价值展现在为自然界和人类存留多样性的生物系统，为各种生物及周边环境提供生态服务等方面。在渝东南地区，以往并没有充分认识到良好的生态环境是宝贵的资源，毁林开荒、烧山积肥、砍树造城的现象屡有发生。党的十八大以来，通过转变发展观念，重新树立"绿水青山就是金山银山"理念的方式，生态环境得到了一定的恢复，与之相适应的农业生态资源文化的价值也得以进一步彰显。

（四）农业的自然休闲文化价值

农业文化休闲是最经济的一种休闲方式，当去除一切人为的外部因素后，农业文化休闲是为数不多的，能够让各种社会类型的民众直接产生休闲效果的环境。农业休闲强调当地、健康和可持续的生活形态，是对健康生活、舒缓压力、实践学习和体验教育的不断追求。在渝东南地区，近年来各区县提出的"畅游渝东南，领略武陵风""世界上有两个桃花源，一个在您心中，一个在重庆酉阳""中国边城，美丽秀山""不墨乌江画，无弦苗乡音""风情土家，康养石柱"等带有浓烈休闲旅游意味的口号或宣传语，彰显了农耕文化背景下第一、第三产业融合的文化价值。

（五）农业的社区组织文化价值

农业发展到一定阶段以后，无法通过个人的劳动完成生产的全过程，必须通过人类社会的组织进行协同和分工。农业对人类群体的组织功能不仅存在于生产过程之中，也内化形成以人类社会或族群的组织方式。这一组织关系与都市人类群体中个性化的疏离关系和商品经济社会群体中人类群体的物化关系不同，强调以血缘、业缘或地缘为基础的人与人之间的紧密结合。渝东南地区作为重庆主要的土家族、苗族聚居区，在经济全球化和国家的城镇化进程中受到了极大的冲击，以往以农业社会为基础的人与人之间的联系日渐淡薄。因此，通过大力弘扬、传承和发展农业文化，让更多的当地民众分享农业经济发展的成果，以期恢复农耕社会的社会组织形态，彰显农业文化的组织价值。

（六）农业的物质产出文化价值

农业生产一方面直接为人类提供各种农、林、牧、渔产品和副产品，包括食物、纤维、建筑和家具材料及其他生活、生产原料等农业产品，这些产品既可以直接食用或使用，也可以进入市场进行交换，为农业生产者提供经济收入；另一方面，农业产业形成的景观，也是一种极富吸引力的旅游资源，间接为农业从业者提供经济收入。渝东南地区地理位置特殊，黄连、莼菜、青蒿、金银花、油桐等是各区县独有或占世界绝对优势产销量的特色作物，具有区域独占性和资源品种的独特性，部分农产品还有世界市场的定价权，能够为该贫困区域带来极大的经济收入和社会影响。这也彰显了农业物质产出的文化价值。

以上由农业的天然禀赋形成的农业文化价值，为渝东南地区的乡村振兴与农业文化的传承与发展建构了理论通路，具体表现在以下 5 个方面：

1. 通过农业文化的产业整合实现产业兴旺

产业兴旺是乡村振兴的重点，没有因地制宜、环境友好、高效多产的农业产业，是不可能实现农村地区的脱贫致富和进一步发展的，在农业产业中，农业文化是沟通农业生产第一产业、农产品加工第二产业和乡村生态服务第三产业融合发展的抓手。农业文化的发掘和应用，是提高农产品内涵和文化附加值的重要方式之一，能够实现"质量兴农、绿色兴农、品牌强农"的农业高质量发展目标。近年来，渝东南地区通过农业文化的不断发掘，推出的"石柱黄连""潘婆婆莼菜""羊角豆干""秀山桐油"等农产品品牌，是这一地区各级政府和多方参与者不断发掘区域农业文化，实现农业产业发展所作出的不懈努力。

2. 通过农业文化的景观审美实现生态宜居

景观整体和谐、典型优美是农业文化的基本特征，农业文化在形象、色彩、意境、风情及艺术、哲学、宗教等方面带给人们精神或情绪上的景观美感。农业文化的审美体验来源于农业景观、农业聚落、农业工程、农业民俗等具体的对象。农业文化的审美价值是农业社会所独有的属性,与生产实践紧密结合,其多样性反映了人们不同的审美观,也展示了不同时空下人们对于美的理解与追求。因此,通过农业文化景观的打造,存留乡村特有的田园风光,因地制宜、精准施策,展现不同审美理解基础上的特色风貌,实现"十里不同风,百里不同俗""各美其美"的乡村景观,是农业文化发掘的目标之一。近年来,渝东南地区依托"中国少数民族特色村寨""中国传统村落"等国家保护政策和项目资源,加大对农业文化景观的打造,为回归"阡陌纵横、鸡犬相闻"的乡村宜居田园风光作出了贡献。

3. 通过农业文化的传承实现乡风文明

农业文化是人类农业活动的发展变化及相关知识的集合,体现出明显的时代特征,蕴涵着相关历史对其多方面的信息,这些信息能够帮助人类解读自己的农业历史、农业思想与农业活动,认识一个民族或族群的农业文化或一个地区的农业历史发展,因此,农业文化是民族优秀传统文化的有机组成部分,也是构成传统文化传承和保护体系的物质基础,具有文化传承的重要价值。文明的乡风来自深厚的中华民族优秀传统文化,"长幼有序""尊老敬贤""守望相助""安土重迁""彬彬有礼"等伦理和道德观念,皆与农业文化形成的社会结构,以及农耕文明传承的社会秩序息息相关。渝东南地区由于历史上政权更迭不断,移民迁徙频繁,加之深处湘、鄂、渝、黔交界的武陵山区深处,文化积淀丰厚,原生形态文化富集,传统的农业文化蕴藏着渝东南少数民族在恶劣环境中艰苦奋斗、坚强乐观、勇往直前的品质。这些传统伦理道德,对于形成良好的社会道德规范起到了积极的作用。

4. 通过农业文化的传统智慧实现治理有效

随着可持续发展观念的深入人心和生态文明建设的持续开展,农业文化中蕴涵的地方性知识、传统智慧和天人合一的和谐理念成为乡村治理的基础。乡村治理是国家治理的基石,在乡村治理中,如何实现以自治为基础、德治为支撑、法治为保障的三者有机结合,是实现有效治理的主要途径。渝东南农业文化中展现的传统文化内涵,反映和表现了该地区人们共同的心理结构、思维习惯、生活习俗等内容,规范着民族的群体生活方式、思想价值取向，能产生强大的民族凝聚力，促进民族共识和认同，也具有重要的社会治理功能。渝东南地区的人们虽然长期处于民族交流融合的境况中，但各民族依然保持着强烈的认同感。在国家法治的范围内，处于不同族群的人们在一个有着特定行为规则的群体中成长，他们沉浸在特定的民族"信仰""风俗""宗教"之中，产生对本民族的认同意识。同时，为维系和增强族群的认同感，各族群开展了多种内容丰富、特色鲜明的民间艺术活动。如盛行于酉阳、秀山等地的"毛古斯""摆手舞""阳戏""秀山花灯戏"等民间舞蹈和民间戏剧，在增强人们对于本民族认同的同时，蕴藏着大量鼓励向善、勤俭持家、积极向上等道德教化，达到规范人们行为，实现自治与德治相统一的目的。

5. 通过农业文化的自我生产实现生活富裕

渝东南地区深度贫困的现状，使通过农业文化的保护与开发，实现该区域农民富裕、农业兴旺、农村美丽的跨越式发展，助力脱贫攻坚和全面建成小康社会具有重要的意义。在农村全面建成小康社会的进程中，重点难点在农村，关键在增加农民的收入，如何多渠道、不断档、不脱节地增加农民收入，实现以农民为主体的生活富裕，是在新时代"三农"工作中迫切需要解决的问题。农业文化的文化价值是在一定的时间维度上沉积下来的人类的文化资源。当掌握了文化资源的所有权，凭借着对文化资源的所有，用它来满足需要、获取利益时，这种文化资源就成为文化资本。可见，文化资本就是以经济利益的形式具体表现出来的文化价值的积累和实现。[①] 渝东南农业文化具有巨大的潜在经济价值，一方面，渝东南农业生产过程中的服饰、仪式、食品、技术和民间艺术，都是能够带来经济效益的文化资源，对农业文化及其相关的事项进行认真梳理、挖掘、包装、策划，将会极大地开拓文化经济的资源范围，反过来，也会促进对农业文化的保护和可持续发展；另一方面，渝东南地区农业文化呈现出较为明显的地域特征和民族特征，在当今人们追寻和体验异文化的旅游诉求中，是一种非常难得的优势，这一极具特殊诱惑力的民族旅游资源，也将带来源源不断的经济价值，为实现当地农民的生活富裕提供不竭的动力。

重庆的渝东南地区具有空间上武陵山区地理环境相对封闭与时间上族

---

① 陈天培：《非物质文化遗产的经济价值》，《改革与战略》2006年第5期。

群频繁迁徙、交往、融合共存的特殊性，使该区域的农业的规模化生产受到极大的限制，也造成了该区域的长期经济落后、社会发展缓慢、人民生活贫困的状况。然而，随着党的十八大以来对生态文明建设的重视和党的十九大乡村振兴战略的提出，为渝东南地区以山地特色经济农业的发展带来了难得的追赶甚至超越的机遇。今天渝东南地区农业文化的发展，虽然尚存在文化创新意识欠缺、农业文化产业整体缺乏竞争力、农业文化消费市场缺乏活力、地方知名农产品名牌较少等问题，但可以预期的是，随着我国乡村振兴战略的实施和进一步开展，渝东南民族地区的农业文化发展和脱贫致富，必将迎来一波新的高潮，因此，我们可以将这一进程比喻为"将来完成进行时"。

三 将来进行时：集两岸之所长的农业文化遗产保护与发展

文化是一个内涵异常丰富的概念，总体而言，文化包括人与自然、人与人，以及人与自身这三者的关系，而且是可以随着时间、空间而累积和变迁的。农业文化可以简单地理解为围绕农业所形成的文化，同样包含人类的农业活动中的三组关系，因此，无论是处于"过去完成进行时"的台东县农业文化传承、保护与发展的历程，还是正处在"将来完成进行时"的渝东南地区的农业文化的发展、保护与利用过程，都共同面对着文化的可变性、非实体性和多元性的难题，如果没有合适的承载农业文化的载体，对其所做的各项工作都难以开展。为此，我们认为，农业文化遗产（台湾地区亦称农业文化袭产）是传承与保护农业文化的实际载体和工作抓手。在两岸不同的社会环境与经济发展水平下，分别采取了不同的方式进行农业文化遗产的发掘与保护工作。

（一）台东县的潜在农业文化遗产发掘与保护

台湾地区由于众所周知的原因，目前还没有全球重要农业文化遗产（GIAHS）项目，也并未建立"政府"主导的岛内的农业文化遗产发掘、保护与利用工作。因此，包括台东县在内的农业文化遗产研究、开发与利用工作基本处于自发和无序的状态，除"国立"台东大学公共文化事务学系副教授张育铨对台东县池上万安老田区文化景观、台东县池上香米种植系统、水圳农田水利系统和老叶特色观光产业等潜在农业文化遗产较成系统的持续关注外，其他包括"国立"嘉义大学史地系副教授梁炳琨关于台东县池上米食产业的研究，以及黄崇志、陈秋雅、吴亦九等人分别关于台东县及周边县市的农业文化遗产的研究。整体看来，台东县现存有农业文化遗产价值的项目，首推池上乡以水圳为基础的水稻种植系统。

池上乡位于台东县北端的花东纵谷南段，北接花莲县富里乡，是欧亚大陆板块与菲律宾海洋板块的碰撞接合处。池上乡是秀姑峦溪与卑南溪的分水岭，发达的水系决定了池上主要用于种植水稻的地区由冲积扇构成，包括卑南溪上游的新武吕溪冲积扇、卑南溪的万安溪冲积扇与富兴河阶、秀姑峦溪上游的万朝溪（龙泉溪）冲积扇以及大坡溪冲积扇与锦园冲积扇。[①] 这类以冲积扇为基础的农田，最大的问题在于排水，大量的地下水容易从地势较低处涌出，冲毁农田和农作物，因此，水圳的修建成为当地能够开展水稻种植的关键因素。在池上地区，受社会经济环境的影响，曾经种植的农作物品种包括稻米、甘薯、甘蔗、玉米、香茅草、凤梨、蔬菜，以及其他经济水果，受地形和气候的制约，池上地区唯一延续至今并扩大了种植面积的农作物只有水稻。

池上通过修建灌溉水圳人为改变环境来种植水稻的历史，最早可以追溯到清光绪四年（1878），彼时由台南府凤山县港东里赤山之垦民陈枝和、潘尿、潘阿财等18名西拉雅族人与数十名来自恒春移民的阿美族人合力开凿了池上圳（又称大陂圳、新开园圳），此水圳为清代台东县境内灌溉面积最大的第一大圳，[②] 后人推测可灌溉稻田百余甲（甲为台湾地区土地面积单位，1甲约为14.5亩）。后来随着雨季山洪暴发常冲毁土堤，当时的池上地区"政府"和当地农民分别于1906年建造了万安圳，1908年开凿了大坡圳，1921年新设的盛土圳（又称为浮圳）。截至1939年，池上平原水圳灌溉范围已超过600甲。1963年台东"农田水利会"将浮圳圳道改为钢筋混凝土，减少了维护的物力与人力。今日的池上圳，完工于1993年，水圳进水口进入圳道交接处，设有计算机配置进行水流监控。

---

① 池上乡志纂修委员会编：《池上乡志》，2001年版，未刊稿。
② 同上。

每年3—6月枯水期间久旱无雨、溪流干涸常造成用水纠纷,因而设置8口深水抽水井,抽取地下水补助耕作水源不足。目前池上乡5条水圳及其耕作区的范围:池上圳灌区范围涵盖福原、福文、大埔、新兴、万安、锦园、富兴一带,干线总长约5.5公里及10条支线、29条干给水路,灌溉面积1015公顷。大坡圳及大坡山圳灌区范围涵盖池上乡庆丰、大坡之北溪、南溪一带,干线总长约7.5公里,灌溉面积54公顷。万安圳灌区范围涵盖锦园、万安、富兴水坠一带,干线总长约2.5公里及3条支线,灌溉面积88公顷。山棕寮圳灌区范围涵盖富兴水坠一带,灌溉面积6.5公顷。万朝圳灌区范围涵盖福文、海端乡龙泉一带,干线总长约4公里及8条支线,灌溉面积88.5公顷,总计灌溉面积1252公顷。①

在联合国粮农组织(FAO)对农业文化遗产系统的分类中,池上以水圳为基础的稻米生产系统符合"古代灌溉、土壤和水管理系统"及"社区农业遗产系统"② 两项的类型。原因在于池上的农业系统除了兴修水圳,池上稻米还具有存留物种多样性的农业文化遗产价值。池上稻米的品种为台湾日据时期(1895—1945年),日本水稻专家矶永吉通过改良日本稻米品种培育出的蓬莱米,该品种独产于台湾岛,属粳米亚种,黏性较大,适合做年糕、寿司等符合日本人口味的食品。台东大米在日据时期全部被日据政府回收运往日本,根据对种植水稻老农的访谈得知,在日据时期,全台湾的大米采取"总收购配给制度",由"台湾总督府"全面统一管制。台东池上地区的大米产量虽高,但由于品质优良,被指定为进贡给日本天皇的"御皇米",大量的农民处于被剥削的最底层,在水稻种植和收获的过程中全程有日本士兵值守,不允许当地农民私自种植和储藏,很多稻农直到日本撤出台湾后才第一次品尝到池上大米的味道。

正是由于池上的水稻生产累积了丰富的人文内涵和历史沉淀,加之这一系统所展现的具有创新性的土地利用和管理实践,对现代社会的农业生产方式有重要的参考和借鉴功能,所以也受到了当地"政府"一定程度

---

① 台东农田水利会,池上工作站网络信息(http://www.ttia.gov.tw/page4_cs.php),阅读日期2015年3月10日。
② Mary Janedela Cruz, "Parviz Koohafkan. Globally Important Agricultural Heritage Systems: A shared vision of agricultural, ecologicaland traditional societal sustainability", *Resources Science*, 2009, 31 (6).

的重视。2004年12月16日,台东县"政府"将"池上浮圳(池上圳第六支圳、盛土圳)"公告登录为历史建筑,后在乡民通过"乡公所"自行申报的基础上,于2014年5月30日,将"池上万安老田区"列为文化景观。在台东"县政府文化处"说明的将"池上万安老田区"列为文化景观的理由为:"本区因在地居民尊重大自然法则,于清朝时代开垦至今,努力维持自然的景观,永续发展绿色产业,经由人文努力—产业呈现—景观维护,呈现美丽的景致,为预防人为的破坏及维护先民得之不易的努力成果,实有列为文化景观之必要。"①

以上可见,台东县已经初步认识到水圳系统及其形成的景观具有多元的价值,然而由于对农业文化遗产的概念和系统性保护、在地化发展、可持续目标的模糊,使以"池上稻米生产系统"为代表的台东县农业文化遗产保护工作举步维艰,其中的问题体现在以下方面。

第一,重视景观硬件、忽视农业系统。从"池上稻米生产系统"申报"政府"保护的过程来看,无论是"历史建筑",还是"文化景观",其中心和重点都在规模宏大、景观震撼的水圳硬件方面,而对于水圳主要的灌溉用途,以及以水圳为基础的农田水利地方性知识没有提及,更没有将水圳置于整体的农业生产系统的水利设施部分进行推广和介绍。上文提及,清代开凿的土堤水圳已于1963年完成钢筋混凝土的改造,人为痕迹和现代工业化产品表现得更为明显,如果继续重水圳景观,轻农业活动,很难符合"全球重要农业文化遗产"在历史性、系统性、生态性等方面的规定。

第二,重视休闲旅游、忽视农村建设。台东县的池上乡是世界闻名的休闲旅游度假胜地,以"伯朗大道""天堂路""池上便当"等为代表的当地旅游著名品牌,是吸引全世界游客的焦点。爆红的旅游景点给当地"政府"带来了大量的收入,这些旅游收入绝大部分再次被投入旅游景点的打造和旅游环境的改善之中。然而池上乡热门的旅游景区不仅只占全乡面积的很小一部分(约175公顷,主要集中于万安村),甚至连很多小型水圳及水圳的支路都没有包括在内,造成远离核心景区的池上乡其他农村

---

① 台东县文化处:文化资产导览(http://www.boch.gov.tw/boch/Taitung),阅读日期2014年5月20日。

地区人口大量外流，乡村建设凋敝，农民生活困苦。这一现象一方面是由于旅游的集聚效应造成的"灯下黑"情况；另一方面也是由于未能充分认识和发挥农业文化遗产促进当地经济发展功能的结果。

第三，重视外来游客、忽视农民权益。池上万安老田景区每年秋收时节会安排知名的艺术团体举行盛大的演出，如 2012 年的优人鼓，2013 年的云门舞团以及长荣航空企业形象广告拍摄等，为了维持景区的田园风光以吸引游客，当地"政府"明确提出"努力维持自然的景观，不增加任何建筑物，以维持现有景观为目标"。① 农业文化遗产的特点是，通过人与自然的相互适应找寻最佳的当地可持续发展道路，为了保持景观禁止增加任何建筑物，是漠视当地农民在农业生产过程中累积的地方性知识，冻结农业文化遗产的时空发展的做法，是不符合"全球重要农业文化遗产"动态保护、可持续发展理念的。

除此之外，池上乡的水稻种植系统还存在申报和保护的主体不明，农会、"农田水利会"、非营利性组织等群体在农业文化遗产的保护、开发、利用方面的理解不同、诉求各异、政策不统一，以及"池上米"品牌商业化引起多方纠纷等一系列问题，都对这一潜在"全球重要农业文化遗产"项目的保护与传承工作构成了一定程度的威胁。

（二）渝东南地区农业文化遗产的发掘与保护

渝东南地区的农业文化遗产发掘与保护工作启动于 2013 年，由于起步较晚，目前仅有"石柱黄连生产系统"一项中国重要农业文化遗产（2017 年 6 月进入第四批中国重要农业文化遗产项目名单）。石柱县位于长江上游地区、重庆东部长江南岸，地处东经 107°59′—108°34′、北纬 29°39′—30°33′之间。辖区面积 3012.51 平方公里，南北长 98.3 公里，东西宽 56.2 公里。人口 54.7 万，东接湖北利川市，南连重庆彭水苗族土家族自治县，西南临重庆丰都县，西北接重庆忠县，北与重庆万州区接壤。石柱县作为渝东南的枢纽门户，是巴渝地区通往华中和华东地区重要通道，也是以古代巴人为主体，与其他民族融合而成的土家族栖息地之

---

① 台东县文化处：文化资产导览（http：//www.boch.gov.tw/boch/Taitung），阅读日期 2014 年 5 月 20 日。

一。石柱县作为毛茛科黄连属植物黄连的原始产地之一，是世界黄连产、销量最大的地区，也是闻名世界的"黄连之乡"。在与"石柱黄连生产系统"相关的研究方面，我们的团队通过一系列的论文、编著和科研项目，占领了重要的高地。① 石柱县从历史上存留至今的黄连传统生产方式全面符合"全球重要农业文化遗产"在历史性、系统性、持续性、濒危性、示范性、保障性等方面的要求，目前在完成中国重要农业文化遗产申报的基础上，正积极按照"全球重要农业文化遗产"的要求进行农业文化遗产的保护、发展和利用，并进一步撰写打磨申报书，力争代表中国竞选下一批"全球重要农业文化遗产"项目。

"石柱黄连生产系统"包括黄连种植系统、加工系统和交易系统三个子系统，各子系统之间的关系见图1。

在图1中，①—⑦构成黄连种植系统，⑧—⑩组成黄连加工系统，⑪为黄连交易系统。在这三个子系统中，种植系统最为复杂，包含采种、选种、育苗、搭棚整地、移栽、田间管理和剪连等七个部分，涉及黄连从种子到中药材原料初级产品的全过程，是黄连生产系统中与自然环境和种植技术关联最为紧密的部分，直接决定了黄连的产量和品质；加工系统包括炕连、筛选和分级三个部分，涉及黄连从中药材初级原料到原料商品的全过程，是黄连生产系统中与人为因素结合最为紧密的部分，直接决定了黄连产品的品相和价格；黄连的交易系统虽然只有一个部分，却是和中药材市场联系最为紧密的部分，直接决定了黄连产品的产值和连农种植黄连的积极性。从种植、加工和交易这三个系统之间的关系来看，种植是基础，加工是手段，交易是目标。②

---

① 参见王剑《"重庆·石柱黄连种植系统"全球重要农业文化遗产与地方社会发展研究》，西南大学博士后出站报告，2017；侯亚男、王剑：《民族区域发展视角下农业文化遗产研究——以"重庆石柱黄连传统生产系统"为例》，《农学学报》2017年第11期；王剑：《经济人类学视野中重庆石柱黄连交易系统调查与研究》，《广西民族学院学报》2018年第2期；王剑：《人类学视野中农业文化遗产的适用性研究》，《凯里学院学报》2018年第2期等成果。

② 王剑：《经济人类学视野中重庆石柱黄连交易系统调查与研究》，《广西民族学院学报》2018年第2期。

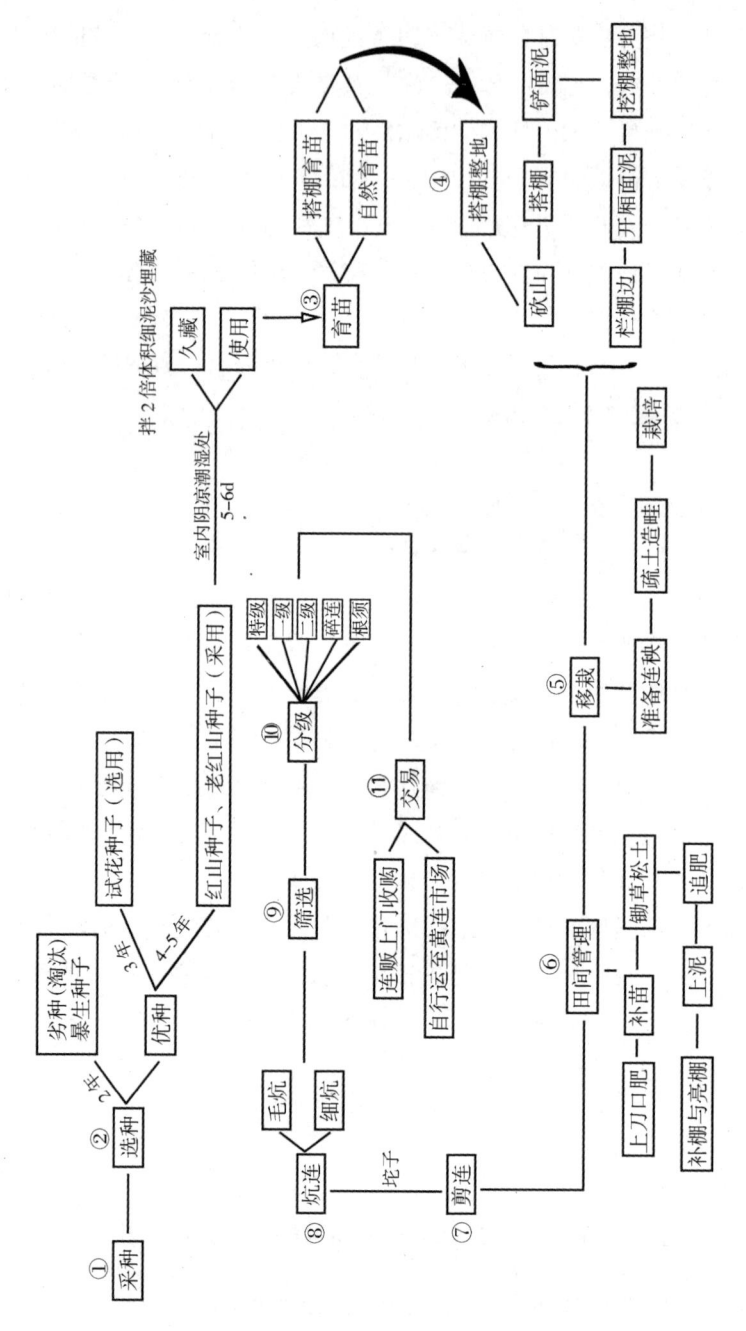

图 1　石柱黄连生产系统各子系统构成图①

---

① 口述、画图：王剑；电脑绘图：刘坤，绘图时间：2017 年 11 月 30 日。

石柱出现黄连的历史最早可追溯至唐天宝元年（742），在北宋著名的地理著作《元丰九域志》中，就有"施州上贡黄连十斤，木药子百粒"的记载。元末明初，石柱地区开始大规模人工种植黄连，核心产区位于县东北武陵山余脉齐岳山区海拔1500米左右的黄水镇、枫木乡、冷水镇、沙子镇、中益乡、金竹乡等乡镇全境，洗新乡大部，石家乡、悦崃镇、三益乡、桥头镇、三河乡、六塘乡等乡镇东部，以及县西南部三星乡、龙潭乡部分区域。①

黄连种植是石柱黄连产区历代人民主要的农业生计模式，种植黄连的收入在20世纪八九十年代一度占石柱全县财政收入的1/3强（据不完全统计），石柱人民把黄连视为生活的来源、生命的依靠和精神的归宿，这种传统的生计策略已成为石柱土家族农业文化不可分割的部分。

虽然"石柱黄连生产系统"已被列入中国重要农业文化遗产名单，但在传承与保护工作中依然存在一些显著的问题，主要体现在以下方面。

第一，重视黄连生产、忽视市场规律。黄连作为一种广泛使用的中药材原料，在消费市场上常年处于大量需求的状态。但由于石柱县地形地貌的特殊性，以及黄连对生长环境海拔、水源、气温、湿度、光照等条件的严苛要求，使大规模的黄连生产难以展开。除了"大集体时代"组织过黄连农场进行集体生产外，石柱县的黄连生产长期处于农户自发生产、自行管理和自主销售的"三自"状况，黄连协会、黄连专业合作社和黄连公司并未真正将大部分的连农组织起来，属于松散的技术服务型团体。长期只会种植不会销售的情况，使石柱黄连在核心产区种植虽极为广泛，但极易受黄连市场价格波动的影响，在有统计数据的1983年至今，黄连的价格最低为10元/公斤左右，最高曾卖到220元/公斤以上，巨大的价格差距容易使黄连生产受"高赶低缓"的市场规律影响，反过来制约石柱黄连的生产。

第二，重视田间管理、忽视技术创新。黄连作为一种多年生草本植物，从育种到收获鲜黄连的过程长达7—10年，且黄连种植技术具有延后效应，育种、搭棚、施肥、驱虫、除草、排水、撤棚等任何种植工序或环

---

① 参见《中国重要农业文化遗产重庆石柱黄连生产系统申报书》，王剑执笔，2017年2月，未刊稿。

节的改变,至少在12个月后才见成果,在实地调查走访中,上一个种植周期亩产400—500公斤的黄连地,由于某一项种植技术的细微改变,在下一个种植周期大幅度减产甚至绝收的案例并不少见。这一特性一方面使得石柱黄连最传统的生产技术得以大量的保留;从另一方面来看,也阻碍了黄连生产和加工技术的创新,使石柱黄连的现代发展受到一定的影响。尤其是在当前强调生态文明建设的社会氛围中,以往黄连种植技术中一些破坏生态环境和自然植被的环节,迫切需要改革和创新,以实现农业文化遗产从现在到未来的可持续发展。

第三,重视旅游景观、忽视农业系统。石柱黄连的主产区正处于黄水国家森林公园的核心地带,平均海拔1500米的环境,让黄水成为旅游度假、休闲避暑的胜地,尤其是每年夏季的清凉游和冬季的冰雪游,吸引了周边地区及国内外的大量游客。旅游的发展在带动地方经济、促进当地居民增收方面有重要的功能,但也客观上造成了黄连产业的人力资源不足、生态环境改变和种植区域萎缩等一系列问题;此外,近年来石柱县依托高海拔山区的特殊地形地貌,大力推广的莼菜、中蜂、天麻等产业,客观上压缩了黄连产业的生存空间,降低了其重要程度。下一步,如果继续忽视整体农业产业系统的沟通,放任各农业生产部门之间为竞争市场和销售渠道"打架",必然会对当地的农业产业发展造成不同程度的损伤。

除上述较为迫切需要解决的问题之外,"石柱黄连生产系统"还存在市场信息闭塞,连农联系松散,外地药商和药贩控制市场价格,地方保护主义严重,黄连轮作、休耕技术没有广泛普及,以及黄连文化产业建设滞后等一系列问题。这些问题如果不能得到很好的解决,势必对"石柱黄连生产系统"的中国重要农业文化遗产的地位产生不利的影响,进而使申报"全球重要农业文化遗产"之路更加艰难。

台湾地区的台东县和渝东南地区的石柱县虽远隔大陆与台湾海峡,但从两县所拥有的农业文化遗产(袭产)的传承保护现状及未来发展趋势可见,都存在对农业文化及农业文化遗产认识和理解不到位,人口大量外流造成农业人口严重短缺,旅游业冲击农业生产方式和农业文化系统,难以从农业文化遗产保护中获得对乡村建设的支持,当地居民参与度、满意度、支持率不足等共性的问题;两地农业文化遗产的保护与传承工作更多的特殊性问题，则是由两岸农业政策的差异、农村规模的差距和农村建设理念的分殊带来的。因此，真正理解农业文化在实现乡村振兴中的重要地位与作用，是定位两岸乡村振兴的时态与维度，完成取长补短基础上的下一步乡村建设和发展的必要条件。

四 通过农业文化实现乡村振兴的时态与维度

综上所述，台东县作为台湾地区最大的农业县之一，在农业创意文化和农田水利灌溉设施的保护方面，对即将全面展开的乡村振兴具有参考价值；重庆的渝东南地区作为中国西部唯一直辖市的主要农业地区，在农业文化的整体打造和农业文化遗产的申报方面，也有很多可供其他地区借鉴的经验。

在前文中我们已经提及两地农业文化传承和保护中不同的时态，台东县农业文化的"过去完成进行时"辉煌的高潮在过去，当台湾地区的社会完成从农业经济向工业经济，再向知识经济的转型之后，农业生产迅速作为一种"落后""低效"的物质生产方式被主流产业抛弃，此后无论"政府"怎样努力，其结果都是苦苦追求所谓的"乡村再生"，然而，如果没有充分认识到乡村"如何死去"，继续在导致乡村"死亡"的因素上投入人力、物力和财力，只会南辕北辙，做多错多；而渝东南地区的农业文化的"将来完成进行时"，虽立足于乡村振兴战略的大潮中，一旦没有汲取已有的经验和教训，定位模糊、盲目施为，也有可能导致严重的负面结果。所以，取两地农业文化保护之所长，避两地之所短，是下一步在"正在进行时"时态下选择乡村振兴正确道路的必备条件。

虽然世界各个国家和地区认为的农业文化的概念、范围和包含的内容有所不同，但农业文化遗产是一种处于农业景观、自然遗产和文化遗产交界维度的特殊遗产类型，是得到基本认可的观点。农业文化遗产在自身的维度中持续发挥功能，对于每个国家、地区和个人都有不同的意义，在不同的时代背景下也有不同作用。随着20世纪70年代以来对生态环境、文化景观和粮食生产三者之间平衡关系的重视，农业文化遗产在与其连通的景观、自然和文化三个维度中起到的作用越来越大，可以预计，今后随着人类可持续发展议题的深入探讨和持续发酵，农业文化遗产跨维度的特性必将得到更多方面的关注，农业文化遗产传承、保护与发展工作也即将迎来重大的契机。从这一意义上来说，今后，农业文化的多维属性对于实现乡村振兴能够起到更为重要的作用。

乡村振兴、社会变迁与民族文化

——以淇江河畔布依族村寨为例*

韦玮**

内容提要：伴随着乡村振兴的发展浪潮，中国的乡村社会发生着翻天覆地的变化。少数民族村寨的社会发展，不仅具有大时代的特点，同时也有着它自身的独特性。在民族村落振兴的过程中，一方面，为满足现代化的建设，地方政府对村落进行统一的规划；另一方面，为振兴乡村发展民族文化旅游，少数民族文化的独特性又被不断强调和展演。布依族民族文化，在淇江河流域布依族地区的乡村振兴和社会变迁过程中呈现出多样性的文化缠绕，激发起当地布依族的文化自觉与文化认同，推动布依族的民族文化发展。

关键词：布依族；乡村振兴；社会变迁；民族文化

乡村一直是中国社会发展的重点，少数民族村寨在社会发展的进程中，因独特的文化属性，具有另外的一种风景。贵州省荔波县，隶属于贵州省黔南布依族苗族自治州，淇江河是荔波县全域旅游重点发展的区域，沿河两岸几乎都是布依族村寨，80%的村居为布依族，新农村建设、传统古村落、乡村旅游在淇江河流域快速地发展，深刻地改变着当地布依人的生活。笔者2015—2016年在淇江河流域布依族村落进行田野调查，试图

---

* 基金项目：贵州省社科规划课题"贵州世居少数民族原始宗教影像记录研究"（项目编号：16GZQN20），贵州省教育厅高等学校人文社会科学基地项目"珠市彝族生育意愿及其当代变迁"（项目编号：JD2013034）。

** 作者简介：韦玮（1986—），女，布依族，贵州民族大学传媒学院讲师，中山大学人类学博士，主要从事中国西南少数民族研究、影视人类学研究。

从当地布依族村落的社会发展，分析乡村振兴、社会变迁以及当地民族文化之间的关系，探寻今天民族村落的发展路径，以及民族文化的发展。

一 社会变迁下的房子"下山"

布依族的传统民居为干栏式建筑，大都是木质结构或土木结构，房顶用石瓦片盖成，干栏式建筑的流行，与布依族赖以生存的自然环境有密切关系。布依族大多选择在依山傍水的区域居住，以村寨为单位，聚落而居在半山腰上，临河方便取水进行农耕，同时也能靠山采集山中资源进行补给。干栏式建筑下层畜养牲畜，上层住人，既能照顾到饲养牲畜，预防山林野兽对人的攻击，同时还能减少潮湿的山地环境对人居住的影响。

近30年来，随着公路交通的发展，淇江河畔布依族人开始选择搬迁到山脚下的公路边，新建水泥楼房。这种新建的水泥楼房，在当地被老百姓称为"平顶"，"平顶"是有别于布依族传统老房子而被称呼，传统老房顶都是用石瓦盖成，房顶凸出呈菱形状，而这种新建起来的水泥房，其房顶均是平整的。

平顶房基本上都建在公路边上，交通便利，今天的布依族年轻人们都不愿意住老寨子的木房子。随着大部分年轻人都外出打工，回家建房成为当地的一种"面子"，就算长期不在寨子里居住，也会建房，这些房屋通常都是两三层的房子。今天的布依族村寨中，就会出现两种布依族的社会空间：传统布依族干栏式老房和路边新建的平顶房，分为老寨和新寨。下面笔者将从老寨和新寨，来看在社会变迁过程中布依族民居文化所遭遇的变革。

（一）传统布依族民居的境遇

2015年10月，笔者在A村[①]调查时，村寨正在对村子传统干栏式建筑进行"人畜分离"的改造工程，将村寨里的牲畜猪、牛、马等全部统一圈养到固定的地方，不再饲养在各家的房屋下。当笔者问及村民，为何政府会突然发出这样的一个通知时，被告知：原来是州里的领导干部下乡

[①] 本文对调查村落均用化名处理。A村为荔波县一个布依族传统古村落。

来做调研,看到当地一位老农民在自家房屋下的牛圈里睡着了,苍蝇蚊子爬满了他的鼻子,因而责令全部整改,人畜分离。接下来镇政府让群众自己重新建牲口房,政府检查合格后再给予一定的补助。可是政府没有给出建房统一的标准,什么样的牲口房才是合格的呢?A村的干部并不知道应该如何完成镇里面交下来的任务。因地势狭窄才将牲口养在住房下,形成既节约空间又方便照看牲口的干栏式建筑。现因违背了现代卫生的观念而进行整改,就需要更多的土地,这对于山地农民来说并不是一件容易的事。

2016年的1月布依族小年节过后没有几天,州里面的领导要下来检查,A村寨干部号召村民打扫卫生,整理好村寨的环境卫生,因为领导在荔波其他几个地方(古村寨)检查时批评了文化保护做得不好,这次领导来视察A村寨,村干部们的压力有点大。视察结束后,A村干部就笑开了,说:"领导们很高兴,直夸我们这边的寨子才是'原生态'的寨子,其他几个点做的东西都是'文不文、武不武'的东西,倒洋不土的,直到来了这里,才说这个才是真正的传统古村落,我们这边最老的房子都有几百年的历史了,这是原汁原味的古村寨。"[1]

一方面是现代卫生观念下的改造;另一方面"越老越好"的民族文化又变成了一种民族文化资本。今天能够成为布依族的传统古村落的寨子,往往是由于闭塞的交通环境才能完整地保留下来,然而就算是保留下了古老的房子,老房子里面居住的人也并不多,老寨里大部分的房子实为空房。

木房子的建筑风格在淇江流域实际上是跟随着生计方式而形成和发展的,由于外出务工的农民越来越多,当今天布依族人的生计方式开始变化时,社会环境的改变也在不断地改变布依族的住房结构。

(二)新农村建设下的布依民居

尽管当地布依族老百姓也承认"平顶好看不好住",水泥造的平顶房在山地很容易潮湿,木制房子通风和透气性则要好很多,但因为交通的原因,现在越来越多的村民还是选择迁移下山居住。

---

[1] 田野调查资料。

在笔者刚刚进入到 B 村子做调研时，村里水泥平顶房的外墙上，基本上都没有装修，留下的都是赤裸着的水泥砖头的墙面，显得非常的不协调。当地老百姓告诉笔者，是政府目前不让弄，要统一规划。政府承诺，外墙装修的费用政府出一部分，自己出一部分，这样对村民来说，也是比较划算的，而统一的规划也符合政府对新农村改造工程的形象要求。

2017 年春天，B 村的村民们终于等到了政府的外墙改造装修工程，沿河两岸公路旁边的住房都已经被刷上了新的白色外墙，房顶上也按照政府设计图，搭建上了新的类似于瓦房的楼顶。[1] 一些房子的窗户与楼顶都重新用木条和竹子编出来栅栏，形成"新"的布依族文化建筑。然而这些改造并不完全符合当地老百姓的意愿，他们觉得这样的改造并不实用，而且"不好看""质量太差""今天装的这阁楼，一点都不满意！可作为农民的我又不能说什么……"一位村子里的小青年在他的微信朋友圈里吐槽。

在这一系列的装修过程中，外墙的装修又出现了新的设计，"制造"出了的"布依族"建筑风格，统一的白墙、门窗做成了木栏结构，有的地方房檐还弄出了牛角，一种新的布依族文化产生了，然而这种文化并非出自于布依族的内部，而是出于政府的规划建设需要，是基于"统一化""标准化"模式下进行的布依族文化改造。

大部分的布依族老人都不喜欢住平顶房，用他们的话说是："平顶的不好住，粮食晒不干，容易发霉。"然而今天的传统的干栏式老房也越来越难打理。近年来木料越来越贵，懂得建造木房子的技术工人也越来越少，在当下，建一栋干栏式木房子远比建一座水泥平顶房需要的钱多，按当地人的说法："现在建一栋木房子，可以得两套平顶呢，不划算啊。"木制干栏式建筑在新时代面前已经开始被抛弃了。

一方面，布依族的"古寨"成为布依族民族文化的一个标签，这个标签并不是一个"活的"标签，在现代化过程中，传统干栏建筑已经开始变得不那么跟得上时代，"不好打理""脏""破旧"；另一方面，"平顶房"是一个相对现代的建筑，但是这个建筑还没有能够很好地融合到当地布依族人的生活中去，它也不是那么的"实用"，因为"不好晒粮

---

[1] 最后，统一的外墙装修费用均由政府承担，村民们不需要付统一的外墙装修费用。

食"。布依族的住房格局在社会变迁过程的"传统"与"现代"中缠绕着。

二 大众旅游与民族文化:文化"碰撞"与"复兴"

少数民族乡村振兴的过程中,民族文化旅游的发展是不可忽视的部分,民族旅游成为民族地区重要的发展手段。然而大众旅游的时代,给少数民族文化带来了很大冲击,大众旅游对民族文化的要求,大多情况下与少数民族传统文化的实际情况不吻合。

一位老师到 A 村游玩,问当地的布依族老乡:"你们布依族人和别人打招呼说'你好',是怎么说啊?"老乡愣了几秒钟才回答:"蒙好。""蒙"在布依语言中是"你"的意思,老乡刻意地嫁接汉语。事实上,在布依族地区,人们见面打招呼常用的是"蒙拜嘎来倒啊",翻译出来的汉语意思是"你去哪里来啊"。在文化交流的过程中,大众会很自然地用一种"主流文化"来对照少数民族"异文化",在这两种文化"碰撞"的过程中,有时是两种文化之间的生搬硬套,让人啼笑皆非。

大众旅游在民族旅游中,希望看到的是"奇异"的少数民族文化、"原生态"文化、想象中的"少数民族文化",当这种"奇异"文化在很多少数民族地区没有发生的时候,大众旅游表现出来的就是一种"失望"。

(一) 大众文化对"异域"的追寻

2016 年 4 月,荔波县城举行了一场"对话荔波——中国宋庄画家荔波古村落写生活动",活动由民革荔波县支部、县文联、樟江实业有限公司和荔波美术协会牵头组织,为期大概两周。活动邀请了北京宋庄的油画写生学会的 10 位画家们来荔波采风,希望将荔波的古村落文化推荐给更多的艺术家,让更多的人了解荔波,为荔波的旅游发展出谋划策。一天,在 B 村,笔者一大早就听到村民们说"从毛主席脚下"来的人要来画画,都是北京来的画家。笔者到村子的老寨子一看,画家们已经开始在画画了,画的都是村子的古老建筑,席间和他们聊天,他们向笔者表达了在布依族地区作画的感想:"风景挺好的,但是最有特点的应该是少数民族,风景哪里都有好风景,但是独特的是少数民族。""最遗憾的是没有看到她们穿少数民族服装,这个是最遗憾的,听说这里(荔波)有四种少数民族,但是都没有怎么看到,布依族的人都不穿布依族服装了吗?"① 这不禁让人想到路易沙在她的书中提到,一位来自江西美术学院的老师在西江捕捉苗族风情的故事。② 在那个故事中,这位江西美院的老师认为苗族人就应该是穿着隆重盛装苗族服饰的样子,当没有看到时,他表现得非常失落,并强烈地要求当地人穿上他们的民族服饰,并拍照。

当笔者问及为什么要请画家来画画时,县文联干部是这样向笔者解释的:"游客喜欢的地方,画家不一定喜欢去,但是画家喜欢去的地方游客肯定会喜欢的。"③ 这句话里,表现出了品位区隔④,游客服从于画家的品位,而少数民族的文化在一定程度上要服从于游客的品位,这种区隔造成了文化的不同阶级,地方干部认为画家的品位是高级的品位,被画家认可了的文化,就是一种可以被大众旅游追求的文化,少数民族的文化受到大众文化的影响。

(二)"刺激"之下的民族文化复兴

为了发展乡村旅游,当地布依族人也开始主动去寻找他们的"特色"文化,B 村的"吊丧舞"转身变为"打架舞",搬上了舞台进行表演。

"吊丧舞"原来是布依族老人过世,夜晚守灵时做的一项仪式,布依族语称为"咕隆"。在过去,"咕隆"仪式是敲铜鼓,然后每个人拿起一根有人高的竹竿,跟着铜鼓的鼓点,有节奏地敲打,从两人一组到多人一组的组合不等,当这种敲打遇上布依族传统的干栏建筑木板的时候,会发出震耳欲聋的声响,气势恢宏。根据老人们的口述:"这样子的敲打,就是为了让老人在'下面'(阴间)不再腰酸背疼。"随着铜鼓慢慢地消失,人们开始用皮鼓来替代敲打,而现在越来越多的葬礼上已经不再有这样的活动了,开始用道教的方式来做丧礼,比如道家的"开五方路"之类的,

---

① 田野调查资料。

② Schein, Louisa, *Minority Rules: The Miao and the Feminine in China's Cultural Politics*, Boulder and London: Duke University Press, 2000, pp. 115 – 119.

③ 田野调查资料。

④ 参阅 Pierre Bourdieu, Translated by Richard Nice, *Distinction: A social Critique of the Judgement of Taste*, Routledge and Kegan Paul, London and New York, 1998。

"咕隆"已经不常见。

  2016年的4月初，B村子里面的妇女们开始自己去砍竹子，来筹备这个舞蹈。原本是妇女们饭后的"做玩"活动，但是随着鼓声响起来，一些做过"咕隆"的男人们也开始加入到了这个活动中，不断地纠正妇女们"错误"的打法，给妇女们做示范，村民们在重新去认同他们逝去的文化，回忆他们的文化，这种情绪的表达是真挚的，既有为乡村发展的"再生产"，同时也有对自身文化的怀念。2016年4月末第一次登台演出，到7月"六月六"的表演，"打架舞"作为一种文化实践，在民族兴趣—文化阐释—旅游表演中缠绕着发展，在这一刻的表演并不仅仅因为利益问题，也有很多本身的喜爱，充满了当地布依族的自主性，形成了她们自己新的文化认同。

  为纪念贵州省黔南布依族苗族自治州成立60周年，州电视台来拍摄相关宣传片，笔者发现一个很有意思的事情：当地的妇女们主动地给电视台的人展现出她们心目中所认为的"布依族文化"。在拍摄过程中，布依族妇女们主动地将家里面古老的轧棉花机和纺线的手工木制机寻找出来展演。她们还会主动地去找村子里面懂得五彩糯米饭知识文化的老人学习，主动地去寻找染糯米饭的植物。其中一些颜色的植物染料就连当地的一些年轻媳妇都没有看到过。比如她们会和摄影师说"你等一下再拍啊，这样拍得才好看""你等一下，我们去穿布依族服装来，你再拍""这个跳得不好，等一下我们再跳一遍，你再重新拍哈"诸如此类的要求。当地布依族妇女很主动地去把自己的文化给表现出来，开始去探寻她们古老的文化，并把这种文化展演出来给大众看。

  人类学训练中，经常会有批判性思考的教育，少数民族在国家的规训下，被动地不断展演民族文化。在民族文化表演的过程中，除了一种外部的"想象"，实际上在今天，民族主体本身，也在不断地"想象"她们自己的文化，或者说是不断地"重塑"她们的文化。在大众旅游的刺激下，B村的妇女们要寻找自己的文化，这些文化或许是本身就有的，同时也是在学习而不断"生产"出来的，诸如村子里面的妇女也会来主动地询问笔者，她们的家庭旅馆应该要如何装饰，希望笔者能够给他们提一些意见，也会请笔者去帮助他们拍一些照片，放到网站上去做广告，她们会征求一种外来人的审美来"生产"她们当地的"民族文化"。

三 乡村发展中的文化生产与民族认同

乡村振兴下的民族旅游发展,也是一个民族文化不断生产的过程。B村的村民们曾经和笔者说:"你来学习布依话,你应该去望谟①那边学习呢,那边的东西更加浓厚呢,我们这边已经汉化很多了。"村民也会用"汉化"来表达他们对自身民族的认同,当笔者与当地布依协会的一个工作人员聊天时问道:"听说布依族文化最浓厚的地方是望谟县?"这位工作人员很不屑地告诉笔者:"哪里有什么文化最浓厚?浓厚不浓厚,是要看如何打造,这些都是打造出来的。""打造"出来的文化,这是一个很有意思的话题,打造也正是一种文化的自觉,同时也促进了民族文化的认同。

(一)"六月六"节日的发展

农历六月六日,在布依族传统社会中,是一个做"酒药"(酿酒发酵过程中的引子)的日子。妇女们到山上采草药,把做酒药的东西拿回来,在这一天做酒药。当地年纪比较大的妇女们告诉笔者说:"那个时候特别的好玩,那一天会用稻草来垫酒药,让酒洒在酒药上面,那天大家喝酒喝高了,就在稻草上打滚,很有意思的呢。"近几年从"布董"(自称布董的一群人,当地人认为布董是侗族,但有的也是布依族,居住在当地的播尧、独山方向)那边传来了六月六回娘家看外婆的习俗,所以当地一些老人会说"六月六是从侗族那边传过来的呢,我们这边原来不过的"。六月六回娘家看外婆,在B村也就很快变成了一种习惯,变成了一个敬老的节日,在这一天出嫁了的女儿要回来家里看外婆,还要给外婆买新衣服,送甜米酒。

在B村,农历六月六日,在村干部的带领下,变成了一个既有民族特点,也有品牌效应的民族节日。B村六月六布依族歌节,最开始是村干部为了发展乡村旅游而出的主意,想着借这样的一个节日,让B村获得

---

① 贵州省黔西南布依族苗族自治州的一个县城,那里被认为是布依族文化保存比较完整的地方。

知名度，让大家都知道有这么一个地方。唱布依族歌，原本就是布依族人日常生活的娱乐，把大家组织在一起唱歌，编演节目，这一天来玩的人很多，村民们还能做一点小生意，自然也就得到群众的赞成。由村子操办这样的节日起初是十分困难的，快到节日时，村子里的村干部们就开始到处筹钱组织活动。B村的一位村干部就曾和笔者述说过他们刚开始举办六月六节日时工作的艰辛：

> 有一次我们到荔波去，就一个单位一个单位地去找人，拉赞助办节日，几天都回不了家的那种，还要讨好人家，有一年政府资金控制得严格，我们几个就在荔波蹲守，拿不到钱都不敢回村子呢，不容易的，但是也是想着办出一点知名度来，这样发展旅游就方便了嘛，到时候提到六月六，人家自然就想到我们了嘛，这些都是为了发展嘛，谁不想过得好一点呢，有了游客就有收入啊。[①]

在村子里干部的领导下，B村的六月六也变成了一个节日，现在也已经初具规模了，已经有6个年头了。每年到六月六的时候，周围村寨的人们，甚至外来的游客都来B村过六月六布依歌节。六月六布依歌节，已经成为当地布依族隆重的民族节日，增加了布依族人的文化认同。

（二）民族文化的"再生产"

六月六节日的时候，B村的妇女们会提前做布依族的服装准备过节。传统的布依族服饰是用布依族土布做成的长袖的便衣衫和长裤，外加一个围腰。现在村子里过六月六的布依族服装，已经变成短裙子和短袖衣服。布依族的女孩们认为，这样的衣服更时髦、更好看，中年妇女在给媳妇们做衣服的过程中也会选择给她们做更时髦的衣服。服饰布料坚守着布依族土布，但服饰样式已经发生了很大的改变。在特定的时刻，布依族人更愿意穿上"自己的民族服装"来标榜自己的身份，以显示出不同，增强自己的认同感，尽管这种布依族的衣服他们并不是天天穿。

在与不同民族文化比较的过程中，布依族的文化也在不断吸收着她们

---

① 田野调查访谈资料。

认为"好"的文化,诸如一些布依族的妇女就告诉笔者:"水族、瑶族她们的衣服更漂亮呢,花花的,她们还有那些银饰,我们布依族的衣服更加简单,没有那么好看,你看其实我们现在的裙子就是有点模仿老瑶她们的弄的,这样更'好看'。"

实际上并没有所谓的真正的"传统",更或者说是"原生态",文化实际上是在不断变动的。在文化接触的过程中,人们都会主动地去变化自己的文化,来适应"潮流"或者"好看",变成了民族的文化自觉。

2016年B村的六月六中,出现了一个很有意思的现象,当地的村干部把地域文化里傩戏中一些神的头像打印出来,挂在了舞台的两侧,当笔者问到这个是什么时,得到的回答是:"这个是布依族的傩神。"但问到布依族的老百姓时,他们其实并不明白这些是什么。最后才弄明白,原来当地一位干部将县民委里面保留的地方傩戏的神像,挑选了一些出来,作为一种特色增加到节日的建构之中去。

"特色"解释为一种少数,而这种"少数"的出现就是一种"自我"变为"他者"的过程,少数民族精英主动地将"自我"作为"他者"来符合大众文化的需求,这个过程就变得很有意思了,这是我们在少数民族地区需要思考到的东西。主流文化在不断"异化"少数民族的文化,在主流文化的影响下,布依族人也在不断地"挖掘"自己的文化,"生产"自己的文化,形成了一种文化间的缠绕。

四 小结

乡村振兴、社会变迁的过程中,布依族的民族文化是一个在不断生产的过程,这个生产的过程中既有政府行为、大众文化的影响,同时也有着民族主体的能动性,布依族文化在这些关系中缠绕着发展。

在中国少数民族乡村的发展过程中,民族文化的表达存在着困境。在布依族地区,一种外来的主流文化与当地的文化在相互碰撞着。在追求民族特色时,政府又有着统一化的管理模式,统一和独特并存;在大众旅游的影响下,当地的布依族人也开始不断地重视自己的文化,产生自己的"民族自觉",这种民族自觉是在"大众文化"和"民族文化"的夹缝影响中发展的,当地布依族人为了发展自己的民族特色,打造自己的民族文化的同时需要依靠着"大众文化"来"修正"自己的民族文化,自我与他者并存。在不同文化杂糅的交流过程中,毫无疑问,不断生产地文化也在促进着当地布依族的民族认同。

民族文化在今天,作为一种文化资本和经济资本,不断被人们以新的形式所追求,民族传统与新的传统在重构与被重构中相互缠绕发展着。

市场化背景下的乡村公共资源
管理困局及冲突调节

——广西 M 村采砂事件的人类学分析[*]

朱 倩[**]

内容提要：在市场经济持续发展的今天，乡村社会如何实现公共资源管理的可持续发展与维护社区社会关系和谐，是当前中国某些乡村社区公共资源管理的主要困境。其中，围绕公共资源开发、分配和管理而引起的社区冲突，构成社会关注的议题和学术研究的重要切入点。本文以广西 Q 市 M 村河砂开采的冲突事件和矛盾协调为例，探讨乡村社区公共资源管理的困境。M 村的案例表明，加大法律"下乡"和相关职能部门管理的"到场"，鼓励在政府和执法部门不断融合有益地方传统制度，并给予利益相关主体，特别是社区群众在公共资源管理中的发言权，有利于提高公共资源的科学规范管理，实现资源的可持续发展与社会和谐。

关键词：公共资源管理；冲突；乡村社区；宗族；可持续发展

在中国社会经济进入结构性转型的今天，村民产权与经济收益意识的加深，使得乡村社会原本并未显现的诸多问题浮出水面。其中，自然资源商品化、个人利益最大化的导向，深刻地影响了当前农村地区对公共资源的重新定位。作为一种普通建筑材料，河砂在 M 村社会中经历了较大的

---

[*] 为保护当事人隐私权，本文的名字皆进行了相应处理。
[**] 作者简介：朱倩（1984— ），女，壮族，德国科隆大学民族学博士研究生，主要研究方向为政治人类学、乡村社会、公共资源管理。

价值转变，成为考验当前乡村公共资源管理的重要对象。在媒体报道层面，基于河砂开采而导致的社会冲突和管理危机不时显现，但基于长期田野调查而开展的讨论迄今尚少。本文试图就广西 M 村河砂的开发、管理、分配和收益而产生的冲突问题为切入点，探讨当前农村地区的公共资源可持续发展的可能路径。

一 公共资源管理与乡土冲突的相关研究梳理

在经济与社会的转型期，如何调整计划经济时代延续下来的物权观念，以更好地管理乡村的公共资源，特别是土地、森林、水库和河砂等自然资源，实现资源的可持续发展，是当下乡村资源管理较为紧迫的问题。我国宪法规定：矿藏、水流等等自然资源，都属于国家所有，即全民所有；由法律规定属于集体所有的森林和山岭等除外。根据《中华人民共和国矿产资源法》及其相关规则，河砂属于非金属矿产资源，属于国家所有[①]。同时，基于对农村社区公共基础建设和住户生活的支持，根据法律法规的规定（比如《广西壮族自治区河道采砂管理条例》第十四条），农村社区公共设施建设和农民自建房可以免费挖掘和使用河砂。[②] 同时，由于河砂自身的特殊属性和传统的社会民俗习惯，河砂被认为是乡村公共资源。近年来，由于中国公共基础设施和房地产市场的快速发展，以及农民自建房的兴起，河砂的价格一路飙升，不少地区的河道出现违法采砂现象，由此导致的纠纷和冲突不断。

国外已有众多学者针对公共资源管理和冲突进行讨论和研究。哈丁（Hardin）认为社区本身无法解决公地悲剧，只有中央权力和私有化才是可行的解决方案[③]。艾奇逊（Acheson）探讨的农村公共资源的过度开发

[①] 《矿产资源分类细目》。关于砂的这一节，这个《细目》是这样规定的："（三）非金属矿产：天然石英砂（玻璃用砂、铸型用砂、建筑用砂、水泥配料用砂、水泥标准砂、砖瓦用砂）。"

[②] 《中华人民共和国矿产资源法实施细则》（1994）第二条规定：矿产资源是指由地质作用形成的，具有利用价值的，呈固态、液态、气态的自然资源。其中，第四十条规定：个体采矿者可以采挖下列矿产资源：（一）零星分散的小矿体或者矿点；（二）只能用作普通建筑材料的砂、石、黏土。

[③] G. Hardin, "The tragedy of the Commons", *Science*, 1968, Vol. 162, pp. 1243 – 1248.

和消耗与正式制度（formal institution）的关系，认为中央权威制度并没有对公共资源管理作出应有的贡献[①]。针对哈丁的假说，诺贝尔经济学奖获得者奥斯特罗姆（Ostrom）认为，小规模社区的公共资源自我管理是最有效和可持续的办法[②]，这个方法是奥斯特罗姆（Ostrom）在1990年分析别的学者所作的个案研究基础上提出的。这些个案包括艾奇逊（Acheson）在1975年[③]和1988年[④]对美国缅因州的养虾业的研究，韦德（Wade）在1982年[⑤]和1988年[⑥]对印度农村水利系统的分析，Bacdayan于1980年对菲律宾水利系统的探讨[⑦]，皮希特（Picht）在1987年[⑧]对瑞士的草原系统的共同财产权问题的研究等。奥斯特罗姆（Ostrom）认为小规模社区的人们，在一些基本条件满足之后，他们能够有效地和可持续地管理公共资源[⑨]。社区自我管理就是个体能够基于公共目标、信任、价值标准和互惠而建立制度，这些因素构建了可持续的资源管理体系。不过，这个方法也不是没有风险，因为外部中央权威的干涉，人口的发展，新的市场和技术的发展都会影响社区自我资源管理的失败。此外，社区内理性的个人即使有充分的资源信息和理性，也无法逃脱囚徒困境（prisoner's dilemma game），因为如奥尔森（Olson）在1965年指出的那样，理性的、自私的

[①] James M. Acheson, "Institutional Failure in Resource Management", *Annual Review of Anthropology*, September 2006, Vol. 35, pp. 117 – 134.

[②] Elinor Ostrom, *Governing the Commons*: *The Evolution of Institutions for Collective Action*, Cambridge UK: Cambridge University Press, 1990, p. 249.

[③] James M. Acheson, "The Lobster Fiefs: Economic and Ecological Effects of Territoriality in the Maine Lobster Industry", *Human Ecology*, 1975, Vol. 3, No. 3, pp. 183 – 207.

[④] James M. Acheson, *The Lobster Gangs of Maine*, Hanover: University Press of New England, 1988.

[⑤] Robert Wade, "The system of administrative and political corruption: canal irrigation in South india", *The Journal of Development Studies*, 1982, Vol. 18, pp. 287 – 328.

[⑥] Robert Wade, *Village Republics*: *Economic Conditions for Collective Action in South India*, Cambridge, UK: Cambridge University Press, 1988.

[⑦] Albert S. Bacdayan, *Irrigation and Agricultural Development in Asia*: *Perspectives from the social sciences*, Ithaca London: Cornell University, 1980, pp. 172 – 185.

[⑧] C. Picht, "Common Property Regimes in Swiss Alpine Meadows", *Advances in comparative institutional analysis*, Dubrovnik, Yugoslavia, Switzerland, 1987, pp. 19 – 23.

[⑨] Elinor Ostrom, *Governing the Commons*: *The Evolution of Institutions for Collective Action*, Cambridge UK: Cambridge University Press, 1990, p. 184.

个人不会为了集体或小组的利益而合作[1]。

同时代兴起的还有私有化和个人产权问题,经济学家提出,在资源私有化后,个人充分享有所有权、使用权和决策权(complete right),从而排除了他人的资源享有权利(exclusive property rights),解决了搭便车问题(free rider problem),所有者为了个人利益最大化,有动力来管理、投资和保护公共资源,不过这个方法受到不少的批评。通过以上分析,针对公共资源的退化和不可持续发展的问题,学者们提出了几个解决的方案,分别为政府管理[2],私有化[3][4][5];社区自我管理[6]和共同管理[7]。无论国内外,明确产权成为目前公共资源管理研究的关键问题之一。

在中国,公共资源主要分为国家所有和农村集体所有[8]。关于中国农村资源的研究中,很多学者论述了中国南方的传统宗族共有资源或者共有财产(土地、地租、水库和森林)在宗族组织中的核心地位,并用于几个目的,包括祭祀、礼仪、设立学校、帮扶等(例如,Freedman,2007:162、166-172;费孝通,1998)。在公共资源设立、购买、分配上,宗族长老拥有资源的分配权、纠纷和冲突的调节和处理权[9][10]。同时,由于传

---

[1] Mancur Olson, *The Logic of Collective Action: Public Goods and the Theory of Groups*, Cambridge: Harvard University Press, 1965.

[2] G. Hardin, "The tragedy of the Commons", *Science*, 1968, Vol. 162, pp. 1243-1248.

[3] H. S. Gordon, "The economic theory of a common property resource: The fishery", *Journal of Political Economy*, 1954, Vol. 62, pp. 124-142.

[4] O. E. G. Johnson, "Economic analysis, the legal framework and land tenure systems", *Journal of Law and Economics*, 1972, Vol. 15, No. 1, pp. 259-276.

[5] A. D. Scott, "The Fishery: The Objectives of Sole Ownership", *Journal of Political Economy*, 1955, Vol. 63, pp. 116-124.

[6] J.-P. Baland and J.-M. Platteau, *Halting Degradation of Natural Resources: Is There a Role for Rural Communities?* New York: Food and Agriculture Organization of the United Nations and Oxford University Press, 1996.

[7] Lars Carlsson and Fikret Berkes, "Co-management: concepts and methodological implications", *Journal of Environmental Management*, 2005, Vol. 75, pp. 65-76.

[8] Ho, P., *Institutions in transition: land ownership, Property Rights, and Social Conflict in China*, Oxford: Oxford University Press, 2005.

[9] Maurice Freedman, *Chinese Lineage and Society: Fukien and Kwantung*, London: Athlone Press, 1971, pp. 162-172.

[10] C. K. Yang, *Chinese Communist Society: The Family and the village*, Cambridge Mass: MIT Press, 1959.

统中国实行礼治而非法制,宗族长老和乡土精英等在资源分配和冲突上拥有更多的权力。费孝通在《乡土中国》中指出,"乡土社会秩序的维持,有很多方面和现代社会秩序的维持是不同的。可是,所不同的并不是说这是个'无法'的社会,假如我们把法律限于以国家权力所维持的规则,但是'无法'并不影响社会秩序,因为乡土社会是'礼治'的社会"。"礼和法不相同的地方是维持规范的力量。法律是靠国家的权力来推行的,而礼却不需要这有形的权力机构来维持。维持礼的这种规范的是传统。"[1] 即使村庄在资源分配和利益协调上有冲突,按照费孝通的说法,这种冲突的管理由自己的传统来进行规范,不会造成多大的危机。而且,中国农村冲突的基本特征,如裴宜理在她的成名作《造反运动与国家权力》中提出的,20世经50年代主要针对国家,80年代初期主要发生在乡村社区内部。从组织基层来看,推动冲突的基本上是传统类型的乡村政治,如宗族、家族、村社、秘密结社等[2]。

改革开放后,乡土的资源冲突矛盾呈现多元化、利益化和激烈化。这个时候,似乎更加需要利益无涉第三方的调节或者国家的强力干预。首先分析国家权力对乡村变化的影响。萧凤霞(Helen F. Siu)提出,"土地改革破坏了宗族组织的经济功能;集体化把农村社区变成了国家的细胞构成。人们公社化运动将农村干部吸纳到了严密的官僚网络中,……从而建立起党和国家控制农民日常生活的权力"[3]。在取代宗族权威和传统精英在农村的权力后,今天的村委会干部所代表的国家权力是否还能有效治理资源冲突?答案需要从历史和现实的角度进行分析。

有的学者认为,与传统的伦理相比,农村在市场经济改革后,与之前的"向内发力的人生"的注重"伦常"和自我教育、自我克制的具有自反精神的道德秩序[4],以及革命时期的革命意识形态话语和20世纪50—70年代的集体优先相比,已经逐渐发展为"向外发生的人生"转变。李沛良在研究当代香港社会中熟人间纷争、困难解决和经济资助等现象后,

---

[1] 费孝通:《乡土中国 生育制度》,北京大学出版社1998年版,第49、51页。
[2] 裴宜理:"Rural Violence in Society China", *The China Quarterly*, Vol. 103, 1985.
[3] Helen F. Siu, *Agents and Victims in South China: Accomplices in Rural Revolution*, USA: Yale University Press, 1989, p. 292.
[4] 梁漱溟:《梁漱溟全集》第一卷,山东人民出版社2006版,第177—181页。

与费孝通的"差序格局"进行了对话,并提出了"工具性差序格局",认为这是以自我为中心,在社会关系的建立中更加注重实利可图,格局中成员的工具性价值逐渐递减。① 贺雪峰则针对这种情况,也与费孝通的熟人社会对话,他发现在行政村内,农民社会流动的增加、就业的多样化、社会经济的分化等导致农民异质性大为增加,村庄私人生活和公共生活发生了重大变化,村庄已经由"熟人社会"向"半熟人社会"转变。② 吴重庆在考虑社会流动因素对乡村治理影响的基础上,用"无主体熟人社会"来描述相对落后的农村。③ 同时,传统的儒家伦理和宗族势力的衰退和市场经济理性人和消费主义文化对农村文化的占据,说明农村已经多元化,甚至出现"伦理性危机"④。杜赞奇在实地田野调查后,提出了著名的"权力文化网络"⑤。"伦常"不再是村民处理横向社会结构上人际关系的道德原则,取而代之的是利益考量。正是村庄横向社会结构的这种改变,以及相应的道德秩序变迁,造成了农民合作上的困难。⑥ 周大鸣关注宗族作为血缘共同体和文化共同体,认为其对政治共同体的影响逐渐加大,这也说明了宗族的政治利益诉求,说明了当前宗族的多面向变化是必然的⑦。从权利的角度,刘锐提出了"关系地权",表现了村民的村产观念和村界意识与法定地权的纠缠与冲突。⑧

在市场经济日益繁华的今天,个体的经济权益意识不断提高,无道德地追求个人财富的现象也增多,相对地,冲突的调节难度更加大,即使如萧凤霞在 2003 年发现的村庄的宗族仪式和活动在抬头,可是已经无法发挥其权威和管理能力来应付独立个体对公共事务的侵害,村庄更加碎片

---

① 李沛良:《论中国式社会学研究的关联概念与命题:东亚社会研究》,北京大学出版社1993年版,第71页。
② 贺雪峰:《新乡土中国》(修订版),北京大学出版社2013年版,第3页。
③ 吴重庆:《无主体熟人社会》,《开放日报》2002年第1期,第121—122页。
④ 申端锋:《中国农村出现伦理性危机》,《经济管理文摘》2007年第9期。
⑤ [美]杜赞奇:《文化、权力与国家:1900—1942年的华北农村》,王福明译,江苏人民出版社2013年版。
⑥ 曹锦清:《黄河边上的中国——一个学者对乡村社会的观察与思考》,上海文艺出版社2000年版,第625页。
⑦ 周大鸣:《当代华南的宗族与社会》,黑龙江人民出版社2003年版。
⑧ 刘锐:《关系地权——基于村庄结构的区域比较》,《北京社会科学》2015年第9期。

化。她发现宗族在20世纪80年代的短暂的"再生"与"再创造"只是部分的现象,实际它更多的是一种社会回忆①。正如景军于2013年的研究结论,祖先崇拜很难再作为村民的"共同记忆",因为它的整合力量和道德力量已经弱化②。许烺光在2001年指出,除了少数信教村民之外,对于一般的村民而言,信仰体系已经无法赋予其人生以意义③。刘新提出了与"祖阴下"相对的"自我阴影下",突出了当代乡村与社会变迁的关键,独立的个体的出现④。阎云翔在2006年提出的"无道德的个人"⑤,把农村的道德恶化话语提到新的高度,也引发了学术圈的关注。从以上分析可以看出,非熟人化、工具化、理性化、政治化和个人主义盛行成为农村社会关系的新特征。

可是,正如赵树凯所言,村落的集体行动的逻辑虽然改变,趋向个性化和立体化,基于农村的实际发展情况,村庄还有公共需求⑥,这也意味着农村可能不是作为同族亲属,而可能是作为社区成员再度在地缘的区域内,为了满足公共需要或者发展而合作。萧凤霞的研究认为,在乡村重新出现了传统的再造和再生,宗族势力的抬头,并非是个人主义,而是农民乡村社会建设的参与积极性高。"有才无德"的村干部大量涌现,在这种背景下,乡村混混的出场显得特别引人注目。这表明了熟人社会遭遇现代性破坏,乡土逻辑发生变异后,乡村为构建秩序的种种另类努力⑦。

通过以上国内外对社区公共资源管理和制度的分析我们可以看到,国外学者更加注重制度对资源可持续发展的研究,并在制度的框架内解决权益、分配、冲突和协调问题,以维护制度的稳定和平等收益。国内的研究

---

① 萧凤霞:《传统的循环再生》,《历史人类学学刊》2003年版第1期。
② 景军:《神堂记忆——一个中国乡村的历史、权力与道德》,吴飞译,福建教育出版社2013年版。
③ 许烺光:《祖荫下——中国乡村的亲属人格与社会流动》,王芃、徐隆德译,南天书局2001年版,第76页。
④ 刘新:《自我的他性——当代中国的自我谱系》,常姝译,上海人民出版社2005年版,第145页。
⑤ 阎云翔:《私人生活的变革——一个中国村庄里的爱情、家庭与亲密关系(1949—1999)》,龚小夏译,上海书店出版社2006年版。
⑥ 赵树凯:《农民的政治》,商务印书馆2012年版,第262—268页。
⑦ 陈柏峰:《乡村江湖:两湖平原"混混"研究》,中国政法大学出版社2010年版,第224—225页。

更注重探讨社区的制度对成员的影响，注重公（集体）和私（个人）关系问题的研究，对社区公共资源管理制度的关注不大。在当前市场经济不断发展，对自然资源和生态环境造成巨大压力的情况下，中国的乡村公共资源的管理要突破原来的研究框架，结合社区公共资源管理的具体实际，借鉴国外的研究成果，把公共资源的管理，放到乡村的历史、经济、政治和制度背景中调查，探讨乡村公共资源有效管理和冲突化解的可行性出路。本文对 M 村违法采砂而引起的村庄公共资源管理与冲突问题的个案探讨，就是这种理论对话的一种尝试。

二 河道采砂引起的社区冲突与民众应对

随着政治控制的放松和改革开发的深入，市场经济成为乡村社会的主要经济原则并深刻影响社会文化生活逻辑的演变。在农村社区，传统的社区互惠模式逐渐被市场交换取代。经济理性和个人意识的提高，使得农村的社会经济发展更加多元和复杂。各主体在公共资源和公共项目的利益分配上容易出现冲突。下文所讨论的 M 村案例，便是这种变化的微观呈现。

（一）"谁帮忙就砍死谁"：采砂引起的 M 村冲突

位于 Q 市的 M 村是一个有 500 余人的单姓村庄，市里第一大江——茅岭江穿境而过。河砂价格上涨后，M 村所在的 X 镇，长期存在着无证采砂现象。违法采砂引起村民的强烈反对：第一，免费的河砂变成建房必须购买的建材商品，损害了他们的资源使用权；第二，违法采砂损人利己，造成集体资源的损失；第三，河道变深，渡江威胁村民的日常生产和生活；第四，采砂导致的河流环境恶化，水体污染，水位下降，河岸田地坍塌；第五，超载运砂导致了路桥的破坏，过度抽砂威胁到临河的居民房屋和土地。

M 村多次组织对抽砂船投掷石块以阻止抽砂。2008 年，M 村的朱框平及其弟弟和几个村民开始私自抽砂。朱框平的违法抽砂引发了包括 M 村在内的三个村的村民抗议，朱框平气急败坏。在扔石头等冲突中，村庄的老人朱向学喊道："砸死他，让他以后不能偷采砂。"让进退维谷之际的朱框平更加愤怒，杀鸡给猴看，他扬言是朱向学砸伤了他，要报仇。为了扩大势力,朱框平花钱找来镇上的约 20 多个无业游民对抗村民。为了继续抽砂,朱框平的父亲公开支持儿子,朱框平和弟弟叫嚣着:"谁来帮忙就砍死谁。"违法采砂导致乡村社区的冲突和关系紧张。

(二) 沉默作为武器:村民对冲突的认知与应对

基于事态发展激变,许多村民都躲在家中。朱向学的三个儿子常年在外打工,他自己也只能躲到堂弟家中。作为村中族老之一,朱向学是村里祭祖和各家红白事的主要组织人,在村里有较高的声望。违法采砂活动导致乡村社区社会关系紧张,朱植平等人围攻老人和威胁村民,村民们也由于忌惮威胁,绝大多数人对冲突保持了沉默,包括之前组织扔石头的老人们。

2014 年,与朱向学同一房支的朱振老人回忆说:"我当时非常想站出来支持朱向学,老婆当时阻止了我。因为我们的 4 个儿子都在外地打工,现在家里面还有小儿子的两个小孩子需要照顾。"[①] 朱振家的坡地就在江边,抽砂已经导致了岸坡的坍塌,这是他反对抽砂的主要原因。可是,有心无力,朱振年老体迈,而且还要照顾孙辈。当镇上的无业人员加入后,村民更加地忌惮。一个退休教师说:"因为这些人都是不要命的,只要给钱,他们什么事都做得出来,可是,我们也不应该怕他们。关键是老人们没有出来组织大家。"一个带着两个孩子妇女说:"怕,那个时候氛围很紧张,随时都可能打起来。我把孩子们叫回家关起了门,从来没有见过叫外村人到自己村打老人的事情。我们女人能做什么?孩子他爸一年只有重阳节、扫墓和过年回来,我们建房子借了亲戚几万元,需要努力才能还完。我们女人又不能打架。而且我们还要照顾孩子和老人。"[②] 在调查中发现,习惯于直接渡江的妇女们因为河道被挖空,撑竹排过江耕种的过程中有过七人落水的经历,因此,妇女们非常憎恨违法抽砂。平常外出打工的朱宗,在 2015 年 11 月接受笔者访谈时说:"这帮人平时采砂,我们在外地打工都知道,也知道他们经常威胁老人们。这次竟然叫了外地人围攻我们,而且还说要杀死 12 岁以上的村民,他们私自采砂本来就理亏。"[③]

[①] 2014 年 12 月,朱振访谈。
[②] 2014 年 12 月访谈。
[③] 2015 年 10—12 月,多次采访朱宗。

调查发现，农村主要劳动力的外出打工也对之前的公共资源管理模式产生了影响，老人、妇女和孩子并不是违法抽砂的有力反对者。劳动力的外出让部分违法采砂人敢于"偷砂"，并在众人反对后依旧我行我素，甚至对反对者打击报复。采砂事件引起的冲突对抗、聘请外援、围攻老人和过激言论仍然对村内的社会关系造成了负面的影响，年末例行的全村集体土地庙的祭祀活动被迫停止，并对社区的葬礼等传统制度和社区公共生活产生了消极的影响。

面对冲突，村民们用言行表明了自己的态度。采访得知，绝大多数的村民拒绝与朱框平六兄弟有任何来往和交流，有的见面都不打招呼，有的拒绝在朱框平家建房子的时候提供帮助，妇女们在村庄的早市中不和朱框平的母亲和妻子交流，男人们表示不会与他们家的人同桌吃饭。他们用沉默或者行动表达自己反对朱框平等人的自私的违法采砂行为和维护集体道义。

时间久了，朱框平的几个弟弟实在受不了这种被"隔绝"的感觉，在村里开小卖部的一个弟弟选择了中立。那个声称杀人的弟弟，在广场和小卖部公开道歉，声明当时的话只是一时气急，并未想一直与村里人作对。村里人看到他的态度诚恳，多半选择了原谅。但是，朱框平并未给村里人道歉，依然继续采砂直至 2015 年。

从事件发生的始末看，这只不过是一场并未升级到有死伤的乡村冲突，事态并未发展到无以复加的地步。但是纵观近十年 M 村发生的各类大小冲突，我们可以看出，因公共资源开发引起的群体性对抗，正逐渐成为乡村公共资源有效管理的障碍和新挑战。

在新的历史时期，如何才能更好地有效管理公共资源，并实现资源的可持续利用成为突出问题。在本案例中，传统代表者——村庄的老人们，把私自采砂者定义为"小偷"，选择了组织大家一起扔石头的传统方式，希望以众人之力来打压"小偷"。同时，采取舆论压力来进行施压和道德谴责。可是，唯利是图的采砂者不仅不服从这种传统的资源管理方式，反而对组织这种方式的老人打击和报复，这说明村庄传统的宗族管理模式的式微。

在村庄的传统制度无力再组织有效的资源管理后，部分村民希望政府能够对违法采砂者进行有力打击、维护公共资源和村庄集体的利益。可惜，正如下文将讨论到的，当前基层政府对河砂等公共资源的管理模式存在较突出的问题，并不能确实维护公共资源的国家和集体利益，并不能有效预防由此产生的纠纷。

三 症结：乡村公共资源开发与管理中的法制和基层管理缺位

以上因采砂引起的 M 村冲突，仅是近年来 Q 市一带地区因为河砂而引起的农村冲突众多案例中的一个。自 2004 年"中国—东盟博览会"落户南宁以来，广西北部湾地区都被视为广西经济振兴的重要区域，由此带动了城市化和乡村现代化的快速发展。在此背景下，各个地区对河砂、海砂等建筑材料的需求呈倍数增长。M 村所在的 X 镇虽非地处经济开发核心区，但同样深受建材市场发展的影响，造成了上述的冲突。笔者研究发现，广西 Q 市的违法采砂从 2008 年到 2017 年 4 月从未停止，笔者曾经从村庄的视角探讨乡村公共资源市场化与治理中的困境，提出模糊的河砂产权意识、碎片化的治理和无序的利益博弈是河砂治理的困境和根源①。此外，笔者对茅岭江和支流沿岸村落的采访发现，许多村庄出现了与 M 村相似的情况，村内与村庄之间冲突，村庄与外来抽砂者的冲突，村庄集体出售河砂与基层政府资源管理的冲突等。特别明显的是，有不少村庄在反对违法抽砂无效的情况下，发生集体卖砂给违法采砂者的情况。在 Q 市，违法采砂和乡村公共资源管理困境在河流、湖泊、水库和海边的村庄时有发生。近几年，中央环保督察组在广西接到不少关于违法采砂问题的报告，因此，认真分析这种行为背后的深层因素，亦即市场经济背景下乡村公共资源管理中的困境，应该是中国生态文明建设和资源可持续发展的应有之意。

（一）国家的河道采砂管理法规及其实施困境

在相关法律法规方面，我国各级管理部门对于河道及其相关资源的开发利用有一套明确的法律法规。《中华人民共和国水法》（1988 年），《中

---

① 朱倩：《公共资源治理困境：村庄在河沙市场化过程中的角力》，《广东社会科学》2018 年第 5 期，第 210—220 页。

华人民共和国河道管理条例》（1988年）和《中华人民共和国矿产资源法》（2009年）等是河砂管理依据的主要法律。2002年1月1日起施行的《长江河道采砂管理条例》是针对长江流域河砂开采的一项管理举措。长江流域的采砂管理，实行地方人民政府行政首长负责制。沿江县级以上地方人民政府需加强对本行政区域内长江采砂活动的管理，做好长江采砂的组织、协调和监督检查工作。国家对长江采砂实行采砂许可制度。各省根据此条例而自行制定采砂管理条例。

早在1992年，针对河道资源开采问题，广西壮族自治区水电厅联合财政厅及物价局就出台了《广西壮族自治区河道采砂收费管理办法实施细则》，对河道采砂的收费标准及其管理作了较为详尽的说明。[①] 2001年1月1日，又出台了《广西壮族自治区河道管理规定》，其中"第三十四条"明确规定：个人或企业若违反《中华人民共和国河道管理条例》第二十五条规定，在河道管理范围内，未经河道主管机关批准，或者未经河道主管机关会同有关部门批准，擅自采砂的，河道主管机关可以处一百元以上一千元以下的罚款；情节严重的，可以处一千元以上二万元以下的罚款[②]。2016年11月30日的广西壮族自治区人民代表大会通过的《广西壮族自治区河道采砂管理条例》，把罚款提高到50万[③]，希望加大打击力度。

针对Q市境内各大河流的采砂混乱局面，Q市人民政府就茅岭江等河江河道采砂出台了《钦江、茅岭江、大风江部分河段河道采砂权出让方案》，包含采砂权出让的基本要求及原则、采砂权出让的范围及标底值的确定、采砂权出让期限、采砂权出让方式和程序、投标人资格设定、组织保障、责任分工等七个方面的内容，并对相关河道的规划图及招标条件作了补充说明。

其中，在出让方式上采取拍卖和招标的形式，并规定期限只有两年。而对于公开招标标底值等方面的管理收费标准做了说明：

> 标底值主要由以下四部分组成：一是河道采砂管理费，按当地销

---

① 《广西壮族自治区河道采砂收费管理办法实施细则》1992年。
② 《广西壮族自治区河道管理规定》2001年。
③ 黎超：《广西出台首部河道采砂管理条例 盗采最高罚50万》，2016年12月，广西新闻网（http://www.gxnews.com.cn/staticpages/20161201/newgx5840451a-15738872.shtml）。

售价的 8% 计算；二是矿产资源补偿费，补偿费率按当地销售价 2%、开采回采率系数取 1.1 计算；三是采矿权价款，按当地销售价 3.5% 计算；四是采矿权使用费，按 1000 元/年/km² 计算。①

尽管国家、省区及市级管理部门对河道采砂进行了较为明确的规定，但在具体的实践中，却遇到诸多难题。一方面，对于有意投标和竞拍的企业和个人而言，由于河道公开招标和拍卖的价格很高，加上即使获得了一定时限内（一般为 1—2 年的期限）的开采权，也难杜绝其他无证采砂船同江段的偷采，偷采在 2008 年某企业获得政府拍卖的江段频发。自此以后，很多人往往对政府的采砂权招标、拍卖出让行为采取观望态度，造成流标和流拍等现象；另一方面，政府明文规定的对拍得采砂权的公司的采砂数量，时段和技术等规定都没有得到有效监督，因此违规超采普遍。

此外，如前文所述，国家对河道资源归属权虽早有相应规定，但也肯定了世居于斯的乡民对河道资源也有一定的自主开采权和使用权。是故，若村民 A 所在江段的河道已被政府拍卖给企业，而村民继续前往该段河道开采河砂，按法律规定属于偷盗行为，相关企业可提请有关部门予以惩罚。但村民 A 却认为，其世代居住在这个江段，而且政府法规和传统习俗都承认其采砂建房的权利，凭什么其行使合法权利成为"偷盗和违法"？此外，村民 A 等人还担忧拍卖河砂、过度开采、管理不善造成了河道和堤坝破坏，耕地破坏和水污染等，也就是管理不到位的偷采，私有化后的采砂权难以有效保护，而世俗的使用权难以忽视，这就引发了上文所见之地方冲突。

据 X 镇的政府工作人员介绍，全镇无一采砂船获得政府颁发的采砂证。朱框平等人之所以敢在江道上开采河砂，是得到了村镇一级政府的默许，至少是没有得到相应的法律或者部门的处罚，在此语境中，他占据了有利的话语优势。但是，从 M 村等几个村落的地方传统看，河砂本属于"大家"的资源，不能让一小部分人据为己有，更不能因此而导致沿河村民的土地损失和环境的破坏。由此，相关法律法规中的抵牾之处造成了地

---

① Q 市人民政府办公室：《钦江、茅岭江、大风江部分河段河道采砂权出让方案》2008 年 2 月 3 日。

方人群对采砂行为的理解误差,冲突在所难免。此外,各地非法采砂的状况基本雷同,而管理上都面临有法难行,权属不清和管理职责不够明确的局面,这与地方相关管理部门的结构性缺位有关。更重要的是,在开采的过程中,镇里的干部为了实现自己的利益,介入河道采砂,造成了乡村公共资源管理的又一难点。

2011年,在少数村民违法抽砂无法制止后,镇长和其他干部来到了M村调查,并告知M村将作为示范点进行美丽新农村建设,M村需要筹集公共资金来修路和修篮球场和群众舞台,如果M村卖掉临江河砂,就有集体收入来对接政府的项目,在多次的商议中,M村的河砂被以23元每立方的价格卖给了镇长和镇司法局长的无证抽砂的亲戚,在这个过程中,村委干部还劝M村的新村长和老人们游说各家的户主在卖砂协议上签字,这导致河砂连续两年的大规模开采。

(二) 职能部门和基层组织的结构性管理缺位

法律法规之所以难以在基层实践中见效,与河道及其相关资源的日常管理空缺密切相关。对公共资源的管理,中国多采取自上而下的政府管理模式,进行单一化管理。在具体的管理操作上,机构重叠,执法成本高和效率低下成了农村资源管理的突出症状。此外,在具体的资源管理中,政府与农民的互动与合作表现很被动,对管理的新技术、社会媒体、第三组织以及新政策的采用需要加强。政府管理模式仍然无法满足现代公共资源管理的时代需求。法制和政府管理难以在日常违法采砂奏效,本文认为这主要是由于以下原因。

1. 职能部门的行政能力存在诸多短板

分析河道资源管理的相关法规,我们不难看出,河道及其相关资源的管理,不仅涉及水利、国土、财政、物价、司法海事局和公安等多个职能部门,也与村镇一级的政府机关关系密切。因此,在制度设计及职能部门的行政效度上,对河道采砂行为的管理都处于一种纠葛的状态中,水利部门作为主要管理部门只有行政执法权而没有公安部门强制权,造成执法打击力度小。就Q市的打击河砂专项活动而言,基本上都需要到区一级的多部门联合执法,有时候是跨区、跨市联合进行的单次或者多次打击非法采砂活动。目前,河道资源管理的职能部门主要是市县一级的水利管理部门。在现行的管理制度中，在基层行政起关键作用的镇政府与县级水利管理部门之间并非隶属关系。因此在具体的管理过程中，往往出现管理的缺位。一方面，作为主管部门，市、县、区水利局具有监管河道采砂的职责，但他们往往因距离河道较远，行政监管能力有限而无法对非法采砂的企业或个人产生真正威慑；另一方面，镇级政府尽管对情况有所了解，但是没有相应的行政和司法权。每个乡镇所设立的水利站，名义上属于水利管理系统，有权利和义务对河道的非法采砂行为采取一定的监管行动。但是，就每个乡镇的水利站人员配备而言，基本上达不到这样的要求。此外，采砂人在政府单位有"朋友"，或者灰色社会背景，让法律和政策常常流于形式，同时，也让资源遭到了不合理的过度开采。

采访 X 镇所在北区的一个水利局副局长的时候，他说：从水利局的单位开车到乡下需要 2 小时左右，这给了相关人员撤离现场的时间。因此，他对这样的行政行为解释说："我们也常接到群众的报案，可是我们到了后，非法采砂的人都走了，很难收集到采砂的证据。"其实，这些多半都是监管不力的托词。该副局长在和笔者通话之时指出，除非是村民自己拍录像和拍照片作为证据，否则他们也无法处理。这种说法似乎印证了某些学者所言的"乡镇治权的衰弱"，或者农村税费改革让乡村政府的权力弱化，这导致了乡村治理陷入了前所未有的困境[①]。政府的不作为或不到场是构成非法采砂盛行的重要原因。此外，腐败行为或者以权谋私也成为河砂管理的难题之一，Q 市在 2010 年以来，主要县区的水利一把手及工作人员集体贪污并被审判与河砂的违规管理不无关系。

2. 村级组织对公共资源管理能力的衰弱

除了职能部门的监管不力，村级组织对非法采砂行为往往采取了"无为而治"的策略。尽管在采砂冲突事件爆发之后，M 村党支书及时打电话警告朱框平切莫大动干戈，对事态缓解有所贡献，但面对朱框平等人的采砂行为，却一直采取避而不谈或不置可否的态度。对此，村民朱振坦言："村委会怎么不知道这些人采砂，村委会的大楼就靠近江边，好几个违规采砂的卖砂点在路边，就发生在他们眼皮底下，砂场离村委会不过

[①] 申端锋：《乡村治权与分类治理：农民上访研究的范式转换》，《开放时代》2010 年第 6 期，第 5—23 页。

300米。"实际上,村干部的装聋作哑让他们很失望,他们觉得既然发生了违法采砂,村干部就应该主动协调并制止,而不是听任采砂的人继续违法,损害各村庄的共同利益和国家的利益,"人民公社时期,村委会肯定管的"。在2014年违法抽砂依然存在,村民朱振告知笔者他组织其他农户到镇政府告状的失败经历。"其他人都很怕,没有人敢告状,我就出头,好不容易说服3户受损村民一起去镇政府告状。我们去镇上告状的时候,都是偷偷摸摸的,4户人分成三批去,不敢一起去,并以赶集名义来打掩护,好不容易都到了镇政府,司法局不开门,我们被告知,司法局的人去别的村办事了。"从此,如同其他村一样,M村的告状再无后文。

党支部书记朱江河在回答朱框平采砂引起纠纷他是否知道时,道:"我是知道的。我们也让他们不要抽砂,可是现在村委会的干部管不了人,说话没有人听的,也没有人信。朱框平其实没有挣到什么钱,因为他的采砂工具两次被人偷了。"(朱江河新楼门口,2014年12月)村支书的话让人觉得他还在同情违法抽砂者。

M村连续几年处于扔石头和顽固采砂的纠缠和冲突中,宗族管理失效后,村委会和镇政府并没有介入,或者介入效果不大,矛盾扩大。直到事件发展到朱框平被扔石头并且围攻朱向学家,并叫来了村外的灰色势力加入村庄的利益纠纷,村委会的党支部书记通过电话出面调停。之所以未到现场处理纠纷,村支书亦有自己的看法,他在一次与笔者的访谈中说:

> 自从分田到户后,村委会的权力一直在下降。我从广州当兵回来后,当了20多年的党支部书记,看到了这个权力衰落的过程。以前村委会不仅管着生产队的生产和分配,甚至生活的很多事情也管着。分田到户后,国家就不再重视村委会的工作了。村委会在2006年之前配合政府收购公粮,到2006年开始,国家取消了农业税,我们连税都不收了,村委会就没有什么权力了。远的不说,就说我们村要修路,上级财政现在搞新农村建设,搞"村级公益事业建设一事一议财政奖补",我就希望给我们村自己修几条道路,你看有部分村路也修了。我们村那个时候趁着形势好,大家好不容易集资修了一条到广场的水泥路。可是,现在喊修路,我说了多少次都没有人回应,大家才不管你。后来,还是通过我们村的几个"老道公"出面,说修路

对村里的风水好，村民才出资。现在道公说话比党支部书记说话管用，村民更愿意听并采纳道公的建议。所以，我们现在很难开展工作（村支书家，2015年初）。

村干部以他们说话不管用来推卸责任，显然有个人的看法，也有国家从村委会的退场造成的社会事实，村支书的分析并没有完全脱离事实。他们不介入村庄的矛盾纷争和他们介入也解决不了一样作为事实而存在。

在采访村委会主任的时候，他说："你不要提采砂的事情，我们村也是烦恼这些人采砂，大家曾经商量把砂子卖掉，卖掉后我们10个财务组配合国家的新农村建设和基础项目投资，拿来修道路等基础设施。可是，我们村民却到区纪委告我们贪污，我前两天才去了区纪委回答问题。现在的农村，你想要做什么，都难。横竖大家都有意见，不合意就告到纪委。我们是不怕的，我们都有账单和收据，财务方面我们很小心。"（村委会一楼大厅，2015年12月）

由此可想而知，村干部对于自身的角色定位已经发生了很大的变化。他们强调村级组织行政管理能力衰落的事实，并以此作为支撑，说明自身不介入村落矛盾和采砂事件的原因。同时，也提出了农民法律意识的强化。李连江、欧博文（Kevince O'Brien）等学者发表了关于乡村冲突的研究成果，提出了"依法抗争"[1][2]（rightful resistance）的概念；于建嵘归纳出了农民维权的"以法抗争"模式[3][4]；申端锋则认为前述的农民上访和群体性事件的研究都可以归纳为一种"维权范式"[5]。

本文认为，农村的变革中产生的冲突和矛盾，并不能仅仅用一种单一的方法或者模式进行解释。因为在社会分化和资源占有、分配、使用和管理的过程中，也渗入了更多的角色。就Q市的违法抽砂的例子我们可以

---

[1] K. J. O'Brien and L. Li, "Selective policy implementation in rural", *Comparative Politics*, Vol. 31, No. 2, pp. 167–186.

[2] 李连江、欧博文：《中国农民的依法抗争》，载吴国光主编《九七效应》，太平洋世纪研究所1997年版，第157页。

[3] 于建嵘：《农民维权与底层政治》，《东南学术》2008年第3期。

[4] 于建嵘：《抗争性政治：中国政治社会学基本问题》，人民出版社2010年版。

[5] 申端锋：《乡村治权与分类治理：农民上访研究的范式转换》，《开放时代》2010年第6期，第5—23页。

看到，宗族内部的冲突，不同村庄之间的冲突与合作，市场的导向，公司模式的开发和政府的管理不力等，都给目前农村资源分配、管理和冲突提出了新的不同视角。在这个过程中有强烈的市场导向，各种利益的结合。在2017年的回访调查中，笔者在此访问M村的村主任和X镇的干部，发现X镇介入违法采砂的干部基本都受到了党内的警告，比如镇司法局长和交通局长就被警告处理，交通局长辞职，而M村所在的村委在2017年的干部选举中，全部没有选举上，村支书也是同样的情况。

3. 现行国家制度中公共资源管理的高成本及其问题

2009—2015年期间，Q市政府针对茅岭江等Q市境内主要河道日益猖獗的非法采砂开展了多次专项治理行动，取得了一定的成效。[①] 但是这种集中治理和政治的行政举措，却存在诸多弊端。其中，最大的难题就是行政成本高，监管频度低，覆盖面小。此外，以罚款为主要手段的执法行为不仅没有取得成效，反而成为村民对政府执法不满的主要原因。

针对非法采砂行为的联合政治工作，区政府的一位主管官员表示说："我参加过多次区政府组织的打击违法采砂的活动，最早一次是在2005年，每次我们都要扣押船只，并进行罚款。基本每次罚款都超过万元，这个对打击违法采砂还是有一点效果。对于乡镇的采砂问题，主要是乡镇人手太少，无法应对。区级政府的执法每次都要几个部门联合，包括水利、国土、公安和镇政府联合行动，还需要拍照作为证据。"（2016年4月，通过电话和QQ采访）据报道，有的省份的违法采砂的罚款已经高达几十万，可是却没有取得相应的执法效果。Q市最大的联合打击采砂行动在2017年初的实施《河长制》，不仅强调一把手负责，而且执法的级别也越来越高，单次执法超过9个部门联合执法，执法队伍多达900人，可是违法抽砂继续存在，为什么？

笔者采访时了解到，这个运动式打击的震慑时间比较短，只要江中还有砂子，冲突就会存在，因为采砂者不会因为政府的一次联合行动就自断财路。因为盗采河砂而被司法指控，法庭审判的案例极少，在福建等少数地方出现过。针对河沙非法开采的问题，广西采取了加强立法的方式。

[①] 李艳晔、宁聪：《铁腕执法 保护耕地——Q市取缔非法采沙破坏耕地现场直击》，2015年10月，Q市国土资源局（http://www.qzlr.gov.cn/detail.aspx?id=1749）。

2016年,《广西壮族自治区海域使用管理条例》已由广西壮族自治区第十二届人大常委会第二十六次会议通过,这是广西首部河道采砂管理条例①。加强立法和提高违法成本成为目前资源管理的主要方式。可是,广东的地方法规执法情况显示,立法并不与资源高效管理直接挂钩。相反,河砂资源成为个别地区的腐败温床②。

但是,高昂的联合执法行政成本、有限的打击覆盖面,突击式的打击时段,和非法采砂的低成本,是非法采砂难以禁止,管理无果的重要原因。当然,对于各界媒体所讨论的非法采砂与相关职能部门之间的不正当利益关系等问题的讨论,因笔者没有相应的证据,在此不做讨论。不过当地人相信,政府不管或者管理不当是无证违法抽砂的重要原因。

综上所述,从国家到地方层面,针对河道资源开发而制订的法律法规在形式和内容上是比较完善的。但在具体的实施过程中,如何更好地规范河道资源开发,保证河道采砂的有序和规范进行,还是一个极大的难题。这不仅与国家对公共资源的定位及地方落实有关,还与地方人群所理解的资源开发和资源可持续发展的认识联系紧密。

四 乡村社区冲突的化解与资源管理困局突破的可行性路径

如前所述,因河砂开发与受益而产生的社区利益和关系冲突,随着村落葬礼等公共事务的延续而得到缓解,但深层次的问题迄今依旧延续,即如何在乡村社会的公共资源管理中有效处理开发、受益、矛盾协调与资源的可持续发展问题。面对这样的情况,文章从以下两方面来探讨乡村社区化解冲突与实现科学规范高效的公共资源管理的问题。

(一) 村庄传统制度对当前乡村公共资源纠纷的调节

从 M 村的个案分析可以看到,当前乡村社会有个人主义和经济理性发展的趋势,个别村民的非法抽砂及其引发的社区冲突是这种趋势的主要

---

① 黎超:《广西出台首部河道采砂管理条例 盗采最高罚 50 万》,2016 年 12 月,广西新闻网(http://www.gxnews.com.cn/staticpages/20161201/newgx5840451a - 15738872.shtml)。

② 索有为、奚婉婷、张璐:《广东出台新规防河砂开采成个别地区腐败温床》,2012 年 08 月,中国新闻网(http://www.chinanews.com/df/2012/08 - 07/4090387.shtml)。

表现,这印证了不少学者对乡村社区的分析①。在面对实际的公共资源冲突时,利益导向的违法抽砂者不仅不听从代表传统权威的老人或者村委干部的劝阻,而且还敢于对抗社区间多数群众的"扔石头",报复和对抗导致冲突升级,体现了传统的宗族长老和村干部对公共资源管理权的衰弱。这说明乡村社区在公共资源分配和开发中的"经济理性主义""个人主义""去传统伦理"和"轻集体主义"的现象,这种行为损害了国家(或集体)的"公共资源"——河砂、河流,伤害了村落传统的社会组织制度——集体祭祀和葬礼互助,并让全村人及其他临河而居村庄的承受过度抽砂的后果——无砂可用、河水污染、河床加深、河岸坍塌和土地流失等。

相反,M 村传统的葬礼和季节性共同祭祀等仪式活动让气氛紧张的村庄有了调节和缓解的机会。在 2014 年,朱框平父亲的丧事上,虽然朱向学没有接受朱框平的几个兄弟的道歉,但是,在新村长的协调下,大家还是给了朱框平和他的兄弟们一个机会,帮助他们处理好丧事。尽管现在大量的劳动力都是流向城镇,村里能够帮助完成丧事的人员非常有限,但是 M 村丧事办理的方式仍旧按照互助模式进行,甚少请外村人来帮忙。丧葬仪式的具体处理办法,笔者在另一篇文章②已有论及,此处不再赘述。总体而言,本文调查的村落的社区关系并不是如马克思批评法国农民社会的那样"小农人数众多,他们的生活条件相同,但是彼此间并没有发生多种多样的关系。就像一袋马铃薯是由袋中的一个个马铃薯汇集而成的那样"③;Q 市的乡村社会仍然呈现出较强的集体祭祀制度和丧葬以及婚礼的互惠制度,这种制度在一定程度上维持了村庄固有的权威系统和冲突协调机制。从事件发展的结果来看,这些制度对村庄社会秩序的维护和冲突的调节还是起着很重要的作用的。M 村不仅持续实施葬礼互惠和一年四次的集体土地祭拜和重阳节集体扫墓,而且经过冲突后,朱框平家庭

---

① Yunxiang Yan, *Private Life under Socialism: Love, Intimacy, and Family Change in a 13. Chinese Village*, 1949 – 1999, Stanford, California: Stanford University Press, 2003.

② 朱倩、覃延佳:《超越"经济理性":劳动力流动背景下的丧葬仪式与村落秩序重塑——以广西 Q 市 M 村葬礼中的"大力"为讨论中心》,《西南边疆民族研究》2016 年 20 期,第 150—156 页。

③ 《马克思恩格斯文集》第 2 卷,人民出版社 2009 年版,第 566—567 页。

不仅积极地为其他家庭的葬礼服务，还给村庄修路捐款以求得大家的原谅，朱框平和他的兄弟算是重新回到了 M 村的公共生活当中，为村人所接纳，冲突也最终得到了化解。

目前的研究显示，文化纽带在利益的纠纷与处理，凝聚村民、修复人际关系方面依然起着功能性作用，但这并不能掩盖村落内部因公共资源管理上导致的裂痕。计划经济时代所遗留下来的公共资源管理困局仍在继续，传统村落的文化网络所能扮演的角色日趋有限。如何在国家法度与地方文化网络之间寻找到更好的平衡点，从而推动村落社会持续向前发展，也成为我们需要不断探索的时代命题。从历史上看，M 村作为一个单姓村，在资源的开发和管理中，人际关系的裂变与村落的失序同时发生，互为因果。当人们因为利益冲突而陷入纠葛之时，维系彼此间关系的纽带却是丧葬、祭祖等公共的活动。这是否可以说明，在基层组织管理中，政府的职能转变不到位所引起的真空，能否经由村落内部原有的秩序进行自我恢复？而这种自我恢复的矛盾化解是不是乡村社会对公共资源管理有用的部分？这种社区的矛盾化解制度，能否与当前的公共资源管理制度结合起来，不仅实现资源的可持续发展，也实现社区关系和谐发展。

（二）乡村公共资源管理的法制化与规范化

在法律法规和管理部门结构性缺位以及公共资源管理利益多元化的情形下，乡村社区如何胜任市场经济快速发展对公共资源管理的压力，实现公共资源的可持续的开发使用？这是一个难题。

在河砂的违法开采中，M 村的村民本想依靠传统制度，如"社区议论""扔石头"以实现自治，可是矛盾不但无法解决，反而恶化。这迫使他们转向当地政府部门寻求外部权威力量和法律力量的支持。经历 2008 年的冲突事件之后，截至 2015 年 10 月，M 村有约 10 户农村因为多次到相关部门求援式上访[①]主动对接法律、媒体和政府上访部门，希望政府和法律部门可以拿出方法来解决公共资源管理的危机。如果法律机构，执法主体愿意和村民们合作，回应这种求助，采取积极主动的合作态度，执行

---

① 焦长权：《政权"悬浮"与市场"困局"：一种农民上访的解释框架》，《开发时代》2010 年第 6 期，第 39—51 页。

国家和地方的法律法规，比如不仅是单次的联合执法，而是加强日常执法，违法必究，制而不止的抽砂问题就可能得到解决。换句话说，执法部门的规范管理和法律的"到场"是制止违法抽砂，保护资源可持续发展的关键。可惜的是，调查发现，在冲突后，村民们在社区无法制止违法抽砂的情况下，为了减少集体河砂资源的损失，反对自私的个人主义，沿河不少村庄集体卖掉河砂，卖砂资金变成社区的集体收入使用，主要用于村楼公共基建和集体活动，这种行为可能从另外一个方面说明，村庄传统制度介入公共资源的管理可能并不有利于实现资源的可持续发展；相反，这种行为促进的河砂资源的"合法"快速消耗。村庄集体卖砂后，M村的不少农户为了减少土地损失，只能效仿集体卖砂的方法，把自家岸边沙质土地卖给违法采砂者，客观事实证明，这些行为同样导致了河砂的过度开采。

M村案例中，村民失望地说道："河砂抽完了就不吵了。"缺乏科学规范管理，乡村的公共资源管理就发生哈丁（Hardin）所说的公地悲剧。资源消耗完了冲突也就暂息了，而不是相反，采用好的制度和管理来维护资源的可持续利用，达到为社会生产发展和人民生活服务的目的。而村民们法律意识的提高，采取的上访、曝光违法抽砂事件、打市长热线和把违法的利益相关方告到纪委等方法，说明村民对事关公共利益和自身利益的资源管理的关注和对法律公平正义的追求。

M村案例表明，市场化下的公共资源管理，已经不是传统的礼治社会和柔情脉脉的宗族舆论和规劝所能解决的，必须加大法律"下乡"和相关职能部门管理的"到场"，完善的法制和高效、规范执法和司法体制必须成为市场经济发展下乡村公共资源管理的主要力量和主导方向，相关职能部门成为的公共资源管理的主体。可以说，完善的法制建设，高效规范的执法机制和基层政府治理不仅能够维护公共资源的国家和集体利益，打击违法犯罪行为，也可以在乡村社会树立国家法律和司法的权威，并能够预防和减少乡村社会因公共资源管理权责不明产生的冲突和纠纷，维护社会和谐和稳定；此外，正统的国家政治和法律体制应该积极吸纳地方和乡村传统制度的积极方面，并给予利益相关主体，特别是社区群众在公共资源管理中的发言权，有利于体现公共资源管理与发展中的公平正义的价值取向，实现公共资源的可持续发展和有效的管理。

最后，本文认为，当前的乡村公共资源管理的课题研究必须结合国内外关于社区公共资源管理和中国乡村社会变化和社区管理发展研究的最新成果，认识到乡村社会公共资源的可持续发展需要不断增加具体的案例分析以完善相关理论研究，在经济社会和政治体制快速发展的背景下，为实现中国乡村社会公共资源真正的可持续利用和发展，为建设中国的资源和生态文明乡村做出贡献。

游离于个体与组织之间
——滇西农村微商生存策略调查[*]

杨开院[**]

内容提要：互联网作为现代化生活方式的标志，以其多元的信息储存和高速的搜索方式为人们实现"为自己而活"提供了物质和精神动力。借助互联网平台，"微商"经济得以进入人们的生产生活中。微商以自己的生活现状阐释了互联网的强大塑形力量，它不仅塑造了个体追求自我的生命状态，也塑造了具有整体性特征的网络社会状态。农村微商群体所表现的强烈个体化特征是网络时代个体状态的缩影。在个体化的社会网络中，拥有个体化倾向的个体把现实社会结构与网络社会结构相结合，本质上既表现出传统的面向，也表现出新的制度化和组织化的面向。

关键词：微商；网络时代；个体化；组织化

一 研究缘起

在互联网和智能手机广泛普及的今天，当我们打开微信朋友圈或QQ空间，总有那么几条动态是关于"卖东西"的。对于这些依靠微信平台进行线上交易的"朋友"，我们将其称为"微商"。国际电信联盟对互联

---

[*] 基金项目：2015年"中国田野调查基金·腾讯互联网人类学科研支持计划"项目子项目"新型的弱者武器：乡村电商生存之道"项目成果之一。

[**] 作者简介：杨开院（1991— ），女，汉族，云南大学民族学与社会学学院民族学专业博士研究生，主要研究方向为海外民族志。

网的定义是,采用互联网协议的一组相互连接的网络,该协议允许这些网络作为一个大型虚拟网络进行工作。[①] 所谓移动电子商务,是通过手机、PDA(个人数字助理)、掌上电脑、笔记本电脑等移动通信设备与互联网有机结合,并利用无线网络所进行的电子商务活动。[②] 微商是基于微信生态的社会化移动社交电商,事实上,无论是流于微信公众号的 B2C 微商[③]还是广泛存在朋友圈的 C2C 微商[④],他们都是基于互联网的新型销售群体。

基于互联网和智能手机普及的广泛性和物流产业的快速发展趋势,微商营销方式自 2012 年 7 月在广州、上海地区出现后便以燎原之势得到迅速发展,据中国电子商务研究中心《2014—2015 年中国微商研究报告》[⑤]显示,2015 年中国微商行业商户规模约为 1137 万,其中 29.4% 的商户来自四线及以下城市,这个比例包括农村地区的微商商户。以智能手机为载体和以移动互联网为支撑的线上交易活动具有鲜明的"现代化"特征。普遍的观点认为,农村,特别是边远地区农村是现代化浪潮的盲区。其实不然,因为交通工具和信息工具的普及,处于现代化链条末端的边远农村地区也在一定程度体现着具有地方特性的"现代化"特征。以微商为先导的线上交易进入农村既是一次经济交易的变革,也是一次信息交流方式以及物资流动方式的变革。微商群体以年轻农民为主力军,无论在商品类型方面还是交易方式方面都体现着浓郁的年轻态消费观,这些消费观与传统的家庭—集市消费观念大为不同。

很明显,这些观念差异与村民日常行为的差异具有较大的联系。从这

---

① 胡志兵:《互联网生产和消费三个模式的微观研究》,博士学位论文,北京邮电大学,2008 年,第 11 页。
② 王素霞:《智能手机的移动电子商务发展策略分析》,《现代商业》2013 年第 31 期。
③ B2C 是英文 Business-to-Customer(商家对顾客)的缩写,而其中文简称为"商对客"。B2C 中的 B 是 Business,意思是企业,2 则是 to 的谐音,C 是 Customer,意思是消费者,所以 B2C 是企业对消费者的电子商务模式。
④ C2C 实际是电子商务的专业用语,是个人与个人之间的电子商务。C2C 的意思就是消费者个人间的电子商务行为。比如一个消费者有一台电脑,通过网络进行交易,把它出售给另外一个消费者,此种交易类型就称为 C2C 电子商务。
⑤ 艾媒咨询:《2014 年—2015 年中国微商研究报告》(http://www.iimedia.cn/39206.html)。

个意义上讲，微商似乎正在引起一场边远农村地区生活方式的变革。如此种种问题成为笔者研究云南西部施甸县农村地区微商的主要动机，笔者希望解答的是，一种浑身贴满现代化标签的新型交易方式在农村是否能够带来一次碰撞？如果答案予以肯定，那么，微商是否能带来一次巨大的改变？

二 文献综述和研究方法

互联网是一个新兴的技术产业，以互联网为平台的虚拟世界是一种新型的社会空间。学界关于互联网的研究主要集中在通信技术领域、经济学领域、新闻传播学领域以及法学领域。以下是简单的概述：在通信技术领域，徐恪等人认为互联网体系结构评估模型是推动互联网体系结构持续发展的理论支撑，它可以为运营商提供网络体系结构设计的相关建议，从而使运营商可选取最适合的协议或机制构建符合各种应用需求的互联网体系结构。基于此，从互联网体系结构的内在特性和外在特性出发，他们提出了一种基于适应能力的互联网体系结构可演进性评估系统，并对互联网未来的发展做出了合理的展望；[①] 在经济学领域，关于互联网的研究主要围绕包括微商在内的网络金融及其风险展开。如在《我国互联网金融发展研究：一个文献综述》一文中，申蕾将互联网金融与国内传统法金融的发展路径进行对比，提出：我国互联网金融的发展能不能重新改写国内旧有金融中心的概念与存在方式，互联网金融是传统金融中心铸就国际影响力的有利因素还是不利因素，这些疑问都将是互联网金融未来研究方向的重点所在；[②] 在新闻传播学以及法学领域，对互联网的关注主要集中在虚拟社会信任风险以及相关解决措施方面，如在《"互联网+"时代微商规制的逻辑基点与制度设计》《朋友圈微商法律问题的思考》《依法加强微商交易行为监管的对策——以微商现状问题为视角》等文章中，微商领域交易监管制度的缺失成为讨论的焦点，学者们从共赢的角度出发，提出了多种多样的建议，可谓仁者

[①] 徐恪、朱敏、林闯：《互联网体系结构评估模型、机制及方法研究综述》，《计算机学报》2012 年第 10 期。

[②] 申蕾：《我国互联网金融发展研究：一个文献综述》，《经济研究导刊》2015 年第 2 期。

见仁，智者见智。① 从社会网络分析的视角出发，通过具体的实验案例，张佳媛和邓少灵认为互动程度能够影响消费者对网络销售者的信任，因此加强重点网络客户的管理是实现营销社区和谐的重要途径。②

相较而言，人类学对于互联网的关注较为有限。2004年，刘华芹对网络人类学的学科发展现状进行了较为全面的介绍。当时，网络人类学作为一门新兴学科在中国还处于萌芽阶段，而在国外已经逐渐发展成熟。2005年，刘华芹出版《天涯虚拟社区——互联网上基于文本的社会互动研究》一书，通过对"天涯虚拟社区"的民族志研究，从社区的发展史、社区的结构与功能、社区的活动管理等方面给我们展示了天涯虚拟社区的生境情状。作者认为，网络虚拟社区生活事实上是一个现实社会生活解构和重建过程，即虚拟社会结构来源于现实社会结构，因为其不可触性，虚拟文化在某些方面又不同于现实生活。

人类学擅长于人及其文化的研究，这一优势也在互联网虚拟世界中体现出来。对于人的研究主要集中于现实中操作网络的人以及网络社会中虚拟的人。周兴茂、汪玲丽借用人类学的"族群"概念，将虚拟群体分为游戏网民群体、BBS网民群体、网络会议群体、聊天网民群体等，"黑客"与"博客"则是其中特殊的群体。③ 作者认为虚拟社会与现实社会的最大区别在于：现实社会以地域、种族、宗教、语言等边界为基础构建的，而虚拟社会则基于共同的兴趣。网络虚拟社会是现实社会的派生物，无法脱离现实社会而存在。当然，即便虚拟社会在现实社会的"统治"之下，如果现实中的人不能对网络社会进行很好的控制，那么它也有可能产生"异化"作用。对于网络文化的研究，人类学者的关注点主要集中于网络营销中的跨文化因素以及虚拟社会的"关系"形态。田广、汪一帆认为网络营销中的文化以企业的服务或产品为对象，是企业在网络营销

---

① 参见董彪、李仁玉《"互联网+"时代微商规制的逻辑基点与制度设计》，《法学杂志》2016年第1期；朱薇薇、朱光亚：《朋友圈微商法律问题的思考》，《哈尔滨市委党校学报》2016年第1期；左丽敏：《依法加强微商交易行为监管的对策——以微商现状问题为视角》，《中北大学学报》（社会科学版）2016年第1期。

② 张佳媛、邓少灵：《微商信任的形成机制研究——社会网络分析的视角》，《电子商务》2016年第7期。

③ 周兴茂、汪玲丽：《人类学视野下的网络社会与虚拟族群》，《黑龙江民族丛刊》2009年第1期。

活动中，处理人与事、人与物、人与人关系所形成的意识形态和行为准则的总和，它包括网络营销理念，网络营销职业道德，网络营销制度，网络营销文化策略，与网络营销理念、道德相适应的营销组织。能够利用和处理好纷繁复杂的跨文化关系，意识到文化的差异性，并对其保持一定的敏感度，这是在全球市场上取得成功的重要前提。[1] 黄雪亮、周大鸣认为，以互联网为平台的微博社区是一种关系型社区，人类在关系型虚拟社区塑造自我形象，生产社会资本，完全以数字化的方式开展社交活动，[2] 甚至在很大程度上摆脱了现实社会的控制，营造出了一种不同于传统社会的差序格局。此外，互联网人类学田野研究方法以及田野伦理也是学者们关注的焦点所在。朱凌飞、朱洁、卜玉梅等学者都对此问题展开了讨论和反思。朱凌飞认为网络田野调查存在着采访对象、所得资料、文本解释三个方面的不确定性。尽管如此，网络田野又恰好体现了人类学研究者和研究对象的平等性，这是不可多得的优势。对于互联网线上调查存在的问题，卜玉梅认为网络空间和网下的社会空间是动态地互相建构的，网络用户是通过往返于网上和网下的空间来构建他们的体验的意义的。因此，拓展虚拟民族志从而对网下的沟通和实践予以考察，这对部分研究主题来说是非常必要的，也可成为对虚拟环境研究的验证和补充。[3] 从上述的文献梳理过程中，我们发现，互联网的研究首先偏重于技术以及市场应用，其次才是网络文化以及道德反思。不同于现实世界的可观可触，网络世界的虚拟特性成为人类学研究的切入点，因此人类学的网络研究仍然集中于虚拟社区和虚拟人群，对虚拟界线之外的现实网络参与者的关注不足。综合上述学者的研究，虚拟社会的组织模型来源于现实社会，由现实的人所控制。那么，虚拟社会是如何组织起来的？又是由怎样的一群人来组织？他们如何处理虚拟的自己和现实的自身？他们与周边的"现实的人"的关系又会发生怎样的改变？我认为，这些问题同样值得引起人类学研究者的关注

---

[1] 田广、汪一帆：《网络营销中的跨文化因素》，《北方民族大学学报》（哲学社会科学版）2014年第1期。

[2] 黄雪亮、周大鸣：《大社区、小世界：关系型虚拟区的兴起——以新浪微博社区为例》，《青海民族研究》2016年第4期。

[3] 朱凌飞、孙信茹：《走进"虚拟田野"：互联网与民族志调查》，《社会》2004年第9期；卜玉梅：《虚拟民族志——田野、方法与伦理》，《社会学研究》2012年第6期。

和思考。鉴于此，本次研究选择了准入点低、人数众多的微商为研究对象，同时采用了人类学微观案例研究的路径，以施甸县农村微商为具体研究个案。

本次研究主题的田野点位于云南省保山市施甸县。县城所在地甸阳镇以及周边的仁和镇、由旺镇、太平镇是主要访谈对象的居住点。施甸县内海拔1470米，距保山市政府驻地55公里，距省会昆明571公里；向南255公里至南伞口岸出境缅甸，向西200公里至瑞丽口岸出境缅甸。始于昆明，终于缅甸密支那的滇缅公路是施甸县境内的主要交通要道。2008年以后，大理保山段的高速路通车，G56高速成为施甸一带通往昆明的首选通道。以施甸县城为原点，仁和、由旺、太平三个乡镇中心与县城的距离分别为10km、30km和60km。仁和和由旺是施甸县人口和乡镇规模最大的乡镇，乡镇中心位于通往县城的县道两旁，在地形上与县城同属山间盆地，即当地人所称的"坝子"。

坝子地形平坦，两个镇所辖的2/3村庄密集地分布于乡镇中心周围。而太平镇则相反，整个小镇位于穿越丛林以后才能看到的山间狭长地带，所辖的100多个自然村则分布于地势陡峭的山坡上。地形对人们生活的最大影响是交通与出行。仁和镇和由旺镇所辖的坝子村落不存在交通困难的烦恼，因为平坦的地形为道路的修建提供了便利条件，往往建村之前，道路已经开通。公路对于太平镇的村民来说是最为烦恼的事情，因为通往太平乡镇中心就只有滇缅公路的路基遗址，公路年久失修坑洼不平。而山上的村落自1990年后才开始逐渐修建村公路，2014年底，所有公路才实现路基硬化。乡镇中心既是行政上的办公事务集中点，也村寨的经济中心和文化中心。定期开市的集市就位于每个镇的政府所在地，政府的税收部门负责开市当天每个固定摊位的费用收集。

每个镇的中学和全镇最好的小学也位于镇上，距离较远的村庄的小孩上学需要在学校住校。乡镇周边的村民在非集日时也有物资所需，因此乡镇中心出现了固定营业的小店。除了日用百货，其他的生产所需部分包括通讯业、饭馆、医药、五金农具、衣服、物流收寄等都位于乡镇中心地。乡镇中心的这些功能扩大看来就像一个地区的大城市一样，它处于一个地域层级的中心，集中了周边腹地所需的服务功能机构。因为无论从交通条件来看，还是权力层级来看，乡镇中心拥有足够的优势集中处理村民的问题。所以，微商的介入在此落脚便不足以费解了。

在田野调查方法上，与传统人类学所采用的长期田野所不同的是，我在本次调查过程中加入了互联网工具，线上观察和线下调查相结合。作为新型的信息交流媒介，互联网提供了与传统媒介大为不同的优势。拥有低成本、匿名性、开放性和交互性等特性使互联网得以迅速进入人们的生活，并不断重构人们的生活方式，形成独特的互联网文化。也因为这些特性，人类学者的网络田野调查才得以进行。总体来说，网络上的虚拟田野拥有如下特征：田野对象的身体不在场、田野场域无边界、调查时间不连续。

人类社会是一个不断变化的整体，变化的永恒主题始终是人文社会科学关注的课题。人类学致力于社会文化现象的解读，对社会文化改变的关注自然是题中之意。互联网的发展为人类学研究带来了新课题同时也带来了方法和理论上的挑战。虚拟田野直接挑战了传统田野的地理边界，试图形成一套适时的方法论。这不仅说明了人类学的田野调查方法可以不断地适应时代的变化，而且证明了虚拟社会事实上作为一种新型的文化体具有研究价值。网络空间和网下的社会空间是动态地互相建构的，网络用户是通过往返于网上和网下的空间来构建他们的体验的意义的。[①] 基于虚拟社会与现实社会的整体性以及虚拟主体和虚拟文化的真实性，虚拟田野有必要将虚拟社会与现实社会结合起来。在有关互联网的调查中，我们可以根据研究主题的特殊性选择合理的调查方式。在网络资源分配不均的地区，线上线下调查的结合可以减少调查的阻力，为资料的完善性找到合适的途径。

三 物流的格局与微商分布的关系

本次所调查的四镇皆有快递收寄点分布。施甸县的物流网络以县城为周转中心，各个乡镇的收寄点在县城的分公司下指导运营。施甸各大快递分公司又从属于保山市的分公司，保山地区的分公司从属于昆明或其他地区。快递公司的区域化层级状态十分巧妙地将全国的货品和地区连成一张

---

① 卜玉梅：《虚拟民族志——田野、方法与伦理》，《社会学研究》2012年第6期。

巨大的网络，以各个区域的行政、经济中心为新一级的网络连接点，每一层级所辐射的范围就是这一层级所服务的地域范围。这样一来，物流网络中心与中国当前的行政中心版图事实上产生了很大的重叠性。我们所研究的乡镇快递事实上属于这张网络层级中最末的一层，乡镇物流网络辐射的范围仅圈定在该镇的行政势力范围内，与行政权力几乎重合。在快递的类型上，截至2016年8月，施甸县共进驻了15个快递分公司。除县城甸阳镇15个全部营业外其他四镇仅有数家分设点：仁和设有申通、中通、韵达、天天、龙邦、圆通、汇通、顺丰、全峰、优速10家快递；由旺镇设有申通、中通、韵达、天天、龙邦、圆通、汇通、全峰、优速、速尔、全一、华宇12家快递；太平镇快递比较少，仅有韵达、申通两家快递，其中，申通快递代收圆通、全峰、天天、中通的货物。为了更为深入了解施甸县四镇的物流运营状况，笔者以申通快递为主要快递目标，比较四镇的申通快递运营情况。

甸阳镇申通。甸阳镇申通是整个施甸县的申通总部，设立于2010年，由施甸县城本地人罗女士经营。施甸申通是整个施甸县13个乡镇中唯一一个送货上门和上门取货的快递收寄点。目前共有10名快递员。收寄点位于原水利局办事处，罗女士将该办事处租过来，每月租金约为800元。施甸申通是整个施甸县申通的中转站。所有申通的货物到达保山市申通后，由快递人员分拣到保山市的4个县区，每个县区的货物都必须先到达县城，每个乡镇才能派车过来运货。所以，施甸申通有专门的快件仓库。罗女士认为当地人没有很好的电子商务和网购意识，当然也没有很好的物流意识，因此物流行业在当地便不好做。她之所以做快递这个生意，主要是朋友推荐，这个申通快递的经营权也是直接由朋友手中接管。按罗女士估计，旺季时每月整个县城的申通快递可寄出货物5000多件，淡季时每月可寄出4000多件。而收货在旺季时每月可达20000多件，尤其以"双十一"最多。

仁和镇申通。仁和申通已经设立了3年，由31岁的李应华女士经营。李应华是仁和街对面村寨人，从家里到仁和街的申通店面仅需5分钟的车程。2012年初，李应华在进行了实地调查后，发现仁和镇的快递收寄点几乎为零。以自己的工作经验和对电子商务的了解，她认为这样一个交通便利的大物流肯定会有较大的市场，现在的农村电子商务的局限在于市场太狭小。究其根源，网络的普及范围不大，很多中年以上的农民群体无法被纳入电子商务圈。但是，随着新生代农民的成长，电子商务的市场将会不断扩大。李应华也就产生了设立快递收寄点的想法。2012年，李在仁和街租下了一间约为30平方米的房子，租金每年22000多元。稍微装修了一下便开始营业。李申请的是申通快递，除了做快递以外，她还兼职做了微商，做了黛莱美和四季优美的代理，售卖以前开店剩下的洗发水以及酒房乡的茶叶和核桃。2014年李应华购买了一台小型的真空包装机。因为当地人们往外面邮寄的东西以腌腊制品居多，包装后邮寄比较方便。因此为方便大家，同时也为自己招揽更多的生意，李应华绝大部分情况下为顾客提供免费包装服务。李应华每天早上9点开门，晚上9点左右关门，每天下午3点需要将当天需要寄送的货物送到施甸总部，顺便拿着仁和镇范围的到货回来。当地需要邮寄的货物以腌腊和核桃等特产最多，邮寄旺季在过年前后近一个月，以及柿子成熟的中秋节前后，这两段时间里，寄货最多时可达每天100—200件；而收货最多的时段是每年的"双十一"以及过年前后近一个月，其中"双十一"以网购的衣物为主，最多时每天可达200件。过年前后这段时间主要是在外打工群体行李的寄送。

由旺镇申通。由旺申通设点已经有6年之久，是由旺高中的一位姓赵的老师设立的。他之所以想做快递营业，是因为自己想趁课余赚一些外快。赵老师今年刚刚30岁出头，在由旺高中教英语，他认为平时课不是很多，可以借机开始一些小生意。于是在荷花街上租了一间店面，每年房租3000多元。在申请了申通快递的收寄点后，每天下课他第一件事就是到店里面来打理。因为平时上课，赵老师找了一个人过来帮忙。每天需要寄送的货物要在4点左右送往施甸申通公司，以前老师都要出一笔运费让客运司机帮忙带货。2015年11月，赵老师买了一辆小轿车，没有特殊情况的话都是自己亲自送货到施甸，再把到货快件运回来。由旺申通的服务范围是整个由旺镇街道和村寨，甚至包括太平镇的部分村寨如西山头村。笔者于2016年12月16日早上8点开始对赵老师进行了访谈，直至下午3点40分，所收到村民送来的包裹快件共有20件，其中寄往省份如下：广东4件，安徽1件，浙江3件，上海1件，福建1件，江苏5件，贵州1件，云南省内4件。

太平镇申通。太平镇的申通快递收寄点设立于2013年。由杨连成一家三口经营。杨连成极其妻子最开始的工作是教师，后两人都专业行政。

2005年等子乡与太平乡合并后，镇政府转移到太平乡镇府故址。之所以想到快递的经营，一方面的原因是当时读大学的儿子经常与他们提起电子商务的发展与物流的重要性；另一方面，也因为二人经常接触电脑和互联网，觉得物流这个行业商业前景可观。加之自家的楼房刚好向街面而建，开店和运输比较方便，于是决定将其设定为一个副业。杨连成家的申通收寄点服务范围是整个太平镇。2015年7月，夫妻俩开的网吧正式营业。因为两人公务繁忙，儿子在外上学，家里的快递事物和网吧事宜都交给当地的一个年轻小伙儿来打理，每月2000元工资，包吃住。杨连成家的快递主要以收货为主，寄货相对较少，大致收寄情况如下：寄货旺季在年前的腊月至年后的三月份，货物最多时每天可达12—15件，最少时也有1—3件。寄货淡季是三月份至年前，有时很多天都没有货物可寄送。收货旺季是"双十一"和年前近一个月，收货最多的时候可达每天15件左右，最少的情况是连续几天没有到货。杨连成家申通的寄货和到货都要通过县城申通公司中转。因为每天货物不多，自己亲自开车到县城不划算，所以请当地的太平—施甸班车帮忙带货。收寄货物的种类：寄货的主要品种有腌制的骨头渣、萝卜干、腊肉、灌肠，这些货物主要集中在年前和年后的一个月；核桃仅有蒋家村和附近的一两个村庄的村民来寄，寄送时间为中秋节前后的核桃收获季。寄送这些东西的基本上都是40—60岁的父母辈村民。他们的主要寄货对象是在外省打工和念书的孩子和其他亲戚。主要寄货目的地是广东、福建和江苏等东部沿海城市。而收货种类最多的是衣服类，多为外地子女给父母购买的新衣服和部分特产。杨连成分析当地收寄货物少的原因：一是当地流动人口少，本来快递需求量不大；二是整个太平镇现在有三家快递和一个邮政所。在快递出现之前，人们寄送货物唯一的渠道就是邮政所，并对其印象极为深刻，很多人不懂快递的含义，当然也不会轻易使用它，加上其他两家快递的客源分流，货物少也就不奇怪了。申通快递在当地还有比较特殊的地方，就是它还代圆通、全峰、国通三家快递收货。因为太平镇目前并没有这三家快递，所以三家快递的县城公司并与申通合作，请其在没有设点的乡镇代收货。所以事实上当地申通所收之货实则是四家快递的总和。收到的货物杨家并不派送，所有货物都是通过电话联系，通知村民自己来取。

之所以用大量篇幅介绍施甸县四镇的快递运营情况，是因为物流与电子商务发展紧密相连。施甸四镇的物流收寄状况表明，当地居民的人口流动量较大，在流动人口中以年轻群体为主，所以乡镇快递收寄点在收货方面以网购商品为主，而寄货方面以乡土特产为主。在所有的货物中，当然也包括当地微商的收寄货品，尤其以化妆品和衣物居多。

那么，物流快递收寄点与微商有何关系呢？用当地微商小苏的话来讲，快递就是微商的双脚，没有物流业，没有快递，微商将无法存活。因为微商所进行的线上销售只是整个商品流通环节的销售环节，至于商品从场地到消费者手中的所有环节还得依靠物流。所以，鉴于交通、快递收寄网络以及移动互联网的普及等方面的因素，微商的活动地域呈向快递收寄点聚拢的趋势。在笔者所调查的23名微商中，有21名居住于乡镇以上的城镇地区，仅有2名居住于距离乡镇中心较远的乡村地区。微商的此类分布格局说明物流对于微商成功的重要性。

四　把微商当成生活：年轻微商的经营方式和日常生活

与传统的实体店销售不同，以智能手机为主要载体的线上销售时间比较灵活。线上销售以朋友圈和QQ空间为销售平台，以图文结合的方式对产品的功能、外表和价格进行统一介绍。若客户需要对产品进行更深的了解则通过"评论"留言或在对话框进行一对一的私聊。买卖协议达成后买方通过支付宝或微信支付平台进行付款，卖方根据买方的地址发货，买方收到货卖方与买方进行确认，整个交易过程算是完结。施甸地区的微商经营模式多以多级分销方式为主，所谓的分销即销售同样一种产品的不同微商在具体的销售链条上处于不同的层级。以货源地即商家为原点，越向外延伸微商的层级越低，所获得的利润就越低。直接从商家进货的微商称为总代理，总代理可以接收手续费招收新代理，称为一级代理，同样的方式，一级代理可以招收新代理，称为二级代理，二级代理以下称为"特约"。不同级别代理之间的区别在于所获得的商品利润不同，每一级代理的货源完全来自于上一级代理，高级代理要在低级代理身上赚取一定的货源差价，而每一级代理所卖的产品价格都一样，所以，代理级别越低，所赚利润就越少。因为货源直线式流动，所以除最低级外，每一级代理都需要"囤货"，以便随时给下一级代理"补货"。下一级代理如果想"升级",就要卖出足够多的货物,不断向上一级"进货"。当一次性进货达到上一级的基数时,就可以升一级。在本次的6位主要访谈对象中,4人作为总代理,剩余2人是二级代理。

在销售商品类型方面,施甸县微商群体所销售的商品集中于化妆品、衣服鞋袜和小孩玩具方面,其中以化妆品居多。在此部分,笔者欲以6位主要访谈对象的微商生活经历为线索,总结农村微商的群体性格与生活方式。

微商 1　小苏　23 岁　施甸县太平镇人　5 年商龄

小苏今年(2016 年)23 岁,两年前(2014 年)当上了妈妈,出生于太平镇怒江大峡谷里的农村,甘蔗和香蕉的种植是家里的经济来源。2011 年,小苏到县城念完高中后就跟随其他朋友到广东打工,在外地朋友的介绍下,她一边打工一边做起了微商。最开始小苏采用线上和线下双管齐下的方式为自己的产品打广告。线下活动主要靠下班后的摆地摊和四处贴小广告,线上主要在 QQ 空间发宣传资料。产品主要以面膜和一些手链等小饰品为主。2012 年微信出现后,小苏逐渐开始在微信朋友圈里发广告,并集资开起了微店。微店的产品包括护肤品(男/女)、泰国产品(大米皂、精油皂)、瘦身产品。小苏在此过程中认识了现在的丈夫小陈,小陈的老家位于保山市市区旁边的农村,家里的父母除了种地外,还做一些流动饮食的小摊生意。2013 年,小苏和小陈回乡结婚。婚后,小陈到保山城里的建筑公司里找了一份建筑的工作,同时在城里租了一间 25 平方米的房子,小两口搬来城里住下。当时小苏已经怀孕,于是不打算找工作。在孩子出生以前的半年多的时间里,小苏继续自己的微商生意。在一个朋友的介绍下,小苏将营销目标转变为洗颜用品"苗皂"。之所以"改行",是因为她发现国内的微商市场已经被以面膜为主的化妆品所充斥,产品良莠不齐,不乏假冒伪劣商品,顾客的信任度逐渐下降,生意当然不好做。而"苗皂"属于新兴的产品,因为"手工打造""自然配方""洗漱多功能结合"等卖点市场正在扩大,前景不错。2014年 3 月,小苏女儿诞生。女儿出生后,因为家庭财产矛盾,小苏不愿让公公婆婆帮带孩子,打算继续以自己的苗皂生意来维持自己的小家庭。丈夫也支持她的做法，休息时还会亲自帮助小苏送货，做微商得到丈夫的支持被小苏认为是一大幸事。因为微商经验丰富，小苏3个月后就从一级代理升级为总代理。这段时间，苗皂生意比较好，每天至少有20人咨询，小苏比较忙时只能在给女儿哺乳的时候一只手抱孩子一只手拿着手机打字回复信息。白天，小苏背着女儿步行送货，市外或省外的货物就打电话联系快递公司上门取货邮寄。晚上，女儿睡下后她还要整理订单、微信培训代理，经常忙到凌晨12点以后。当然，通过这一副业所带来的收入也不菲，苗皂进货15元一块，给代理出货20元一块，卖价统一30元一块。所以每卖出去一块不计邮费可赚10—15元。生意好时，一个月可赚将近4000元，最少也有1000多元。这笔钱不仅解决了孩子的奶粉支出，还为小苏的日常开销提供了资金支持。女儿一岁多时，一家三口可以在丈夫的休息日里到城外游玩。但小苏很少回到城外的老家去，因为她从小喜欢自由的生活，不习惯几代人住在一起的家庭。她和丈夫现在的状态至少可以使自己和孩子生活得很好，不需要再依靠家里的支持。毕竟在自己的小家庭里，可以自己说了算。2015年12月，小苏又将主营方向转向了减肥产品。她认为减肥是现在生活的一大趋势，这个产品只要效果出来了，前景肯定不错。况且女儿2岁多了，自己可以多花一些心思在微商上了，不过她还没有放弃苗皂，也没有找工作的想法。现在笔者的朋友圈里每天都会看到她的苗皂和瘦身产品动态。小苏很享受现在的生活，当问及会不会找一份正式的工作时，她回答："不会，因为我现在做微商比上班赚得多，而且时间自由，我不想过那种束缚的生活。"

小苏是施甸县境内的微商群体中"做得最好"的一个。小苏一开始就把微商当成一种事业来看待。她所销售的每一种产品都是她亲自试用后的"安全"产品。小苏之所以在如此激烈的竞争中获胜，用她的话说就是因为她亲自参与到每一件货物的链条当中，除了不能亲自生产。她深刻地了解每一种商品的每一个细节。同城的朋友咨询产品时如果出现不信任的情况，她会亲自上门为其免费体验，直到顾客消除疑虑，心甘情愿地下单。只要是同城的货物，小苏都会亲自送货上门，因此博得顾客的好感和信任，增加回头客。

微商 2 华英 32 岁 施甸县仁和镇人 5 年商龄

华英今年 32 岁，仁和镇秧田村人，从她家骑自行车到仁和街的申通小店仅需 10 分钟。华英的申通小店于 2012 年开张，除了经营申通快递服务外，还在店里腾出一个角落做化妆品和施甸特产生意。华英 20 岁就到深圳打工，最后一份工作是私企的销售专员，后因工作出色升为销售经理。2010 年，母亲病重，小弟残疾。华英辞去深圳的工作回到家乡，结婚后挑起了养家的重任。丈夫在污水处理厂工作，自己带着两个女儿看店。因为工作经验的原因，做生意是华英的特长。别人开快递收寄点纯粹为了收寄货物，她开快递的同时还借此便利兼职其他的生意。华英的面膜和特产事实上都是她的微店产品。她一边收寄货物一边在朋友圈卖东西，有订单时直接用申通寄出去。因为在外工作认识了大量的外省朋友，因此产品销路方向以外货为主。为了照顾生意，华英把卧具和整套餐具都搬到了店里。白天两个女儿在街上玩，华英打理包裹货物、发微信、做饭。晚上安顿两个孩子学习睡觉，自己再整理订单。除丈夫休息日或下班后可以帮助送一些货物外，华英平时几乎不会送货，都是打电话通知村民来取。2016 年 8 月，华英的大女儿上小学，微商圈的朋友向她推荐一套叫作"中华练字王"的练字工具，女儿使用后感觉不错，因此向其购买了 50 套在朋友圈宣传。没想到这东西非常受有小孩的微信朋友的喜欢，因为货物卖得比较火热，华英于 2016 年 9 月就当上了施甸片区的总代。孩子开学后，华英除做生意外又多了一项接送孩子的任务，生活节奏越发紧张起来。因为工作强度比较大，进入 9 月份，华英经常感冒头晕，店里的生意靠旁边小卖部的老板，也是华英的好朋友帮忙打理。当问及会不会放弃微商以减轻工作压力时，她表示坚决不会，因为快递有淡季，赚不了多少钱，而微商靠产品，不会有淡季，这才是赚钱的主力。

微商 3 小田 24 岁 施甸县仁和镇人 3 年商龄

小田与丈夫小军同龄，出生于 1992 年的两人于 2013 年结婚，2014 年 5 月，儿子出生。小田的身份开始转变为"宝妈"。小田个性刚直，行事直爽，嫁给小军后一直跟随丈夫在其打工的地方居住。小田认为自己和小军的婚姻是爱情的结果，两人即便结了婚也要像谈恋爱时一样，随时在一起。只有在怀孕时，小田才回家住，不过大多数时间小田还是回县城旁边的家和父亲和妹妹一起住，真正回婚后的家的时间很少。关于小田的做法，小军表示很支持，毕竟自己的父母住在山区农村，小田回去也很不方便，而且自己打工的地方就在离小田家不远的县城里，来回地照应也方便。在怀孕期间，小田开始做起了微商生意，在朋友圈里卖"苗皂"，小田的生意得到了丈夫、父亲、妹妹的支持。妹妹经常帮小田转发宣传广告并接单；因为怀孕行动不便，有订单时，小田的父亲经常开着摩托车帮助接货和送货；丈夫在休息日也充当快递员的角色。小田的苗皂生意很红火，在孩子出生前就当上了一级代理并招收了16个代理。通过这一渠道，小田积攒了5万多元的"私房钱"。孩子出生后，小田带着孩子搬到了城里跟随丈夫住，一边照看孩子一边在朋友的奶茶店里帮忙。小田把苗皂屯在朋友的奶茶店里，有订单时，就拿到旁边的申通快递点邮寄。有时顾客住在县城附近的山村里，小田还要亲自送货到家，因为这件事，小田学会了驾驶丈夫的摩托车。2015年7月，儿子断奶。小田突然想到了考驾照，因为开摩托车送货太辛苦。小田把这个想法告诉了丈夫，两人经过权衡后认为这几年的积蓄已经够买车了，于是支持小田考驾照。2016年3月，小两口一起给新买的"雪铁龙"挂牌，成为有车一族。小田不仅可以用车来送货，还可以在丈夫休息日时进行短途的家庭旅游，2016年4月底，小两口带着儿子完成了大理丽江4天的自驾游。现在，小田已经在县城开了一家饮品小吃店。她认为孩子长大一些就不用整天看着，自己因为精力充沛还可以做一些其他的事情，而且开店做生意一直是自己的梦想。现在她可以一边管孩子一边管店里，同时还可以在朋友圈卖卖东西。不过自己已经逐渐把精力放在了店里的生意上，她认为因为自己不是商家，一手货源不在自己手上，利润不稳定，微商只能作为副业。2016年6月，小田在朋友圈里开始卖宠物，主要包括兔子和小狗，货源都来自昆明宠物养殖场。因为这类货物无法大量屯货，而且发货不方便，所以小田只能赚取其中很小的一部分。不过因为自己喜欢宠物，卖不出去只当自己养。

微商 4　小兰　26 岁　施甸县由旺镇人　4 年商龄

小兰今年 26 岁，施甸县由旺镇人，昆明某高校 2014 级毕业生。2013 年始，小兰就开始做起了面膜微商。小兰之所以想到做生意是因为同宿舍的同学在做，同时也想趁着学习之余赚取生活费。尽管 2013 年微商面膜卖得十分火热，但小兰因为经验不足，加之没有足够客源，一个月也卖不出去几笔，半年后就不做了。2014 年初，在堂姐的介绍下，小兰花 600 多元加盟了一个微信服装销售平台，既可以卖女装也可以卖童装。2014 年 7 月，小兰毕业后在昆明找了一份销售电器的工作，一边上班一边做微商。2015 年 7 月，小兰辞去工作决心考公务员。于是回到由旺老家开始着手复习，复习期间，小兰停卖了衣服，同时也因为衣服利润不高，其心思也没有完全放在微商上，但有朋友咨询时，小兰还会耐心解答。2016 年 6 月，小兰公考失败，于是着手准备教师招聘特岗考试，在此期间，小兰的同村姐妹正在做一款"奥后"化妆品，小兰使用后感觉效果不错，于是又有做微商的劲头了，小兰用跟朋友借的钱一次性跟保山地区的总代进货一箱，成为施甸地区的"奥后"总代。2016 年 8 月 26 日，小兰考试通过正式上岗，岗位是另外一个乡镇小学的老师。目前，小兰一边教书一边做微商，生活算是安定下来了。但是即便有正式的工作，小兰还十分热衷于微商工作，与身边的好朋友聊天时不时会提起"奥后"，称赞其强大的护肤功能。

微商 5　小燕　24 岁　施甸县太平镇人　1 年商龄

像小兰一样，在大学期间开始做微商的还有小燕，小燕是施甸县太平镇横沟村人。2015 年毕业于云南的一所师范院校。小燕大学所学的是计算机专业，性格活泼好动。之所以做微商是受自己妹妹的影响。小燕的妹妹小青念完高中后就在福州打工，打工期间开始做微商，开了一家网上化妆品商城。生意一直不错，小燕空闲时经常向小青取经，在小青的帮助下也在微信上开了一家化妆品小店。平时宣传就靠朋友圈和 QQ 空间，自己使用也从商城拿货。小燕交际圈比较广泛，这对于她的生意十分有帮助，不到两个月就把开店用的成本全部赚回来了。2015 年 7 月，小燕大学毕业，在一家私人金融机构上班。

上班后，小燕逐渐减少了朋友圈里的产品广告。关系比较好的朋友有需要时就让朋友自己进微店挑选，这样一来，所付的钱只是成本价，而不是销售价。小燕之所以放弃微商是因为她觉得靠朋友赚钱很容易，但毕竟不是什么光彩的事，更何况自己已经有正式工作，不需要辛苦再赚那几个钱。

在上述5个微商的案例中，我们看到微商群体的如下特征：居住在乡镇中心；以女性为主；年轻化；多数人性格活泼；受教育程度在高中以上；所销售商品以化妆品等时尚消费品为主。

居住在乡镇中心施甸县的物流网络有着十分密切的联系。一级代理以上的微商普遍需要囤货，这就意味着发货也需要自己处理。对于包邮的货物来说，靠近快递公司可以节省下很多成本，大宗货物也比较容易取送。同乡镇中心较独立偏远的乡村而言，人流量较大，对于商品的宣传也比较有帮助。

微商以女性为主是施甸微商群体的一大趋势，在本次调查所涉及的23名微商中，仅有3名男性，占微商总人数的12%。在剩余的20名女性微商中，年龄最小的为19岁，最大的为35岁。其中10名为"宝妈"，4名为大学毕业生。在6位主要访谈对象中，有3位"宝妈"都是高中毕业生，3位大学毕业生。从个人的身份职业上来看，宝妈的身份为从事微商行业提供了极大的便利，用访谈对象小田的话来讲做微商其实就是"一边带孩子一边玩手机"。对于刚生完孩子的年轻女性而言，暂时不用工作可以使每天的生活空出大量的时间，与其刷手机玩游戏还不如更新产品、和朋友聊聊天，偶尔过来一单生意还可以补贴家用。同时，如果没有大学学历，这个年龄段的女孩子都有过外出打工的经历，外面的"花花世界"为其开阔了眼界，在年轻群体中也能赶上新变化，赶上"时尚"，所以他们对于网络以及"时尚衣饰"在心理上有着本能的迎合态度，也更愿意参与到此类潮流的讨论中来。亲人和朋友的支持也是"宝妈"微商活跃的隐性因素。这个因素在小苏和小田身上表现得比较明显：小苏开始做微商时，家乡的朋友都以为她"误入歧途"，对她的态度急转直下。当朋友们的朋友圈和空间里其他类似的广告多了起来，大家逐渐明白这也是一种做生意的方式，开始理解小苏的做法，甚至几个好朋友还经常光顾她的生意，帮其转发宣传。小苏的丈夫心甘情愿地充当了"快递员"的角色，为小苏减轻了送货的负担。小田的整个家庭都是"微商生意"的坚实后盾，爸爸和丈夫帮忙打包送货，妹妹和朋友帮忙发广告宣传和接单。因为经常寄件，和几家快递公司的老板、快递员都成了好朋友。大学生活的大量空余时间和微商的低成本投入也为大学生进行微商活动提供了条件，但是很多大学毕业生在进入职场后不再做微商，原因是工作压力比较大，剩余的空闲时间不多，加之工作收入稳定，更愿意过一种享受型的生活。较生活于农村的微商，学习工作于城镇的大学生微商在博得他人理解方面更为困难些。小燕和小兰的大学同学、同事对这种司空见惯的生意手段并不支持，很多同事甚至屏蔽了小兰在内的很多微商的空间。比起微店购物，他们更倾向于淘宝和实体商城。

在以上的描述和分析中，我们看到施甸县的微商个体是如何一步步从普通的农村女孩变成微商的。在这个过程中，学校教育和移动互联网起到了关键性作用。一方面，学校教育的积淀不仅使农村孩子获得了继续学习的能力，还为其走入都市社会提供了最基本的资格——知识和学历；另一方面，互联网的普及提供了强大的信息流，正是在不断与网络世界接触的过程中，微商的生存方式才会走进他们的生活，最终成为他们生活的一部分。在这个过程中，农村微商的生活事实上已经与相同年龄段的其他非微商的生活有了明显的区别。他们的生活事实上更偏向于都市年轻人的生活，更加独立和个性化。至此，我仅以"宝妈"的生活为例，讨论微商家庭生活的变迁。

五 脱离与依附："宝妈"的个体身份转换

普遍的观点认为，在中国的汉人社会中，"父子同一"是家庭和社会关系的中轴，这种高度严格的继嗣制度主导着当地人们的社会文化生活，同时也形成了个人、家庭以及社会的"安全阀"[①]。费孝通曾经将中国的家庭与西方的家庭作比较。他指出，在西方家庭中，夫妻是主轴，两性的感情是凝合的力量。两性感情的发展，使他们的家庭成为获取生活上安慰的中

---

① [美]许烺光：《祖荫下——中国乡村社会的亲属、人格和社会流动》，王芃、徐德隆译，南天书局2001年版，第211—216页。

心。而在中国,家是个连续性的事业社群,它的主轴是在父子之间、婆媳之间,是纵的,而不是横的。夫妻成了配轴。① 在此种关系模式下,夫妻亲密感情往往被隐藏,所以在以儒家伦理为思想核心的"父子同一"和"安全阀"家庭关系中,年轻妇女的家庭地位处于无权的边缘化状态,家庭的政治经济决定权掌握在男性家长手里,"她们只有通过成为母亲的方式而在家庭生活中获得适当的地位"②。在调查过程中,笔者发现"宝妈"微商能够在"母亲""妻子""小家庭主妇"和"经济独立者"四重不同角色中转换自己的身份,在家庭政治决策和经济决策中拥有重要的地位。笔者认为,建立于微商副业之上的经济独立是导致"宝妈"自身情感和生活独立的重要因素,而"宝妈"的独立过程即作为个体的微商实现个体化的过程。

在传统中国社会,个体深深嵌入家庭网络和亲属关系中,并被他们所界定,在宗族脉络中,个体仅仅代表祖先与后裔之间的一个临时点③,这表现在上文所述的"父子同一"和"安全阀"家庭结构关系中。在个体化的社会意识形态中,个人的中心位置已经强化,在集体进程下个人实践的新合法性已经孕育出对自我利益的公开表达,这就是贝克所界定的DIY(do-it-yourself)生活方式。在DIY的生活方式中,基于教育的发展和社会流动性的增加,个体越来越成为组织自我生活方式的能动性因子,个体在制度化的社会环境中成为自身社会性的塑造者,从而使生命和生活更具有反思性。在这个意义上,"宝妈"的微商历程和身份转换过程践行了反思性现代化的思维和生活方式,阐释了三维度的个体化进程:解放维度,即非嵌入性,指从历史预定的社会形式与传统语境意义上的义务中游离出来;祛魅维度,指与实践知识、信仰和规范指南有关的传统安全感的丧失;控制或重新整合维度,亦即一种新形式的社会义务。④ 若将三维度与现代化理论相结合,前两个维度可以总结为"解传统化",而重新整合的维度可以看作制度化的过程。⑤

---

① 费孝通:《乡土中国》,生活·读书·新知三联书店1985年版,第43—47页。
② 阎云翔:《中国社会的个体化》,陆洋等译,上海译文出版社2012年版,第178页。
③ 同上书,第305页。
④ Beck, U., *Risk society towards a new modernity*, 转引自张爱华《贝克的个体化理论以及对研究中国社会的启示》,《理论界》2011年第10期。
⑤ 张爱华:《贝克的个体化理论以及对研究中国社会的启示》,《理论界》2011年第10期。

所谓的"解传统"即对传统的解构。在工业社会里，这里的传统是指传统纽带和工业社会的社会形式，表现为形塑阶级家庭以及性别角色的那些规范。而在农业社会的中国，这里的传统是指"父子同一"的家庭和社会结构。在上述两个案例中，"宝妈"的小家庭生活方式和自主经济决定权力是"家庭的私人化"的表现，即在个体家庭生活中，父权衰落、年轻一代拥有更自由的生活方式，年轻人可以自由恋爱、夫妻间的亲密关系增加，对个人空间和隐私权的追求要求更高。[1] 在上述两个案例中，小苏和小田都通过自由恋爱选择婚姻，婚后都要求拥有自己的小家庭，尽管真正的家庭财产悉分仪式并未发生，但是在居住形式上小夫妻已经实现了单住，并拥有自主处理私人财产和选择养育下一代方式的权力。他们既是传统婚姻家庭中的儿媳，也是互联网经济时代下的经济独立者。在家庭权力的维度上，他们已经从"传统"中解放出来，但是在"解放"的过程中，她们却无法真正脱离传统家庭的束缚，其中表现最为明显的是她们无法卸下对于传统大家庭的责任，包括对年老父母的赡养，对于家庭中亲属的义务。小苏结婚后，小家庭每年的亲属仪式性随礼支出高达 5000 多元。这部分随礼也代表公婆及未婚弟弟的随礼，因为小苏虽然和丈夫单住，但未分家。尽管通过网络上的健康知识学习，小田十分注重膳食营养，并一直认为坐月子期间的高蛋白饮食不利于产妇身材的保养，但是在自己坐月子期间却不得不接受婆婆准备的包括大量蛋肉的饮食，同时被严格限制玩手机的时间。因为坐月子接受婆婆服侍是当地的习俗，加之小田缺乏生育的经验，不得不在现实面前接受老一辈的教导。因此，解传统便不是完全从传统中脱离出来，因为"祛魅"过程的存在，个体在个体化的过程中与传统或集体的关系是一个半脱离半依附的关系。

六 现实和虚拟之间：微商社会的组织制度

农村微商在现实生活中与传统家庭的关系是一种半脱离半依附的关系，所谓的"脱离"指微商个体拥有极强的独立意识。在家庭组织方式

---

[1] 阎云翔：《私人生活的变革：一个中国村庄的爱情、家庭与亲密关系1949—1999》，龚小夏译，上海书店出版社2006年版，第127—150页。

上更倾向于拥有高度亲密关系的核心小家庭，更注重培养自己与下一代的感情；而"依附"是指独立的小家庭无法全方位地脱离固定的血缘和地缘社区。大家庭的情感和义务仍然是连接家庭成员关系的纽带。那么在这种半脱离半依附的关系之外，是否存在其他的因素维持着微商的生活呢？在对微商的组织形式进行研究后，笔者发现微商群体之间存在着一套临时的组织关系，这套关系以微商团队为基础，形成人数众多的微信群。一个微信群通常由总代和一级代理两级分销层级组成，一级代理如果招到一定数量的二级代理同样需要建立自己的团队群。一级代理在各个不同的群体中扮演者不同的角色：在一级代理群中，他是一般"员工"，需要每天向总代汇报商品销售情况和问题，接受总代的培训；在自己所建立的二级代理群中，他是"老板"，需要每天听二级代理的汇报以及处理问题，对新代理进行线上培训。

　　这样的微信群一开始是为了工作需要而建立，在不断的交流过程中，工作群逐渐变成了团队成员的日常情感交流群，不同成员之间的互相关注和私下交流也逐渐发展出了非同一般的关系。微商在晒单之余，也会晒出大量团队之间友好互动的截图，如某个成员过生日时，会得到所有成员在群里的祝福；某个成员销量比较好时，会得到其他成员的红包鼓励；某个成员与丈夫发生口角时也会得到其他成员的安慰……2016年7月，华英加入了"中华练字王群"，每月末，都会收到片区总代给每个代理发的红包，华英认为在这样积极上进的群体中，她找到了不断奋斗的力量，即便快递工作再忙，每天也会更新朋友圈。即便在病中，也会及时向总代汇报销售情况并及时给下层代理发货。小兰2016年以来所销售的"奥后"也建立了一个148人的"闺蜜群"，片区总代"芸芸"是一个很善解人意的年轻姑娘，能够及时为每一位成员发来生日祝贺。"芸芸"是保山昌宁县人，小兰是施甸县人，二人之前不认识，自从小兰加入"奥后"团队后，"芸芸"经常对小兰普及产品方面的知识，此外，二人经常聊起日常生活话题。久而久之，两人的关系逐渐由"老板"和"员工"的关系变成了亲密的朋友关系。2016年8月27日，保山地区的"奥后闺蜜团"在保山市区约见聚餐，"芸芸"还特意到施甸来看望小兰。线上从未见过面的"闺蜜"们在现实中实现了团聚。对于此事，小兰非常感慨，她认定这一群人将会影响她接下来的生活，即便自己现在已经有正式的工作，但有空时定会参与大家的线下聚会。据此，我们发现微商DIY式生活来源于其所受教育与互联网的功效的说辞在此也不算全面了，微商或许可以一定程度上脱离大家庭的传统生活方式以及现实社会中实体工作的压力，但它又"嵌"入了另外的组织制度中。尽管这一制度虚拟而没有长久性，但它确实将脱离的个体重新纳入了新的团体规范内。这是一种现实的高度复制品。

尽管"解传统"的过程让个体尝试了"自由"所带来的乐趣，但个体的社会地位、社会角色便未真正获得解放，个体在现代社会的裹挟下又投入到了新的社会形式中，这就说明个体化事实上是一个制度化的过程，即制度性的个体化。[1] 互联网作为人类社会生产力发展和技术进步的产物，它的"信息"和"网络"属性不是天生的或偶然的，而是人类生产需要的内在结果。因此，当互联网发展到今天，其自身的"信息"和"网络"属性与市场发展所表现的"信息"和"网络"属性耦合的时候，互联网的空间效应便得以呈现。[2] 换句话说，互联网所建构起来的整个虚拟空间事实上是现实社会空间的模型。虚拟社会象征性的"社会规则"之所以有效用是因为虚拟人物的现实社会性。微商经济有着现实市场经济的整套运作规则，包括信用和利润。在施甸微商的案例中，小苏为了取得顾客的信任，亲自试用过其所经营的所有产品，包括现在正在宣传的瘦身乳。小苏把所招收的20多名代理都加入了代理微信群，在群里她随时向大家进行新产品的培训，定时对每个代理的工作业绩进行核查。当然，代理群也成为微商们情感交流的平台，除了培训时间，大家可以在群里互相诉说生活的烦恼和趣事，在分享过程中，现实中素不相识的微商们互相安慰和鼓励。小苏认为这是她的又一个小家。在产品定价方面，一个熟练的微商在定价之前一定会通过大量的朋友圈"实地考察"相同产品的价格，以便选择一个利润最大化的定价。互联网和微商经济有着基于现实的整套运行规则，微商在进入网络世界时需要不自觉地把自身从现实中抽离出来，融入另一套新的社会规则中去。这套新规则控制下的个体既是从传统

---

[1] 阎云翔：《中国社会的个体化》，陆洋等译，上海译文出版社2012年版，第312—315页。
[2] 胡志兵：《互联网生产和消费三个模式的微观研究》，博士学位论文，北京邮电大学，2008年，第71页。

中解放出来的自由个体，也是另一个传统中不自由的个体。如此看来，微商的自由和个体化在很大程度上具有相对性。

基于个体自身的教育基础和互联网知识的易学性，微商事实上拥有更多的机会实现自我身份的转化。然而，这个转化过程不是一蹴而就的，在传统、现实和虚拟空间中，微商不可能完全脱离于某一空间，实现身份的完全转化。微商的个体化过程是一个不断继承和改变传统的过程。

七 总结

在新的义务教育制度下，年轻一代农民群体拥有了更多的接受教育的机会，这个机会也使他们成为互联网信息技术的易接受人群。互联网作为现代化生活方式的标志，以其多样化的信息和高速的搜索方式为人们实现"为自己而活"提供了精神动力。借助于互联网平台，"微商"经济得以进入农村的生产生活中。微商以自己的生活现状阐释了互联网的强大塑形力量，它不仅塑造了个体追求自我的社会状态，也塑造了具有整体性特征的网络社会状态。农村微商群体表现出的强烈的个体化特征事实上仅仅是网络社会个体化的缩影。在这个个体化的社会网络中，拥有个体化倾向的个体把现实社会结构与网络社会结构相结合，既表现出解传统化的一面，也表现出了新型制度化的一面。在现代化的信息的包围下，家庭诸如"经济共同体""教育基地"等功能逐步被新的社会组织所代替。传统大家庭对于年轻的个体而言不再具有原始的保护作用，个人所得到的生存训练，越来越取决于家以外的地方，如学校、朋友和社会的挫折经历。就农村微商而言，移动电子设备和互联网逐渐成为获取知识、接受新型生存教育的主要途径。互联网的介入，个人及家庭生活方式的改变，并不意味着个体微商实现了纯粹的个体化。现代性在逐步消解传统化的同时，也在以新的方式重新建构社会秩序，微信群体、团队的出现事实上将现实秩序虚拟化，所以其本质上也是现实社会的组织化模型。农村微商游离于现实与虚拟之间，找寻一种能够融入现代化社会的方式。

社会实践论：
研究中国绿色住宿消费的新视角

刘齐[*]

内容提要：关于中国绿色住宿消费的研究大多强调酒店能源节约技术的开发与更新，其余的则致力于调查消费者的环境意识。与这些研究不同，本文尝试将社会实践论应用于绿色住宿消费研究，旨在从宏观的社会技术系统与微观个体的互动关系中理解绿色住宿的生产与消费。在实践理论家看来，能源资源消耗与人们的日常实践活动紧密相关，实践的日常化和惯例化是物质与习俗协同演进的结果。这启发绿色酒店与可持续旅游的研究者们将生产与消费联系在一起，基于基础设施、科学技术、文化惯例和对旅游住宿的期待等相关实践要素的组合配置探寻住宿业的可持续动能。

关键词：绿色住宿消费；社会实践论；服务消费；舒适；干净

一　导论：中国的旅游业、住宿
消费与居民的环境关心

伴随着供给侧结构性改革和消费升级，旅游业在国民经济与居民日常

---

[*] 作者简介：刘齐（1992——），女，汉族，英国曼彻斯特大学人文地理系/可持续消费研究中心博士候选人，主要研究方向为可持续消费。本文初稿曾于 2018 年 10 月在牛津大学中国健康、环境与社会福利会议（China's Health, Environment and Welfare）上分享，感谢与会者的批评与建议。文责自负。

生活中的重要性日渐显著。[①] 旅游业的快速成长和市场潜力亟待配套的住宿业供给，以更好地满足游客的旅行住宿需求（如休息和饮食）。然而，住宿需求的增加带来了严重的环境压力：在生态脆弱地区，非理性的酒店建设与扩张会造成负面的环境后果；酒店的供暖、制冷、照明、清洁、餐饮等活动会消耗大量能源，经测算，住宿业是中国旅游产业中能源与水资源消耗的第二大产业，仅次于交通运输业；[②] 此外，一次性用品消耗和食物浪费也加重了环境污染和资源浪费。上述各项均对酒店业属于"无烟产业"的传统认知提出质疑。考虑到旅游住宿业属于第三产业，为消费者提供住宿服务是住宿业的核心属性，酒店经营者既要提供安全、舒适、干净的住宿环境，又要节约能源、避免浪费，这似乎成为旅游住宿业与生俱来的一对矛盾。

近年来，环境保护已经成为国家政策中的重要议题，环境建设与未来的经济社会发展息息相关。国家对环境保护的关注凸显出可持续旅游和旅游业绿色发展的重要性。2015年，中共十八届五中全会提出"创新、协调、绿色、开发、共享"的五大发展理念新要求。2016年，为认真贯彻《中华人民共和国国民经济和社会发展第十三个五年规划纲要》，《"十三五"旅游业发展规划》再次提出并阐述旅游业的绿色发展，从旅游消费、旅游开发、环境保护、绿色发展机制以及宣传教育5个方面对提升旅游生态文明价值给予指导。具体到旅游住宿业，早在2002年我国便颁布了《绿色饭店等级规定评定》，开启绿色酒店的建设与评定，以提升酒店的环境表现，改善服务质量。[③] 在接下来的章节中，本文将先从生产和消费两个方面揭示现实中绿色酒店（或称绿色住宿业）面临的经营困境，并反思现有文献在理解绿色住宿消费时存在的局限。随后，通过介绍一种新

---

① 根据国务院颁布的《"十三五"旅游业发展规划》，旅游业已经成为国民经济战略性支柱产业，从拉动投资、制造就业、扩展国家影响力等各个方面带动社会发展。以2017年为例，全年全国旅游业对GDP的综合贡献为9.13万亿元，占GDP总量的11.04%。旅游直接就业2825万人，旅游直接和间接就业7990万人，占全国就业总人口的10.28%。国内旅游人数50.01亿人次，比上年同期增长12.8%。国内旅游收入4.57万亿元，比上年同期增长15.9%。值得一提的是，《"十三五"旅游业发展规划》将全国旅游业发展五年规划首次列入国家重点专项规划，昭示着中央政府对发展旅游业的重视程度达到新高。

② 黄崎、康建成、张建业：《酒店业碳排放基准线的构建与节能减排实证研究》，《旅游科学》2017年第4期。

③ 2017年，关于新型住宿形态（如民宿、主题酒店、精品旅游酒店等）等行业标准开始使用《绿色旅游饭店》LB/T007—2015作为规范性引用文件，这意味着绿色住宿发展不再仅仅针对传统酒店，而是成为指导整个旅游住宿业发展的普遍性准则。

的理论路径——社会实践论（Social Practice Theories），本文将思考当前物理与社会环境中孕育的绿色住宿消费动能。对许多旅游研究者或酒店经营者来说，发轫于欧洲的社会实践论或许显得十分陌生，而实践论本身也鲜少被用于分析旅游住宿生产与消费。由此，本文旨在从地理（中国地域）与经验（旅游住宿业）两个范畴探索并反思实践论对可持续消费的解释力与跨学科的应用价值。

二 现实与问题：绿色酒店为什么不流行？

什么是绿色酒店？许多国内研究[1][2]和政府公文[3]中都包含了下列要素：(1) 两个目的，即能源消耗效率最大化和环境影响最小化；(2) 三个原则，即节约资源、保护环境、安全健康；(3) 两个工具，即科学的设计和技术。目前针对住宿业环境影响的测量与评估显示，能源消费、水资源消费、食品消费和一次性洗漱用品消费是造成旅游开发与环境保护之间持续紧张的主要原因。[4][5] 绿色酒店项目即从以上四个方面入手，要求住宿企业针对不可持续的经营模式和消费模式进行改进，同时贯彻安全与健康的原则，并越来越多地关注服务质量。与其他国家或地区的绿色住宿尝试类似[6][7][8][9]，中国酒店也采取了多种"绿化"措施，包括：酒店建筑与住宿

---

[1] 李红缺：《酒店低碳研究综述》，《兰州文理学院学报》（社会科学版）2015 年第 1 期。

[2] 袁国宏：《论我国饭店实施绿色营销的现状、任务和发展趋势》，《旅游学刊》1999 年第 5 期。

[3] 如《绿色饭店等级评定（2002）》《关于开展创建绿色饭店活动的通知》《中华人民共和国国家标准 GB/T21084—2007 绿色饭店（2007）》等。

[4] 石培华、吴普：《中国旅游业能源消耗与 CO_2 排放量的初步估算》，《地理学报》2011 年第 2 期。

[5] 高兴、张殿光、袁杰等：《我国酒店业餐饮服务全过程能耗现状分析》，《建筑科学》2007 年第 4 期。

[6] Hsiao, T., Chuang, C., Kuo, N., Yu, S. M, "Establishing attributes of an environmental management system for green hotel evaluation", *International Journal of Hospitality Management*, 2014, Vol. 36, pp. 197–208.

[7] Chan, W., Mak, L., Chen, Y., "Energy saving and tourism sustainability: Solar control window film in hotel rooms", *Journal of Sustainable Tourism*, 2008, Vol. 16, pp. 563–574.

[8] Khemiri, A., Hassairi, M., "Development of energy efficiency improvement in the Tunisian hotel sector: A case study", *Renewable Energy*, 2005, Vol. 30, pp. 903–911.

[9] Becken, S., Frampton, C., Simmons, D., "Energy consumption patterns in the accommodation sector – the New Zealand case", *Ecological Economics*, 2001, Vol. 39, pp. 371–386.

活动的能源审计，统一使用再生能源或替代能源，使用新的环保建筑材料或建造技术，以及通过广告、促销、沟通等多种方式实现绿色营销等。从理论上看，绿色酒店项目能够帮助酒店降低运营成本，扩展酒店影响力，有利于住宿企业的可持续发展。比如，基于广州的奢侈酒店调查证实，积极的环保实践能够促进酒店的销售额。[1] 此外，绿色酒店项目呼应了中产阶级与年轻消费者不断崛起的环保意识和对服务质量的渴望，在充满竞争的酒店住宿行业中，一个新的细分市场（"niche"[2]）正在成长。如此看来，中国绿色酒店项目的出现与成长似乎已具备相当的经济和社会合法性。可是事实果真如此吗？酒店经营者与消费者真的都愿意为绿色酒店而买单吗？

建设绿色酒店需要酒店进行一定的先期投入。如果这些额外的投入在经营者看来负担较大或经济回报不足，他们是断不会因为关心环境而折损收入的。[3][4] 如此看来，"绿化"酒店对于一些建造时间较长的酒店或小型住宿企业来说并不是一笔经济划算的支出。此外，与欧洲游客相比，中国消费者对绿色酒店的认识和兴趣似乎十分浅薄。[5][6] 一个一般性的原因是顾客不会仅仅为了承担环境责任而转变自身的生活方式[7]，换句话说，保护环境并不是消费者在酒店消费时的优先考虑，仅仅试图借环保之名劝说消费者改变日常的起居和生活习惯（例如取消一次性用品供给、锁定空调温度等）难免会因将问题简单化而遭到抵触。关于中国绿色住宿生产与消费的一份网络报告显示，中国顾客在乎的是他们从酒店绿色消费中

---

[1] 熊伟、冯施博：《环保与盈利：环境管理对酒店绩效的影响》，《旅游学刊》2014年第9期。

[2] Manaktola, K., Jauhari, V., "Exploring consumer attitude and behaviour towards green practices in the lodging industry in India", *International Journal of Contemporary Hospitality Management*, 2007, Vol. 19, pp. 364 – 377.

[3] Dalton, G. J., Lockington, D. A., Baidock, T. E., "A survey of tourist operator attitudes to renewable energy supply in Queensland", *Renewable Energy*, 2007, Vol. 32, pp. 567 – 586.

[4] Nelson, V. "Investigating energy issues in Dominica's accommodations", *Tourism and Hospitality Research*, 2010, Vol. 10, pp. 345 – 358.

[5] 阮立新、马卫：《绿色饭店发展问题分析与对策研究》，《经济研究导刊》2016年第30期。

[6] 李祝平：《旅游饭店顾客绿色消费行为研究》，《旅游学刊》2009年第8期。

[7] McDaniel, S. W. Rylander, D. H., "Strategic green marketing", *The Journal of Consumer Marketing*, 1993, Vol. 10, pp. 4 – 11.

获得的部分，而不是为绿色酒店付出的部分。① 酒店消费者的逻辑与选择值得考究，但我们很难从现有研究中发现答案，原因在于许多相关文献采用计划行为理论（Theory of Planned Behaviour②）及衍生理论，通过检验绿色消费态度与其他变量（如人口学变量、大众传媒、个体环境关心等）之间的相关性来揭示或预测酒店绿色消费行为。③④ 这些研究看似有助于理解绿色消费的动因，实则将环境关心与环境行为混为一谈。一方面，如上所述，环保主义的外部话语并不总是能够催生个体的环保行为，尤其是在自由买卖的市场环境之中；另一方面，即使我们果真能够了解消费者的想法和意愿，也未必可以认为他们真的会如所宣称的那样，为了环保身体力行。无论如何，"说"与"做"之间存在差距（"Say/Do Gap"⑤），关于环保的美好想象和积极倡导只有通过实践和行动才有可能转化为积极的环境后果。因此，要寻找消费者的环境行为发生变化的根源，并不能简单分析本人的话语，也不能将个人的价值观念视为关键的驱动力，而应该探究他们住在酒店中的种种活动，将住宿供应端和消费端联系起来，综合考量和论证发展绿色住宿消费的基础和条件。

总而言之，政府、企业或非营利组织把"绿色"或可持续性塑造成主导价值观传输给公众，并鼓励消费者将环保作为购买商品时的偏好，以期待能够使人们的生活实现生态现代化⑥；另外，因为缺少对社会建构的常规需求或惯例活动的关心，诸如此类的环境政策或许会陷入困境甚至失败。⑦

---

① 参见中国饭店协会、美团点评和艾瑞咨询《中国住宿业绿色发展白皮书》（http://report.iresearch.cn/wx/report.aspx?id=2678），2016年。

② Ajzen, I., "The theory of planned behaviour", *Organisational Behaviour and Human Decision Processes*, 1991, Vol. 50, pp. 179 – 211.

③ 杨凯：《大学生消费绿色酒店产品的行为意愿研究》，《北京联合大学学报》（人文社会科学版）2017年第4期。

④ 谢婷：《顾客选择入住绿色饭店的行为意向研究——基于计划行为理论角度》，《旅游学刊》2016年6期。

⑤ Bell, C., "100% PURE New Zealand: Branding for back – packers", *Journal of Vacation Marketing*, 2008, Vol. 14, pp. 345 – 353.

⑥ Spaargaren, G., "The ecological modernization of production and Consumption: Essays in Environmental Sociology", Wageningen: Landbouw Universities, 1997.

⑦ Shove, E., *Comfort, cleanliness and convenience: the social organization of normality*, New York: Berg, 2003.

绿色酒店项目面临着同样的风险。一系列的绿色酒店评估与建设活动反映出，酒店建设者、经营者和管理人员或许可以开启绿色酒店的生产与技术革新，但是他们很难控制创造之后的结果和效果，因为消费者作为关键的行动者被遗漏了。① 显然，缺少酒店消费者的实践转向，要推动整个住宿业的绿色转型会十分困难。本文将要介绍的社会实践论虽有深厚的社会学传统，但其作为交叉学科理论，在国外已经被广泛应用于包括教育学、科技研究与人文地理学等多个学科范畴，特别是在可持续消费研究领域有十分突出的贡献，具备政策指导意义。这种跨学科的理论视角或许能够为理解中国住宿业的绿色消费转型提供有益支持。

三 理论支持：应用实践论理解绿色住宿消费

与计划行为理论相比，社会实践论以实践（而非个体）作为分析社会与技术转型的基本单元。近年来，实践理论已经初步被应用于英国和欧洲的旅游研究领域。正如 Lamers 等人指出，实践是个复杂的综合体（complex），不同的实践又总是相互联结，构成"实践丛"（practice-arrangement bundles），因此，作为分析工具，实践能够帮助旅游研究者们相对自如地放大或缩小问题形态，察觉到个体行为与社会结构之间的关系，通过追踪与旅行相关的实践的变化路径，把握总体性变迁的内部动因。②

（一）实践与实践动力

社会实践论最初被用于消解传统社会学研究中长期存在的、内生性的二元对立，比如结构与个体、结构决定论与唯意志论、微观层面与宏观层面等，这些立场决定了研究者们如何解释社会的构成、运行与发展。③④

---

① Shove, E., Pantzar, M., "Consumers, producers and practices: understanding the invention and reinvention of Nordic walking", *Journal of Consumer Culture*, 2005, Vol. 5, pp. 43-64.

② Lamers M. Duim R., Spaargaren G., "The relevance of practice theories for tourism research", *Annals of Tourism Research*, 2017, Vol. 62, pp. 54-63.

③ Giddens, A., *The constitution of society: Outline of the theory of structuration*, Cambridge: Polity Press, 1984.

④ Bourdieu, P., *Outline of a theory of practice*, Translated by Nice, R., Cambridge: Cambridge University Press, 1977.

从时间上看，Giddens 与 Bourdieu 等人最先将"实践"的概念引入社会结构和个体行为的互动之中，诸如规则、资源等结构性的因素被转化为实践意识（Practical Consciousness），指导个体进行社会实践、建立社会关系，这些活动都在社会系统中进行，从而引发社会结构的生产与再生产。也就是说，社会结构既是实践的条件，又是实践的结果。随后，第二代实践理论家 Schatzki 与 Shove 等人分别提出了不同的实践概念框架，开始将相关论述真正发展为一门理论，并为解决可持续消费问题做出贡献。[1][2][3] 以 Shove 为例，受到科学与技术研究（Science and Technology Studies，STS）和创新研究（Innovation Research）启发，她与同事们创立了一种相对简单的概念框架以帮助读者识别并描述社会实践。根据该概念框架，实践由三种元素构成：（1）物质（materials），包括物品、科技产品或设备、以及各种看得见的物质实体；（2）技能（competences），包括技巧、窍门、手法等；（3）意义（meanings），包括符号意义、观念和想象等。[4] 不难发现，与传统意义上研究群体与社会组织关系的社会科学研究不同，该概念框架十分强调产品与服务变化过程中的种种物理性特征和物质性策略，以及这些物质性如何嵌入人们的日常生活并参与组织不同的社会体系。[5] 因此，在探索消费问题时，社会实践论会帮助我们避免落入理性取向或文化品位/身份取向的陷阱之中。

实践要素有助于我们理解实践的构成或产生实践的条件，但关键问题是：实践如何发生变化？Shove 等人认为，上述要素是制造实践的"聚合器、蓄力器、继电器和交通工具"（2012：121）[6]，它们通过两种方式决

---

[1] Schatzki, T., *The site of the social: A philosophical account of the constitution of social life and change*, Philadelphia: Penn State University Press, 2002.

[2] Welch, D., Warde, A., Theories of practice and sustainable consumption, Reisch, L. A., Thøgersen, J. (eds.), *Handbook of Research on Sustainable Consumption*, Cheltenham: Edward Elgar Publishing, 2015, pp. 51 – 69.

[3] Hui, A., Schatzki, T., Shove, E., *The nexus of practices: connections, constellations and practitioners*, London: Routledge, 2017.

[4] Shove, E. Pantzar, M., Watson, M., *The dynamics of social practice: Everyday life and how it changes*, London: SAGE, 2012.

[5] Shove, E. Walker, G., "CAUTION! Transitions ahead: politics, practice, and sustainable transition management", *Environment and Planning A*, 2007, Vol. 39, pp. 763 – 770.

[6] 从用词和修辞中我们也时常能够感知到 Shove 和她的同事们对物质世界的观察与尊重。

定实践的诞生、持续和消失：要素本身发生变化；要素之间建立连接或原有连接断裂，这种连接不仅仅存在于单个实践内部的要素之间，而且也可以发生在不同实践的要素之间。某个实践是否能够被"惯常化/例行化"（routinised），即是否能够成为日常生活的一部分，取决于它是否能与日常生活中的其他实践（和实践要素）进行结合或"互锁"（interlock）。实践产生的联结和通过记录、交叉参考（cross-referencing）等方式产生的反馈不断组合在一起，为实践要素和实践之间的组合校正和关系变化提供了基本配置（configuration）。不论这种配置所产生的实践与原有实践之间是竞争性还是合作性关系，这个复杂过程的结果就是实践的再生产，亦即实践的动力（Dynamics of Social Practices）。

（二）日常生活与能源/水资源消费

如上所述，社会实践论挑战了消费研究中一直以来的文化取向传统，后者关注有形商品，比如房屋、洗衣机或汽车，并将商品中所包含的符号价值、身份象征或文化特征视作消费行为的驱动力（如：鲍德里亚[①]）。与消费文化视角不同，Shove（2003）注意到日常生活中的"隐性消费"，亦即那些非物质的、看不见的消费形态，其中以消耗能源资源为基础的日常活动最为典型，比如洗澡、洗衣服、驾驶汽车等。这些活动之所以被认为是"隐性消费"，不同于消费橱窗展柜中的商品，原因在于能源作为"无形商品"并非直接为人所购买；相反，能源消费必须以配套供应系统为基础。通过获得天然气、石油和电力等能源相关的基础设施供应，人们消费的是某种"具有文化意义的服务"（Shove，2003：9）。在大多数情况下，水资源和能源消费活动都是普通的惯例活动，根植于日常生活日程和例行事务之中，有时甚至被认为是理所应当的（Taken for Granted）。因此，一味强调个体信念和行为中的"环保理性"未免与现实脱节，我们必须认识到，那些真正能够促使人们改变能源资源消费模式的"制动装置"往往存在于环保话语范畴之外。换句话说，无论一个人如何强调自己的环境关心，在普通人日常生活的逻辑谱系里，"解决环境问题"总是鲜少处于优先位次（尽管学习、工作、外出甚至休息等种种日常活动都

[①] ［法］让·鲍德里亚：《消费社会》，刘成富、全志钢译，南京大学出版社2001年版。

离不开能源资源的供应)。根据上文对实践理论的梳理,类似洗澡、做饭、就餐、冬季取暖、夏季降温等日常生活实践之所以被保留(以不同组织方式)并延续,原因在于这些实践已经嵌入人们所处的社会—技术系统之中。倡导绿色消费转型,却跳脱致使实践产生和变化的物质、技能与意义要素/条件来分析或改进能源消费活动,诸如此类的研究和政策尝试自然大多是徒劳无益的。

Shove 所说的"服务消费"或"为服务买单"(Service Consumption)中的"服务"并非指的是通常意义上餐厅或理发店等消费场所提供的人工服务,而是一种令人愉悦与满足的生活体验——比如舒适、干净与方便。人们不断进行能源与资源消耗活动,目的在于追求这些终端体验,使其达到令人满意的标准。鉴于越来越多的学者使用"能源服务"(Energy Consumption)概念理解服务与能源消费的关系,Fell 将其总结为"使用能源执行的功能",也就是说,能源使用是人们为了获取或促进所需的终极服务或状态的手段。[①] 上述概念有助于从新的角度解释现代生活中不断增加的能源和水资源消费需求。在社会与技术的共同演变过程中,能源需求升级有三条路径:(1) 垂直型路径,即一种定义"舒适"的科学范式的标准化与集中化过程;(2) 水平型路径,即为了在日常惯例中获取"干净"及其带来的满足感而产生的社会习俗、技术和想象的协同演进;(3) 对"方便"的需要——也就是节约时间的需要,与上述两种路径的混合产物。以实现温度舒适举例,科学与技术在实现温度舒适的标准化过程中扮演了最重要的角色,关于生理舒适的科学研究与不断涌现的采用新型技术的装置设备(比如空调装备与新风系统等)被供应商、建筑师和消费者群体广泛接受,并几乎被各个国家毫无修改地复制使用,科学技术和能源设备的垂直型输出被认为是目前广泛使用的能源密集型供暖或制冷模式的起源和基础,也不断强化人们对这种能源消费模式的认可和期望(Shove 2003)。总之,符号、技术和社会习俗的组合模式源于人们追求舒适、干净等服务体验的实践活动,这些消费模式反过来影响着新的科技和日常活动的发展与安排,从而进一步引发环境影响。

[①] Fell, M. J., "Energy services: a conceptual review", *Energy Res. Soc. Sci.*, 2017, Vol. 27, pp. 129 – 140.

实践要素的组合模式并非一成不变。结合上文中介绍的实践动力,实证经验显示,包括技术、习俗、基础设施和意义等在内的实践要素能够在不同的社会与文化环境中不断组合或再组合,并促使追求舒适或干净的日常实践进行更新或转型,从而将可持续或不可持续的消费模式附着于人们的生活之中。①②③ 一些学者质疑了关于舒适实践的标准化论断,他们认为,建筑的设计者与使用者一方面在接纳有关舒适的科学证据、满足科学定义的舒适标准;另一方面也会创造关于何为舒适的新的知识与期待。④ 在一些亚洲国家,传统的追求温度舒适的地方性实践甚至一度挑战了那种看似不容置疑的使用空调降温的标准模式,这说明从实践动力的角度看,形成于发达国家的能源消费模式并非总是单向传播、不可撼动的。⑤⑥

社会实践论启发我们用系统性、自反性的方式思考一些日常消费的可持续变迁。首先,实践论消解了人们表述中的环保意识与现实中亲环境行为之间的差距,因为与能源消耗有关的实践活动通常已经被人们默默接受并内化为日常惯例,这些实践的逻辑是日常生活的逻辑,而不是环境保护的逻辑。不论绿色环保属于实践的哪一类要素,它只有与其他要素相结合

---

① Khalid, R. and Sunikka - Blank, M., "Homely social practices, uncanny electricity demands: Class, culture and material dynamics in Pakistan", *Energy Research and Social Science*, 2017, Vol. 34, pp. 122 - 131.

② Berkhout, F., Verbong, G., Wieczorek, A. J., Raven, R., Lebel, L., Bai, X., "Sustainability experiments in Asia: innovations shaping alternative development pathways?" *Environmental Science and Policy*, 2010, Vol. 13, pp. 261 - 271.

③ Wilhite, H., Nakagami, H., Masuda, T., Yamaga, Y., Haneda, H., "A cross - cultural analysis of household energy use behaviour in Japan and Norway", *Energy Policy*, 1996, Vol. 24, pp. 795 - 803.

④ Walker, G., Shove, E., Brown, S., "How does air conditioning become 'needed'? A case study of routes, rationales and dynamics", *Energy Research and Social Science*, 2014, Vol. 4, pp. 1 - 9.

⑤ Sahakian, M. J. K. Steinberger, "Energy reduction through a deeper understanding of household consumption: staying cool in Metro Manila", *The Journal of Industrial Ecology*, 2011, Vol. 15 (1), pp. 31 - 48.

⑥ Winter, T., "From sustainable architecture to sustaining comfort practices: Air conditioning and its alternative in Asia", T. Lewis (ed.), *Green Asia: Ecocultures, sustainable lifestyles, and ethical consumption*, London: Routledge, 2016.

才能够被固定在日常生活中，成为惯例和日常。其次，在进行日常活动的家庭内部，消费能源和水资源的目的在于获取服务和生活体验，其中最重要的是制造并享受舒适和干净的感受。对舒适和干净的感知、文化定义和期待显著影响了人们消费能源和水资源的模式，从而对我们的地球与生态系统产生深刻影响。最后，按照上述观点，一些在服务行业启动的旨在促进环保的项目或许与现有的物理设施存在张力，因为设备与技术供应者的目标之一正在于为消费者提供"高质量"的服务，在正常情况下，这等同于提供舒适而干净的日常生活和居住体验。

（三）实践论与绿色住宿消费

现在让我们回到主题——绿色住宿消费。关于实践动力和服务消费的讨论告诉我们，推动中国绿色住宿消费转型不能片面依靠生产商与经营者提供的技术与物理设施，因为只有当物质、技能与意义这三个实践要素相互连接时，技术—社会系统才能正常运转并发挥作用；同时，降低酒店的能源资源消耗也不能简单寄希望于消费者的主观环保选择，而是要回到人们的日常生活，挖掘那些与能源/水资源消耗有关的日常活动本身，以及它们被不同个体所赋予的意义。尽管面临着一些诸如将行动者本身简单化等批判，社会实践论能够帮助我们从下列三个方面理解酒店绿色消费转型。

首先，对舒适和干净的居住需要和服务追求会刺激人们产生越来越多的能源和水资源消耗需求与期待，单纯的绿色产品和多样的能源节约技术并不能从根本上抑制或消除这种期望的膨胀。作为旅途中临时的"家"，酒店为旅游者提供进行清洁、饮食和休息等活动的场所，随着国民经济收入增加和生活质量改善，舒适与干净不仅逐渐成为消费者评判酒店服务与居住体验的重要标准，对服务质量的关注与需求也引发了酒店经营者的重视和行动①，因此，对"服务质量"——也就是舒适、干净、健康等理

---

① 回顾新中国成立后的住宿业发展史，我们知道最初的住宿产业仅仅为游客提供简单的食物和休息空间。随着新的设计、设施和工具的出现（比如浴缸、有机香氛和沐浴露、智能音箱、具有不同色温的灯光设备、空气净化器、健身房和SPA中心等），人们对酒店服务质量的要求和想象也越来越多元，反过来促使酒店中各项服务和设置的进一步升级。可以说，基础设施和设备供应的改进是人们追求更好的旅行和服务的原因与结果。

念——的需求升级和相关实践活动是造成酒店能源和资源消耗的社会根源。其次，对不同的利益相关者来说，卧室灯光的颜色、洗手间的设备与物品供给、室内空调与通风装置等基础设备所体现的舒适与干净内涵有可能存在差异。换句话说，衡量和建构舒适与干净的酒店环境并没有绝对的标准，而由酒店建筑师、工程师、经营者和消费者等行动者分别实现了舒适和干净的生产与再生产，并不断影响着酒店的能源和水资源的消耗情况。特别是对消费者来说，在家中进行清洁和舒适实践的设备、技术支持和工具基础与酒店中或有不同，所需要的技能、知识、操作手法等也需要相应的调整和练习，甚至各种日常活动的惯例也将按照目的地的气候、天气、旅行活动安排等外部因素的变化而发生改变。对舒适和干净的解读和践行理念与这些改变中的要素结合，最终带动实践的变化。最后，建立在相同技术和物质基础上的实践生产与扩散不是一成不变的，对技术和设备的使用方式部分取决于它们如何与不同的文化背景和社会习俗进行碰撞与结合。考虑到中国的绿色住宿产业（乃至整个现代酒店服务业）是全球化的产物，这一点值得格外关心。改革开放之后，国际酒店管理集团率先进入中国的旅游与住宿市场，带来包括酒店评星制度在内的各项行业标准和话语权力，并长期占据我国酒店市场的最大份额。[1] 可以说，即使近年来本土连锁酒店和独立民宿经营等国内标准化与非标准化住宿形态日见增多，国际酒店品牌在行业内部和消费市场的标杆作用依然显而易见。在这种情况下，形成于西方社会的关于住宿服务的期望、诠释与标准很容易被中国酒店设计者、经营者和消费者所接受，同时塑造了他们的产品和消费实践。一方面，源于实现温度舒适的标准化定义，空调装置变成了中国酒店中基本的、必不可少的设备要素（无论有些酒店的空调是多么老旧而落后）；另一方面，广泛使用的空调装置却使得游客与户外环境分离，密闭的室内环境虽然有助于实现"舒适的"温度，却有悖于某些传统的中国医学观念，或者有损游客享受健康的户外环境的舒适与愉悦。正如Chappells 和 Shove 所说，一些本土的文化意义和生活习俗有可能重新定义被标准化、常态化的机械制冷机制。实践的动态离不开技术与社会系统的

---

[1] 文吉、汤静：《中国酒店业发展形态阶段及特点研究》，《文史博览》2005 年第 12 期。

协同进化。[①]

　　社会实践论已经被一些研究者用于探索旅游活动的可持续转型。比如，Hitchings 等人通过对英国音乐节中游客清洁实践进行尝试性实验研究，发现在能源资源相对短缺的条件下，旅游活动中的清洁实践是由一系列新的社会与基础设施诱因结合而产出的结果。[②] 我们认为，音乐节彻底颠覆了日常生活中的用水活动，但人们在酒店中的用水活动与家庭用水实践之间存在一定的相关性和延续性。一方面，对大多数游客来说，在外旅行通常有别于日常行程，酒店的基础设施供应也与家庭不同，这些偏离于日常的条件可能使用水、用电活动受到影响；另一方面，酒店房间的内部机理与家庭功能类似，都是为人们提供包括使用灯光、吹暖/冷气、净化空气和洗澡沐浴等舒适和清洁实践的空间，故更有可能展现人们在日常生活中形成的实践意识和文化习惯。综上所述，酒店和其他非标准化的住宿形态为应用并拓展社会实践论提供了充足的实证场域，探索绿色住宿消费转型就是探索人们为实现舒适和干净而进行的种种日常实践的转型，构成这些实践的物质材料、文化意义和知识技能相互交叉组合，为实践的出现和持续提供动能。

四　结论与反思

　　大众旅游的兴起给我国旅游住宿业出了一个"难题"：在提供"高质量"服务的同时，如何减少负面的环境影响。目前关于中国绿色住宿业的研究大多将供给端与消费端分割，不然便关注减少碳排放的酒店商业与技术策略，不然便强调消费者的环保意识和相关影响因素。这些研究范式都没有办法很好地解释为什么拥有良好环境意识的消费者不会为绿色营造项目或产品买单，原因在于它们关注消费者的环境意识而非实践活动

[①] Chappells, H., Shove, E., "Debating the future of comfort: environmental sustainability, energy consumption and the indoor environment", *Building Research and Information*, 2005, Vol. 33, pp. 32 – 40.

[②] Hitchings, R., Browne, A., & Jack, T., "Should there be more showers at the summer music festival? Studying the contextual dependence of resource consuming conventions and lessons for sustainable tourism", *Journal of Sustainable Tourism*, 2018, Vol. 26, pp. 496 – 514.

(二者存在显而易见的不同），并且没有从文化习俗和物质图景中找寻实践转变的动力——从这个角度来看，实现环境的可持续发展并不是各项日常活动的第一要义，过度强调环保而不谈日常生活的逻辑反而是徒劳之举。

对比而言，实践论认为实践是解释社会现象的基本单元，实践同时受到个体（即消费者）和供应系统（即社会与物质结构）的影响，世俗生活中的种种活动是物质与习俗共同变迁的结果。本文认为，利用社会实践理论分析中国绿色住宿消费转型，能够弥合酒店研究中存在的环境意识和环境行为之间的差距，启发研究者从日常生活实践出发理解酒店中的用水、用电活动，将能源、水资源的消费方式与人们追求服务（亦即良好的居住体验，最重要的是舒适与干净）的想象和需求联系起来，探究酒店利益相关者如何理解并实现温度舒适、光照舒适、环境与身体卫生等，观察与此相关的各项设备、技术和专业知识在不同社会中的扩散与重组，从而为缓解酒店能耗压力提出崭新的解决方案。激进地说，实践论提醒我们，减少环境影响的可能性往往出现在与环保无关的逻辑和行动之中。

在不同的文化与物质背景中，人们为什么保留或改变某个实践？这个问题不应该仅仅被可持续消费研究者所关注。当面临全球性的环境危机，政策制定者必须意识到理解实践变迁的重要性。促进绿色住宿消费模式是实现可持续旅游业的重要部分，来自政府、企业和非营利组织的种种干预不能仅仅针对某个行为本身，而要考虑到形成某种实践模式所需的物质、文化和技能知识元素以及它们之间的关系。由此可知，政府政策不是完成现成的、固定的目标要求，而要把握并指导实践和实践丛的联系，根据变化中的实践不断进行自我修正。

民族学与人类学研究

神话的"谜思":二律背反与"触及岩石"
——兼谈列维-斯特劳斯《阿斯迪瓦尔的武功歌》[*]

刘明[**]

内容提要：神话能否反映真实，与我们对"是"与"真"的理解有关。本文通过对神话、神话学、神话研究的梳理试图厘清列维-斯特劳斯在神话研究领域的研究路径，揭示出列维-斯特劳斯所采用的二律背反、触及岩石和结构化的研究方法与视角，由此深入探讨他在《阿斯迪瓦尔的武功歌》一文中的研究逻辑。列维-斯特劳斯所要论证的观点是："二元对立"是人类思维的基本结构。笔者认为神话来源于事实，而又高于事实；神话不完全等同于事实，却具有事实所反映的思维结构。

关键词：神话；二律背反；人类思维；结构化

神话是什么？神话是现实的真实存在（Sein, being），抑或是真实反映吗？当然，这取决于我们对"真"（Wahrheit, truth）的理解，学术之所以将其行为特征归结为"求真的过程"，就是表明其科学性和严谨性。令人遗憾的是，在西方哲学中，作为形而上学的两个最基本和最重要的概念"是"与"真"总是逃逸于学者的掌握之中。自巴门尼德以来，包括亚里士多德、康德、黑格尔、海德格尔等人，都曾对此进行过探讨和论

---

[*] 基金项目：本文系国家社科基金西部项目"跨境民族塔吉克族同源节日民俗与文化认同研究"（17XMZ098）的阶段性成果。

[**] 作者简介：刘明（1981—），男，汉族，新疆师范大学国际文化交流学院副教授、博士生导师，"汉语海外传播"河南省协同创新中心成员，主要研究方向为文化人类学。

述。可以说,国外关于真理的讨论,比较普遍的情况是与意义联系在一起的;而中国由于牵涉到语言、思想、文化等诸多因素,围绕逻辑学中的"真"与哲学中的"真理"还存在疑义。

一 研究主题:"神话""神话学"与"神话研究"

(一) 神话

在西方神话学研究领域里,"神话是什么"既老生常谈又常话常新。"神话"(Mythology)源自古希腊语,是关于神祇与英雄的传说和故事。神话作为学科术语,一直为人们众说纷纭,没有公认的定义。西方有关神话的定义不下百种,以致一些西方神话学家嗟叹:"在所有用来区分散文叙事作品类别的词语中,'神话'是最混乱的了。困难在于它被讨论得过于长久,并且在太多的不同意义上被使用。"[①] 中国学者陈建宪1995年提出神话是"各个人类群体从远古时代起,就在原始思维的基础上,将自然现象和人类生活不自觉地形象化、人格化,从而集体创造和传承的一种以超自然神灵为主角的宗教性故事"[②]。

笔者通过中国知网检索涉及"神话"主题的学科类别共计有120个,45469篇,平均每个学科类别的篇数为379篇;其中前10个学科类别分别是:中国文学(7247篇)、世界文学(4136篇)、宗教(2421篇)、工业经济(2383篇)、戏剧电影与电视艺术(1555篇)、企业经济(1415篇)、投资(1224篇)、金融(1208篇)、人物传记(1203篇)与旅游(1149篇),文献篇数总计23941篇,占全部学科类别的52.65%。值得关注的是,民族学排在第30位,有332篇,占全部学科类别的0.73%;社会学及统计学排在第31位,有324篇,占全部学科类别的0.71%。由此可以看出,文学对于"神话"的学术生产以及消费占有绝对的优势。

(二) 神话学

神话之概念为神话学研究的基本命题,其直接影响神话学者的研究思

[①] [美]斯蒂·汤普森:《世界民间故事分类学》,郑海等译,上海文艺出版社1991年版,第10页。

[②] 陈建宪:《试论神话的定义与形态》,《黄淮学刊》1995年第4期。

路和方法，而神话研究的成果又关乎对一个民族文化类型的准确把握。自西方神话学研究轨迹可窥见，神话学派的多少即是神话概念的多少。自中国神话学初创迄今，古典进化论人类学的观点长期深刻影响着中国学者对神话的阐发，即将神话看作是原始初民思维的产物。20 世纪 20 年代，留学日本的茅盾最先采借进化论之神话理论来研究中国神话，发表的《中国神话研究 ABC》（1928 年）奠定了中国现代神话学的理论体系，袁珂的《中国神话学史》亦对此多有首肯。

"一切神话都是自然演进的寓言"是 19 世纪自然神话学派的理论观点，安德鲁·兰指出神话主要是因果论的。马林诺夫斯基反对神话的因果论论述，强调社会生活及信仰的认可。接续着神话理论的发展，简·哈里森延拓了罗伯逊·史密斯和 J. G. 弗雷泽的理论，即所有神话产生于对宗教礼仪的误解。有趣的是，弗洛伊德另辟蹊径地认为神话像梦一样是无意识的恐惧与欲望的反映。于是，克拉克洪追随弗洛伊德与涂尔干的理论，将神话与宗教礼仪相随并至。荣格将神话看作是共同的无意识反映，恩斯特·卡西雷尔则主张神话是对环境特殊情况的刺激反映。拉德克利夫·布朗在马林诺夫斯基的基础上，着重讨论神话是社会秩序的作用过程。同样具有功能性解释的理论，还有伊亚利德所声称的"神话的功能是暂时恢复富于创造力的过去"。V. W. 特纳受到涂尔干和范·遮纳普的影响，指明神话是正常生活中自由权的重建。[①]

西方神话学领域产生如此多样关于神话的理论，皆因与已规定的神话的起源和作用（逻辑前提和逻辑陷阱）相悖而遭到否定。学者们犹如盲人摸象，其理论可以成功地解释某些神话，却并非处处灵验，也许这正是"神话"所特有的魔力。理论的推陈出新，意味着"神话"作为变化多端的现象在单一社会中很可能有不同的原因和多样的用途，更不必说处于不同文化和不同时期的神话了。面对众多学术理论挑战，列维-斯特劳斯又有何巧思呢？

（三）列维-斯特劳斯的神话研究

克劳德·古斯塔夫·列维-斯特劳斯（Claude Gustave Lévi-Strauss, 1908—2009）生于比利时，1934 年由于阅读罗维的《初民社会》，将兴趣

---

① 刘魁立：《西方神话学读本》，朝戈金等译，广西师范大学出版社 2006 年版，第 68 页。

转向人类学研究。继对亲属关系的基本结构进行探索后，20世纪50年代中期，列维-斯特劳斯将注意力转向了神话。这出于两个方面的原因：第一，他痛感作为文化人类学一个分支的神话学研究徘徊不前，已有的研究成果令他不满。"神话仍然被各种矛盾的方法作着漫无边际的解释：作为集体的梦，作为一种审美的表演的产物，或者作为宗教仪式的基础。神话的形象被当作是人格化的抽象、神化的英雄或沦落的神。不论哪一种假说，不外乎把神话归纳为偶像的表演或者归纳为一种粗糙的哲学思辨。"[1]第二，列氏意识到"二元对立"是婚姻、家庭和亲属研究中的基本结构。但是，类似的"二元对立"是否也是其他文化现象的深层结构，列维-斯特劳斯希望通过神话的研究来证明这一点。因为，神话不像亲属关系那样，与社会关系紧密联结，"它没有明显的实践功能，……并不与各种不同的现实直接联结"[2]，它是由人类的心灵所产生的。假如在神话领域里，人类的心灵还受到结构的支配，那么我们不就更有理由相信：在更多的人类活动领域中，人类心灵都必然受结构的支配。

依据列维-斯特劳斯的逻辑出发，世界各地不计其数的神话其故事情节与主题均大同小异，这恰恰表明神话是一个自足的符号系统。因为它可以在自己的结构中生成出各个具体的神话。此外，神话是人类心灵结构"外化"的最初形态。当人类生活在原始社会状态时，人类的心灵是最自然和最接近本色的。也就是说，人类所创造的各种神话往往可以直接地或者毫无掩饰地表达其内心观念的联系形态——结构。[3]

二 研究方法："二律背反""触及岩石"与"结构化"的探索

在科学研究中，新事实的发现（基于实地）、新概念的建立（基于客

---

[1] [法]克洛德·列维-斯特劳斯：《结构人类学》，张祖建译，中国人民大学出版社2006年版，第222页。

[2] [英]亚当·库珀、杰西卡·库珀编：《社会科学百科全书》，上海译文出版社1989年版，第421页。

[3] 夏建中：《文化人类学理论学派——文化研究的历史》，中国人民大学出版社1997年版，第270—271页。

观）和新定律的获得（基于整体）是衡量知识增长的三项基本指标。古人云：工欲善其事，必先利其器。① 让我们来剖析一下，列维-斯特劳斯所用之"器"都有哪些。

（一）二律背反

二律背反（antinomies）是德国古典哲学家康德18世纪提出的哲学基本概念，用来指明双方各自依据普遍承认的原则建立起来的、公认为正确的两个命题之间的矛盾冲突。康德深刻地认识到：由于人类理性认识的辩证性力图超越自己的经验界限去认识物自体，误把宇宙理念当作认识对象，用说明现象的东西去说明它，这不可避免地就会产生二律背反。

列维-斯特劳斯在《阿斯迪瓦尔的武功歌》（以下简称《阿》）一文中对"二律背反"是这样提及的："土著人所想到的全部二律背反现象涉及极不相同的方面……；然而，说到底，这些都可以归结为这样一种虽不明显却极为真实、表兄妹婚姻试图克服却做不到的二律背反。我们的神话正是这样交代的，这也恰恰是它们的功能所在。借助这种观点，让我们再次迅速浏览一下这些二律背反现象……"② 他在《神话学：生食与熟食》中也谈到，音乐之所以同神话相像，是因为神话也克服了历史的、周转性的时间和永久的恒常之间的二律背反。

在列维-斯特劳斯的笔下，二律背反体现在：阿斯迪瓦尔的天国之行与海豹的水下王国，在某种意义上，不再像消失的食物那样由东往西，而是像返回的食物那样由西往东。此外，从入住妻家转入随夫居住的颠倒。可以看到沃克斯继父亲的婚姻之后，与母亲表妹的婚姻在何种程度上象征着钦西安人的思想及社会为了克服他们的矛盾所做的最后的、但并不成功的努力。在他们的社会里，表兄妹婚姻只是一种权宜之计和一个诱饵，这些社会永远在交换妇女，还要争夺财产。

（二）"触及岩石"

列维-斯特劳斯在《阿》中对"触及岩石"是这样表述的："一旦揭

---

① 《论语·卫灵公》。
② [法] 克洛德·列维-斯特劳斯：《结构人类学》，张祖建译，中国人民大学出版社2006年版，第654页。

示了钦西安社会结构所固有的敌对情形,我们相信就已经'触及岩石'了(借用马歇尔·莫斯的说法),我们利用这个地质学的隐喻表达一种比附,这种比附可以跟关于阿斯迪瓦尔和沃克斯的神话的对比相提并论。"①

要想"按照神话所显示的样子描绘出一个民族的生活、社会组织以及宗教的信仰和实践",总是要冒点风险。神话与给定的事实固然有联系,但这种联系不是以一种再现的形式出现的,而是一种辩证性质的关系,而且神话所描述的制度可能与实际制度正好相反。神话中极端的情形之所以被想象出来,只是为了表明它们站不住脚。如果我们可以放弃到神话中去寻找反映民族志现实的忠实描绘,反而可以获得一种有时能够接近无意识范畴的手段。因此,在土著人的头脑里,一个代表着唯一真实的方向;另一个则纯属想象。

由西往东的方向是深海蜡烛鱼和鲑鱼沿河而上的游动方向,这也是钦西安人为了获得一幅反映他们的具体的社会存在的忠实映像而必然采用的方向。正是因为他们将自己放在鱼的位置上,或者说将鱼放在自己的位置上,从而在鱼类与男人之间"建立直接联系",神话式的认同此时遇到了存在于鱼类与男人之间的唯一真实的关系:食物。它以独特的方式表达出土著人哲学的一个基本侧面:唯一积极的生存形式是不生存之否定。而这一假设能够进一步说明人们对于自我肯定的需要,有意思的是,这种需要都以极为特殊的方式形成了太平洋西北海岸社会的一个标志。

(三) 结构化

列维-斯特劳斯有关神话的最为重要的论文是收入《结构人类学》中的《神话的结构分析》。在三卷《神话学》中涉及528个美洲神话故事,他将不同地区的神话联系起来进行论证解释。② 他提出"假如神话的内容因时因地因人而异,那我们如何解释遍布世界各地的神话为何彼此如此地相似"的问题。他讳莫如深地表示,正如只有揭示出语音的结合性

---

① [法] 克洛德·列维-斯特劳斯:《结构人类学》,张祖建译,中国人民大学出版社2006年版,第654页。

② 黄淑聘、龚佩华:《文化人类学理论方法研究》,广东高等教育出版社2004年版,第284页。

质才能揭示出语音和意义的关联一样,也只有分析神话的结构才能了解其内涵和意义。神话是由一些构成单元组成的,但它们并非词素,并非音素,它们属于一个更高的层次——"总体构成单元",应在句子的层次上分析和分离出这些构成单元。真正的神话构成单元不是一些孤立的关系,而是这些关系的"集合"。结构分析的方法在于将神话划分为尽可能短的陈述语句,然后将这些语句写在索引卡片上,索引卡片上记有相应于故事展开的数码。[1]

列维-斯特劳斯在《阿》文结尾处写道:"本文也是以其特有方式进行的一次实验,因为它仅限于一个实际案例,而且那些通过分析剥离出来的成分出现在好几个同现的变体的系列里。如果这个实验有助于证明神话思想的领域照样是结构化的,那么它的目的就达到了。"[2]

纳斯河与斯基纳河(上文)的版本存在着异同,相同的是:两个版本均始于某一河谷——斯基纳河谷、纳斯河谷,都是冬天,饥荒肆虐,两个有亲属关系的女人,一个住在上游,一个住在下游,她们决定重新见面,在中途相会。有证据能证明:纳斯版本是斯基纳版本的弱化,而斯基纳版本却不是纳斯版本的强化形式:(a)[母:女]::[(母+女):非母][3] 其中,不变的因素来源于反溯生殖力和预期生殖力之间的对立。在美洲西北部太平洋海岸和其他地区,腐烂被认为是食物和粪便的分界线,斯基纳版本是与食物匮乏发生联系。神话中的某种转换是如何通过两个极点完全倒置的一系列等值项得到表达的,如河流域堤岸、超自然的保护

---

[1] 参见[法]列维-斯特劳斯《神话的结构分析》,载《20世纪西方宗教人类学文选》(上册),史宗主编,金泽等译,生活·读书·新知三联书店1995年版,第407、410、411页。列维-斯特劳斯的结构主义并非凭空想象,其来源主要有三个方面,即现代语言学中的结构思想(雅各布森把音素定义为处于一个系统中的要素,集中注意要素间的关系,而这些关系最基本的类型是二元对立的结构关系);现代文化人类学中的结构思想(列维-斯特劳斯继承了莫斯"交往的对等性原则"并吸收了拉德克利夫-布朗的"社会结构"思想,但他研究的是人类的思维结构,而不是经验的社会结构);现代心理学中的结构思想(列维-斯特劳斯认为,人类学家的分析主要应用于社会生活的潜意识成分,他们的目标乃是超出人们所特有的那些有意识的和变幻无常的想象,去把握全部无意识的可能性)。

[2] [法]克洛德·列维-斯特劳斯:《结构人类学》,张祖建译,中国人民大学出版社2006年版,第669—670页。

[3] 该符号为列维—斯特劳斯所作记号。详见[法]克洛德·列维-斯特劳斯《结构人类学》,张祖建译,中国人民大学出版社2006年版,第662页。

者、生活方式之间实现平衡、法宝等。

三 研究内容：《阿斯迪瓦尔武功歌》"逻各斯"的衍展

为了防止直接探讨《阿》所带来的知识的碎片化，我们大致厘清了研究的逻辑（"是"与"真"的纠结）、研究的主题（神话、神话学和列维-斯特劳斯的神话研究）和研究的方法（二律背反、触及岩石和结构化），现在，我们来分析一下《阿》推理的逻辑。

（一）一组事实（certain facts）

在地理方面，钦西安印第安人居住在纳斯河和斯基纳河流域盆地（Nass and Skeena Rivers），北边的纳斯河和南边的斯基纳河都是东北—西南流向的，两条河几乎平行。在经济方面，钦西安人不事农耕，女性逢夏季采集水果、浆果、野生植物和根茎，男性上山捕猎熊和山羊，在海边捕猎海豹、鲉鱼、庸鲽鱼、鲱鱼。尼斯嘎人是定居的，钦西安人随季节迁徙（详见表1）。

表1

序号	时间段	状态	分工
1	冬末时节		面临严重饥荒，供应彻底断绝
2	2月15日至3月15日	"蜡烛鱼餐"	登船动身，占据捕捞场地，成为家族私产
3	3月15日至4月15日	"烹制蜡烛鱼"	严禁男人染指，女性用赤裸乳房榨油
4	4月15日至5月底		沿原路返回斯基纳河
5	6—7月间	捕捞、熏制鲑鱼	男性狩猎，女性储存水果和浆果
6	霜冻	陀螺游戏仪式月	安顿过冬，男性打猎
7	11月15日前后	避讳之月	冬季仪典启动，男性受各种限制

在社会方面，钦西安人分为4个母系氏族（matrilineal clans），鹰族、

乌鸦族、狼族和逆戟鲸族①，严格实行外婚制度（exogamous），有宗族（lineages）、世系（descent lines）、家族（households）之分；其社会组织基于等级秩序，分属3个级别："真正的人""小贵族"和"平民"。

（二）两种构筑（Two Constructions）

序列（sequences）和程式（schemata）是构筑神话的两个方面，序列是神话的表面内容，即按照时间顺序发生的事件。在深度不等的抽象层次上，序列又是按照程式组织起来的，或互相重叠，或同时进行，宛如一部为好几个声部写成的旋律，但受到双重制约：一种是它自身的旋律线的水平方向的制约；另一种是垂直方向上的对位程式的限制。

首先，地理程式（Geographic Schema）由一系列幅度不变的摆动的序列组成：东—北—西—南—东；其次，宇宙观程式（Cosmological Schema）从一个零点开始（相汇于上下游之间的半途），接下去是中等幅度的摆动（高空），然后是最大幅度的摆动（地—天、天—地、地—地下世界、地下世界—地），最终消失于零点（在山峰与河谷之间的半山腰上）；最后，整合程式（Integration Schema）从最大幅度的摆动开始（低—高），消失于一系列幅度递减的摆动当中（水—陆、海上渔猎—山中狩猎、河谷—山峰）。

（三）三种程式（Three Schemata）

叙事的初始局面可以用程式表达为：

---

① 参见［德］利普斯《事物的起源》，李敏译，陕西师范大学出版社2008年版，第294—295页。《逆戟鲸的起源》（特林吉特印第安人的故事）：海豹部落中有一个技术高超的木雕者。他想，如果印第安人能有逆戟鲸肯定会非常高兴的。于是，他就开始雕刻。他用了红杉，又用了青松，接下来又试用了其他木料。每次雕出的逆戟鲸放到海里，想让它们游走，但都只能浮在水面上而不是潜水游走。最后，他试着用黄杉雕了一头逆戟鲸，这次他终于成功了。他又雕了各种鲸鱼。他用印第安人的白粉将其中的一种从嘴角到整个头部都画上了线条。他说："这就是白嘴逆戟鲸。"在他第一次把这些鲸鱼放下水的时候，他把它们领进了海湾，并且告诉逆戟鲸：它们可以一直游到海湾尽头，可以猎取庸鲽、海豹等海底生物，但绝不能伤害人。他对它们说："当你们进入海湾时，人们会请求你们：'给我们一些食物吧'。"从那时起，鲸鱼就一直遵从他的教导将水中生物赶向岸边，这样印第安人就能捕捉到这些生物来吃。在那时以前，人们是不知有逆戟鲸的。

母亲	女儿
长	幼
下游	上游
西	东
南	北

阿斯迪瓦尔的第一次奇遇可以用程式表达为"尚未解决的对立":

低	高
地	天
男	女
族内婚	族外婚

阿斯迪瓦尔第二次入住妻家的婚姻用程式表达为"新一组的对立"[④]:

山中狩猎	海上捕捞
陆	水

对于伴随着关联倒置的这种弱化对立的双重机制,其形式具有连贯性。在内容上,这种倒置来源于两地居民各自所处的地理位置的对称性。斯基纳河的生活方式,其特点是有两次季节性变化:一次是在冬季的市镇和春季的营地之间;另一次是在纳斯河春季蜡烛鱼汛期和在斯基纳河夏季捕捞鲑鱼之间。所以,所有土著人才会把纳斯河—斯基纳河的二元性视为一种对立,并且把与之相关的蜡烛鱼/鲑鱼的二元性也视为一种对立。

神话思想的一个基本特质是:当一种神话图式从一个群体传递到另一个群体时,由于两者在语言、社会组织或生活方式上的差异而造成沟通不畅,神话于是开始变得贫乏和头绪混乱。神话有时并没有因为失去它的所有轮廓而彻底毁灭,而是颠倒过来,并且重新获得一部分精确性(如光学)。因此,对于神话的分析如果是有助于证明神话思想的领域照样是结构化的,那么在这一部分一开始所谈到的目的也就达到了。

(四)四个层次(Four Levels)

第一,地理架构。钦西安地区的自然和政治地理,故事中提到的地点和乡镇均确实存在,如叙事的起点在斯基纳河谷、母亲和女子居住的村子为吉特萨拉塞特、阿斯迪瓦尔的结婚地是吉纳克桑吉奥盖镇,还有从斯基纳河口起身出发、在梅特拉卡特拉停留、第一次争吵发生地克瑟马克森、海豹的情节就发生在吉特克萨特拉镇的海域里，叙事结束于吉纳达奥斯。因此，列维-斯特劳斯认为，该神话所触及的地理和人口方面具有真实性。

第二，经济方面。土著人的经济生活支配着季节性大迁移，列维-斯特劳斯认为，"神话所触及的这方面情况的真实性一点也不亚于前文各段描写的地理和人口方面的真实性"，一切都起始于冬季饥荒，然后进入"间歇期"（interval），再赶赴春季迁徙等。"用马歇尔·莫斯的话说，这些季节性变化和神话所强调的其他方面的差异同样是真实的，尤其是陆地狩猎和海上狩猎之间的区别。"[1]

第三，社会方面。社会和家庭组织，结婚、离婚、寡居等，"并不是一幅忠实于土著人的真实生活的资料性的图表，而是某种意义上的一种平衡力量，它时而与现实相伴相随，时而似乎脱离现实，然后又与之重新吻合"[2]。从叙事中我们看到的是一个实行母系继嗣制度，从夫居的社会。不过，在神话里，这种入住夫家的形式很快被饥荒搞垮，而展示出一幅入住妻家的图画（哈岑纳斯与最年轻的女子结婚、阿斯迪瓦尔与晚星、阿斯迪瓦尔在杉树人那里的第二次婚姻等），整个神话故事以摆脱了姻亲或父方亲属的一母一女的重聚开头，最后以摆脱了姻亲或母方亲属的一父一子的重逢作为结束。从社会学观点出发，神话的开头和结尾构成了一组对立。

第四，宇宙观属于神话而非经验范畴。在主人公"真实的"游历当中插入的两次脱离凡尘的旅行构成了一组对立。第一次旅行把他带到天国即太阳的家里，结果是入住妻家的婚姻，表明了一种男女双方相距最远的族外婚；后来，阿斯迪瓦尔与同村女子私通而破裂，是以男女双方相距最近的族内婚（一村之内的婚姻）为特征。海豹地下王国之旅"把阿斯迪瓦尔在一连串婚姻中的入住妻家的取向颠倒过来了，因为它造成了他的第三位妻子与其兄弟们分离，主人公本人与妻子分离，他们的儿子与母亲分离，结合关系只剩下父与子这一种"[3]。

---

[1] ［法］克洛德·列维-斯特劳斯：《结构人类学》，张祖建译，中国人民大学出版社 2006 年版，第 637 页。

[2] 同上。

[3] 同上书，第 640 页。

如果说在分析这个神话的过程中，地理的和技术—经济的反映了现实情况，而社会学的使真实的与想象的制度交织；那么，宇宙观则是与现实无关的，如神话里的两个女人的饥饿状态可以被视为创造的原动力，因而含有宇宙观方面的意义。

四 研究价值：评论与反思

自人类学诞生以来，神话、巫术和宗教就一直是人类学最勤奋发掘的主题，这些主题或许更多意味着一些较为棘手的概念，而并非一个学科对这些问题的顺利解决。神话和现实纠缠不清的关系是问题的关键所在，人类学已把神话（以及巫术和宗教）当成是某种潜力巨大的工具，通过它创造出相异的"人类学的他者"。列维-斯特劳斯拒绝将神话和特定的社会作一对一的关联。神话的价值在于认知，因为它并不总是反映社会结构。于是，列维-斯特劳斯的结构人类学所要达到的研究目标其实是：人类丰富的社会/文化现象和人类的所有行为，都可以从隐藏在行为背后的层次去探寻根源。这个所要寻找的层次，就是结构。它是一种基本的逻辑关系，反映的是文化意识形态的对立统一（内涵上），是既冲突又并存的关联。

（一）评论

逻辑的本质是求真，求真的形式则表现为推理。任何一门学科理论都是由各种概念构造而成的，某些概念是学科理论大厦的基石，另一些则不仅是基石，而且同时还是支柱，它们支撑着理论的某一个部分或很大一部分，甚至整个理论。饶有意味的是，博厄斯曾这样说道："好像神话世界被建立起来就是为了再被打碎，以便从碎片中建立起新世界。"[1] 列维-斯特劳斯的理论认为：所有神话都是共同的意识结构和社会结构的复制。如是，列维-斯特劳斯关于神话结构的看法的着眼点，正像我们已经强调的，在于将神话"如何"讲述搞明白。虽说如此，我们也不能忽略了。

---

[1] ［美］博厄斯·詹姆斯·泰特：《不列颠哥伦比亚汤普森印第安人的传统》引言，美国民俗学学会学术论文集，1898年，第18页。

与此同时,"如何"的问题也引出了列维-斯特劳斯关于讲"什么"的问题的独到见解。

在《阿斯迪瓦尔的武功歌》一文中,列维-斯特劳斯将构成神话原本的"地理、经济、社会、世界观"等各种层次的"神话编码"逐一厘清,从而破译了神话的内容,即"信息"的"编码",不管是在世界观的深度和广度上,在逻辑的复杂性上,在编码相互交织的密度上,都有了飞跃,非常严谨细致。正如埃德蒙·利奇所言:"在《阿斯第瓦尔人的故事》一文中,列维-斯特劳斯化四十页篇幅分析的一个综合神话,只不过是某一文化区的神话,但他的结论却是世界性的。"[1] 可以看到,神话思想中的逻辑同现代科学中的逻辑一样严密。神话之于科学的逻辑,其区别不在于思维过程的性质,而在于思维对象的本质。

(二) 反思

当代文化人类学家 O. 沃纳强调,列维-斯特劳斯的神话就是 (a:b)::(c:d),这一结构可在不同层次上表现出来,也可以表现不同的对立因素,还可以进行转换。部分的转换是神话不同文本的结果。如果说 (a:b)::(c:d) 是一种神话,那么 (b:a)::(c:d) 就可能是另一种神话。但是,我们应当可以看出,列维-斯特劳斯所要论证的是:"二元对立"是人类思维的基本结构。神话只是这一无意识性质的基本结构的语言表现,它表达的是原始人克服困难和了解他的周围世界的无意识愿望。1979 年因弱电统一理论获得诺贝尔物理学奖的 S. 温伯格在探寻终极真理时这样说道:"从极端说,可能只有唯一一个逻辑孤立的理论,没有待定的常数,相应于某种能为终极理论感到惊奇的智慧生命。假如能证明这一点,我们差不多就能如愿地解释世界为什么是那样的。发现这样的终极理论有什么结果呢?当然,确定的回答要等我们知道了终极理论以后。我们会发现,世界的主宰对我们来说就像牛顿理论对泰勒斯一样奇怪。但是有一点是肯定的:终极理论的发现不会终结科学事业。"[2]

---

[1] [英] 埃德蒙·利奇:《列维-斯特劳斯》,王庆仁译,生活·读书·新知三联书店 1985 年版,第 69 页。

[2] [美] S. 温伯格:《终极理论之梦》,李泳译,湖南科学技术出版社 2007 年版,第 191 页。

神话中的谜没有答案是理所当然的,假如我们把神话谜语作为"以不存在答案为前提的问题"来下定义,那么它的反面就将是"没有问题的答案"。列维-斯特劳斯关于神话的研究,似乎并不能使我们认识真理,它们只能使我们认为,世界上的事物都只是可能性的事物,而没有确定的事物。由此,笔者主张:神话来源于事实,而又高于事实。所以,神话不完全等于事实,却具有事实所反映的思维结构。更长远的,我们也应该问一问神话是如何建构起来的,更要弄清楚是谁在利用神话,其目的是什么。我们应该如何看待一个民族—国家的官方历史,是把它看作历史还是看作神话;我们又应该如何看待那些宣扬种族优越论或个人天才论的历史文本,区别神话与历史到底有多大的实用价值等话题的讨论。

传统民俗现代转型的成效研究：
以佤族新米节为例[*]

陈明君[**]

内容提要："新米节"是佤族传统民俗、法定节日和重要文化品牌。本文以沧源新村为例，对当地与"新谷"生长周期相关的仪式进行民族志研究，探讨文本和展演中新米节这一文化符号的现代转型过程，对转型的成效作人类学的分析，并提出传统文化现代转型得以成功的核心是实现"共喻"的观点。

关键词：沧源佤族；新米节；现代转型；传统民俗；共喻

传统民俗向法定节日或文化品牌的现代转型基本上是伴随着神圣性向世俗性、娱神性向娱人性的方向演变。[①②③] 法定节日，尤其是具有旅游工业色彩的文化品牌对传统民俗的文化符号和意义建构有一定的影响[④]，其

---

[*] 基金项目：2017年云南省哲学社会科学研究基地课题"大众旅游时代云南旅游产业发展供给侧结构性改革研究"（JD2017YB12）的阶段性成果。

[**] 作者简介：陈明君（1986—），女，满族，中共云南省委党校公共管理教研部讲师，人类学博士，主要研究方向为民族政策与社会管理。

① 吴芙蓉：《民俗旅游语境中的民族节日表演艺术——以大理白族节日表演艺术为例》，《云南社会科学》2011年第6期。

② 高志英、杨飞雄：《互动、共享与变迁———傈僳族上刀山下火海仪式变迁研究》，《西南民族大学学报》（人文社会科学版）2013年第2期。

③ 黄彩文：《从村寨祭祀仪式到民族法定节日：云南耿马佤族青苗节的变迁与重构》，《西南民族大学学报》（人文社会科学版）2015年第5期。

④ 马翀炜：《经济转型期的云南少数民族节日符号》，《云南民族学院学报》（哲学社会科学版）2001年第2期。

强调的是国家介入对文化变迁的作用，如时空变化与内容重组等单向的影响。国家和地方、政府与文化持有者之间的互动在传统民俗的现代转型上还表现在反方向的作用，即被建构方尝试借助旅游开发来重塑自己的特征与身份或是强化自身的文化认同。①② 此外，还有学者提出，政府与文化持有者之间并不一定是此消彼长的关系，二者在某种外来动力影响下也会发生互动。③ 政府和文化持有者之间的关系可以是单向的，也可以是共谋的。然而，过去绝大多数的研究关注到转型及转型的动力，却较少关注到转型的效果，尤其是文化持有者对转型后文化符号及意义的看法和反应的讨论更是阙如。本文借助云南沧源佤族自治县新村的新米节个案，来说明国家介入改变了文化符号及其意义，但是这种转变并未被文化持有者所认同、接受与实践，进而影响传统文化现代转型的成效。造成这一现象的根本原因是传统民俗在实现现代转型的过程中，没有实现文化意义的"共喻"。

一 与"新米"相关的传统民俗

本文关于佤族谷物的民俗资料是通过在沧源新村的田野调查获得的。新村系属沧源县勐角民族乡下的一个自然村，居住在那里的人99.8%是佤族，他们信奉着原始宗教，部分佤族传统文化得以在当地流传下来，部分消失的传统文化也较为完好地存于人们的记忆中，这为本文展开新米节的研究奠定了基础。在新村，与新米节相关的宗教仪式有"梅登哈"④、"本龙""过旁哦"与"送哦嗖"，它们分别对应的是新谷播种、谷物初熟与谷物丰收三个不同时节。其中，除了祭祀"梅登哈"的仪式得以流

---

① 光映炯、张晓萍：《基于旅游人类学视角的民族节日传承与发展——以西双版纳傣族"泼水节"为例》，《中南民族大学学报》（哲学社会科学版）2010年第1期。

② 李晓斌、段红云、王燕：《节日建构与民族身份表达——基于德昂族浇花节与傣族泼水节的比较研究》，《中南民族大学学报》（哲学社会科学版）2012年第4期。

③ 朱健刚：《旅游景区生产与族群文化的再造——对一个布依族村寨的旅游人类学研究》，《广西民族大学学报》（哲学社会科学版）2010年第6期。

④ "梅"与后文提到的"木依吉"同，皆为佤语音译，"梅"后加上"登哈"或"登尚"或"聂"，均是不同时节，守护不同对象的"梅"。参见陈明君《个人权责与地方管理知识：基于佤族"梅"的研究》，《西南边疆民族研究》2018年第26期。

传至今，其他仪式都在经历不同程度的消逝。

（一）播种新谷：集体祭祀"梅登哈"仪式

农业长期是新村最为重要的生计方式。如今，传袭下来的对"梅登哈"的信仰及相关仪式正是与生产息息相关的一年一度的盛大活动。"梅登哈"直译是指佤历五月[①]的梅，而实际上人们所说的"梅登哈"就是"梅顶"，即庄稼的守护力量，"顶"是庄稼的意思。每年，集体都要在播种之前祭祀"梅登哈"。人们认为，只有这样才能得到"梅登哈"的祝福，播下的种子，才能茁壮成长。具有"梅登哈"的祭祀仪式参与资格的人有新村的干部、男性老人和家家户户的男主人。

祭祀"梅登哈"的时间由寨中专门负责算日子的老人选定。仪式的具体分工也在之前几日经过老人会的商量而决定。仪式在村寨神林中的小房子里举行。仪式当天早晨，家家户户的男主人代表家庭向"梅登哈"献上一碗米和一两元钱。仪式中，念经人会告诉"梅登哈"播种的日子到了，让"梅登哈"保佑来年没有虫灾、洪灾和旱灾，保佑家家户户种什么得什么，如谷子、玉米、蔬菜等（凡是新村所种之作物都要念一遍）长得好，保佑大家能将自家种的东西卖得好价钱以及告诉"梅登哈"，寨子的人给他带来了些什么祭品，为表心意，寨子的人还会唱歌、跳舞给他看。之后，特定的负责人开始杀猪、取猪肝和猪脾给老人看卦，以确保得到"梅登哈"的保佑。老人看卦，年轻男性煮饭做菜。老人会通过念经的方式告诉"梅登哈"大家已经开始给它做饭吃。饭做好后，老人又会一边念经，一边给"梅登哈"送吃的，并希望它吃好，吃完之后要保佑这个寨子的庄稼。仪式结束后，仪式参与者一同吃圣餐。

（二）新谷初熟：集体的"本龙"和"过旁哦"仪式

在新村，新谷初熟大约是在每年的农历八九月份。"本龙"的"本"与恩惠、祝福、支持、保佑等词相关；"龙"则是佤族农耕文化中与收获相关的重要节气。"本龙"则有向收获的季节祈福之意，"本龙"仪式由

[①] "佤历年表"参见《中国少数民族社会历史调查丛刊》，载《云南少数民族社会历史调查资料汇编》（四），民族出版社2009年版，第190页。

两种洁净仪式（即实际的村寨大扫除和宗教的洁净仪式）、叫魂（谷魂、牛魂、猪魂）、看挂、吃圣餐等步骤组成。

"本龙"仪式当天早上八九点，各家各户的男主人背上镰刀，前往山间、田间的小路铲除杂草；各家各户的女主人则拿起扫把，清扫村寨子道路，做好村寨清洁工作的最终目的是为迎接谷魂归来。仪式当日傍晚，寨中的三四个老人①和小组干部代表前往寨门口的公路边，用宗教的手段来实现净化寨子的目的。前来参加仪式的小组干部有组长和副组长，他们都是被认为有责任维护村寨秩序、保持村寨洁净的权威人士。仪式参与者要杀一只阉猪和一只黑毛公鸡进行祭祀，赶走寨子里不吉利的、污秽、危险的东西。用作洁净仪式的祭品被视为危险物，不允许任何人吃，在仪式结束后全部烧掉。

洁净仪式结束之后，大家要到寨主家进行集体的叫魂仪式，即"过旁哦"。"过"是叫的意思，"旁"和"哦"分别是"魂"和"谷子"的意思。谷物是寨中最主要的农作物，牛和猪是寨中最主要的大型牲畜，这三者是寨中物质财富的重要表征符号。因此，寨主需要杀三只公鸡来叫这三种东西的魂。叫魂时，每家每户的女主人②都得拿着一碗米到寨主家，这一行为被称为"送魂"，以此表达家家户户迎接谷魂之诚意。寨主开始叫魂，准备的祭品有香蕉、烟酒、生米、生鸡蛋、若干银饰和钱币等。叫魂时，寨主念到："谷魂、猪魂、牛魂，你们要一直顺着我们寨子的路回来，不要串到隔壁寨子，不要串到别人家里，要顺着自己家的楼梯，慢慢地上来，进到我们黑黑的家中，好好地待在粮仓中，这是干燥、干净的粮仓，好好地待在圈里，这是干燥、干净的圈。"③ 之后的经文还包括寨主对全寨各个家庭的祝福，如作物收成多又好，家庭成员身体健康，万事如意等内容。念完经之后，寨主会通过三个鸡蛋的卦象来判断谷魂、猪魂和

---

① 参加洁净仪式的老人是从村寨老人会中推举出来的，负责洁净仪式的老人必须要满足两个条件：一是要清楚仪式流程，以确保仪式效果；二是要身体健康，以避免"不干净"之物的侵扰。

② 当地人认为，谷魂只跟妇女走。

③ 如今，在新村即便已经没有上面住人，下面养牲畜的干栏式建筑，房间里也不再会因为使用油灯而光照不足，甚至很多家庭也没有自己的粮仓……但是，经文仍旧反映的是过去家屋的样子。

牛魂是否成功叫回来。① 只有透过卦象，确定成功把魂叫回来了，各家各户才能在接下来的日子里叫自家的谷魂。最后，寨民们一同在寨主家吃一顿饭。

集体举行完"过旁哦"仪式之后，各家各户才可以举行家庭范围的"过旁哦"仪式。各家叫各家的谷魂，在时间上并不统一，这是因为各家稻谷成熟时间不一样。在时间的择取上，人们只需要避开父母亲去世的日子，便可叫谷魂。相比寨主家的杀鸡叫谷魂，绝大多数的家庭只能用简单的方式叫谷魂，即他们不杀鸡。当地人对这一规矩的解释是：一是因为在过去，普通家庭不具备杀鸡的经济条件；二是因为普通家庭不具备杀鸡的政治条件，杀鸡这一行为是寨主家的特权，其他家庭杀鸡叫谷魂会被认为是对传统权威的挑战。由此可见，杀鸡叫谷魂是象征着拥有物质财富和社会地位的重要符号。

普通人家叫谷魂是在吉日的下午四五点钟，由一家之女主人前去田地里请谷魂。女主人带着一盒米、一个生鸡蛋，一把镰刀，背着个篓子到田里取些稻穗回家，一边取一边嘀咕着："谷魂，谷魂，跟我回家吧，不要再逗留田里，也不要跑去别处，跟我回家咯！回家咯！"女主人将稻穗带回家，进门时说："谷魂回来了！"一直在等待的男主人接过稻穗说："谷魂回来了，回来了！"男主人将稻穗挂在家里最神圣的空间②。稻穗挂在墙上，任何人不得触碰，即便有老鼠啃咬，也不得取下，直至次年叫谷魂，以新的谷穗取而代之。把谷魂叫回家后，全家人就聚在一起吃一顿便饭。

（三）新谷丰收：家家户户的"送哦嗖"仪式

从新谷初熟到谷物完全成熟、可以收割，还有半个月到一个月不等的时间。而吃新米是在收割完谷物之后举行的庆祝丰收的风俗。吃新米，佤语叫作"送哦嗖"。待各家各户收完、晒完、打完谷子之后，会择吉日尝新米。吃新米当日清晨，在太阳还没有升起之际，男女主人就要把用新米

---

① 若卦象显示，三种魂中有任何一种表示对清洁仪式不满意、没有被叫回来的话，则要重新择日举行"本龙"仪式。
② 即"梅聂"，家屋的守护力量，所在之处，以一张挂在客厅角落上方的藤椅为标志。

做的饭和肉菜准备好。新米饭要先敬父母亲,父母亲去世了的则需要提前一天傍晚举行相关仪式活动。① 父母亲享用完新米饭之后,才将饭菜分为若干份,让孩子送去给家族中的长辈,如叔伯舅姑姨等,亲戚送饭的顺序没有严格要求。与此同时,男女主人还要在家犒劳辛苦了一年的主要劳动力——牛,为它准备新米饭,感谢它一年以来的帮忙与付出。

(四)与谷物相关的传统民俗现代境遇

在新村,与谷物相关的仪式分别是由以下几个部分组成的:一是新谷播种时要祭祀"梅登哈",以此祈求"梅"对庄稼的保护,表达人们对好收成的愿景;二是与新谷初熟有关的民俗由"本龙"仪式、集体和家庭的"过旁哦"仪式组成,其中,集体举行"本龙"的仪式是为了确保能顺利地把谷魂叫回村寨和各家各户,"过旁哦"是寨子和各个家庭为了确保当年能够有好收成,且人畜平安而举行的关键宗教仪式;三是"送哦搜"则是家庭庆祝收获新谷的传统习俗。

与大部分稻作民族相似,佤族这一系列与谷物相关的民间风俗,也是人们在农耕艰难的语境中,结合作物生长周期,祈求超自然力量保佑其顺利生长的手段。② 年复一年周期性地将家庭成员、村寨成员聚集起来,不仅可以让人们团结,还可以不断明确、强调具体角色的定位、权力和责任。还可以预设和维持地方的社会秩序,透过不同程度举行及参与仪式的资格来将一个群体作社会政治、经济、宗教地位的区隔,让重复实践的传统民俗具有一定的社会控制力,这些都是与谷物相关的传统民俗的功能所在。

近年来,随着时代的发展,人们的观念变迁,与谷物生长周期相关的宗教仪式随即遭到一定冲击。新村已经没有坚持每年集体举行"本龙"和"过旁哦"的仪式了。不过考虑到寨中部分家庭仍然有叫谷魂的需要,寨中算日子的老人还是会算出祭祀"本龙"的好日子,然后由组干部派出几个男性义务工去象征性地打扫寨子。而宗教的清洁仪式,以及在寨主

---

① 白志红、陈明君:《互惠型孝敬馈赠:佤族敬老宴的人类学研究》,《云南社会科学》2015 年第 6 期。

② 杨丽娥:《旅游与少数民族传统文化的现代生存》,《思想战线》2008 年第 2 期。

家的叫魂仪式已经取消了。

> 陈 GR（男，65 岁）："五年前，寨主以身体不好，以要照顾孙子为由，不当寨主了，我们村也就没有了寨主。本龙和集体叫谷魂都是缺少寨主就搞不成的仪式，所以我们就不搞这些仪式了。"

新村凭借优越的地理位置，近年来大力发展农家乐休闲旅游业，也带动了大量的周边就业。当地人的农田大多承包出去，农耕在人们心目中的生计地位有所下降，少数仍坚持传统农业生计方式的人也全部实现了机械化。

> 魏 NL（男，76 岁）："我家就只有我和老伴儿两个人，人老干不了重活，每年我就租人家的机器，请人家帮我犁地、收割。自己在一旁看着就好，不用亲自动手。"

农业在当地人的生计地位下降、农耕机械化的普及，使曾经作为重要劳动力的牛也退出了农耕的历史舞台。而主要以犒劳牛的"送哦噢"仪式也就逐渐消失了。严格说来，除了少数家庭在举行"过旁哦"仪式以外，只有集体祭祀"梅登哈"仪式保留得最为完整。

综上所述，传统的与谷物相关的民俗绝大多数已经无法适应当前时代的需求，丧失了存活的客观条件和主观意愿，当中的文化功能在减退，但其意义尚未被忘却或被取代，与谷物相关的民俗面临着现代转型的必然。

二 新米节的现代建构过程

（一）作为文本的新米节

在 20 世纪 50 年代的社会历史大调查的资料中，提及与谷物相关的仪式活动有三种：首先，佤族在播种谷种前后，需要祭祀"木依吉"[1]，又

---

[1] 即前文提到的"梅登哈"。

称为"做鬼""祭鬼",祭祀仪式中,"供人头"①②或"砍牛尾巴"③等行为则是为了向其祈求保佑生产,即谷物的生长;其次,是在"定月"(佤历的8月至9月),即新谷成熟之际,佤族有"叫谷魂"④⑤⑥的风俗习惯;有的也称之为"迎谷魂"⑦;最后,是佤族在收获的季节有"吃新米"的民俗⑧。

从上述历史材料中可知,祭祀"木依吉""叫谷魂"和"吃新米"是佤族历史文献中关于谷物生长周期,即播种、成熟、收获三个时间节点上的宗教仪式活动。文献中缺少对这些仪式活动的详细记载,但在一定程度上也印证了在新村中与"新谷"相关的仪式内容。值得注意的是,在这些历史材料中,尚没有出现"新米节"的提法。直至20世纪90年代末,才陆陆续续地有佤族知识分子对佤族新米节进行了较为详尽的介绍。

《佤族文化大观》提道:"每年农历七至八月(佤历九至十月)间,各户根据自己粮食成熟的情况,选择一天好日子来过新米节。⑨ 新米节这天,主人起得很早,准备好酒菜,请'魔巴'或老人在家等候,主人拿起镰刀到地里选割一部分新谷回家,把一束谷穗挂在门上,表示招谷魂进家。其余的新谷用铁锅焙干,舂出新米,煮成新饭,舀出一碗新米饭,加上几碗酒菜,先请'魔巴'祭祀谷神,再献给祖先,请其品尝新米饭,以祈求神灵、祖先保丰收,保全家平安。"⑩ 该文本记载了举行新米节的大致时间和新米节的主要内容,即叫谷魂和吃新米。

魏德明认为:"迎新谷节有寨子(部落)与家庭(家族)两种形式。

---

① 云南省编辑组:《佤族社会历史调查》(一),云南人民出版社1983年版,第152页。
② 云南省编辑组:《佤族社会历史调查》(二),云南人民出版社1983年版,第32、108页、129页。
③ 云南省编辑组:《佤族社会历史调查》(一),云南人民出版社1983年版,第157页。
④ 云南省编辑组:《佤族社会历史调查》(二),云南人民出版社1983年版,第80页。
⑤ 云南省编辑组:《佤族社会历史调查》(三),云南人民出版社1983年版,第55、121页。
⑥ 云南省编辑组:《佤族社会历史调查》(四),云南人民出版社1983年版,第193页。
⑦ 云南省编辑组:《佤族社会历史调查》(五),云南人民出版社1983年版,第466页。
⑧ 云南省编辑组:《佤族社会历史调查》(二),云南人民出版社1983年版,第96、109页。
⑨ 陈本亮主编:《佤族文化大观》,云南民族出版社1999年版,第96页。
⑩ 同上书,第97页。

由于过去佤族各个部落不大统一，他们生活的环境也不尽相同，因海拔气候的差异，谷物成熟时间也先后不一。所以过去各部落举行迎新谷节活动有先有后，但共同点都是谷物瓜菜已开始成熟了，人们需要尝新。而在没有举行迎新谷仪式、祭祀稻魂之前，任何已成熟的庄稼都忌讳带回村寨和家里来。先举行部落仪式，后举行家庭仪式。两者的祭品有所差异，家庭的祭品不必用牛、猪这类大牲畜，用鸡、蟋蟀、田鼠以及鱼、蟹即可。"[1]该文本在记述叫谷魂和吃新米的基础上，又提到了新米节的集体和家庭两种表现形式。

随着新米节的时间、内容和形式得到明确，新米节的概念也逐渐清晰了。实际上，谷物初熟，人们叫谷魂、迎新谷和谷物成熟，人们庆祝丰收、尝新米完全是两个不同的仪式活动。在文本中，不难看出，叫谷魂和吃新米不再是谷物成熟和收获两个不同时间点上的仪式活动，而是在一天之内连续发生的同一仪式中的活动环节。谷物"早熟"和"晚熟"的界线被模糊了，叫谷魂和吃新米的内涵在新米节中实现了黏合。一些佤族学者也都通过佤语称谓来强化新米节的内涵，即叫谷魂和吃新米综合的意思。如有学者认为"朋奥"是尝新米的意思[2]，实际上，这一翻译有待商榷，因为，"朋"是魂的意思，"奥"是谷子的意思，"朋奥"应该是谷魂的意思。还有一些学者认为"耿奥"是新米节的意思。[3] 确切地说，"耿"是吃的意思，"耿奥"是吃新米的意思。实际上，并没有佤语可以精确地把"新米节"完整的意思表述出来，因为新米节是一系列仪式活动的综合，是加工出来的成品。新米节的定义正式以文本形式出现、并被学者阐释是在20世纪90年代，这与沧源、西盟政府将农历八月十四日定为佤族新米节的时间相去不远。[4]

（二）作为展演形式的新米节

为了促进新米节的现代转型，政府介入到新米节的建构和变迁中，使

---

[1] 魏德明：《佤族文化史》，云南民族出版社2001年版，第198页。
[2] 陈本亮主编：《佤族文化大观》，云南民族出版社1999年版，第96页。
[3] 魏德明：《佤族文化史》，云南民族出版社2001年版，第198页。
[4] 1990年8月25日，云南省第七届人大常委会第十三次会议审议并批准了《沧源佤族自治县条例》，该条例第51条规定："每年的农历八月十四日为佤族新米节。"参见陈本亮主编《佤族文化大观》，云南民族出版社1999年版，第98页。

新米节从民俗变成了法定节日。然而,绝大多数佤族人民知晓政府色彩的新米节是从2015年政府策划"中国佤族新米节"盛典,新米节被推上舞台进行展演时才开始。

> 鲍 CM(女,40岁):"政府是从去年(2015年)才开始申请这个新米节的,也是那个时候,政府第一次带我们过新米节。你说1991年,政府就把八月十四定为新米节这个事情,我没有听说……"

无论是与作为民俗的祭祀"梅登哈""过旁哦"和"送哦嗖"仪式活动相比,还是与作为文本的新米节活动相比,舞台上的新米节在仪式的时间、空间、内涵等方面又经历了新一轮文化建构过程。

1. 时空的变化

时空是人的行为和思维的框架①,时空转变对人们认识、接受和实践新米节产生决定性影响。在时间上,政府举办的新米节联欢庆典是在一个集中统一的时间举行一系列与谷物生长周期相关的仪式活动展演。民间与新谷相关的宗教仪式则是在不同的节气里举行。关于新米节庆典时间,在政府内部也经历了一次重要的调整。"新米节"与国家法定的中秋节在日期上相近,地方政府考虑到中秋佳节的假期不长,并没有足够的时间吸引到大量的外地游客,即便赋予"新米节"具体的、隆重的、盛大的活动,也较难获得可观的收益。于是,政府就决定将新米节推至十一国庆小长假举行。可见,在时间上,新米节展示出自然时间表达向社会性与政治性时间表达转型。

作为民间习俗的祭祀谷物成熟、收获的仪式活动是以寨子和家庭为单位的。由政府主导的新米节活动辐射的空间范围超越了村寨。新米节首日早上,在沧源县新打造的特色旅游葫芦小镇上开展祭祀"梅"的仪式。"梅"的祭祀结束后,以翁丁村为起点,采取接力的方式将谷魂从翁丁寨一路送到勐角村金龙寺,再到勐甘大桥,最后到葫芦小镇的广场。途径村寨是佤族、傣族、彝族和汉族聚居的地方。不同民族的人有的信仰原始宗

---

① 高丙中:《现代化与时空设置的转型:以土族为例》,《传统文化与现代化》1994年第6期。

教，有的信仰小乘佛教，还有的信仰基督教。

2."丰收联欢"的文化内涵

舞台上的新米节经过糅合与重组、创新与发明，从两个方面呈现出"丰收联欢"的新内涵：

第一，国家在场的新米节，通过选择性认定节日文化内涵的外延，从而使这个节日传达的声音层次更加丰富，内容更加多元，叫谷魂和吃新米共同构成新米节的重要符号意义。这在一些学者的研究中得到了不断的确认和强调，如段世林和白志红均认为新米节由叫谷魂和尝新米组合而成。其中，叫谷魂之前需要进行清洁仪式，吃新米之前要敬父母。[①][②] 实际上，新米节内涵并未涉及与"梅"相关的内容，祭祀"梅"往往被视为是播种仪式，如段世林就将播种节与新米节分而论之[③]，李静也谈到猎头祭祀、谷物播种与祭祀"梅"（木依吉）之间的联系。[④] 可见，对"梅"的祭祀是与新米节相区别的仪式活动。新米节的最终形态，实际是综合了谷物生长周期上的相关仪式，如播种新谷前对"梅登哈"的祭祀，新谷初熟时的叫谷魂，谷物收获时的吃新米三合一的民间风俗。正是地方、民族精英充分发挥了自己的主观能动性，才促成了新米节的加工与合成。

第二，新米节作为法定节日，是在国家与地方政府的合法认定过程中建构的，其在社会性、政治性和娱乐性等方面得到创新。新米节在建构之后，其意义不同于以往村寨、家庭自行组织的仪式意义。政府主导的新米节与民间和新谷相关的习俗相比，有以下三个意义方面的创新。首先，谷魂需要回到各个不同寨子、不同民族、不同人家，而不是原来意义上的"个体"家庭、某一村寨集体和单一佤族社会。作为展演的新米节，其大众性、集体性、跨民族性和多宗教性更为突出；其次，人们劳作的丰收，幸福安康不再只是超自然力量能左右的事情，还要归功于国家的支持与领

---

① 段世林：《佤族节日文化保护与开发的思考》，《云南师范大学学报》（哲学社会科学版）2006年第2期。

② 白志红：《历史脉络中的民族认同——以阿佤山汉族移民认同的变迁与佤族的互动为例》，《云南社会科学》2009年第6期。

③ 同上。

④ 李静：《稻魂信仰与祖灵信仰：日本与中国佤族稻作文化比较研究》，《云南民族大学学报》（哲学社会科学版）2010年第5期。

导的引领。在庆典上，政府专门请了一个老人来"念经"，其经文内容除了常规叫谷魂的内容，在此之前还特意加上了一段对党和政府的感恩辞。他说道："尊敬的各位领导，爷爷奶奶妈妈爸爸，女士先生们，又到了把所有的谷魂叫回来的日子。共产党的政策已经很好，为了我们更加幸福安康，我们要听书记、县长和人大常委的话。我们要向梅祈祷，我们要向去世的父母亲祈祷，把'辟'或'面'①请过来，祭祀他们。我们要让'梅'和祖先先吃饭，他们吃完，我们再吃。现在，请'梅'和祖先喝下我们滴的酒，祈求'梅'和祖先保佑我们幸福安康，保佑我们事事顺利，保佑我们种的谷子饱满，不要瘪谷。我们把整个佤山的谷魂叫回来了。"②这是向心力由神力到权力转变的表现，将对领导、人大常委和党组织的感激置于信仰体系中的"梅""辟""面"前面，充分表达了在国家在场的仪式舞台上，人们对权力体系的认知与认同。

三 新米节现代转型的机遇与挑战

（一）国家的传统在场

新米节的现代转型展现了国家的传统在场，政府有意识地将国家法定公众假日与新米节传统节日的文化符号结合起来，便是看中佤族与谷物相关的宗教仪式自身所潜在的政治与经济的功能。政府介入的新米节，是"传统"在公共领域亮相、获得合法性地位的重要机遇。借助这个舞台，文化持有者理应可以增强对自身文化的自觉与自信。然而，新米节在实现现代转型的过程中，过分强调"展演"，过分期待和追求经济效果，而忽略了"传统"的其他文化功能。新米节成功将民众集中在一个时间经历相同活动，却没有让民众体验相同价值。没有充分发挥传统节日的力量、有效实现文化的社会再生产，即将一特定的价值传递下去。绝大多数的文化持有者是这场"展演"的配角与过客。

政府干预的新米节在一定程度上调动了文化承载者的参与积极性，其

---

① 这里的"辟""面"指的是父母，前者是死得好的、后者是死得不好的。参见白志红、陈明君《互惠型孝敬馈赠：佤族敬老宴的人类学研究》，《云南社会科学院》2015年第6期。

② 老人用佤语发言，后由李光明（男，佤族，55岁）翻译、整理。

中，仪式展演、文艺表演、体育活动和商业活动是较为主要的组成部分。然而，文化持有者无法融入转型后的新米节，主要是因为人们的参与范围小、参与能动性小且参与收益度相当低。

> 达 BL（男，83 岁）："村干部叫我们所有老人代表新村去接谷魂，这跟我们自己整的不同，念经要简短很多，而且前后排练很多次。我们一大早就去路边等着，然后表演几分钟。我们演完就各回各家，都是义务去表演。"
> 陈 GH（男，49 岁）："新米节对我来说就是做生意的好时机。具体活动怎么搞，我也不关心。整个活动跨多个乡镇，每个乡镇都是各自负责各自的部分。除了记者，也没有人会参与仪式的全程。"
> 陈 FQ（女，45 岁）："我们平时要干活，晚上还要坚持排练，靠着对文艺的热爱才坚持练了半年，也才有新米节的表演。但现在已经有很多妇女退出文艺队了，因为太花时间，兼顾不了家务，又没有钱，家里人有意见。"

新村村民作为文化持有者，在国家介入的新米节展演中扮演着重要的角色。但是，据调查得知，文化持有者不完全地参与展演，即参与部分环节、没有参与话语权、没有在参与过程中享受到物质或是精神的补给。这降低了文化持有者参与的积极性、同时也使展演要灌输的文化意义无法有效地将范围扩大到文化持有者群体，文化持有者接收新型新米节意义的效果不佳。

（二）传统的国家不在场

新米节的现代转型虽展现了国家的传统在场，但是却没有实现传统的国家在场。也就是说，展演是展演，民俗还是民俗，二者尚未合二为一。本文并非眷顾、迷恋传统，而是在接受并肯定传统文化的现代转型基础上，认为成功的转型不单是文化要素的重组，意义的重新诠释等停留在表面的东西，成功的转型还应该包括文化持有者的观念与行为的转变。转型后的新米节若是单纯地将佤族与谷物相关的民俗作为创造经济效益的武器，那么，它顶多是个消费文化，而无法成为认同文化，但后者才是一个民族、国家的无价之宝。

在新村，无法就新米节形成认同文化主要表现为新型文化意义与传统文化意义的相互冲突。文化持有者对新米节的新内涵的认识、接受与实践程度并不高。

过去，各家各户要在寨主家叫完谷魂、牛魂和猪魂之后，才可以叫自家的谷魂。举行"过旁哦"仪式的优先权以及叫牛、猪等其他大型牲畜魂的资格是个别家庭在社区中的地位和富裕的象征。

在达M（男，佤族，66岁）的记忆中，从爷爷那一代起就担任寨主一职。他说："过去，很多仪式只有我们'斯古'家（即如今的陈姓家族）可以举行，其他人不具有举行仪式的资格和条件。比如迎谷魂，过去有牛的就只有我们家，别人家没有，别说牛，大多数人家连谷子都不够吃，要来我家要。迎接谷魂的时候要叫魂，如叫谷魂、牛魂和猪魂。别人家有都有不起，怎么叫魂？现在的人不按规矩办事，觉得自己家富了，有谷、有牛、有猪了，他们还杀鸡叫谷魂。"

市场经济的发展让很多家庭发家致富了，村寨的政治和经济格局也发生了改变。有钱、有地位的家庭不在限于村寨原本的传统权威体系。政府操办的新米节，使叫谷魂从地方民俗向区域联欢庆典转变，进而潜移默化地影响了新米节在民间的实践，使叫谷魂仪式在地方的象征意义发生了改变。政府举办新米节，让新村村民有了对"过旁哦"新的解码和编码机会。

以肖ZR（男，佤族，58岁）的个案为例。目前，寨子里养牛的只有肖ZR一家，但是他却不是寨子里唯一一家买得起牛的人家。引起大家争议的是肖ZR家举行杀鸡叫谷魂的仪式。绝大多数人认为，有资格举行此仪式的是有传统权威"血脉"的家庭，而不是像肖家这样的普通人家。

由此可见，人们对叫谷魂意义的认知仍旧停留在记忆中，停留在固有的认识体系中。而在较少受到传统权威思想影响且在官办新米节中找到自身杀鸡叫谷魂合理性的人眼中，"有条件"指的是家庭的经济实力和自身喜好。政府举办的新米节为当地人用无差别叫谷魂的方式提供了有力的解释力——丰收联欢的主旨潜移默化地改变了当地极少数人对相关仪式活动原本的认识,也改变了仪式内在部分准则和规范。因此,造成了自上而下实践的新米节,暂时不能取代与谷物相关的传统宗教仪式在当地人心目中的意义地位。新型新米节无法让一个特定文化的共同体对某一特定价值产生共鸣,即无法实现文化的"共喻"。

四 新米节现代转型需要实现"共喻"

共喻就是文化承载者对传统与现代的文化边界达成共识,并共同实践它。追求共喻的过程也是追求实现文化承载者对自身民族文化的共同认可、接受并付诸行动的过程。[①] 新米节在文化变迁中展现出来的看上去是现代转型的常见模式,但从实际情况上看,从传统民俗向法定节日、文化品牌的转变,并未促使"意义"的"移植"。"文化的意义是人们以此进行沟通、延续和发展他们对生活的知识和态度。"[②] "传统所具有的建设性就是它的意义所在。"[③] 意义的移植并不是指现代对传统的生搬硬套,而是指文化承载者接受意义的转型。无法有效唤起文化承载者对文化符号意义的共鸣,则会降低文化降低的功能,低效的仅满足娱人与世俗化需要,不利于传统文化的保护和发展,也不利于传统发挥经济、政治、文化的功能。"传统节日,无论它怎么变,它的核心就是服务大众生活、服务社会,强调社会成员的联系。"[④] 新米节要成功实现现代转型,就要促使文化承载者接受、认同并主动传递村寨凝聚力向地方多民族大团结的转变,传统权威与平民的社会结构建构向国家与地方、政府与人民的关系建构的转变,对大自然的敬畏与财富地位区隔向对党和国家的感恩、灌输社会主

[①] 陈明君:《少数民族孝文化的现代转型——以佤族敬老宴为例》,《广西民族研究》2017年第6期。
[②] [美] 克利福德·格尔茨:《文化的解释》,纳日碧力戈等译,上海人民出版社1999年版,第103页。
[③] 陈庆德:《人类学的理论预设与建构》,社会科学文献出版社2006年版,第174页。
[④] 廖明君、萧放:《传统节日与非物质文化遗产保护》,《民族艺术》2009年第2期。

义核心价值观的转变。[①]

就目前而言,新米节对于佤族人民而言,只不过是与谷物相关仪式的官方表述。关于传统文化的意义仍是记忆中的、停留在少数残存的宗教仪式活动中的根本认识与看法,而非在国家介入的新型新米节中。而后者作为文本或是展演,其传输的意义,仅短暂的、片面的停留在特定的时空,并没有对当地社会、人们产生深远影响。

在传统文化现代转型过程中,经济的手段是实现"共喻"的重要路径。新米节的现代转型照理说应该是以经济功能为主,然而,调查显示并没有实现预期中的"共喻"。原因在于文化承载者没有成为市场主体,甚至没有成为市场有能动性的参与者。"村民的整体收益水平,人口获益率仍处于低端状态。"[②] 经济效益低是传统文化现代转型无法实现"共喻"的根本原因。要实现共喻,在经济上要促使市场主体转化和参与度的提高,参与范围的扩大,参与方式的多样。在传统文化现代转型过程中,也可以通过非物质文化遗产保护的方法来实现"共喻"。根据"非遗"保护和发展传统文化的初衷,在一定程度上,可以督促文化开发与利用者不得不去重视文化持有者。进而让文化持有者对自己传统知识、信仰与情感等产生认同感与自豪感,增强他们对自身传统文化现代转型的信心与提高他们参与传统文化现代转型的主观能动性。

五 结语

作为民俗的新米节由于已经失去了在现代存在的合理性,即与变迁了的社会、经济、政治等制度不相适应,导致这一民俗无法完整地保存下来。作为文本的新米节,即便它是在现代社会、经济、政治等制度中应运而生,但由于缺乏实践,也无法发挥"传统"的功能。政府介入的新米节,既是顺应时代的产物,也是有具体实践的,然而,要发挥"传统"

[①] [英] E. 霍布斯鲍姆、T. 兰格:《传统的发明》,顾航、庞冠群译,译林出版社2004年版。

[②] 郑宇、翟玉龙:《民族文化产业的主体集群差异》,《云南民族大学学报》(哲学社会科学版) 2007年第6期。

的功能则还需要提供文化承载者对它的认可、接受与实践。从民俗、文本到展演指明的是新米节这一传统的现代转型方向，转型的成败取决于文化承载者对传统意义及功能的共识，即实现"共喻"。实现共喻实际上就是使传统与现代彼此包含、相互转化、同存共生，让新米节实现现代转型，即从单纯的认同文化向认同、消费文化转变，从局限的政治功能、失效的经济功能向扩大的政治功能、有效的经济功能转化。

人类学视野下贵阳市非遗展示中心建设的可行性分析[*]

陶金华^{**}

内容提要：有人认为人类学可被用作探寻文化事项背后的深层意义，或就形形色色的人类活动做出可能解释。本文则从人类学有关主体性表达及其强调的角度，试图对将要发生的事情做出可能的预判，或就其可行性做出必要的分析与探讨。本文认为，基于现有条件和未来发展趋势，贵阳市布局非遗展示中心建设，不但可以更好地保护与发展本地非物质文化遗产，真正推动文化生态保护区建设，还将开创和引领非遗工作走向新的阶段。

关键词：贵阳市；非物质文化遗产；非遗展示中心；可行性分析

一　引言

人类学一直强调他者视角的研究，认为学术研究应该关注少数、弱势等边缘群体及其生态与人文背景。然而，随着历史他者的逐渐消失、文化功能论和文化相对主义理论的兴起等原因，西方人类学也开始转向对西方

---

* 基金项目：本文系贵阳市非物质文化遗产展示中心（传习所）建设布局研究的阶段性成果；贵阳市 2019 年度哲学社会科学规划非物质文化遗产单列课题。

** 作者简介：陶金华（1984— ），男，汉族，贵州大学生态民族学博士生，主要研究方向为生态与民族文化。

社会本身和非西方社会进行研究。① 这一研究对象的转换也引发了人类学对"他者"认识边界的打破。换言之，人类学对"他者"的认识得到了深化，继而衍生出"他性"思维，认为自我与他者之间的交流和结构性的关系是人类学实践的真实基础。② 事实上，"他性"思维不仅强调自我与他者的平等关系，也使研究者天然地抽离出研究对象及其背景。因此，要想深入了解他者，参与式观察就成了人类学很自然且很有必要的研究方法和途径。

然而，第二次世界大战后才崛起的发展主义理念却带给人类学以新的视角，认为要想使社会朝正向、美好的方面发展，就应该积极地参与到发展之中去，这种认识催生出两种相对的发展思路。

一是参与式发展（Participatory Development）。认为应该让目标群体参与发展项目的决策、评估、实施、管理等每一个环节，充分征求他们的意见、建议，发挥并提升他们的主动性、能力和责任感，最终使发展项目获得可持续性成功。③ 英国社会人类学家纳尔逊（Nici Nelson）等人曾一针见血地指出，参与式发展尊重了目标群体的权益，是一种标本兼治的发展思路。④ 国际发展方面的专家莫汉（Giles Mohan）等人则担心，由于参与式发展过于强调地方的、经验的和归纳式发展理念，其存在可能招致地方主义的风险。不论如何，参与式发展一度受到众人拥护，其在中国的直接应用就是21世纪初兴起的参与式乡村快速评估法（Participatory Rural Appraisal）。这一办法最初由世界银行等国际组织发起，强调乡村发展过程中当地人的主动参与和积极应对。⑤

---

① 西方人类学最初将殖民地的人群与文化看作他者，后来由于殖民运动走向历史，人类学也不得不转而研究西方社会本身。只不过，在这一阶段，他们又将少数民族（土著民族）、农村人、穷人、移民、难民、老人、妇女、儿童、女童等看作"他者"，统称为弱势群体，连同他们的生态或人文环境也包括其中。具体可参考周大鸣、秦红增《参与发展：当代人类学对"他者"的关怀》，《民族研究》2003年第5期。

② 卢晓辉：《自我与他者——文化人类学的新视野》，《广西民族大学学报》（哲学社会科学版）2000年第2期。

③ Cornwall A., *Beneficiary, Consumer, Citizen: Perspectives on Participation for Poverty Reduction*, Swedish International Development Cooperation Agency, 2000.

④ Nelson N., Wright S., *Power and participatory development: Theory and practice*, DG Publishing, 1995.

⑤ 李小云：《参与式发展概论》，中国农业大学出版社2001年版。

二是担当人类学（Engaged Anthropology）。其与传统上所遵循的客观不介入的局内观察立场不同，认为随着不确定性世界的出现，风险社会的到来，伦理和美德问题凸显出来，工具理性已经不能解决问题，人类学者应该积极主动地参与社会发展，承担责任，为弱者奔走呼吁，为他们谋取利益。[1] 事实上，所谓的担当人类学早在这一术语提出之前就被众多学者应用到研究之中了。比如，怀特（William Whyte）的《街角社会》、艾略特·列堡（Elliot Liebow）的《泰利的街角》等都强调研究者要对研究对象负有责任意识，应该深入目标群体，与他们一起促进社会发展。只不过在那个时代，此类研究往往被学术界看作"异端"和另类，甚至受到诟病批评。

人类学的倡导者赫茨菲尔德（Michael Herzfeld）教授认为，担当人类学是一个与应用人类学（engaged anthropology）相对的概念。因为应用人类学往往是一些机构（如政府、银行或者博物馆）要求人类学家按照他们的目标去解决问题，政府需要提高当地的教育水平，银行增加投资贷款，博物馆需要保护文化遗产等。而担当人类学则强调人类学家有担当地参与当地社区，深入田野，发现真正的学术问题和现实问题，在当地的文化环境、权力结构中去发现有利于当地人的资源，把学术和现实结合起来。与众多理念倡导者一样，赫茨菲尔德教授也积极地践行担当人类学理念。比如，在罗马和泰国曼谷田野调查时，他就以一个人类学家应有的责任意识和能力担当，去帮助当地的低收入群体和小型社区，争夺居住权。[2]

事实上，参与式发展与担当人类学虽然在主体强调方面存在差异，如前者强调目标群体的主体性，而后者强调研究者（人类学家等）的责任意识，但是二者都试图将人类学的相关理念和方法应用于现实问题的解决，而且都强调充分沟通和深入研究的重要性，试图寻求共同价值并照顾各方利益和诉求等。当非物质文化遗产保护与发展在世界性历史背景下，逐渐成为中国社会一项公共事业时，学者们也积极介入其中。他们不仅探

---

[1] 具体参见纳日碧力戈教授对担当人类学的评论（http://blog.sina.com.cn/s/blog_6593f6530101agmr.html）。

[2] Herzfeld, Michael., "Engagement、gentrification and the neoliberal hijacking of history", *Current Anthropology*, 2001, pp. 259 – 267.

讨和试图寻求更好的非遗工作思路，也关注与非遗相关的各方利益和诉求如何得到保障。纳日碧力戈教授就从担当人类学的角度，强调非遗保护与发展过程中应该在突出本土主体性的同时，也要承认政府和学者的主体性，互为主体，互为条件，以便促成人人之"非遗"的重叠共识。[1] 笔者认为，试图使人们增进对非物质文化遗产的认识固然重要，如若在非遗保护与发展的具体实践上也能寻找到使人们共同参与其中的办法，更为可贵。

随着我国社会主要矛盾已经转化为人民日益增长的美好生活需要和不平衡不充分的发展之间的矛盾，保护与传承非物质文化遗产对我国社会、经济与文化等各项事业的开展而言，具有重要意义。换言之，在新时代，应该从满足人民日益增长的美好生活需要，调和我国当前社会主要矛盾的高度，重新审视非物质文化遗产的保护与传承等工作。实际上，自《贵州省非物质文化遗产保护条例》于2012年颁布以来，贵州省的非物质文化遗产保护与传承等工作就进入了一个新的历史阶段。特别是条例中第三十三、三十五、三十六条等条款，对新一阶段的非遗工作提出了具体要求，如应当有计划地建立收藏、展示、研究和传承非物质文化遗产的专门场所，推动文化生态保护区建设；应当采取措施，支持非物质文化遗产的传播与利用，加强对非物质文化遗产研究人才的扶持和培养等。[2]

在上述前提下，结合非物质文化遗产的特征与未来发展需要，本文认为，新时代的非物质文化遗产保护与传承工作已经步入到了一个新阶段，即如何才能将以生活化、社会化与非实体化而存在的非物质文化遗产转变成为产业化、制度化与实体化的存在的阶段。其中，布局非物质文化遗产展示中心建设就是实现这一转变的重要契机与抓手。因此，本文将从各方主体利益如何得到满足的角度，对贵阳市布局非物质文化遗产展示中心建设的价值与意义、基础条件、未来贡献和发展思路等问题予以重点阐明。

---

[1] 纳日碧力戈、胡展耀：《"非遗"中的互为主体与人类学的社会担当》，《中央民族大学学报》（哲学社会科学版）2016年第6期。

[2] 具体参考《贵州省非物质文化遗产保护条例》。

二 非物质文化遗产展示中心的内涵与价值

目前国内针对非物质文化遗产展示场馆的名称有多种,如"非物质文化遗产展示中心""非物质文化遗产博物馆""非物质文化遗产展示馆"和"非物质文化遗产陈列馆",等等。各自的内涵与设立宗旨有些微差异,但是都以展示非物质文化遗产为主要对象的展示空间。本文出于现实需要,将选用非物质文化遗产展示中心这一名称,意在强调对由诸多非物质文化遗产共同构成的文化生态予以区域性整体保护,而不是仅针对特定的单项或多项非物质文化遗产收藏、保护、展示与研究等。事实上,不仅称呼,现有研究中人们对非物质文化遗产展示中心的认识和定义也不统一,存在差异。有些学者将其对标于博物馆、文化馆等单位与组织,认为非物质文化遗产展示中心的功用与博物馆类似,主要发挥典藏、研究、展示和教育等功能,或者强调博物馆在非物质文化遗产保护中可以发挥其自身的作用;[1] 有些学者认识到非物质文化遗产具有自身特点,比如无形的、活态的和与人们日常生活场景紧密关联的等,因此认为场馆的建设与管理应该有别于传统的博物馆和文化馆等。[2]

然而,正如日本学者西村幸夫等人所说,以有形文化遗产为主的历史、文化遗产,其背后都存在着不易被发觉的社会经济体系以及传统礼仪与习惯等无形文化遗产。[3] 更别说本来就是以无形文化为主要存在方式的非物质文化遗产了,其背后指向了多么丰富的历史、经济、社会、文化等内容。因此,非物质文化遗产展示中心的定位与内涵本身就具有超越于传统意义上的博物馆的界定。换言之,传统博物馆仅注重对有形之"物"的典藏、研究、展示等,而缺乏对"物"背后的"物与人""物与物""人与人"等深层次内涵的体现与观照,遑论对无形之"物"及其背后所

---

[1] 朱莉莉:《博物馆在非物质文化遗产保护中的作用》,硕士学位论文,南京艺术学院,2016年。

[2] 李志勇:《非物质文化遗产博物馆建设理念初探——以南京博物院非遗馆为例》,《东南文化》2015年第5期。

[3] 西村幸夫、杜之岩:《历史、文化遗产及其背后的系统——以世界文化遗产保护为中心》,《东南文化》2018年第2期。

隐藏的丰富内涵地展示了。正是基于这些思考，本文认为，非物质文化遗产展示中心的定义应该是这样的：其是以展示特定非物质文化遗产为媒介与手段，真实、完整地呈现人类生活与历史等文化景观为目标，以传承、教育、娱乐等为主要功能的一种新型文化展览形式。事实上，不论场馆的名称为何，从目前人们对非物质文化遗产的认识和寄予的期望来看，都试图将其非实体化存在转变成实体化，以供研究、开发和利用等。在这个过程中，所谓的非物质文化遗产实体化主要集中于本土人才（非遗持有者和传承人等）、政府部门、学者、企业人才等的聚合与相互学习。

首先，本土人才与学者面对面。文化部将非物质文化遗产持有者、从业者等统称为"传承人群"，如何帮助传承人群提高传承能力、增强传承后劲，一直是非物质文化遗产保护向纵深发展的重点课题。较为普遍的情况是，虽然传承人群持有相应的非物质文化遗产，但缺乏理论认识，或者实践经验与现代需要脱节，因此对这一人群的培训尤为重要。2015年10月以来，文化部联合教育部开展了"中国非遗传承人群研修研习培训计划"。该活动将传承人群请进专业院校进行系统培训，加强理论与技术研究，提高实践水平和传承能力。截至2016年底，共有57所高校参与，近1万人次参加培训。[①] 由此可见，文化部门对于传承人群的发展也极为关心。

据相关数据，贵阳市已命名了4批共60名市级非遗代表性项目代表性传承人，其中包括2名国家级、14名省级代表性传承人。传承人对于特定的非物质文化遗产很熟悉，但大多数人的熟悉仅局限于技艺、表演等实践方面，缺乏理论、历史、社会文化背景等全方位的理解，而且对于在新时代如何传承与发展也缺乏必要的认识。因此，应该邀请非物质文化遗产有关的专家、学者到展示中心，对传承人群进行培训。而且，对他们的培训不能局限于技巧技术等实践层面，而应该是全方位的，要使他们提高技艺，增长学识，拓宽眼界，并对所持项目的文化内涵有更深的领悟。另一个至关重要的因素是要使他们对自己手艺的价值和潜力有更强的自信。在这个基础之上，还应该借助展示中心这一平台，建立一套现代化的传承机制或接班人培养机制，使凡是愿意学习的人都可以有机会并安心下来学

[①] 郑海鸥：《让非遗活起来传下去》，《人民日报》2017年06月08日第7版.

习，以使该项事业后继有人。

其次，管理人才的培养。从现有情况看，各级政府和主管单位仍是非物质文化遗产保护与发展的主导部门。这些部门的工作人员仍将是非物质文化遗产保护与传承的主要管理者。以往，非物质文化遗产保护与传承工作主要涉及的是调查、整理与申报等，工作难度较小，现有管理人才还足堪胜任。然而，随着非物质文化遗产保护向纵深发展，其将涉及管理、研究与发展等深层次内容，现有工作人员可能难以胜任。因此，需要加强对管理人员的培训，使他们可以满足未来工作的需要。另外，随着发展非物质文化遗产提上日程，工作内容不仅会有较大转变，而且还会增加。面对这种情况，应该加大力度后备人才培养，形成人才梯队，既要针对实际情况提升管理人员的业务水平，又要面向未来增加他们的知识储备。同时，在发展非物质文化遗产方面，可能会面临与此前完全不同的工作内容，比如宣传、教育、包装策划等，可能还需要考虑管理人才的引进问题。

再次，后备人才的教育。从长远看，非物质文化遗产的保护与发展还需要从社会力量的培育入手。因此，要着重加强对相关后备人才的教育。在这个方面，非遗展示中心可以借鉴高校人才培养的经验，甚至直接与高校合作，共同培育相关的后备人才。一方面，高校具有良好的研究资源，比如师资、学术氛围、生源等。如果展示中心可以与高校合作，借助学校的研究资源，培养一批研究型人才，将对贵阳市非物质文化遗产的保护与传承起到深远的影响。其不仅有利于加强对非物质文化遗产的更深层次的了解，还将使保护与传承工作更上一个台阶，为发展工作扫除障碍。因为我们应该清楚，研究是后续保护、传承和发展的重要基础与前提，研究做得好，后续工作都会轻松很多；另一方面，非物质文化遗产保护与传承工作并非一朝一夕，而是具有长远发展的事业。因此，其需要后备人才的培养。学校丰富的生源将为这一事业提供源源不断的人才。据笔者了解的情况，贵阳市已经有民族服装企业与职业学校合作，以刺绣、蜡染等非物质文化遗产的传承为媒介，培养专门人才和管理人才，以备未来相关企业的用人需要。这样一种方式，不仅使非物质文化遗产得到了传承，同时也是切实可行地解决就业、鼓励创业的实践经验。

最后，市场培育。虽然各级政府和主管部门在非物质文化遗产的教育与传播等方面做了很多工作，也有相关资金的投入，但大多流于表面、碎片化。甚至于很多人将这种教育与传播看作"打广告",产生了一些误会。如果展示中心可以与学校合作,开展非物质文化遗产的教育与传播工作,将极大地弥补现有工作的不足。因为学校教育具有系统性、理论性、全面性等特点,是社会教育和传播所不能比拟的。而且二者合作的教育,还可以打破传统学校教育的局限,让学生学习到很多学校教育难以提供的内容。比如直接与传承人对话,向他们请教具体技艺的实践,甚至还可以直接参与制作相关产品或参与某项活动,使学生直观地感受到非物质文化遗产的魅力。事实上,这样的教育还有更加深远的意义,那就是对市场的培育。学生们借助这样的机会接触到了非物质文化遗产的知识,参与了各个环节,更加系统地了解了相关知识。当他们走向社会,就会对基于非物质文化遗产而创新出来的相关产品更有亲近感,更愿意去购买此类产品和服务。

三 公共文化服务体系建设中的非物质文化遗产保护

中共中央办公厅、国务院办公厅《关于加快构建现代公共文化服务体系的意见》明确指出:"与当前经济社会发展水平和人民群众日益增长的精神文化需求相比,与基本建成公共文化服务体系的目标要求相比,公共文化服务体系建设水平仍然有待提高。"面对公共文化服务体系不完善的问题,贵阳市文化新闻出版广电局局长韦鸿宁称,贵阳市将在"十三五"期间"构建立体、多元、系统的公共文化设施网络体系"。[1] 而作为人们日常文化生活重要组成部分的非物质文化遗产,自然地应该在这个网络体系之中得到体现。换言之,以实体场馆建设为媒介与基础,以传承、教育、娱乐等为主要功能的非物质文化遗产展示中心,理应成为贵阳市公共文化服务体系的重要组成部分。而这正是实现非物质文化遗产从社会化向制度化过渡的重要契机。

(一)大力倡导非物质文化遗产保护与传承的基础设施建设

目前,贵阳市各级人民政府和主管部门正加大力度推进各种公共文化

---

[1] 贵州省文化厅:《公共文化服务体系建设的贵阳路径》(http://www.gzwht.gov.cn/wh-gz/ggwh/201703/t20170317_1672688.html)。

基础设施建设，其中包括全民阅读、全民普法、全民健身、全民科普和艺术普及、优秀传统文化传承活动等诸多方面内容，但具体到非遗保护与传承方面却仍然滞后。正如上文所述，全市已经建成和在建设中的非物质文化遗产展示中心和传习所（馆）仅有9所之数。因此，贵阳市非物质文化遗产保护与传承的基础设施建设，目前一方面严重滞后于非物质文化遗产保护与传承、文化生态保护区建设等诸项工作得以顺利开展的需要；另一方面也不能满足人民群众渴望了解、熟悉、享受各项优秀传统的、民族的非物质文化遗产的热切需要。虽然社会上存在一些以企业或个人名义创办的传习所（室、馆），一定程度上满足了部分群众的文化生活诉求，但在定位、管理、宣传等方面仍然存在问题，不仅与人民群众的需要存在明显的差距，甚至于还存在一些问题，妨碍了优秀传统文化的传播与利用。在这样的前提下，我们应该大力倡导非遗保护与传承基础设施建设，逐项推进、合理布局非物质文化遗产展示中心建设。

首先，要从健全与完善公共文化服务体系的高度，重视非物质文化遗产保护与传承的基础设施建设与布局。公共文化服务体系建设的重要内容之一就是硬件设施建设。这是因为相关的基础设施建设既是人民群众能否享受到公共文化服务的基础条件，也是各种文化服务项目得以实施的重要载体。这一点明确地反映在《国家基本公共文化服务指导标准（2015—2020）》的规划内容之中，其对服务项目规划了三个类别：基本服务项目、硬件设施和人员配备。当对非物质文化遗产的保护与传承也成为公共文化服务体系中的一部分时，相关基础设施的建设与布局也应该纳入其中。只有这样，才可以让非物质文化遗产得到公共传承和生存空间。贵阳市具有极为丰富的非物质文化遗产，前一阶段的保护与传承工作也做得很好。与此同时，随着人民群众物质生活水平和受教育程度等的提高，对非物质文化遗产认识、兴趣和爱好也逐渐加强。因此，在未来应该加大力度布局和建设非遗保护与传承基础设施，以健全和完善贵阳市的公共文化服务体系。

其次，要以传播与利用优秀传统文化为目标，合理布局非物质文化遗产保护与传承的基础设施建设。公共文化服务体系建设的基本原则之一是坚持正确导向，其具体是指以人民为中心，以社会主义核心价值观为引领，发展先进文化，创新传统文化，扶持通俗文化，引导流行文化，改造落后文化，抵制有害文化，巩固基层文化阵地，促进在全社会形成积极向上的精神追求和健康文明的生活方式。

非物质文化遗产代表着人民群众在生产生活方面的历史性创造与积累，是我国优秀传统文化的重要组成部分，具有积极、健康、正能量等特征，应该纳入公共文化服务的基本服务项目。截至2018年6月，贵阳市有国家级非物质文化遗产名录项目2个（花溪苗绣和香纸沟皮纸制作技艺），省级非物质文化遗产名录项目46个，市级非物质文化遗产名录项目89个，而且其中大部分具有参与体验、表演、展览等性质。比如，你可以看到苗族和布依族服饰、苗族挑花刺绣、苗族蜡染；你可以听到苗族古歌（簪汪古歌）、布依族土歌、布依族婚宴盘古歌和布依族婚礼夜宴歌；你可以欣赏到苗族花棍舞、芦笙舞、猴鼓舞、花鼓舞和斗牛角舞；你可以感受一年四季不同的民俗节庆：有苗族的跳场、"祭鼓节""四月八""斗牛节""杀鱼节"，有布依族的"三月三""六月六"布依族歌会，有清镇中秋瓜灯节、修文搂查节；可以欣赏到古老神秘的蓬莱地戏、布依红灯戏、阳戏、文琴戏和花灯戏；还可以品尝到雷家豆腐圆子、丁氏苗族酸汤、赵司贡茶、息烽虫茶、刺梨酒、米酒、青岩豆腐和玫瑰糖等。[①] 有些非物质文化遗产甚至兼具体验、表演、展览等性质，如开阳县的窑上坪土陶制作工艺、修文龙场镇平地苗族服饰制作工艺等，更能激发人民群众参与其中的热情和意愿。

从非物质文化遗产在贵阳市的分布情况看。目前，非物质文化遗产名录在贵阳市各个市、县、区等均有分布，基本达到了全覆盖的标准。但也存在分布不均衡的情况，比如花溪区目前有市级非物质文化遗产名录20个，省级非物质文化遗产名录11个，国家级非物质文化遗产名录1个，非物质文化遗产名录的保有量全市最多。而白云区仅有市级非物质文化遗产名录2个，省级非物质文化遗产名录1个。然而，即使如白云区那样入选非物质文化遗产名录的较少，但在非物质文化遗产的保有方面同样具有丰富性、多样性，且与人民群众的生产生活息息相关。

在这样的前提下，合理布局非遗保护与传承基础设施建设就显得尤为

---

① 《贵阳市非物质文化遗产概况》（http://www.gywb.cn/content/2017 - 09/18/content_5601035.htm）。

重要，其中至少涉及土地使用、建设规模、设计和施工规范以及技术要求等问题。因此，合理布局非遗保护与传承基础设施建设需要注重三个方面的问题：一是要结合贵阳市现有基础设施和未来公共文化服务的发展需要，按照城乡人口发展和分布，坚持均衡配置、严格预留、规模适当、功能优先、经济适用、节能环保的原则，合理规划建设各类公共文化设施；二是要结合基层公共服务设施建设，制订村（社区）综合公共文化服务中心建设标准，充分利用现有城乡公共设施，统筹建设集文化宣传、党员教育、科技普及、普法教育、体育健身等多功能于一体的基层公共文化服务中心，配套建设群众文体活动场地；三是要坚持设施建设和运行管理并重，健全公共文化设施运行管理和服务标准体系，规范各级各类公共文化机构服务项目和服务流程，完善内部管理制度，提高服务水平。

最后，要根据非物质文化遗产的独特性，优化创新保护与传承基础设施建设。根据联合国教科文组织的《保护非物质文化遗产公约》，"非物质文化遗产"主要包括：1. 口头传统和表现形式，包括作为非物质文化遗产媒介的语言；2. 表演艺术；3. 社会实践、仪式、节庆活动；4. 有关自然界和宇宙的知识和实践；5. 传统手工艺。针对特定的非遗项目，应该采取特定的方式予以保护、展示和传承。显然，非物质文化遗产具有与其他文化不一样的特征与性质，主要表现为表演性、实践性，一般以口述、技术、工艺等形式存在。因此，对非物质文化遗产的保护与传承应该注重其独特性。这就意味着，在布局相应场馆时，应该优化创新，严格根据非物质文化遗产的独特性来建设，不能一味照搬传统博物馆、文化馆等建设和布局思路。

目前贵阳市的市级非物质文化遗产名录中，类别比较丰富，其中传统技艺31个，民俗24个，传统戏剧11个，传统舞蹈9个，传统音乐5个，传统体育3个，传统医药3个，游艺2个，民间文学2个，书法1个。可以看出来，这些非物质文化遗产名录主要集中于参与性、传承性和表演性比较强的项目类别。因此，针对特定的非物质文化遗产所建设的基础设施应该充分考虑到其独特性。具体来说，应该包括五个方面内容：一要提升公共文化服务效能，着力强化非物质文化遗产的服务效益；二要丰富优秀公共文化产品供给，创新非物质文化遗产的展览、展示形式；三要活跃群众文化生活，促进贵阳市居民思想意识、人文修养、文化素质等的提升，滋养全民文艺品位与创作；四要融入生产生活，使人民群众可以更加便捷有效地享受到非物质文化遗产的服务；五要加大宣传教育力度，使更多的人民群众参与到非物质文化遗产的保护与传承中来。

（二）非物质文化遗产展示中心建设的需要和统筹

据相关统计数据显示，截至 2017 年年底，贵阳市常住人口已经高达 486.20 万人，已经走到了即将成为一座特大型城市的重要关口。[①] 实际上，按照《黔中城市群发展规划》，将推动贵阳市所辖部分县（市）撤县设区，到 2020 年，贵阳中心城市（含贵阳中心城区、贵安新区、清镇市、修文县和龙里县）力争建设成为 500 万人以上的特大城市。[②] 而且，据《2017 中国城市商业魅力排行榜》，贵阳已经进入了中国二级城市的等级序列，具有非常强劲的发展潜力和势能。因此，在未来，贵阳市的各项公共服务都将有一个爆炸式增长的趋势。其中，公共文化服务的增长需要自然地成为重要的组成部分。而且这种增长势必带来相应文化基础设施建设的提档升级与多元化、立体化和综合化的布局需要。与此同时，公共文化服务体系建设中文化基础设施建设的城乡统筹也将面临新的考验。这不仅因为公共文化服务的城乡需要差异和发展不均衡，还因为必须考虑到公共文化服务如何实现布局和管理的合理性问题，例如资源分配、人员配备、规模规划与现实需要等。

首先，具备建设高规格非物质文化遗产展示中心的条件。大体看，这里的条件包括三个方面：一是非物质文化遗产展示中心建设、运营管理与发展的资金投入。非物质文化遗产展示中心的建设需要大量资金的投入，而且场馆建设的规格越高，需要的资金就越多。此外，一般说来，城市聚集了非常发达的商业企业，因此可以为建设高规格非物质文化遗产展示中心提供必要的资金支持；二是非物质文化遗产的集中分布。从贵阳市目前市级非物质文化遗产名录的地区分布看，南明、云岩和观山湖 3 个区共有

---

① 按照国务院于 2014 年 11 月发布的《关于调整城市规模划分标准的通知》规定：城区常住人口 500 万以上 1000 万以下的城市为特大城市。具体参见国务院《关于调整城市规模划分标准的通知》（http://www.gov.cn/xinwen/2014-11/20/content_2781156.htm）。

② 《全国 147 城辖区人口超百万，这 9 城将是下一轮特大城市》（http://finance.sina.com.cn/roll/2017-07-14/doc-ifyiaewh9161210.shtml）。

16个，花溪区20个、乌当区18个，距离都较近，形成了较为明显的文化生态关系。而且，从非物质文化遗产名录类别看，大多为传统技艺型，既方便引入场馆予以展示，又可以使观众参与学习、体验和展览；三是相关专门专业人才的聚集。贵阳市不仅是行政主管部门的集中地，同时也是科研院所和科研人才的聚集地。他们的是否参与其中直接影响非物质文化遗产展示中心的建设、运管和发展的质量。因此，这些都为贵阳市创建高规格非物质文化遗产展示中心提供了条件与基础。

其次，存在保护与传承非物质文化遗产的技术积累。现代社会的发展存在一个明显的特征，那就是资源的城市富集，其中就包括城市社会对技术的主导性占有和累积。在新时代，保护与传承非物质文化遗产将越来越倚重技术来实现。这是因为一方面新兴技术可以较完整、形象地呈现出各项非物质文化遗产直观难以表现出来的其背后的"人与物""物与物""人与人"的关系，在秉承传统、不失其本的前提下，使一直以传统形象示人的非物质文化遗产泛发新的活力；另一方面现代人也较容易接受类似的技术展示和呈现，因此可以改良制作，提高品质，给观赏者一种全新的体验，有利于大众参与和二次传播。这些技术包括但不限于多媒体记录与呈现、数字化网络表达与互动、舞台表演、电影电视等多样化的技术。

此外，技术的运用还有另一个层面的作用。那就是针对特定种类的非物质文化遗产的记录与保存。因为随着时代的发展，势必存在某些非物质文化遗产出现后继无人，濒临灭绝的情况，这时技术就可以展现出传统的保护与传承方式无可匹敌的优势。这样一种形式的保护与传承虽然并非人们保护与传承非物质文化遗产原本的期望，但也不失为一种可选的方案。贵阳市自2013年谋划大数据以来，技术、资源、产业等各方面都得到了长足发展，其在保护与传承非物质文化遗产方面也将发挥重要作用。

再次，贵阳应该成为保护与传承非物质文化遗产的引领者。根据历史的经验，"不平衡不充分的发展"不仅因为资源向特定区域汇集，还因为缺乏促进发展的标准和保障发展得以实现的制度。因此，作为富有资源的省会城市，贵阳应该成为合理布局、优化建设非物质文化遗产保护与传承的相应场馆的引领者，应该尽快实践出一套有长远效益，有普遍价值的经验，并将其整合、归纳为具体的条款、制度，应用于全市乃至全省的非遗工作。更加明确的是要为非城区非物质文化遗产相应场馆的建设提供经验借鉴、标准支持与制度保障，使缺少资源的地区的人民群众也能享受到非物质文化遗产的服务，产生相应的效益。只有这样，才可能真正实现非物质文化遗产保护与传承的最初目标。也只有这样，才算是做到了非物质文化遗产服务效益的全民普惠。

最后，以往经验的积累可以为贵阳市构建国际级非物质文化遗产保护与传承平台，提供必要参考。在当前的认识中，各地方政府或主管部门仍然大多仅从各自地域出发，将创建文体生态保护区和布局建设非物质文化遗产展示中心作为工作的重点。然而，如果从促进国家间交流的高度看，构建国际级高规格的非物质文化遗产保护与传承平台将成为更新一阶段的工作重心与先机。因为就像中国（深圳）国际文化产业博览交易会、生态文明贵阳国际论坛一样，作为国际通行的非物质文化遗产同样具有这样的发展潜力，即可以支撑起国际级一类非物质文化遗产保护与传承平台的建设与发展。因为这样的平台一方面可以传播中华优秀传统文化，讲好"中国故事"；另一方面可以让我们向其他国家学习非遗保护传承和非遗创意产业发展的成功经验，促进国内非遗保护生产水平的不断提高。

《关于实施中华优秀传统文化传承发展工程的意见》将"推动中外文化交流互鉴"当作重点任务，目标是要加强对外文化交流合作，创新人文交流方式，丰富文化交流内容，不断提高文化交流水平。而作为具有丰富非物质文化遗产和国际会议举办成功经验的城市，贵阳应该有底气和实力推动这一平台的建设落实。因为这样一来，不仅可以使贵阳从全国非物质文化遗产保护与传承工作中脱颖而出，还可以向全世界展示贵州省乃至全国非物质文化遗产保护与传承的优秀成果，更可以吸收与沟通各个国家非物质文化遗产保护与传承的成功经验，最终可以实现文化、经济和社会的对外交流。

四 经济发展与非物质文化遗产展示中心建设

在如何推进非物质文化遗产保护与传承方面，目前形成了一个共识就是应该对非物质文化遗产予以生产性保护或活态传承。大体的意思是，希望使非物质文化遗产在得到保护的同时还可以发挥与现实相关的作用，使其"活"起来。而且从目前的讨论与实践经验看，所谓的生产性保护与活态传承，主要是指推动和促进非物质文化遗产的开发、利用与市场化，其中市场化是主要方式。但是，在市场化问题上，却存在着很多争论，有赞成的，也有反对的。有人认为，市场化不可取，因为这样会使非物质文化遗产"变味"。在他们看来，非物质文化遗产之所以能成为值得怀念的文化烙印，在于其不可复制性与浓厚的人文色彩，这使其无法流水线化。然而，非物质文化遗产一旦走向市场，就意味着要迎合、贴合消费者的需求。因此，甚至有人提出别指望市场化拯救"非遗梦"。[①] 赞同者则认为，以技艺为核心的传统美术类或传统技艺类非遗项目，在历史上便自然地与市场相互依存，但随着社会的变迁和科技的发展，许多非遗项目渐渐淡出了人们的视野、淹没于商海。[②] 现在所谓的市场化仅是在现代条件下，如何使它们再次进入市场的问题，而且在需求扩大的形势下，市场化可以对非遗技艺进行更好地活态传承。

事实上，对于非物质文化遗产市场化问题的争论，其主流并不集中于该不该市场化，而在于应该如何市场化，以及市场化如何定义等问题。因为，从目前走向市场化的非物质文化遗产的发展情况看，主要存在人才缺失、批量生产有难度、资金短缺这三大问题。[③] 然而，我们应该看到，首先，这些问题并不仅是非物质文化遗产市场化的专门问题，而是所有产业发展都会面临的问题；其次，所谓的市场化并不局限于批量化大生产，事实是很多非物质文化遗产一直都是手工技艺，本来就与现代工业化大生产的模式背道而驰，所以如果想要成功地市场化，就应该尊重这一前提；最后，我们不能因为部分非物质文化遗产的市场化道路遇到了挫折，就把市场化拦于门外。反而应该坚定信心，对市场化道路保持乐观、积极的态度。因为确实有很多非物质文化遗产项目，比如许多传统技艺、传统美术类非遗产品，在市场化的道路上越走越远，越走越宽，实现了社会效益和经济效益的双赢。

简而言之，从当前的发展形势来看，所谓的非物质文化遗产予以生产性保护或活态传承，大体上就是要理顺并协调好经济发展与非物质文化遗

[①] 邓海建：《别指望市场化拯救"非遗梦"》，《燕赵晚报》2013 年 02 月 01 日第 9 版。

[②] 王学思：《以市场化运作促非物质文化遗产活态传承》，《中国文化报》2013 年 04 月 08 日第 5 版。

[③] 张西陆：《"非遗"市场化政府不可缺位》，《南方日报》2012 年 05 月 21 日第 9 版。

产保护与传承的关系。由于非物质文化遗产具有明显的生活化特性，所以要处理好其与经济发展的关系，就是要深入分析非物质文化遗产从生活化向产业化的转变问题。在这个问题的解决上，非物质文化遗产展示中心提供了重要抓手。接下来，本文将对此予以重点论述，即如何实现经济发展与非物质文化遗产展示中心建设间关系的积极化、常态化。

（一）文化产业与非物质文化遗产展示中心建设

从目前的实践经验和发展前景看，非物质文化遗产的市场化主要包括两种形式，一是将其看作文化产业的一部分以寻求发展；二是将其看作旅游业的重要补充和拓展。在这样的认识基础上，非物质文化遗产展示中心建设与布局就有了足够的分量，即其确实是目前实践可行、未来成效可见的促进非物质文化遗产市场化的方式。那么，该如何进行文化产业与非物质文化遗产相关场馆的建设布局呢？

虽然联合国教科文组织对文化产业的定义中强调"系列化、标准化、生产过程分工精细化和消费的大众化"特征，然而文化部于2003年制订的《关于支持和促进文化产业发展的若干意见》却将文化产业定义为"从事文化产品生产和提供文化服务的经营性行业"。显然，文化部的定义更加切实当前文化产业的发展实际。因为现有的文化产业中，存在很大一部分文化产品并不具备联合国对文化产业的四个特征，甚至表现出相反的情况，其中很大一部分非物质文化遗产就属于此列。由于非物质文化遗产的生活化特征，往往使其表现为唯一性、地方独有和不可通约的特点，对其的生产也常常是小众化或小群体化，生产技术方面也较难以规范化、标准化。然而，我们又不得不承认非物质文化遗产的产业价值。因为这一市场已经形成了，而且规模不小。基于这样的实际，本文认为，一方面，应该打破原有对文化产业的认识与理解，拓宽文化产业的范畴，重新审视文化产业的生产方式、运作模式和发展路径；另一方面，应该尝试以建设相关场馆来实现非物质文化遗产的产业化发展，填补文化产业的重要缺失。具体来说，包括三个方面内容。

第一，承认非物质文化遗产的产业化是文化产业发展的一部分。非物质文化遗产是优秀传统文化的一部分，那么其产业化发展自然也应该被看作文化产业化的重要组成部分。这道理是不言自明的，很多人却受限于文化产业的原有定义，罔顾事实，坚决否之。从上文公共文化服务体系建设与完善的角度看，非物质文化遗产显然早已经成为人民群众文化生活需要的重要内容。而且在这个过程中，非物质文化遗产也确实发挥了很好的文化服务效益。比如，2016 年 10 月 15 日，以国家艺术基金《贵州大学布依山歌培养》项目汇报音乐会的名义，贵州省布依族的布依山歌传承人在孔学堂的大舞台上，向现场观众展示了布依山歌的魅力，拨动了每个观众的心弦，让众多观众享受了一场别样的民族歌舞盛宴。在这样的事实面前，我们必然应该承认非物质文化遗产的文化产业价值，接纳其为文化产业发展的组成部分。

第二，打破原有习惯思维，重新审视文化产业的发展路径。当今仍存在不愿接受非物质文化遗产产业化的现象的一个重要原因，就是他们认为文化产品的生产、流通和交易等诸环节存在某些特定性质，比如规模化、标准化生产，无差别化流通和市场培育等是非物质文化遗产所不具备的。显然，这里面存在着一种认识上的局限。事实上，文化产业化的前述特征均是西方工业化大生产的属性挪用，并不能作为文化产业发展与繁荣的必然属性和标准。且不论文化产业本身就是一个新兴产业，仅就其发展的实际情况而言，随着人们对文化概念的不断拓宽，对文化产业的认识自然也应该更新。因此，要想真正促进非物质文化遗产的产业化发展，首先要破除传统上我们对文化产业的观察与认识缺陷，重新审视文化产业的发展路径。最简单的莫过于要承认文化产品的多样性，以及其生产、流通、交易和市场等的多元存在。在这样的基础上，我们才可以正视非物质文化遗产的文化产业地位。与此同时，这也将更新文化产业发展的具体措施和办法，弥补现有文化产业发展的不足，甚至为解决文化产业发展的困境提供可行的思路。事实上，从当前人民群众对文化的强烈需要的角度看，非物质文化遗产的产业化也是一条必由之路。换言之，人们越来越期望享受到美好的生活，其中就包括对文化生活的需要。这一点在城市居民身上表现得尤为明显。由于人民群众对文化生活的强烈需要，中国当前已经步入了所谓的"知识付费时代"，一大批企业投身其中开发知识付费平台，特别是互联网企业。据初步统计，当今中国市场上存在着如知乎 Live、果壳（在行分答）、喜马拉雅 FM、得到 APP、一席等 20 多家知识付费平台。

仅2017年一年，这一市场的产值就达到了300—500亿元的规模。①

第三，开拓思路，将展示中心建设作为非物质文化遗产产业化的重要突破口。正如上文所述，展示中心的建设可以实现非物质文化遗产的实体化，并将其整体地看作为一个经营主体，发挥实际的研究、开发利用和经济发展等作用。因此，在推进非物质文化遗产产业化的道路上，可以将展示中心建设视为重要抓手，实现其经济发展，拓宽非物质文化遗产的公共性和生存空间，使其得到真正的活态传承。换言之，展示中心建设是以产业化的思路，推动非物质文化遗产的生活化保护与传承，只不过这里的"生活化"披了一件市场化的外衣。与此同时，人民群众的文化需要满足也开始将注意力转向传统文化。他们渴望了解、学习传统文化，试图在其中找到人生的价值与生活的意义等。这样一种传统文化需要逐渐增长的趋势为非物质文化遗产的服务效益的发挥提供了市场。也就是说，有一部分城市居然愿意付费去了解、学习、参与、体验、感受非物质文化遗产。这一市场目前还处于发展期，未来的市场规模到底有多大还需要一定的时间去培育与检验，但绝对不可小觑。在这样的前提下，非物质文化遗产保护与传承等工作应该直面人们的需要，创新方式，寻找到开发、利用非物质文化遗产的适当途径，实现真正保护与传承非物质文化遗产的目标。在这样的前提下，展示中心建设也就成了非物质文化遗产产业化的重要突破口。

（二）以非物质文化遗产展示中心建设助推旅游业发展

用开发和利用非物质文化遗产的方式来充实地方旅游业的发展，在很多地方已经成为惯常做法。这种做法虽然曾经引起争议，但越来越多的人意识到非物质文化遗产传承发展不仅要坚守其历史价值、传统技艺，也要通过设计创新，把传统技艺和当下时尚相结合并被大众喜爱时，人们对此开始采用赞同的态度。只不过，在具体实施办法方面仍然存在一些问题，因此还存在较多的讨论空间。对此，中国社会科学院研究员、中国民俗学会副会长巴莫曲布嫫的说法具有一定的代表性："有人念歪了创新、发展

---

① 冯尚钺：《我们研究了28家平台，为你揭开知识付费的现状与未来》（https://www.sohu.com/a/139168550_467142）。

的经,由此出现了过度商业化、同质化的'非遗产品',以及每天都在表演的'非遗节庆',遗产遭受破坏。"① 由此可见,在当前语境下,应该以什么样的态度与方法促成非物质文化遗产对旅游业的发展才是真正的问题所在。

事实上,人们对于非物质文化遗产应该以什么样的方式开发和利用才算合理这一争论,主旨仍然不脱其生活化与产业化的界限问题。换言之,虽然很多人认同市场化或产业化可使非物质文化遗产得到活态传承,但市场化和产业化往往带来同质化,甚至引发传统文化的差异化减少和同化的结果。然而,文化的差异性才是非物质文化遗产的独特价值所在。具体说来,非物质文化遗产是人们在特定生活环境下的历史创造与积累,产业化或市场化招致的同质化也就成了非物质文化遗产的致命打击。一旦同质化成为普遍现象,那么保护与传承非物质文化遗产也就无从谈起,或者说成了空谈。因此,首先要明确生活化与产业化之间本身就存在着一定的矛盾,但并非无解;另外,应该相信展示中心的建设布局,可以很好地解决二者间的问题。因此,要想利用非物质文化遗产来助推旅游业的发展,非物质文化遗产展示中心建设成了必备前提,否则可能导致非物质文化遗产的彻底破坏,无有保护与传承的对象了。

第一,明确非物质文化遗产的生活化与产业化之间存在可调和的矛盾。非物质文化遗产是一个较为宽泛的领域,其中涉及很多类目。以联合国教科文组织制定的《保护非物质文化遗产公约》为例,其中较为笼统地规划了表演艺术、传统手工艺等5种非物质文化遗产。我国则对非物质文化遗产名录作了更加详细的划分,大致包括民俗、传统技艺、传统舞蹈、传统戏剧、传统医药等十余种。从这种分类的差异性可以看出来,人们对非物质文化遗产的认识并非完全一致。当然,这反映了非物质文化遗产本身定义的不准确性,然而具体实用目的、时代需要等原因也发挥了作用。换言之,生活化存在的非物质文化遗产具有多样化的特征。这也给非物质文化遗产的产业化发展带来了问题。一方面,非物质文化遗产的确定大多考虑其无形的存在,而非特定的实物。比如入选国家级非物质文化遗产名录的花溪苗绣,被归类为传统技艺,这就是说,这门技艺被认为是非

---

① 郑海鸥:《让非遗活起来传下去》,《人民日报》2017年06月08日第7版。

物质文化遗产，而非特定的苗绣作品或图案。因此，凡是以此传统技艺织造出来的作品都可以算是对花溪苗绣这个非物质文化遗产的传承、开发利用。另一方面，有些仪式、节日等民俗，其价值在于对特定群体而言，在特定时令举办的活动有其背后的深层意义。这种意义就是该项活动之所以入选非物质文化遗产名录的原因。如果无视这一根本，纯粹为了赚钱，肆意将其打造成不论时令都在表演的节目，就脱离了本身的文化环境和语境，改变了非物质文化遗产的性质，自然会招致人民群众的反感。

由此，我们应该了解，非物质文化遗产的市场化与产业化发展不是问题，关键是要明确推广哪些非物质文化遗产，甚至于某个非物质文化遗产的哪一个部分可以产业化。从助推旅游业发展的角度看，更应该具体考察哪类非物质文化遗产可用来实现这一目标，同时也不会破坏它。因此，在本文看来，这才是破解非物质文化遗产的生活化与产业化之间矛盾的前提。事实上，诸如贵阳市的皮纸制作技艺、苗绣、青岩玫瑰糖制作技艺等等都走向了较为成功的市场化道路。即便是诸如苗族祭鼓节、开阳高台舞狮等节日性质的非物质文化遗产项目，虽然难以形成实物性商品，因其独特性、唯一性、差异性等特征，也以补充和丰富当地旅游业内容的方式实现了市场化。具体而言，在非物质文化遗产的产业化发展这一问题上，切忌采取一刀切的办法，需要针对具体的非物质文化遗产予以特定的产业化实践和道路选择。

第二，非物质文化遗产展示中心建设可以守住保护与发展的分界线。上文已经较详细地说明了，非物质文化遗产展示中心不仅提供了一个平台，还聚集了丰厚的资源可利用。实际也正是如此。展示中心可以将传承人、专家学者和主管部门的人员和资源汇集在一起。人才与资源的汇聚使人们不仅可以开展广泛调查和深入研究，还可以对技艺等进行开发、利用，最终实现传承不拘泥于传统，创新不超出界限。如果从我国对文化产业与文化事业的区分与规划来看，则可以说非物质文化遗产展示中心一方面将文化事业与文化产业融为一体，集中发展；另一方面又将二者做出必要的区分，可以明确地守住文化事业与文化产业的界限。

事实上，在原生态环境不断受到冲击、环境日渐多元化的现今社会，非物质文化遗产的存在方式也必然多元化。① 从目前非物质文化遗产的保护与传承、发展与利用的现实情况看，这一趋势也越来越明显。在这样的情况下，展示中心就可以发挥作用了，即为保护与发展，或者说生产性保护非物质文化遗产提供重要保障。反过来说就是，如果一味地强调保护与传承，就容易将非物质文化遗产入库、"变死"，而且这项工作做得越好，这种结果越明显；如果一味地谈发展与利用，则很大可能会将其传统价值迅速消耗掉。

五 结论

"保护为主、抢救第一、合理利用、传承发展"是我国非物质文化遗产保护的重要方针。在现有保护与传承工作成果的基础上，合理利用、传承发展是新时代非物质文化遗产工作的重要任务，其主要内容是文化生态保护区建设和非物质文化遗产的产业化发展。贵阳市的非物质文化遗产保护与传承工作同样步入了这一新的历史时期。通过上述讨论，本文认为，从保护本土人才、政府、学者和市场（企业和人民群众）等各方利益诉求的角度看，合理布局非物质文化遗产展示中心建设，将成为贵阳市非遗工作的重要内容。

首先，文化生态保护区的创建应该以非物质文化遗产展示中心作为基础。过去，对非物质文化遗产的保护主要侧重于特定的非遗项目，使得保护力度打了折扣，保护效果不明显。文化生态保护区的创建则试图将以往点状存在的非物质文化遗产按文化亲缘性等联系起来，区域性保护。这一工作思路的实现需要相应的场馆建设才能落地。

其次，布局非物质文化遗产展示中心可以满足贵阳市公共文化服务体系的建设需要。在新时代，人民群众的文化生活需要越来越强烈，形式要求越来越多样，内容要求越来越丰富。作为优秀传统文化的重要组成部分，非物质文化遗产应该为人民群众提供必要的文化服务，产生相应的社会与市场效益。

---

① 新华网：《非物质文化遗产展示成为旅游业最新亮点》（http://news.163.com/09/0614/09/5BOQL0OU000120GR.html）。

再次，非物质文化遗产展示中心建设可以促进贵阳市的文化产业和旅游业发展。以发展非物质文化遗产为契机，助推文化产业和旅游业发展已经成了很多省市地方较为成熟的实践经验。这既是非物质文化遗产活态传承的实现手段，也是地方经济发展的重要突破口之一。展示中心的建设和布局可以将相关的人才和资源汇聚起来，为发展非物质文化遗产提供扎实基础。

最后，非物质文化遗产展示中心建设可以为培养相关人才提供平台。非物质文化遗产的保护与发展离不开人才。只有人才梯队建设合理，才可能真正实现保护与发展的目标。作为非物质文化遗产保护与发展的重要基地，非遗展示中心有条件、有能力为培养相关人才服务。

基于上述分析，本文认为，贵阳市新时代非物质文化遗产保护工作的重心将包括三个方面。一是要普查现有非物质文化遗产展示中心或传习所，并登记、注册，发放相关牌照，规范管理；二是要以非物质文化遗产展示中心建设为结点，推动包括传习所、展示中心（综合展示馆）和展示平台的三级组织架构规划；三是要尽快出台《贵阳市非物质文化遗产展示中心（传习所）建设与发展规划》及实施意见等相关文件，大力推动全市乃至全省非物质文化遗产展示中心和传习所的建设工作，争取每一个非物质文化遗产名录至少建设一间传习所，力争创建国家级非物质文化遗产展示与交流平台，促进非物质文化遗产保护、传承、研究、利用等各项工作的开展。

社会和生态环境共同塑造文化价值观
——结合作物种植史和移民史对稻米理论的质疑[*]

乔艳阳、张积家、彭申立、张洁[**]

内容提要：Talhelm等人提出的"稻米理论"在社会心理学界、文化人类学界引起较大反响。他们认为，由于中国北方温度较低、水资源少，因此更适合于种植小麦，而这种种植方式对于个体之间的合作要求低，所以更容易产生个人主义的文化；中国南方由于温度较高、水资源充足，所以更适合于种植水稻，这种种植方式对于个体之间的合作要求高，因此更容易培养集体主义的文化。"稻米理论"结构新颖，有一定合理性，但用这一理论解释中国南北方的文化差异时就存在明显不足，表现在抽样、数据分析及结果解释上存在问题。笔者认为，之所以如此，是由于"稻米理论"的提倡者忽略了中国南北方之间在作物种植史、移民史、经济及气候方面的差异，而这些因素都会影响当地的文化价值取向。许多证据表明，文化的形成和变迁受到多种社会性、生态性因素的影响。本文将对这一问题进行深入探讨。

关键词：稻米理论；社会整合；文化差异；种植史

---

[*] 基金项目：中国人民大学科学研究基金（中央高校基本科研业务费专项资金资助）项目"语言影响人格：来自双语者和双言者的行为与电生理证据"（项目批准号：17XNL002）。

[**] 作者简介：乔艳阳（1984—），男，汉族，中共天津市委党校、天津行政学院讲师，主要研究方向为社会心理学；张积家（1955—），男，汉族，中国人民大学心理学系教授，主要研究方向为语言心理学与民族心理学；彭申立（1991—），男，汉族，中国人民大学心理学系博士，主要研究方向为社会心理学；张洁（1985— ），女，汉族，重庆师范大学历史与社会学院讲师，主要研究方向为社会学和文化人类学。

一　引言

（一）个人主义/集体主义文化及稻米理论

个人主义/集体主义（Individualism/Collectivism）是两种不同的文化价值取向，是文化价值观的核心概念，是人文社会科学领域的热点问题。一般认为，西方社会更多呈现的是一种个人主义的价值取向，具有更多的个人主义意识，如认为个人的目标优于集体的目标，与他人交往时强调基于优势和劣势对比的理性分析和比较等；东方社会的价值取向来源于儒家对重要社会关系和与角色相适应行为的道德劝诫，因此具有更强的集体主义意识，如认为集体利益高于个人利益，强调群内成员的关系等[1]。在心理学领域，许多研究者就个人主义/集体主义文化的形成原因予以探讨。比如，以东西方文化为例，Nisbett 及其同事认为，西方个人主义文化根植于古希腊文明和基督教信仰，东亚的佛教和儒家文化造就了东方的集体主义思想：古代中国是农耕社会，文明建立在农业基础上，形成了"顺应自然，敬畏自然"的天人合一、天人感应思想，认为自然界的"天道"和人类社会的"人道"一致，要求人们在认识自然时不能离开社会现实，逐步形成了以中庸思想为特点，坚持整体分析，同时推崇辩证性思维的东方哲学思想；与之相比，古希腊的生态环境较为恶劣，更适合从事打猎、渔业等活动，更提倡与自然斗争的理念，因此形成了"主客二分"的思想。其内容包括坚持局部分析立场，注重按照对象属性分类，并利用分类的原则来解释行为。[2][3] 还有一些研究者从社会生态角度对个人主义/集体主义文化的成因进行探讨：比如，病原体流行理论认为，环境中流行病病菌的传播程度决定该地区的文化。某些国家传染病的高度流行导致其成员

---

[1] 刘邦惠、彭凯平：《跨文化的实证法学研究：文化心理学的挑战与贡献》，《心理学报》2012 年第 3 期。

[2] Nisbett, R. E., *The geography of thought: Why we think the way we do*, New York: Free Press, 2003.

[3] Fincher, C. L, Thornhill, R., Murray, D. R, et al., "Pathogen prevalence predicts human cross-cultural variability in individualism/collectivism", *Procee-dings of the Royal Society Biological Sciences*, 2008 (275), pp. 1279–1285.

在应对陌生人时需格外小心，久之便形成孤立、封闭、和相对交际狭窄的集体主义文化特点，相关研究也发现，历史上病原体的流行程度与集体主义文化和对外界的低端开放性有关。①

在这些理论中，以 Talhelm 等人于 2014 年发表在 Science 杂志上的论文 "Large-scale psychological differences within China explained by rice versus wheat agriculture"（由稻麦种植引起的中国内部的大规模心理差异）提出的稻米理论为最新，也颇具影响。他们从北京、福建、广东、云南、四川和辽宁 6 个省市选取来自 28 个省市的 1162 名汉族大学生为被试，对参与者的思维特点、社会关系及对朋友/陌生人的赏罚行为进行测试。在思维特点测试中，要求被试对三个词语如"萝卜—兔子—狗"分类。结果显示，来自种植水稻较多的南方地区的被试更可能做出基于关系的分类——即将萝卜和兔子分为一组，来自种植小麦较多的北方地区的被试更可能做出基于属性的分类——即将兔子和狗分为一组。在社会关系测试中，要求被试画出自己的社会网络，并用圆圈表明自己和他人。研究者通过测量代表自己、朋友的圈的大小，得到对自我的隐性测量。结果显示，来自水稻种植区的人更可能把自己画得比他人小。最后，研究者评估了被试对待朋友和陌生人的行为差异。实验让被试假想四种情况："朋友或陌生人的诚实行为帮助自己赚钱，是否奖励？"或者是"朋友或陌生人的欺骗行为使自己赔了钱，是否惩罚？"结果显示，与来自小麦种植区的个体比，来自水稻种植区的人更可能对朋友做出奖赏，而且避免对朋友做出惩罚。上述结果说明，水稻种植区的被试更具备集体主义文化的特点，表现为对朋友更加忠诚、交往中并不突出自我、具备整体型思维等；小麦种植区的被试更具备个人主义文化的特点，表现为在交往与合作中更凸显自我，具备分析型思维等。另外，研究者还对不同种植区的离婚率、专利项目等其他反映个人主义和集体主义文化特点的指标做了统计，得到了相似的结论。最后，为了排除南北方温度、方言等方面的差异，研究者还在稻麦种植分界线上选取 224 名来自四川、重庆等五地农场的被试，并按农场的水稻或小麦的种植面积予以重新分组，并再次测试，得到

---

① Nisbett, R. E., Cohen, D., *Culture of honor: The psychology of violence in the south*, Westview, 1996.

了相似结论。①

Talhelm等人进一步认为，造成上述现象是历史上上述地区的农业种植方式存在差异所致：中国南方等温度、湿度较高的地区更适合于种植水稻，在灌溉及栽培技术都不发达情况下，必须通过个体间的合作完成，这就导致该地区的文化具有集体主义文化的特点，并在相当长的时间内得以维持和保存；中国北方等温度、湿度较低的地区更适合于种植小麦，这种生产方式对个体间合作的要求较低，导致该地区的文化具有个人主义文化的特点，并一直保持到今天。值得注意的是，研究所选被试大多并无农业种植经历，只要他们的地区有较长的水稻/小麦种植历史，而且无论该地区现在是否仍然在种植水稻或小麦，都会具备相应的文化及心理特点。这与Nisbet &Cohen（1996）提出的文化功能性自主运行方式（Functional Autonomy Fashion）假设类似：某地的文化一经产生，就会通过社会实践、社会交流、建立社会和法律制度及形成文化产品等社会活动保持下来，当新团体置身于这种文化环境中时，个体会再次对体验到的文化环境形成表征，并且再通过类似的社会实践等活动予以表达，从而以自主的方式实现一个文化的循环和保持过程。比如，如今美国南部存在一种重视个人名誉、较为争强好胜的荣誉文化，这种文化最初是因为该地区的人们从事狩猎活动谋生产生的，虽然如今这种生产活动在上述地区已不存在，但荣誉文化在该地区仍长期维持并保存了下来。另外，个体的文化信念、价值观还可以在不断实践活动中塑造出相应的神经通路或行为模式，并以生物或行为的方式遗传给下一代。②

稻米理论提出后，引起了很大反响，并且得到了一些研究者的支持。比如，Henrich认为，该理论可以解释为何工业革命在英国发生——该国的气候多适合于畜牧和小麦种植业的发展，因此，其成员更可能具备个人主义文化、分析型思维的特点，也更利于科学发展和发明创造。③ 而马欣然、任孝鹏和徐江（2016）的研究也得到类似结论：来自中国南方的被

---

① Talhelm, T., Zhang, X., Oishi, S., et al., "Large-scale psychological diffe-rences within China explained by rice versus wheat agriculture", *Science*, 2014 (344), pp.603-608.

② Kim, H. S., Sasaki, J. Y., "Cultural neuroscience: Biology of the mind in cultural contexts", *Annual Review of Psychology*, 2014 (65), pp.487-514.

③ Henrich, J. Rice, "Psychology, and Innovation", *Science*, 2014 (344), pp.593-594.

试在亲亲性的内隐文化任务中表现出更明显的集体主义倾向。[1]

(二) 稻米理论的不足

稻米理论视角新颖，有一定的合理性，为相关研究领域的发展提供了依据。但是当作者运用这一理论来解释中国南北方的文化差异时，就存在着明显的缺陷与不足：该理论在样本选择、数据分析及理论解释上都有不足，引起较大争议。

首先，全国范围内的测试在样本选择上比例并不合理，一般而言，应该以各省人口占全国人口的比例为依据，在此基础上予以施测，但事实并非如此，它是以整体型思维测试为例，在1019名被试中，来自广东省的人数为193人，占到全部样本的18.94%（但广东省占全国人口的实际比例并非如此）；与之对比，来自北京地区的被试只有2人，远低于实际人口比例。而在内隐个人主义测试、亲亲性测试中也存在类似的问题。Ruan及其研究团队使用bootstrap法予以统计和矫正：在全部总样本中随机去掉2个样本，然后再对所剩子样本统计，反复多次。结果显示，在整体型思维测试中，水稻种植这一变量仍然显著，但对内隐个人主义测试、亲亲性测试的结果解释力有所下降，这说明抽样不均确实会影响实验结果。[2]

其次，在数据分析方面也存在问题。第一，已有的统计模型还不够精确。原有模型将现代化理论、病原体理论及稻米理论分别纳入回归方程予以检验，结果发现稻米理论可显著解释数据的变异。但理论上看，更严格的方法应该是将上述变量同时纳入模型，并检验他们对结果的贡献率。结果显示，水稻种植区的结果并不显著；第二，已有测试的结果存在误差。Talhelm在进行亲亲性测试时用的是绝对差异统计方法，但在最初的文章中，kitayama用的相对差异统计法。[3] 所谓相对差异，指的是用自我圆圈

---

[1] 马欣然、任孝鹏、徐江：《中国人集体主义的南北方差异及其文化动力》，《心理科学进展》2016年第10期。

[2] Ruan, Jianqing, Xie, Zhuan, Zhang, Xiaobo, "Does rice farming shap-e individualism and innovation?" *Food Policy*, 2015 (10), pp. 51 – 58.

[3] Kitayama, S., Park, H., Sevincer, A. T., et al., "A cultural task analysis of implicit independence: comparing North America, Western Europe and East Asia", *Journal of Personality and Social Psychology*, 2009 (97), pp. 236 – 255.

的半径对比朋友圆圈的平均半径的比值,是一个相对值。这就避免了当使用的单位不同时,其测试结果也会有所差异的情况。而在使用了新的测试方法后发现结果并不显著。另外,之前的画圈测试由于不受场地、时间的限制,因此可能存在系统误差的影响(比如笔、本等因素)。甚至是来自同一省区的被试,不同时间、不同地点的测试结果也不一样。这说明系统误差、测量误差同样不容忽视;第三,作者在测量指标的选取上也有不足。比如,作者将离婚率和专利数作为个人/集体主义文化的反映,但在这些数据的选取上存在较大问题。再如,在专利方面,作者只用到1995年以前的数据。但数据显示,1995—2009年期间,水稻种植区的专利数量显著上升,且超过了非水稻种植区的数量。如果把1992—2009年的数据予以整理、并重新统计后发现,稻米理论的结果并不显著。而且,发明专利只是专利的一部分(只占到所有专利的22%),对所有的专利予以重新统计后得到了与结论相反的结果,即,稻米区的专利数显著高于小麦种植区。第四,专利申请本身有滞后性的特点,一般从提交到批准需历时6年,这样的话,特定年份的专利数量与当年的GDP指标(也是现代化效应的指标)其实并不对应,而在改进后发现结果并不显著。最后,专利申请地区和申请人的籍贯并没有直接联系。当地大学、科研院所的人员多是来自全国各地的,因此其专利数目,并不真正反映当地的创新能力和水平。而作者在剔除了这部分数据后,发现结果同样是不显著的。[①]

最后,研究理论在因果性的解释上也存在一定问题,且与已有的理论、现实相悖。在北方,许多小麦种植省份同样有很高的玉米种植面积,而该类作物的种植同样无须过多的劳动力参与。也就是说,结果并不能排除玉米种植的影响。另外,上述理论与一些其他理论、现象也有矛盾。比如,在中东等其他地区,种植非水稻更多,理应具备更个人主义的思维,但这一结论与事实相反。[②] 而强调顺应、劝诫、具有集体主义文化特点的儒家思想并非产生于中国的水稻种植区,而是产生于中国的北方——早在春秋时就有小麦种植史的齐鲁大地,这一事实与稻米理论也是相冲突的。

[①] Ruan, Jianqing, Xie, Zhuan, Zhang, Xiaobo, "Does rice farming shap‐e individualism and innovation?" *Food Policy*, 2015 (10), pp. 51–58.

[②] Robert, S. G., "Commentary: Large‐scale psychological differences with China explained by rice Vs. Wheat agriculture", *Frontiers in Psychology*, 2015 (6), pp. 1–4.

由此可见，稻米理论有一定合理性，但在解释大规模的中国南北方差异时就存在明显的问题。为何如此？我们认为这是因为作者忽略了中国移民的历史、忽略了南北方气候—经济的差异所致。中国是一个有五千年历史的文明古国，既有辉煌的过去，也有苦难的历史，而大规模的战争更是导致中国历史上出现了四次大规模的移民潮，对中国南北方的文化产生了重要的影响；另一方面，中国是一个拥有960万平方公里的大国，但各地区之间经济发展并不平衡、不同地区之间气候差异很大，而这些来自社会、生态的因素都会对当地的文化产生影响。为此，笔者查阅和总结了我国小麦和水稻的种植史，中国古代、近代的移民历史及气候—经济因素对当地文化的影响，以期能更加详细地说明问题。

二 中国古代小麦和水稻的种植史

春秋时，有关小麦的不同品种已见于记载[1]。西汉时期，麦子种植得到大力推广，如汉武帝"遣谒者劝有水灾郡种宿麦"，汉安帝"诏长吏案行在所，皆令种宿麦蔬食，务尽地力"。可以说，历经魏晋之后，在全国范围内形成了南稻北麦的生产格局。

在水稻种植方面，虽然学者对中国的水稻起源还存争议，[2]但可确定的是，在先秦时期，南方就由于雨量充沛，形成了以种植水稻为主的特点[3]。在秦汉时期更为普遍，元代后，人们对水稻的各个类型已有充分认识，且在栽培、灌溉等技术上实现了突破。[4]

首先，总的来看，在我国历史上，北麦南稻的格局确实一直存在，并保存至今。但值得注意的是，强调顺应、劝诫、具有集体主义文化特点的儒家思想是产生于中国北方——早在春秋时就有小麦种植史的齐鲁大地，这一事实是与稻米理论冲突的；其次，如果文化差异是由历史上主粮作物种植差异导致，那么，Talhelm等人在对被试进行属于水稻种植区或小麦种植区的分类时，就应该更多地查阅并提供相关省份的主粮作物种植史

---

[1] 陈冬生：《山东历史上主粮作物的农家品种资源》，《古今农业》1997年第3期。
[2] 同上。
[3] 同上。
[4] 周跃中：《试谈中国古代农作物种类及其历史演变》，《吉林农业》2010年第8期。

料，而不仅仅是以现行的各省耕地面积作为参考。

三 中国的移民历史及对南北方文化的影响

移民对于文化的影响同样不能忽视。据史料记载，我国古代存在着四次大规模的由北向南的移民潮：秦朝时期、两晋南北朝时期、唐朝时期和南宋时期。古代北方多有少数民族迁入，特别是在五胡乱华、南北朝、五代十国、辽金及元朝时期，这些少数民族都建立了自己的政权，促进了少数民族与汉族的融合①；在唐朝时期，由于少数民族在河北一带很多，当地汉人也受其影响，有"天下指河朔若夷狄"②之说；另外，金朝时大量女真人移居中原，使汉人出现了"（汉）民亦久习胡俗，态度嗜好与之俱化"③的局面；因此，与南方比，北方更体现为一种将平原文化与草原文化、农耕文化与畜牧文化、华夏文化与胡族文化相融合的文化，也就是说，具有个人主义价值取向的游牧文化使北方更具有个人主义的文化特点。另外，在南方，移民社会地位高，掌握的行政权力、文化经济优势大，本地土著居民出于对先进文化的仰慕效仿，会主动学习其文化与语言，因此更可能保留了更具备集体主义特点的中原和儒家文化。④

而 Bo Wen 及其团队通过对 Y 染色体和线粒体 DNA 的测试，发现南方汉人的主体仍然是曾经的中国北方汉人，这为汉族的南迁提供了分子人类学的依据。⑤南北方在文化产品上的差异也支持了上述结论。相关学者认为，文化产品（如音乐、艺术等）的本质是一个群体所共享的文化表征的产物，是文化的外在表现之一。因此，文化产品的差异本质上反映了文化的差异。⑥而从历史资料看，我国南北方的文化差异在艺术、音乐、

---

① 葛剑雄、曹树基：《简明中国移民史》，福建人民出版社1993年版，第206—209页。
② 同上书，第232页。
③ 同上书，第282页。
④ 同上书，第597页。
⑤ Bo Wen, Hui Li, Daru, Lu, et al., "Genetic evidence supports demic d-iffusion of Han Culture", *Letters to Nature*, 2004 (431), pp. 302 – 305.
⑥ Lamoreaux, M. Morling, B., "Outside the Head and Outside Individualism Collectivism: Further Meta Analyses of Cultural Products", *Journal of cross - cultural psychology*, 2012, 43 (2), pp. 299 – 327.

语言等文化产品上也多有所表现。比如，在文风方面，游牧民族的内迁使中原文风增添了"词义贞刚，重乎气质"的气质，南方则表现出"贵于清绮丽"的特点；在书法方面，北方文字表现出"书迹鄙陋"的特点；在音乐方面，北方曲调的胡乐色彩浓重，南方风格则多缠绵悱恻，以致南北朝时北方统治者认为必须到中原以外地方才能寻找到"华夏正声"；在语言方面，北方汉人南迁，导致许多南方地区至今还保有北方语系的特点。①

总之，战争导致的移民因素对南北方文化都产生了重要影响，而这种影响得到了来自历史资料和文化产品方面的支持。

四 中国南北方的经济—气候差异及对文化的影响

（一）中国南北方的经济—气候差异

中国各地区经济发展极不均衡，突出表现为东部地区的经济发达型省份较多，如北京、上海的人均 GDP 都在 10 万以上，而西部地区的经济欠发达型省份更多，如贵州、云南的人均 GDP 在 3 万以下。与之类似，中国各地区的气候也有较大差异：处于高纬度中温带气候地区的长春、哈尔滨市年平均气温只有 7.2℃和 5.6℃，而处于低纬度南亚热带地区的南宁、海口市年平均气温则达到了 22.2℃和 25.3℃。② 上述数据都说明中国作为一个幅员辽阔、人口众多的国家，其地区之间在经济、气候等方面存在着极大差异，而经济—气候理论认为一个地区的经济—气候情况的相互作用会影响该地区的文化。

（二）经济—气候差异对文化的影响

与所有的温血物种类似，人类的身体也必须保持恒温（一般在 37℃左右）。当周围温度低时，人体新陈代谢提高，以产生热量，并维持体温；而当温度降低时，人体的新陈代谢同样会加快，通过流汗或喘气以保持体温的恒定。而这个过程会使得人们消耗大量的动植物资源，也就是

---

① 葛剑雄、曹树基、吴松弟：《简明中国移民史》，福建人民出版社 1993 年版，第 612 页。
② 国家统计局：《2016 中国统计年鉴》，中国统计出版 2016 年版。

说，经济可对这种气候导致的身心不舒适感作出补偿。再进一步说，如果经济因素的资源补偿可以满足、平衡上述气候因素对身心的影响，则会培养出其个体更多的独立意识和抉择，进而培养出更鼓励个人追求的文化和价值取向；而如果经济带来的资源不能补偿这种气候对身心造成的影响，则会促使其个体更多地降低其自主选择性，更遵守规范，进而形成拒绝冒险、通过隔绝外来人口以寻求庇护的集体主义观念。[1]

Van de Vliert 的理论得到一系列研究的支持。比如，跨国间的比较发现经济—气候理论可解释不同的国家之间在自由表达（Freedom）和压抑（Repression）、内群体偏好（Ingroup Favoritism）的爱国心（Compatriotism）、裙带关系（Nepotism）和家庭主义（Familism）等个人主义和集体主义价值取向维度上的诸多差异。[2] 而 Ren 及其团队的研究则以中国的各省区群体为样本予以施测，结果同样支持了上述理论。他们选取了15个省的1662名样本予以施测：发现集体主义在温度适宜且收入较高的省份最低（比如广东），在气候较为严酷但收入较高的省份较高（比如湖南省），在气候严酷但收入较低的省份最高（比如黑龙江省）。这些结果都说明，中国南北方的文化差异绝不能仅仅用小麦或水稻的主粮作物差异来解释，气候、经济及二者间的相互作用也是影响中国南北方文化的重要原因。[3]

五 总结与展望

（一）对稻米理论的反思

综上所述，可以看出，无论是从南北方移民的文化传播、文化产品差异还是气候—经济差异的角度看，移民因素和经济—气候因素都对我国南

---

[1] Van de Vliert, Yang, Huadong, Wang, Yongli, et al., "Climato-Economic Imprints On Chinese Collectivism", *Journal of Cross-Cultural Psychology*, 2012, 44 (4), pp. 589-605.

[2] Van de Vliert, "Climato-Economic Origins of Variation in Ingroup Favoritism", *Journal of Cross-Cultural Psychology*, 2011, 42 (3), pp. 494-515. Van de Vliert, "Bullying the Media: Cultural and Climato-Economic Readings of Press Repression versus Press Freedom", *Applied Psychology*, 2011, 60 (3), pp. 354-376.

[3] Van de Vliert, Yang, Huadong, Wang, Yongli, et al., "Climato-Economic Imprints On Chinese Collectivism", *Journal of Cross-Cultural Psychology*, 2012, 44 (4), pp. 589.

北方文化产生了重要影响。因此，忽略甚至无视这种大规模的移民历史，忽略南北方之间在经济—气候方面存在的巨大差异，单纯将中国南北方的文化差异归因于水稻或小麦的种植，至少是缺乏历史观和不够全面的，很可能会对理论的正确性和变量间的因果关系造成影响：无论是从文化产品还是文化传播角度看，中国北方更可能具备"游牧文化"的个人主义价值取向，而这对相关理论的因果性和推广性都造成影响。要检验或排除移民因素的干扰，仅用现在的"狩猎少数民族在各省的比例"来进行检验还不准确，事实上，相关学者认为，从本质上说，今天的汉族是以古老的华夏各族为基础，融合大量其他民族的产物[①]，因此，仅仅通过当前"显性"的少数民族人口比例来考察相关变量影响的做法尚显不准确；另外，经济—气候理论发现气候和经济的相互作用会对当地的文化价值取向产生影响。温度较为严酷而经济较为贫困的地区会形成相对封闭、内群体偏好性较强的集体主义价值取向；而温度适中的地区无论经济状况如何，其集体主义价值取向的程度都较低；温度严酷、经济较好的地区则会形成更追求个人目标和自我实现，更强调开拓、进取的个人主义文化。而中国是一个幅员辽阔的大国，各省之间在温度、经济状况方面差异都比较大，这同样会对稻米理论在中国南北方文化差异的解释上产生影响。以北方的黑龙江省为例，研究显示：由于该地区的气温较低，而其经济水平与其他省份相比尚不发达，所以该省有比较明显的集体主义文化价值取向。与之相比，南方的广东省气候适宜，而其经济水平处于全国前列，而数据显示该省在集体主义测试中的得分相对则较低。各省之间的差异都会影响实验结果。说明在对中国南北方的文化差异做出解释时，经济—气候的特征同样不容忽视。笔者并未否认稻米理论的正确性：种植水稻或小麦的生产方式差异确实会影响该地区的文化，但是，如前所述，当用这种差异来解释中国南北方的个人主义/集体主义文化差异时就是缺乏历史观的和不全面的。

虽然作者在正文及补充材料中也考虑到干扰变量的影响，并试图用增加实验、改变统计方法等手段对上述变量予以控制，但对"移民导致的文化差异"这一变量的控制并不成功。比如，研究者对来自接近省区的被试进行测试并得到相似的实验结果，只能说明主粮作物的种植差异确实

[①] 葛剑雄、曹树基、吴松弟：《简明中国移民史》，福建人民出版社1993年版，第583页。

会影响文化，并不适用于对中国大规模的南北方文化差异的解释；此外，作者在相关材料中按狩猎的少数民族在各省的比例来分组，进而检验游牧文化是否影响结论的方法也存在问题：人口众多，对中国历史产生过重要影响的匈奴、鲜卑、女真、契丹甚至蒙古等塞外游牧民族在迁入中原地区后，都完全融入到了汉族之中，且都逐渐丧失了自己的民族身份，但如前所述，他们又确实对当地文化造成了影响。而依照文化遗产理论或作者假设来看，某地区历史上的文化差异会通过各种社会交往、实践活动一直保存下来，并影响至今。因此，仅仅用"现在的狩猎民族在各省的比例"来排除历史上的移民、游牧民族对当地文化的影响就显得不够精确，甚至是"刻舟求剑"的。另外，已有的数据分析方法也并不能排除经济—气候对南北方文化的影响，且如前所述，在抽样、数据分析和选取上也有比较明显的问题，而这些问题都会对结论产生影响。

（二）文化的影响因素——社会生态视角

事实上，许多宏观因素，如经济发展水平和历史性的社会生态因素，如经济状况[1]、居民迁移[2]、生活环境[3]、宗教信仰[4]、民族历史和生产生活方式[5]、疾病[6]等，都会引起文化变迁，进而塑造和改变人的心理及行

---

[1] Grossmann, I., Varnum, M. E. W., "Social class, culture, and cognition", *Social Psychological and Personality Science*, 2010 (2), pp. 81-89. Varnum, M. W., Na, J. k., Murata, A., et al., "Social class differences in N400 indicate differences in spontaneous trait inference", *Journal of Experi-mental Psychology*, 2012, 141 (3), pp. 518-526.

[2] Oishi, S., Talhelm, T., "Residential mobility: What psychological research reveals", *Current Directions in Psychological Science*, 2012, 21 (6), pp. 425-430.

[3] Linnell, K., Caparos, S., de Fockert, J. W., et al., "Urbanization decreases attentional engagement", *Journal of experimental psychology, Human perception and performance*, 2013 (5), pp. 1232-1247.

[4] 乔艳阳、张积家、李子健：《宗教和经济对民族文化及思维方式的影响——以景颇族为例的文化混搭效应探析》，《西南民族大学学报》（人文社会科学版）2017年第8期。

[5] Varnum, M. E. W., Grossmann, I., Kitayama, S., et al., "The Origin of Cultural Differences in Cognition: The Social Orientation Hypothesis", *Current directions in psychological science*, 2010, 19 (1), pp. 9-13.

[6] Fincher, C. L., Thornhill, R., Murray, D. R., et al., "Pathogen prevalence predicts human crosscultural variability in individualism/collectivism", *Proceedings of the Royal Society BBiological Sciences*, 2008 (1640), pp. 1279-1285.

为特征。比如，Linnell 及其同事的研究发现，城市辛巴族的工作记忆能力更好，但在空间注意任务中表现出更多的去中心化加工特点，而草原辛巴族仍能更多地关注目标。另外，现代化理论也认为文化由经济决定。经济发展得越快，资本主义的特点就越明显，文化越具备个人主义的观念和分析型的认知特点。比如，Inglehart & Baker（2000）的研究发现人均GDP 越高的国家，其个体主义的文化特点及生活方式更明显。这一理论在亚洲国家同样适用。Grossman 和 Varnum（2010）发现，无论是美国人还是俄罗斯人，低层社会群体都表现出更明显的背景信息加工和情境归因的特点。Varnum、Na、Murate 和 Kitayama（2012）发现，当目标个体出现与其潜在特质不一致行为时，社会中层的个体出现了更大的 N400 波幅[1]。这说明，与底层群体相比，中层群体在归因时会更多地采用自发性的特质推理策略（Spontenous Trait Inference）。研究者认为，这是因为由经济发展带来的社会改变为成员提供了更多的自主决策机会，较好的经济条件为其阶层提供了较丰富的个人、经济及社会资源。而这种较为丰富的社会及个人资源带来两种影响：一方面，更好的经济条件使个体有更高的可支配性收入和更多的资源，因此个体可在他们拥有的环境、团体、朋友甚至是个人发展方向之间作出相对自主的选择，进而培养了其更多的自我意识和独立自主性，并产生了更为明显的局部型注意方式；另一方面，与之对比，来自贫困阶层的个体可支配和掌握的收入和资源都较为有限，个体往往不能在其所拥有的环境、团体乃至朋友之间进行选择，因此必须更好的服从规则和适应现有的环境才能更好地生存，也就是说这种相对稀缺的资源很可能会形成更强的内群体联系、依存型社会取向，并产生更为明显的整体型注意方式。

这些理论和研究结果都说明，文化的塑造并非静态、一成不变的，文化的形成与变迁会受到许多社会性（比如移民、经济状况）、生态性（比如气候）等因素的影响。为此，我们设定了各项社会和生态因素对文化的影响模型，以期让读者更直观地理解文化的形成及变迁（见图1）。

未来的研究可在以下几个方面予以改进：首先，应重视跨学科的合

---

[1] N400 是脑电的常见指标，一般与语言理解有关。语言心理学的许多研究发现：当被试在理解言语信息时，语言歧义越大，越可能诱发出更大的 N400 波幅。

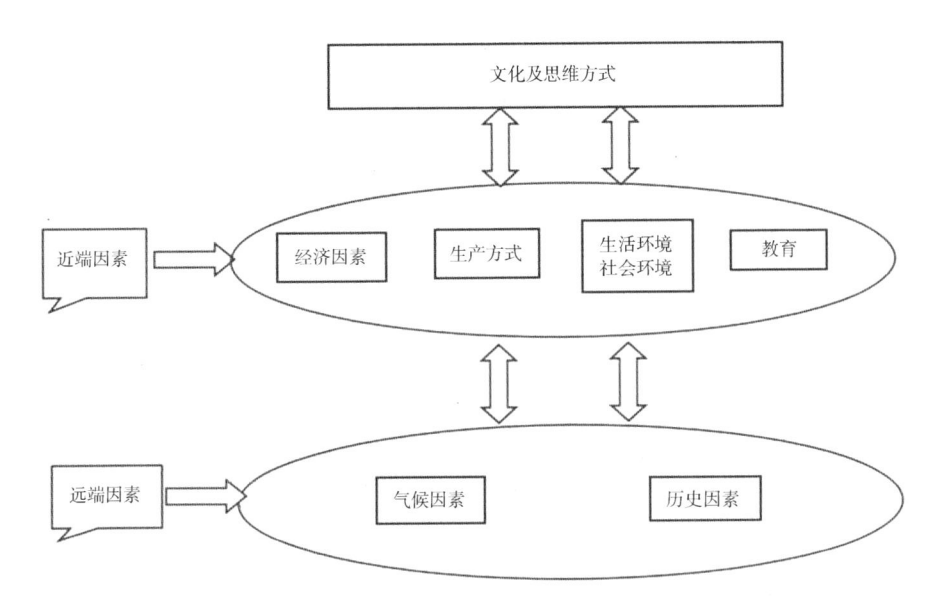

图 1　社会生态因素对文化价值观的影响

作。可利用分子人类学的研究方法找到属于游牧民族的特定基因，并按该基因在特定地区的分布频率来分组，进而计算或排除移民对中国南北方特别是北方个人价值取向的影响；其次，如前所述，相对于一种单一的因素，一个地区的文化更可能受到当地经济、气候、历史、生产方式等多种因素的影响，片面地将文化的形成和变迁归于一个因素是不合理的，但可以采用系统的控制方法对单个因素的影响予以探讨。比如，可在一个地区抽取两个样本，并尽可能对其他因素予以控制，以尽可能地考察某项社会生态因素对文化的影响。最后，中国社会正处于转型时期，在经济全球化的今天，在"一带一路"战略思路的带动下，从宏观层面看，经济环境、居住环境和人际环境都在不断地发生变化，研究这种社会和生态环境对国人心理及行为特征的影响对维持社会和谐、民族稳定、具有重要意义。

文化对人与自然关系的调适

——兼论西南少数民族原初文化的生态价值

顾久*

内容提要：人永远不能挣脱动物的本质，人类的文化必然是基于动物性的文化，这种基于动物性的人类文化，曾经有效地对动物本能进行过比较成功的约束。进入工商社会以后，因为放纵欲望、创新科技、袪除神圣感等综合因素，加大了人与自然的尖锐矛盾。在此情势下，西南少数民族原初文化中的生态意识和相应行为，有其值得珍视的价值和意义。

关键词：文化；动物本能；自然环境；原初文化

笔者一直关心，人类是否已经凭借"文化"而摆脱了动物本质。如果没有，那么基于动物属性的人类文化，能否调适自身的种种原始动物本能，如求食、求色、求安，以及派生的求富、求庶、求强的无尽欲望，最终达成人与自然关系的和谐。本文首先考察人类是否已经凭借自身的文化，挣脱了动物本质；其次，论述笔者对"文化"的认识——基于生物属性的生存系统；再次，比较各历史阶段文化系统对本能的调适作用；最后，展示原初文化的生态价值。

一 人类是否已经凭借文化而挣脱了动物本质

人类已经因自身有文化而挣脱了动物状态，持此说者约略有三。

---

* 作者简介：顾久（1951— ），男，汉族，贵州省文史研究馆原馆长，主要研究方向为语言学、教育学、文化学、贵州历史等。

(一) 人类唯灵,凌驾于动物之上(下简称"有灵论")

达尔文之前,人类普遍认定自己独有文化,属万灵之长,乃至接受天帝之命凌驾并主宰万物。比如中国古籍说:"惟人,万物之灵。"[①] 西方《圣经》则有:"凡地上的走兽和空中的飞鸟,都必惊恐,惧怕你们;连地上一切的昆虫并海里的一切鱼,都交付你们的手。凡活着的动物,都可以作你们的食物。这一切我都赐给你们,如同蔬菜一样。"

(二) 人虽为动物,但已挣脱了动物本质(下简称"挣脱论")

与达尔文同时代的马克思说:"吃、喝、生殖等,固然也是真正的人的机能……动物的东西成为人的东西,而人的东西成为动物的东西";另外,他更注重人与动物不同点——有自由有意识的"类存在物","有意识的生命活动把人同动物的生命活动直接区别开来。正是由于这一点,人才是类存在物"[②],恩格斯似对生物有更深入的阅读理解。他意识到人仍是动物,在《反杜林论》中说:"人来源于动物界这一事实已经决定人永远不能完全摆脱兽性,所以问题永远只能在于摆脱得多些或少些,在于兽性或人性的程度上的差异。"但他又说:"从动物界分离出来的人……文化上的每一个进步,都是迈向自由的一步。"在《自然辩证法》中,他甚至认为,文化"使人和猿之间的鸿沟从此不可逾越了",最终成为"唯一能够挣脱纯粹动物状态的动物"。[③]

国内也有不少学者持此观点。郑也夫说:"人是一种动物,但是是一种特殊的动物。人是掌握了文化的动物,人是一种文化动物。人的本质就是他已经没有了传统意义上的本质。什么叫传统意义上的本质?就是一个动物的本质,比如猪的本质属性,虎的本质属性。人没有这样一种本质属性……人的本质就是人出生时没有本质,他的存在先于他的本质,他的本质从哪里来?萨特说是后天注入的。人天生没有什么本领,全靠后天的学习。"[④]

---

① 《十三经注疏》,中华书局 1979 年版,第 180 页。
② 《马克思恩格斯文集》第 1 卷,人民出版社 2009 年版,第 160、162 页。
③ 《马克思恩格斯文集》第 9 卷,人民出版社 2009 年版,第 106、120、421、408 页。
④ 郑也夫:《神似祖先》,中国青年出版社 2009 年版,第 280—281 页。

(三) 人类与动物间并无鸿沟（下简称"有机联系论"）

当代具有生物学背景的学者，更多强调人类与动物之间有机的联系。爱德华·威尔逊1975年发表的《社会生物学：新的综合》认为："在人类中，文化才彻底地渗透到实际生活的各个方面"，但"并不意味着文化脱离了基因而自由发展"①。三年后，在《论人的本性》中，他重申："人类是由本能所驱使的，而本能是由基因决定的。"② 又三年后，他与拉姆斯登共同完成的《基因、心灵与文化》中，进一步提出三点"后成法则"：其一，主要由基因决定者，"从感知接受到认知阶段早期的大脑系统发育"；其二，文化有更大的作用者，"活跃于认知阶段后期到有意识的思考及经验形成的精神发展史"；其三，文化可以有更多作用者，"在我们关于想象或构思之实在的信念阶段发挥作用"。③

阿兰娜·科伦从微生物学的角度入手。说人体内部的细菌群对人类文化中诸如性格、伴侣选择等"自由意志"都有影响："如果'先天因素胜过后天环境，性格来自基因而非后天培养'的说法让你感到不舒服，那么'性格是由住在肠道里的细菌所决定的'这个观点呢？……除了友谊，你身上的微生物区系甚至也有可能影响你对伴侣的选择。"因此，她的著作名曰《我们只有10%是人类》。④

达马西奥则从大脑科学的角度，提出"基因无意识"概念："基因无意识是指什么呢？非常简单，就是基因组内部包含的海量指令，它指挥有机体的躯体与大脑产生具有区别性特征的表现型构造，并进一步协助有机体运转。"又说："近年来……人们开始意识到早期置于人类大脑中的倾向在相当程度上受到了基因的影响，尽管作为有意识的个体，我们对自己进行了重塑，但倾向的主题范围广阔，无处不在。某些倾向更是成了文化

---

① ［美］爱德华·O. 威尔逊：《社会生物学——新的综合》，毛盛贤、孙港波、刘晓军、刘耳译，北京理工大学出版社2008年版，第525页。
② ［美］爱德华·O. 威尔逊：《论人的本性》，胡婧译，新华出版社2015年版，第39页。
③ ［美］查尔斯·J. 拉姆斯登、爱德华·O. 威尔逊：《基因、心灵与文化：协同进化的过程》，刘利译，上海科技教育出版社2017年版，第18页。
④ ［英］阿兰娜·科伦：《我们只有10%是人类：认识主宰你健康与快乐的90%微生物》，钟季霖译，北京联合出版公司2018年版，第105—106页。

架构的建立基础。"①

其实，中国文化学专家陈序经早在 20 世纪 40 年代即已提出："人类本来是生物之一，当然逃不出生物进化的原则，而人类的文化的进化，也不能逃出进化的例外。简单地说……人类既是生物之一种，则这种生物乃文化的基础是不言而知的。"② 当然，陈先生也是生物学出身的。上列三者："有灵论"兴起于前科学阶段，认为人类独特地位源于"天命（上天或上帝）"，可置而不论。后两种观点都提到了"文化"，但其所指不在同一层面："挣脱论"者的"文化"主要指精神文化，或高级神经活动，而一般动物无此能力，所以人类就挣脱了"纯粹动物状态"并与之有"鸿沟"；"有机联系论"者所言"文化"，乃是"广义的文化"。汪丁丁解释为"人类以及远比人类低级的生物社会的文化"所指的就是这种广义的文化，而"广义文化常常隐含地表达着行为对生命的意义"。③

上述内容如下表：

立场	内容	附带立场
有灵论	唯人类有灵，凌驾动物之上	人处于上天（帝）之下，万物之上的尊显地位
鸿沟论	人类因有文化而"挣脱动物状态"	没有了上天（帝），人类是天地万物的中心
有机联系论	人类及其文化仍与动物状态有机联系着	人类应警惕自身的动物性，敬畏并保护自然环境和其他生物

笔者赞同有机联系论。鉴于生物学家们一般不关心人类文化模式的构建，试拟一个基于动物本能的人类文化框架于下。

---

① ［美］安东尼奥·达马西奥：《当自我来敲门：构建意识大脑》，李婷燕译，北京联合出版公司 2018 年版，第 256—257 页。
② 陈序经：《中国文化的出路》，岳麓书社 2010 年版，第 10 页。
③ 汪丁丁：《从理性和感性走向演化理性——序达马西奥著作五种中译》，载［美］安东尼奥·达马西奥《笛卡尔的错误：情绪、推理和大脑》，殷云露译，北京联合出版公司 2018 年版，前言。

二 基于动物本能的人类文化框架

笔者对"文化"的理解是：一群人适应（改变）环境的一整套生存（发展）的系统。

（一）这种"文化"的基本论点

1. 人是演化着的动物，以生物之躯不断适应着外在的自然环境，以个体适应着群体的人文环境，不断适应、认识与改变着这些环境；其所有努力，早期都是为了生存。因此，生存本能是人类最根本的行为和思想的"第一推动力"。在生存问题解决之后，进一步发展的欲望仍推动其思想、行为日益繁复。

2. 人是动物，必须通过艰苦的精神与行为活动以谋生计，才能维系和延续生命所需能量，保障生生不息。

3. 人是群居动物，必须有维系群居的生理基础、行为方式和心理方式，个体才得以生存与繁衍。因此有遵循群体中"日常行为"的仪式和集体无意识，以及对自身"组织秩序"的敬畏、遵从和荣誉感。

4. 人在其群居生活中演化出特别的大脑，并随着群体日益庞大派生出日益复杂的心理活动，并产生出人类的语言符号系统，还利用该符号系统维系起更大规模的群体生活，这是该物种与它物种的极大差异之处。

以上几点，多为公认的常识，无须论证。

（二）对该生存系统的建构

在此基础上，笔者将整个人类大生存系统划分为四个子系统：

1. 维系个体的生命，需要外来的能源以保证生命生生不息的行为和精神活动，可称之为"谋生谋衍系统"。该系统开始简单而指向明确，随后渐趋繁杂，分化成"经济""农业""商业""会计""性学""婚姻与家庭"等不同的门类。（马克思主义唯物论建立在此基础之上，以下简称"谋生系统"）

2. 维系群居的生理基础和行为方式，可进一步区分为二。"仪式化的日常行为系统"：体现为繁复的衣食住行、岁时年节、人生礼俗、民间俗信、民间歌舞等,分化出"非物质文化""食文化""节日文化""民间歌舞""民间说唱"等"民俗学"的内容(下简称"行为系统");维系群居,还需要"公认的组织秩序系统":主要体现为权威与服从,分化出法律、法庭、警察、监狱等"政治学""法学""公共管理学"之类的内容(下简称"秩序系统")。

3. 由大脑而产生的复杂心理活动,以及由符号建构的概念集合,可叫它"安顿心灵系统":体现为感受、宗教、文艺、哲理等"心理学""哲学""宗教学""文艺学"等内容(下简称"心态系统")。

谋生系统,行为系统,秩序系统,心态系统四者,有如四根无形、有机渗透、相互支撑、错综绞缠的"绳子",共同编织成一个族群生存的"大网"。人存在其中,不知不觉、文文明明就化育为"网中之人"。该过程,中国人称作"以文化人",简称"文化"。

三 建构的依据

上述文化分析模式,是"从动物生存角度来看文化形成",或称"动物发生学视角的文化观",其理由是:符合唯物论、达尔文主义—动物行为学、大脑科学,以及哲人成说。

(一) 符合唯物论

恩格斯说:"马克思发现了人类历史的发展规律,即历来为繁芜丛杂的意识形态所掩盖着的一个简单事实:人们首先必须吃、喝、住、穿,然后才能从事政治、科学、艺术、宗教等。所以,直接的物质的生活资料的生产,从而一个民族或一个时代的一定的经济发展阶段,便构成基础,人们的国家设施、法的观点、艺术以至宗教观念,就是从这个基础上发展起来的,因而,也必须由这个基础来解释,而不是像过去那样做得相反。"① 其逻辑是:人是生物体,必须每天补充食物才能生存;而天上不掉馅饼,所以必须进行食物的生产;这种生产能力和生产关系共同组成经济基础;其余习俗、制度、精神等因素,都建立在该经济基础之上并不可避免地受

---

① 《马克思恩格斯文集》第3卷,人民出版社2009年版,第601页。

其影响。

（二）符合达尔文主义—动物行为学

上述文化诸系统，都可以从演化中的动物性加以说明。

1. 关于"谋生系统"。笔者在《从生物人的角度看人与自然的矛盾》一文，已经从动物本能的求食、求色、求安行为后面的基因、机体、心理等做了说明，人类不可能摆脱这些本能。此处不再赘述（该文尚待刊登）。

2. 关于"行为系统"。动物行为学家洛伦兹研究并论述动物的"仪式化"行为及其与人类行为的关联，获得诺贝尔奖。关于仪式化行为的功用，他说："传统仪式肯定是伴着人类文明的曙光形成的，就像在低一层级中，系统发生仪式的形成是高等动物产生社会组织行为的前提一样。……一个物种或者一个文明社会，它们应对某种环境条件的行为模式都获得了一种全新的功能，即交流功能。……从交流功能中可能又会产生两个新的同等重要的功能，……第一个功能的作用是将攻击行为引至一条无害的发泄途径，第二个功能是在两个或多个个体之间构建一种纽带关系。"

总结洛氏观点，行为仪式有三个功用：1. 便于交流，动物的仪式已有符号化功能；2. 便于化攻击性为和平性，如今日的礼貌礼仪之类；3. 便于将分散的群体结合为一，如今日通过校服、乡音等产生的认同感。关于动物仪式化行为与人类文化的关系，他还说："简单的动物传统和高级的人类文化传统之间存在着一种共同的不可或缺的元素，那就是习惯。毋庸置疑，习惯是对业已习得的传统的顽固坚持，它在文化中所起的作用就如同基因在仪式的系统发生起源中所起的作用一样。"[1] 因为习惯会产生"准无意识"或者直觉的表现，所以人们对自己的行为仪式系统往往"由之"却不"知之"。

3. 关于"秩序系统"。凡社会化动物，即抱团生存的动物，其中往往由一个权威发出指令而大众服从之，如昆虫的蜂蚁有王后，禽类的鸡有

---

[1] ［奥］康拉德·洛伦茨：《论攻击》，刘小涛、何朝安译，上海科技教育出版社2017年版，第51—56页。

"啄序",哺乳类的羊群狼群有首领,灵长类的猴猿有王者,等等。人类原始的脑干与恐惧感、服从后的安全感,应该源自动物大脑,并经由上帝崇拜、鬼神崇拜、祖先崇拜、"原始年龄等级制"等阶段而形成后世对权力的向往和对权威的认同。这种原始本能基础上出现的秩序,到工商社会、资产阶级出现才开始出现不同的呼声,如"民主""人人生而平等"之类,但又必须由"法律"等新权威取而代之。

4. 关于"心态"系统。人类心态看似神奇而富于灵性,与动物性关联很小,但其实仍离不开动物的属性。首先,"心态"即"心安理得的状态";"心安",是指带有动物本能、直觉等的舒适、愉快、惊恐、愤怒等情绪,出自原始大脑层面,由"情绪心理学""直觉心理学"等来阐释;"理得",则更多是由概念、符号、虚拟想象等来归纳、阐发、领悟,出自后发的大脑皮层,是更高级思维方式,由"宗教学""艺术学""意识形态研究"等来说明。但就是后者中的道德、自由意志等,也仍可用生物进化来加以解释。

先看道德,孟子云:"人之所以异于禽兽者几希,庶民去之,君子存之。舜明于庶物,察于人伦,由仁义而行……"① 可见在孟子心目中,"人伦""仁义"等道德乃是人类"异于禽兽"之处。但当代动物行为学证明,就是灵长类也有"类道德"行为。德瓦尔在列举了黑猩猩舍身救幼兽,乃至同情帮助禽鸟的故事后,赞美孟子的性善论:"我完全赞同孟子的观点。演化造就了新手真诚合作冲动的物种。"②

再看自我意识和自由意志,也曾被认为是人类独有的灵魂活动。但1985年美国加州大学旧金山分校的本杰明·里贝特做了一个"无意识的直觉"与"理性选择"的大脑试验,证明"当我们以为自己在自由地做出一个决定的时候,我们其实只是在按照大脑已经为我们准备好的决定行事而已。所谓'自由',只不过是一个假象";到2013年,德国神经科学家约翰-杜兰·海因斯的实验室进一步证实,人们的大脑中的直觉早于"理性选择"4秒钟!因此,"我们至少可以保守地说,自由意志即使存

---

① 《诸子集成》第1卷,上海书店出版社1986年版,第334页。
② [美]弗朗斯·德瓦尔:《灵长目与哲学家:道德是怎样演化出来的》,赵芊里译,上海科技教育出版社2013年版,第37页。

在，也完全不是普通人脑海中所设想的那个样子。我们幻想的那种在无垠的心智空间里自由遨游，引导着自己的人生向着任何一个方向去的意志'精灵'，大概率是不存在的。这个精灵的游走方向既会受到遗传蓝图的规范指引，也会受到一生生活环境和阅历的牵制调节，最后它还不得不在意识之下的大脑活动中逐渐成形——无论如何，它的选择谈不上多么'自由'"。①

（三）与脑科学"三位一体大脑"相应

三位一体大脑假说认为：最里面的核心为脑干部分，包括间脑（含上、下丘脑）、中脑、脑桥和延髓，主管着心律、呼吸、血压，还有食欲、性欲、攻击欲等，是为"爬虫类大脑"；中层的脑为边缘系统，含扣带回、杏仁核、伏隔核、海马体等组成，主管着原始的不安、愤怒、喜欢、恐惧、快感、干劲等情绪、情感和记忆，是为"哺乳类大脑"；最表面的是大脑皮层，主管着人类特有的思考、感觉、记忆、语言等理性活动，是为"灵长类大脑"。

"有关脑以后进化最引人注目的见解，就是论述覆盖在脊髓、后脑和中脑上面的另外三层的连续堆积及其功能特化。脑的每一步进化都保留着原有部分，但其功能必须被新层控制，同时具有新功能的新层又增殖出来。国立精神保健研究所脑进化和脑行为研究室主任麦克莱恩是当代这一论点的主要阐述者。"② 在今天看来，60多年前提出的该假说，与当今的发现不尽相同：原先以为属于爬行类大脑的基底神经结，在爬行类那里还真不多；原先以为属于灵长类大脑的新皮层，也早在哺乳类那里就有所发现。但认为人类的大脑是从普遍动物逐渐进化而来的论点，仍然不可动摇，人的心智"是在数百万种可能性中，经过诸多错综复杂、或慢或快的步骤，才进化成了现在的样子。进化过程中的每一步都是意外，是基因突变和自然选择共同作用的结果。在此前提下，大脑和感觉系统中决定某

---

① 王立铭：《生命是什么》，人民邮电出版社2018年版，第233—235页。
② ［美］卡尔·萨根：《伊甸园的飞龙：人类智力进化推测》，吕柱等译，河北人民出版社1980年版，第40页。

种性状与功能的基因被保留下来"①。

既如此,"爬虫类大脑"大致支配人类的谋生本能及种种行为;"哺乳类大脑"主要支撑人类的社会性思维及行为,支撑日常仪式化的"行为系统"与组织"秩序系统";"灵长类大脑"则生发出人类的"心态系统"。没有大脑这个生物的器官,便没有人类复杂的文化系统。

(四) 与哲人论述不悖

与马克思"四种生活"不悖:"物质生活的生产方式制约着整个社会生活、政治生活和精神生活的过程。不是人们的意识决定人们的存在,相反,是人们的社会存在决定人们的意识。"②"物质生活"与"谋生系统","社会生活"与"行为系统","政治生活"与"秩序系统","精神生活"与"心态系统"大致相应,但后者更宽泛。

与梁漱溟的"文化"观念不悖:"一家文化不过是一个民族生活的种种方面。总括起来,不外三方面:(一)精神生活方面,如宗教、哲学、科学、艺术等是。宗教、文艺是偏于情感的,哲学、科学是偏于理智的。(二)社会生活方面,我们对于周围的人——家族、朋友、社会、国家、世界——之间的生活方法都属于社会生活一方面,如社会组织、伦理习性、政治制度及经济关系是。(三)物质生活方面,如饮食、起居种种享用,人类对于自然界求生存的各种是。"③ 其(一)大致与"心态系统"相配,其(二)大致与"组织系统"和"习俗系统"相配,其(三)是"谋生系统"之一部分。

与马斯洛的"需要层次论"不悖:马斯洛曾把人的需要按先后顺序分为五类——生理需要、安全需要、归属需要、尊重需要和自我实现需要。④ 生理、安全的需要大致与"谋生系统"相应,归属、尊重需要大致与"习俗系统""组织系统"相应,自我实现大致与"心态系统"相应。

---

① [美] 爱德华·威尔逊:《人类存在的意义:社会进化的源动力》,钱静、魏薇译,浙江人民出版社2018年版,第141页。
② 《马克思恩格斯文集》第2卷,人民出版社2009年版,第591页。
③ 梁漱溟:《东西文化及其哲学》,上海人民出版社2015年版,第20页。
④ [美] 莱恩·多亚尔、伊恩·高夫:《人的需要理论》,汪淳波等译,商务印书馆2008年版,第47页。

上述内容如下表：

基于生物的文化						
该"文化"的组成		其理据			
四系统	具体内容	马克思	梁漱溟	马斯洛	"三位一体脑"假说
谋生谋衍系统	食、色、	物质生活	物质生活	生理需要	爬虫类脑（脑干）
	安全（攻、避）			安全需要	
日常行为系统	衣食、人生、年节等	社会生活	社会生活	归属需要	哺乳类脑（边缘体）
组织秩序系统	分层、权威、服从等	政治生活		尊重需要	灵长类大脑（新皮层）
安顿心灵系统	本能情绪（心安）	精神生活	精神生活	自我实现需要	
	概念引导（理和）				人类新皮层

四　基于动物的文化对人与自然关系的调适

困扰笔者的是：人类的动物本能是驱使文化形成的主要动力，那么，人类文化能否反过来约束自己的生存冲动，最终调适好人与自然的关系呢？下面，分狩猎—采集时代（下简称"狩采"时代）、农耕时代和工商时代三者，具体分析历史各阶段不同文化及其与自然的关系。

（一）狩采时代的文化

在狩采阶段，人类认识和控制自然的能力滞后，其谋生手段，主要靠打猎和采集。其日常习俗具有浓厚的神秘氛围：以占卜来预测自然、以禁忌来逃避危险、以巫术来沟通神灵。其组织秩序，组成血缘小队群，家长权及神权占了重要位置。心态系统，是有着"万物有灵"[1] 特征的"原始

---

[1] ［英］爱德华·泰勒：《原始文化：神话、哲学、宗教、语言、艺术和习俗发展之研究》，连树声等译，上海文艺出版社1992年版，第414页。

思维",具有"集体表象""互渗"等特征①。那时,人类征服自然的力量极弱,约束欲望的神力很强,对上天赋予的种种生存条件充满敬畏感恩之情,屈从并敬畏着大自然,也较好地调适着人与自然的关系。

(二) 农耕时代的文化

农耕时代,人们认识和控制自然主要是依靠世代的经验,能力有所增强。多数人在农村,依靠血缘和地缘关系抱团生存,依赖着土地的种植和繁育的牲畜;小部分人在城市,依靠行政管理、经商、文化传播等维持生计。从习俗系统看,在民间大多数人的日常行为中,天地鬼神的威权无处不在;而在城市贵族中,则倡导非礼勿视,非礼勿听,非礼勿言,非礼勿动等神圣礼仪;家长、君主与祖宗神灵的权威统合着群体。其大致的心态系统:对自然,拥有"天人合一"观;对社会,倡导"推己及人";对自己,要求"克己复礼"等。在人与自然的关系上,依靠天地生存的他们,对自然仍有敬畏感恩之情;倡导"多子多福"的观念,人口数量相对增长较快,但往往由战争、瘟疫、灾荒等时时调控,制约着人口数量的过度增加。一方面相对能约束欲望,调适着人与自然的关系;但另一方面,会因为人口增多、眼前生存的境遇,有意无意地破坏着自然资源。

(三) 工商时代的文化

进入工商社会,人们谋生系统与几千年前大不相同:大多靠工业商业等生存,与气候、土地等自然相对疏远。大群体的生活使人的日常行为系统也有了特色:一方面注重群体间的整饬;另一方面少了往日的神圣感,多了随性化和世俗化。人口大量涌向城市、企业,使人际关系出现个体化、陌生化、自利化,因此在组织秩序上,法律的权威更多取代了人和神的权威。伴随科技的发展,对大自然的认识和改造的能力日益增强,敬畏和神圣感日趋减弱;随着民主的进程,人际间更平等化也更平庸化;对物质、金钱的欲望更进一步增强。

进入工商时代最可注意的有三个要素:科技的发展、贪欲的释放、理

---

① [法] 列维-布留尔:《原始思维》,丁由译,商务印书馆1981年版,第5、69页。

性的"祛魅"。三者相互促进，导致人们永无休止、不断升级的"求富"步伐。

关于科技的发展：工业社会来临前，文艺复兴尽力消除神的权威，追求人类的幸福。于是有培根倡导："如果有人力图面对宇宙来建立并扩张人类本身的权力和领域，那么这种野心（假如可以称作野心的话）无疑是……较为键全和较为高贵的。而说到人类要对万物建立自己的帝国，那就全靠方术和科学了。"①"将人类帝国的界限，扩大到一切可能影响到的事物。"② 这"本质上是功利主义和实用的。……增进人类对自然界的控制，从而增进人类的舒适与快乐"③。革命导师也曾非常清醒地指明了工业、资本主义与科技发展之间的关系，马克思说："资产阶级历史时期负有为新世界创造物质基础的使命……要发展人的生产力，把物质生产变成对自然力的科学支配。"④ 恩格斯则说："资产阶级为了发展工业生产，需要科学来查明自然物体的物理特性，弄清自然力的作用方式。……资产阶级没有科学是不行的……⑤科技发展是与工业社会、资本主义制度共生发展的。"

关于贪欲的释放：前工业社会，产出物品寡少，又以血缘小群体为主，人们普遍对欲望采取节制态度：中国有所谓"圣人千言万语，只是教人明天理、灭人欲"⑥；佛教有所谓"三毒"，"贪"位列其首；但丁《神曲》把"贪婪"列入诸罪，可以直堕地狱。赫希曼发现，17—18世纪的欧洲，从罪恶的"欲望"中分化出"利益"这个词语，使之成为一种无害的欲望来驯化有害的欲望。从此，"贪欲"穿上了温和得体的"利益"外衣。⑦ 贪欲自此不仅合理，更成了国家富强的动力，有人曾得

---

① ［英］培根：《新工具》，许宝骙译，商务印书馆2005年版，第113页。
② ［美］唐纳德·沃斯顿：《自然的经济体系：生态思想史》，侯文蕙译，商务印书馆1999年版，第51页。
③ ［美］罗伯特·金·默顿：《十七世纪英格兰的科学、技术与社会》，范岱年等译，商务印书馆2011年版，第130、298页。
④ 《马克思恩格斯文集》第2卷，人民出版社2009年版，第691页。
⑤ 《马克思恩格斯文集》第3卷，人民出版社2009年版，第510页。
⑥ 《朱子语类》第12卷，中华书局1983年版，第207页。
⑦ ［美］阿尔伯特·赫希曼：《欲望与利益：资本主义胜利之前的政治争论》，冯克利译，浙江大学出版社2015年版。

意道:"我们奢侈阔绰的生活非但无损于国家……反而使它富裕起来。"①

关于理性的"脱魔"(或译为"祛魅""脱魅"等),有了科技,人们日益理性化,将祖祖辈辈视为神圣的东西统统可踏在脚下,这种现象,韦伯称之为"脱魔"。他说:"原则上说,可以借助计算把握万物。这却意味着世界的脱魔——从魔幻中解脱出来。野人相信魔力,所以必须用魔法控制鬼怪或者向鬼怪祈求。我们大可不必学野人了,技术手段与计算使人脱魔。这是理智化本身的主要意义。"②

科技的发展、欲望的释放、理性的祛魅三者,使人类"求富"的步伐空前迅猛。如果说,在科技尚未昌明的18世纪,"社会利用使全人类步入邪路的三种罪恶——残暴、贪婪和野心,创造出了国防、商业和政治,由此带来国家的强大、财富和智慧。社会利用这三种注定会把人类从地球上毁灭的大恶,引导出了公民的幸福"③,那么,当下日益难以控制的科技、物欲和祛魅,更刺激着人们奴役自然的强力、无尽的欲望和天不怕地不怕的胆量,引导着经济增长和人们的物质满足感,也带来"把人类从地球上毁灭的大恶"。

值得注意的是,工商社会的国家往往利用民族主义,激发民众在国家间的竞争中去"追求强盛"。格林菲尔德的《资本主义精神:民族主义与经济增长》在对英国、荷兰、法国、德国、日本和美国的经济意识发展作了详细分析后认为:从16世纪起,一个又一个资本主义经济体不断从生存经济转为盈利经济,其行为后面的推动力并非对"理性经济行为人"的解放,而是强烈的民族主义。该主义使大众为了民族的声望而义无反顾,投身于永无止境的竞争之中。④

上述内容如下表:

---

① [英]阿萨·布里格斯:《英国社会史》,陈叔平等译,商务印书馆2015年版,第206页。

② [德]马克斯·韦伯:《学术与政治》,王容芳译,中央编译出版社2018年版,第12页。

③ [美]阿尔伯特·赫希曼:《欲望与利益:资本主义胜利之前的政治争论》,冯克利译,浙江大学出版社2015年版,第14页。

④ [美]里亚·格林菲尔德:《资本主义精神:民族主义与经济增长》,张京生、刘新义译,上海人民出版社2004年版。

生存方式	文化要素	主要内容	对欲望的调适	对自然的态度
狩猎采集	谋生	打猎采集，严重依赖自然环境	对食物来源的敬畏，对性欲的节制，对生存资源的捍卫	跪倒在自然面前，与自然的关系相对不算紧张
	秩序	血缘小群体中的自然秩序		
	习俗	原始宗教：占卜、禁忌、巫术等		
	心态	万物有灵、互渗、集体表象等原始思维		
农耕	谋生	垦土引流，循时育物，依靠自然资源	对天地等大自然的敬畏，性放纵，因为生存资源而抱团	敬畏自然也有限地改变自然，人与自然有一定矛盾
	秩序	血缘、地缘的相对大群体		
	习俗	无时无处不在的神圣礼俗		
	心态	天人合一推己及人克己复礼等		
工商	谋生	依靠自然但更多科学技术	物的依赖从贪欲到利益拜金主义消费主义	认识、驾驭乃至奴役自然，人与自然的矛盾愈演愈烈
	秩序	城市化、陌生化、法制化		
	习俗	世俗化、随性化、个人化		
	心态	脱魅、逐利、竞争、民族主义等		

五 西南少数民族文化的生态价值

　　西南多山地，使生存于该环境中的少数民族同胞长期与外面的世界相隔绝，多数处于分散状态下的小队群。民族歧视进一步加剧了这种隔绝。为适应自然环境和人文环境而生存下来，中华人民共和国成立以前，他们大多采用农耕，极少数还不时依赖狩采方式，所以，其文化更具有原初文化的特质。中华人民共和国成立以后，特别是改革开放以来，这种状态也受到市场社会的冲击，但古风犹存。

　　按照前述的"文化"理解，仍从谋生、秩序、行为、心态四方面作分析。

　　从谋生角度看。西南少数民族同胞生产力水平长期以来较低，多采用农耕、畜牧，以游耕、狩采等补充的谋生活动，导致以维持生存为其核心目标。比如，水族的传统社会里，"由于水稻等主要粮食作物的低产状况，要维持生计还必须辅之以其他获取食物方式，畜牧、狩猎、采集、游耕等也就不可避免地成为水族人的一种生计选择""具有强烈生存取向的农民宁可选择避免经济灾难，也不会冒险追求平均收益的最大化，或者说，他们宁愿选择回报较低但较为稳妥的策略，也不选择有较高回报而去冒险的行为。"① 水族如此，其他各民族也大致这样。

从组织秩序看。以家族为中心的村寨，会在寨老和祭司的主持下，以神、家族长者的威权，或官府、法律威权的形式，保护生态环境免遭破坏。比如，贵州布依族在清代嘉庆至咸丰年间，各村寨中往往有数十块《安民碑》《晓喻碑》《禁革碑》等乡规碑。其中有一块《护林碑》写着："窃思天地之钟灵，诞生贤哲；山川之毓秀，代产英豪。是以惟岳降神，赖此外城之气所郁结而成也。然山深必因乎水茂，而人杰必赖乎地灵。以此之故。众寨公议，近来因屋后丙山牧放牲畜，草木因之濯濯，掀开石厂，巍石遂成嶙峋。举目四顾，不甚叹息。于是齐集与岑性面议，办钱十千，木品与众永人为后代，于后代培植树木，禁止开挖。庶几龙脉丰满，人物咸兴。"②

从日常行为看。都会对各种保护生存资源的行为和思想进行抵制：苗族村寨都有风水树，人们普遍相信"树大有神，石大有鬼"的祖训③，布依族同胞认为，在自己生活范围内的土地、高山、巨石、岩洞、大树等都具有神性，可以福佑一方清静平安。每逢节日，会去这些自然物前拜祭。④ 以至当年笔者下乡的苗族村寨里的妇女，到井边汲水后要用旁边茅草挽成一个祭物状，双手奉还水畔，才放心离去。

从心态秩序看。广大西南少数民族同胞普遍具有"万物有灵""天人合一""不重财富重情谊"的观念，西南地区到处都有神山、神湖、神泉、神河、神树和神石的存在，各少数民族在长期生产生活中，认识到自然界的万物是有灵的，自然的力量是神圣而庄严的，人必须崇敬她⑤从而

---

① 蒙爱军：《水族经济行为的文化解释》，人民出版社2010年版，第17页。
② 吴承旺：《从自然崇拜到生态意识：浅谈布依族的生存智慧》，《理论与当代》1997年第8期。
③ 翁家烈：《中国苗族风情录》，贵州民族出版社2002年版，第245页。
④ 韦启光、石朝江等：《布依族文化研究》，贵州人民出版社1999年版，第138页。
⑤ 李良品：《论古代西南地区少数民族的生态伦理观念与生态环境》，《黑龙江民族丛刊》2008年第3期。

敬畏自然，敬惜资源。此外，普遍地注重社会关系，再穷对亲朋都显得慷慨大方，而贬损小气的富人。"在水族传统社会，虽然存在贬低定价的社会夷平机制，但被贬抑的大多是小气、吝啬的富人。""在招待客人时，往往要说上这样一句话：'也没什么吃的，主要是请你到家里看看'，但实际上家家都拿出家里最好的东西来招待客人。"①

以上谋生系统、组织秩序、日常行为、心态秩序等相互交织，尽管还不算理性、自觉的生态智慧，但对生活与工商社会有截然不同的答案：自然是可敬重的神明还是可奴役的对象？原初社会的答案是可敬的；对自然是顺从和敬畏，还是不断认识并征服它？原初社会的答案是顺从和敬畏；欲望的满足是粗衣粝食还是锦衣玉食？原初社会答案是粗粝即幸福。总之，低下的生产力水平，不会有工商社会享受与积累财富的欲望；对大自然更多预测（占卜）、回避（禁忌）、认识，不会有工商社会过分掘取自然乃至奴役自然的能力，在此情势下，物质欲望大受限制，从而与自然环境、人文环境的和谐，而非竞争与财富，使人更感到安全、安宁与幸福。

当然，原初社会不是天堂。如马克思所说："我们不应该忘记，这些小小的公社……使人屈服于外界环境，而不是把人提高为环境的主宰；它们把自动发展的社会状态变成了一成不变的自然命运，因而造成了对自然的野蛮的崇拜。"②另外，现代工商社会的历史阶段有其历史合理和进步性，从而不可逾越。但从马克思主义的观点看，当下的社会阶段远非理想的共产主义社会，而是有着种种"资产阶级时代成果"的时代，只有在长久、艰苦的继续奋斗之后，"只有在伟大的社会革命支配了资产阶级时代的成果，支配了世界市场和现代生产力，并且使这一切都服从于最先进的民族的共同监督的时候，人类的进步才会不再像可怕的异教神怪那样，只有用被杀害者的头颅作酒杯才能喝下甜美的酒浆"③。但这场革命之后不是凭空起高楼，而是在更高社会水平之上的"回归"。马克思《给维·伊·查苏利奇的复信》说："资本主义制度正经历着危机，这种危机将随着资本主义的消灭，随着现代社会回复到'古代'类型的集体所有制和

---

① 蒙爱军：《水族经济行为的文化解释》，人民出版社2010年版，第114页。
② 《马克思恩格斯文集》第2卷，人民出版社2009年版，第683页。
③ 同上书，第691页。

集体生产的高级形式而告终。"① 列宁《国家与革命》也说："人们既然摆脱了资本主义奴隶制，摆脱了资本主义剥削制所造成的无数残暴、野蛮、荒谬和丑恶的现象，也就会逐渐习惯于遵守多少世纪以来人们就知道的、千百年来在一切行为守则上反复谈到的、起码的公共生活规则，而不需要暴力，不需要强制，不需要服从，不需要所谓国家这种实行强制的特殊机构。"②

从这个意义上，贵州与西南少数民族的"古代类型的集体所有制"与"数千年来起码的公共生活规则"之上产生的生存模式：通过谋生智慧中的"节制"、日常习俗中的"禁忌"、组织秩序中的"乡规"、心态系统中的"万物有灵""敬畏感""人际和谐互助共济时艰"，等等。让他们在面对自然、社会和自己内心时，和谐地共处了千百年。其中某些有价值的经验与智慧，有待在更高社会阶段及生产力水平上得以"回复"，自有值得我们倍加珍视的理由。

---

① 《马克思恩格斯文集》第3卷，人民出版社2009年版，第576页。
② 《列宁选集》，人民出版社1992年版，第191页。

汉族地区乡村人类学研究反观与反思(1877—1980)

郑进[*]

内容提要：在19世纪末期，乡村曾经被视为理解中国最好的窗口，传教士、工程师、军人等"局外人"无意中开启了我国汉族地区乡村人类学的先河，传教士高延具有首创之功。在20世纪30年代，我国一批年轻的人类学者踏上了人类学研究从异文化迈向本土文化，从"野蛮社会"迈向"文明社会"的征程，一时间精品频出。尽管当时他们的研究方法或多或少存在一定的瑕疵，但极大地推动了本土乡村人类学的发展，我国人类学界以乡村人类学为媒介与国际人类学展开了积极的互动与交流。1952年后本土人类学研究被迫中断，我国共产主义运动与探索引起了西方学者的兴趣。乡村人类学是外国学者理解中国及革命的重要窗口，在经世致用的学术情怀影响下发展起来的乡村人类学是那时本土人类学者理解中国文化和社会的重要媒介。

关键词：汉族地区；乡村人类学；窗口；媒介。

美国学者费正清（John King Fairbank）指出："自古以来就有两个中国：一是农村中为数极多从事农业的农民社会，那里每个树林掩映的村落和农庄，始终占据原有土地，没有什么变化；另一方面是城市和市镇的比较流动的上层，那里住着地主、文人、商人和官吏——有产者和有权有势

---

[*] 作者简介：郑进（1987— ），男，汉族，江汉大学社会学系讲师，主要研究方向为跨国移民研究、劳工研究。

者的家庭。"① 然而长期以来，除了文人墨客偶尔寄情山水、托物言志外，乡村社会及生活长期以来难以进入上层社会的视野之中，传统知识分子对乡村及乡民的日常生活少有详细的记录与描写。

反而，在19世纪末期中西文化碰撞的过程中传统帝国的乡村以及乡民的日常生活和文化景观引起了外国人的极大兴趣，此间进入我国的西方传教士、工程师、军人等就写下了很多关于中国底层社会及日常生活的见闻录。其中《中国乡村生活》的作者葛学溥（Arthur H. Smith，又译为明恩溥）明确认为"中国乡村是这个帝国的缩影，考察乡村是认识中国的最佳切入点和关键……在村庄比在城市更易于了解中国人的生活知识，必须把村庄看作是中国社会生活的一个基本单位"。② 足见他们对我国乡村社会的重视，特别是以乡村窥探中国文化、制度全貌的欲求和抱负。也正是这批没有受到人类学训练，但对中华大地充满兴趣的传教士、工程师、军人等"局外人"无意中开启了我国汉族地区乡村人类学的先河。

一 发现中国：局外人眼中的中华帝国乡村

荷兰传教士高延（J. M. de Groot）于1877年来到中国，利用闲暇时间深入厦门一带做田野调查，在厦门居住的12年时间里常年开展非正规的田野观察，并记录了自己观察的事物和人文景观。1882年，高延根据自己所收集到的城乡民间仪式材料和文献材料，写成《厦门岁时记：中国人的民间信仰研究》，10年后又完成《中国宗教系统》一书。一般认为我国乡村人类学滥觞于此。当年的一批观察日记、田野报告如今被翻译进入我国学术界的有杨念群等主编、电子工业出版社出版的"寻路中国系列"，以及由黄兴涛、杨念群在20世纪前后组织翻译、时事出版社出版的《西方视野里的中国形象》，与乡村主题相关的主要包括《中国人生活的明与暗》《中国乡村生活》《中国变色龙》《中国人的生活方式》《穿蓝色长袍的国度》《变化中的中国人》等。

很快，中国的乡村及生活方式得到了西方人类学家的关注。美国学者

---

① ［美］费正清：《美国与中国》，张理京译，世界知识出版社2000年版。
② ［美］明恩溥：《中国的乡村生活》，陈午晴、唐军译，电子工业出版社2012年版。

葛学溥大约在1913年来到中国,在上海沪江大学任社会学系主任和教授。他曾于1918年、1919年和1923年间,多次组织学生利用假期对华南沿海地区的凤凰村进行调查,并以调查所得为基础写成《华南的乡村生活：广东凤凰村的家族主义社会学研究》,该书于1925年在美国哥伦比亚大学教育出版社出版。由于高延的书在荷兰出版,且至今没有中译本,其开创性的贡献对我国乡村人类学能有何种程度的影响可想而知。而葛学溥的影响则相对较大,葛学溥以一个人类学家的客观眼光全方位地描述了一个完整的村落——凤凰村,记录和分析了该村的人口、经济、政治、教育、婚姻和家庭、宗教信仰和社会控制体系等,并对凤凰村进行了体质人类学的调查,是广东最早的体质人类学的记录之一。容观琼先生对该书的学术地位给予了高度赞誉,认为该书是人类学从原始部落社会走向乡村研究的里程碑,而且开中国村落社区研究之先河。然而,如今也有学者争议到,身为社会学教授的葛学溥当时并没有亲自参与田野调查,而是根据学生们的田野笔记完成了其著作,后人已经无法知道葛学溥如何指导学生从事人类学田野实践。遗憾的是此事如今难有论断,但也确实道出了人类学研究应用于我国之初在方法论与具体研究方法上的一些瑕疵和局限。

二 自我发现：乡村人类学的科学探索

在西方"局外人"开始对中国表现出极强的探索挖掘兴趣之时,尚处于成长期的第一批中国人类学者紧接着也将学术视野投入到对自己国家的乡村及乡民的生活的关注与理解之中,即践行着"文明社会的人类学研究",不过更准确地说他们是以热忱的人类学学术之心探索这个正遭受苦难的古老帝国的过往、当下与未来。

受中华教育文化基金会和中华平民教育促进会的支持,燕京大学社会学教授李景汉先生展开了对北京郊区乡村和河北定县的社会调查活动,1929年《北京郊外之乡村家庭》由商务印书馆出版,1933年编写的《定县社会概况调查》由中华平民教育促进会出版。李景汉先生的著作虽然从科学的角度开始关注乡村,但严格意义上讲其成果并不完全符合人类学的要求,但难能可贵的是李景汉先生的"无心"之作打开了国人对汉族地区乡村人类学研究之先河。

1929年留学归来的吴文藻教授进入燕京大学任教，他积极邀请国外当时著名的人类学家来华讲学，介绍世界人类学最新理论和方法，带来了我国乡村人类学的第一个"春天"。在美国芝加哥大学帕克教授来华讲学的影响下，1934年杨庆堃通过人类学田野调查完成了硕士毕业论文《邹平市集之研究》，他运用刚刚由芝加哥学派发明的区位学理论和英国人类学功能派观点分析了邹平14个市集的结构及各种活动，成为国内最早研究农村市集的学术成果，在某种意义上是日后区位地理研究的先驱，使得乡村人类学在刚刚萌发的早期就具有溢出于自身学科的潜力。

　　1935年，林耀华在英国人类学家布朗教授的直接指导下以《义序宗族研究》一文获得硕士学位。林耀华教授不仅是第一个接受外国人类学家指导完成硕士论文的本土学者，也是首次对西方当时流行的结构—功能主义理论较为完整地使用的本土学者，同时该文是国内第一个以较为完整的村落进行田野调查的成果。

　　1935年夏天，费孝通先生在江苏吴江的"开弦弓村"看似无心地展开了一月有余的田野调查。1938年费孝通先生在英国人类学家马林诺夫斯基门下以《开弦弓：一个中国农村的经济生活》获得博士学位。费孝通表示"此书旨在说明这一经济体系与特定地理环境的关系，以及与这个社区的社会结构的关系，因此，本书将说明这个正在变化着的乡村经济的动力和问题，这种研究也将促使我们进一步了解传统经济背景的重要性及新的动力对人民日常生活的作用"[①]。历史已经给了这本书很高的荣誉和评价，此书1939年在英国出版，是在国外最早出版的中国学者撰写的人类学著作。导师马林诺夫斯基赞誉到"一个民族研究自己民族的人类学当然是最艰巨的，同样，这也是一个实地调查工作者最珍贵的成就。据我所知，没有其他作品能够如此深入地理解并以第一手材料描述中国乡村社区的全部生活。我们曾经有过统计报告、经济研究和地方色彩浓厚的小说——但我从未发现有一本书能够回答好奇的陌生人可能提出的各种问题"[②]。与此同时，费孝通先生无意中完成了世界人类学从研究他民族向本民族转换、从静态复述向动态变迁的分析的转变，这也是马氏最欣喜的

---

① 费孝通：《江村经济——中国农民的生活》，商务印书馆2001年版。

② 同上。

地方和主要的时代贡献。

1938年，黄迪的《清河村镇社区：一个初步研究报告》刊发在燕京大学社会学系主办的《社会学界·第十卷》之上。黄迪描述了村镇社区的地境与区位、家庭婚姻制度、农业生产生活、商业贸易、学校制度、祭祀制度、商会制度等，从整体上对清河进行了描述，以此解释清河社区人如何在复杂的社会关系和文化条件下得到人生主要问题的解决。黄迪创造性地提出"村镇社区"概念突破了当时本土人类学流行的调查报告范式。

1941年，林耀华在哈佛大学完成了代表作《金翼》，1944年在纽约印行。《金翼》采用小说体的方式写成，描述自己的家乡福建省闽江中游古田县黄村两家人在辛亥革命到日本入侵之间30年的生活变迁。林耀华先生反对使用传统文化中"风水或命运"说辞对两家人的升迁沉浮进行解释，而将人物命运与更为宏大的社会环境形势及其变化联系起来，强调关系网络的整体性与复杂作用。《金翼》同样取得了一定的国际影响力，首先英国人类学家弗斯教授为其作了导言，并被太平洋关系学会计划纳入卡尔曼海姆主编的社会学和社会重建国际图书馆系列。同时，林耀华先生对中国传统文化的理解和反思也迎合了当时人类学本土化及由"小传统"到"大传统"的学术思潮，动态平衡的观点亦站在世界功能主义转型的大潮之上。其小说体的写法使得本书成为乡村人类学领域的一朵奇葩，至今仍是人类学界所贡献的学术畅销书之一。

1941年，费孝通和张之翼合作的《禄村农田》在云南大学油印出版，1943年由商务印书馆出版。此书的研究主题与《江村经济》相似，主要关注农业型村庄的变迁问题。此书的一个重要贡献首先是进行了类型比较法的尝试，费孝通开始在深入描述的基础上提出更具普遍性意义的问题；其次是从土地制度的变迁来解释农村社区的变迁的尝试，回应了当时国外学者从土地的问题对中国社会性质及出路的思考。1943年张之翼的《易村手工业》亦在商务印书馆出版。同年张之翼又完成了《玉村农业和商业》，并与前两本一同在美国由芝加哥大学出版社于1945年出版。后收入英国Kegan Paul书局组织的国际社会学丛书之中。

1942年杨懋春以《中国的集镇制度与乡村生活》获得康奈尔大学的博士学位，1945年《一个中国村庄：山东台头村》在美国出版。该文首先介绍了村庄的构成和背景，接着描述了初级群体中的人及其生活互动，然后是村落中次级社会群体中各群体的生活，最后将之放在青岛这个更大的社会背景环境中去论述，从而论述社会环境变迁与个体生活之间的相互影响。该书一方面从功能主义出发对村庄进行了整体性的描述；另一方面又受美国人类学的启发注意到人文区位和文化类型的作用，在此方面与许烺光的《祖荫下》有类似之处，也与当时国内占主流的燕京大学乡村人类学研究有着明显区别。然而其不足之处又恰恰是在其方法之上，由于杨懋春在1939年就离开中国，只有1945—1948年间短暂地回过青岛，故其材料多是从亲戚朋友处转述而来，其亲身访谈非常少，此点被后人所诟病。不过也不得不佩服杨先生材料使用的高超能力和人类学的敏锐力。

1948年，许烺光的《祖荫下：中国乡村的亲属、人格与社会流动》在美国哥伦比亚大学出版，1949年英国的鲁特吉和克甘·保罗出版社也出版了该书。许烺光的《祖荫下》以生动的民族志描述和系统的人类学分析向读者解释了为什么中国文化以集体主义价值观为取向，以及提出了中国人的基本个性和地位个性结构的观点。该书首版受到了美国人类学家林顿教授的推荐，1949年在英国安克书屋再版，1971年斯坦福大学出版社再版。一方面它提供了西方学术界了解我国相对完整的传统村落的祭祀信仰生活世界的窗口；另一方面许烺光先生从文化的角度对信仰生活进行了高度整理，使其在学理上再进了一步，对缘何中国人过着集体主义生活方式这一重大问题进行了微观人类学的回应。

杨庆堃先生早在1933年就利用当时流行的人类学"社区"研究方法在山东邹平县进行田野调查，于1934年完成硕士论文《邹平市集之研究》。1944年，他基于此前在邹平所做的调查，出版了《一个华北地区的市场经济：对邹平县定期市场的概要研究》一书，该书被认为是对区域市场一个开创性的研究。杨庆堃先生从1948年开始至1950年利用在岭南大学教书之便带领学生在广州近郊鹭江村进行了乡村调查，1953年在麻省理工学院出版社出版《革命中的中国农村家庭》一书，该书讨论了鹭江村的妇女与婚姻问题的变迁及家庭的经济等级结构；1959年在哈佛大学出版社出版姊妹篇《共产主义早期的一个中国村庄》。同年，两书合并为《中国的共产主义社会：家庭与村庄》在麻省理工学院出版社出版。杨先生不仅关注传统社会家庭关系及家庭的经济等级结构，同时也关注当时正在开展的共产主义运动对区域内市场活动的影响。该书亦开创了我国乡村人类学的一个重要研究取向,即从村庄与国家的互动看乡村社会的变迁。杨先生利用难得的时机观察到了共产主义运动对南方沿海农村社会的影响,其觉察到运动对传统社会市场经济的影响具有其限度,杨先生敏锐的学术洞察力和清醒的判断体现了一个知识分子的良知和爱国情怀。

这一时期我国的年轻人类学学家在吴文藻先生的领带下踏上了人类学研究从异文化迈向本土文化,从"野蛮社会"迈向"文明社会"的征程,吴文藻先生开风气但不为师,年轻人类学家涌现,科学民族志频出,认识中国社会的经世追求与人类学学科发展的理想相互促进,使乡村人类学大放异彩,谱写了人类学历史上一段佳话。

三 西方学者的再现:对共产主义文明的探索

1952年之后的一段时间内,由于我国大规模社会主义改造运动的开展,知识分子群体受到了政治运动的冲击,本土人类学家关于汉族地区的研究基本中断,西方人类学学者重新成为主要的研究群体。此间,莫里斯·弗里德曼(Maurice Freedman)于1956年出版《中国东南的宗族组织》,然而正如同其本人所言,"本书是社会人类学作品,但不是建立在田野调查的基础上的研究。它研究的是中国问题,却不是由汉学家写的"[①],弗里德曼没有中国东南地区的田野经验,他大量引用已出版或已公布的学术著作和社会资料。

1964年以三篇论文组成的《中国农村的市场和社会结构》问世,后集结成书,该书基于施坚雅(G. William Skinner)于1950—1951年在我国四川的农村田野调查以及大量的方志材料,主要关注的是四川内地平原农村与山地农村的市场经济和贸易与村庄之间的关系。此书在我国学者对乡村社区进行经济生活的描述和功能分析的基础上又大大地推进了一步,以市场结构为理解我国社会结构之门,提出了更具理论意义的"市场模型"。同时难能可贵的是他在1950—1951年进入了四川进行了相对宽松的田野调查,掌握有大量一手材料,这是同时期其他学者所难以做到的。

---

① [英]莫里斯·弗里德曼:《中国东南的宗族组织》,刘晓春译,上海人民出版社2000年版。

同时关于解放区与新中国土地改革的田野观察报告也在这一时期出现，大卫·柯鲁克夫妇（I. Crook & D. Crook）于1947年年底进住太行山区河北省武安县，他们围绕着土地问题基于的访谈和观察，写成了《十里店：一个中国村庄的革命》，并于1959年出版。韩丁（William Hinton）以观察员的身份对山西潞城县张庄的土地改革及纠偏工作进行了半年的观察和采访，写成《翻身：一个中国村庄的革命纪实》，后又于1971年来到张庄对农业合作化运动进行观察。三位作者均记录了土地改革运动对于北方村落的影响，对于了解这一历史时期共产主义运动对于普通农民、地主的影响有着重要价值。不过由于三位作者均没有受过正规人类学的训练，亦未取得大学里人类学的教职，两本书与其说是乡村人类学著作，不如说是关于我国农村的纪实文学报告。

此间，在海外工作的杨庆堃和许烺光等学者的研究旨趣发生了转变，他们转向了对中国人的文化和宗族制度的研究，一定程度上偏离了人类学。除1957年4月费孝通先生重访江村并在《新观察》上发表《重访江村》《重访江村（其二）》两篇调查报告讨论土地改革后江南农村乡村工业与副业遭遇的发展困境与重要性外，一时间再无本土人类学家的乡村人类学著作问世，尽管此时农村在各种政治运动的影响下发生了未有之变革，遗憾的是本土人类学家不得不缺席于此，前一时期的学术盛宴被迫偃旗息鼓。

四 反思：学术中国与经世致用

整体而言，西方"局外人"怀着探索中国文明和社会运行规则的意图在无意中开启了我国乡村人类学研究之先河。很快，在吴文藻先生的带领下我国一批年轻人类学家积极深入乡村进行田野调查，形成了一批优秀的民族志。虽然他们没有正面参与20世纪30年前后中国社会性质问题论战、中国农村社会性质论战，但在"经世致用、服务中国"的学术理想、民族使命感激励下所诞生的一批学术著作无疑都是对当时论战的一种负责任的回应，他们都尝试着用科学的方法去理解和挖掘传统帝国的性质与当下所遭遇的困境，当年那一批人类学专业年轻的学生后来大部分成为我国人类学界的翘楚和经世之才。遗憾的是1952年以后人类学几乎退出了对我国乡村社会变迁的观察和解释，直到萧凤霞（Helen F. Siu）1976 年进入广东新会县进行田野调查，不过他们的著作在 1989 年才问世。①

反观这段历史，在经历了西方人观察、书写中华帝国乡村，中国学者开始借鉴社区研究、西方人类学主流理论研究本国乡村和农民之后，在"人类学本土化"的感召下一群年仅 20 多岁的年轻人贡献出了具有时代意义的学术成果，也让西方学术界对我国乡村社会有了更为全面的认知。从最开始的以本硕论文的形式在校园内油印传播，到商务印书馆正式出版，随着学生在国外博士毕业或访学而部分著作得以在国外首印，几乎所有的成果都得到了当时著名人类学家的推荐和表扬，我国乡村人类学在世界人类学历史上留下了浓墨重彩的一笔。

此间，如费孝通、林耀华等自觉研究本民族文化的学术旨趣暗暗引领了国际人类学由研究异文化向本民族文化转变的潮流，虽是无心插柳之作，但体现了当时我国乡村人类学的国际水平，部分著作在西方油印，使我国乡村人类学成果第一时间进入世界人类学的潮流之中，成为我国乡村人类学发展史上的一段传奇与佳话。当年所诞生的一批学术著作如今仍是国内外年轻的人类学者学习人类学、了解中国社会的重要工具，经世致用的学术理想依旧激励着后人在浩瀚的学术和民族复兴的道路上继续前行。

当然，这一批乡村人类学作品也具有或多或少的瑕疵。如享誉世界的《江村经济》的田野调查时间只有约 32 天左右，杨懋春先生关于台头村的田野资料其实是听亲戚朋友转述而来，葛学溥的调查材料亦非自己调查所得，《中国东南的宗族组织》的作者弗里德曼缺乏我国东南方乡村生活经历。韩丁由于语言障碍聘请了两位译员帮助翻译资料，然而在《翻身》序言的注释中他坦言道"老乡的土音很重，很多用语在中国的字典里根本查不到。即使懂得几种方言的译员，也常常听不懂老乡之间的谈话"②。

---

① 关于 1952 年后最先来我国大陆从事乡村人类学研究的学者目前在学术界尚有争议。从时间上看，萧凤霞于 1976 年来到广东新会县农村进行田野调查，不过作为莫里斯·弗里德曼博士生的她此时对发生在中国的革命和运动更感兴趣。《中国乡村，社会主义国家》的作者 Edward Friedma（弗里曼）、Paul G. Pickowiz（毕克伟）、Mark Selden（赛尔登）在书中认为他们 1978 年 5 月到河北省饶阳县进行田野调查，是第一批到中国农村进行系统调研的美国社会科学家。中山大学的刘志扬、骆腾则认为 1979 年来到广东东莞茶山镇的增埗进行田野调查的美国人类学家波特夫妇（Sulamith Heins Potter & JackM. Potter）是 1949 年后首批到大陆进行调查的人类学家。

② ［美］韩丁：《翻身：一个中国村庄的革命纪实》，韩琼等译，北京出版社 1980 年版。

除了资料收集方法的瑕疵外，大部分学者的著作中带有社会学人类学"分家不分灶"的痕迹；同时在当时传统秩序、传统文化遭遇空前危机的情况下，面对着文化接续的困惑，部分著作中或隐或显地流露出丝丝对传统文化的美好想象。

全球环境污染和变暖背景下传统村落复兴的意义

倪盛俭[*]

内容提要：世界范围内，人们越来越认识到地球所面临的危机。环境破坏和由此导致的环境污染与全球变暖将可能使地球不再适合包括人类在内的生物居住。虽然联合国气候变化框架公约（UNFCCC）下的世界气候大会一个接着一个，过去的二三十年，环境污染在加重，全球继续变暖。难以计数的会议、公约和承诺等，目前还无法阻挡各国对 GDP 的追求，无法阻挡人们膨胀的物欲。研究证明，物质的丰富未必能带来幸福感。要阻挡世人不断膨胀的物欲，有必要在中国传统文化的指导下，复兴传统村落。以中国传统文化为灵魂的传统村落，将帮助人们找回真正的幸福，一种不必基于物质满足的幸福，一种基于天人合一、人与人和谐相处、人与其他生物和睦相处的真正的幸福。

关键词：环境污染；全球变暖；传统村落；传统文化；复兴

一 严重的污染使地球处于不断升级的危险之中

从现有研究看，环境污染使得地球处于不断增强的危险之中。从 Vesilind 等人的研究（2013）可以看到，环境污染可以说已经渗透到人们生

---

[*] 作者简介：倪盛俭（1969— ），男，汉族，贵州财经大学文法学院副教授，主要研究方向为语言与文化。

活的每一个角落：水污染、土壤污染、空气污染和噪音污染变得非常普遍。① 这些污染造成了许多的问题，特别是健康问题。从 Schwarzenbach，Hofstetter，von Gunten 和 Wehrli 的研究看，在过去的 50 年，持久性（难分解）有机污染物在全球范围内影响着水系统，严重威胁着人们的健康；环境地球化学污染物、采矿作业、危险性废物处置场地构成了远近水源长期、持久的污染源，而农用化学品和废水来源则扮演着短期污染源的角色；被污染物和污染源所污染的水源，无论是成为农用水还是直接饮用，都对人们的健康构成了威胁。② 现有研究显示，在水污染严重的国家中，中国和印度是典型，这两个国家受水污染的影响（如人们健康受损等）也具有代表性。水与土壤通常是不分家的，现有研究显示土壤污染对人类所造成的危害与水污染类似。

Kampa 和 Castanas 的研究（2008）指出，空气污染对人体健康有急性和慢性的影响，影响到许多不同的系统和器官，这些应该包括：轻微的上呼吸道刺激、慢性呼吸道和心脏病、肺癌、儿童急性呼吸道感染和成人慢性支气管炎，加重先前存在的心肺疾病或哮喘发作，而且，无论是短期还是长期暴露在被污染的空气中，都与过早死亡和预期寿命降低有关。③ 噪音污染也会对人类的健康造成危害。Geravandi 等人的研究显示，噪音会对人的健康产生许多负面影响，特别是造成人们焦虑情绪并导致失眠。Seidler 等人的研究显示，噪音还可能导致抑郁症，而解决噪音问题的方法之一就是逃离噪音。④

环境的污染会导致全球变暖，全球持续变暖对于人类可能是毁灭性的。全球变暖主要与空气污染相关，与大量排放的温室气体有直接关系。

---

① Vesilind, P. A., Peirce, J. J., Weiner, R. F., *Environmental pollution and control*, Boston: Elsevier, 2013.

② Schwarzenbach, R. P., Egli, T., Hofstetter, T. B., von Gunten, U., & Wehrli, B., "Global water pollution and human health", *Annual Review of Environment and Resources*, 2010, vol. 35 (2).

③ Kampa, M., Castanas, E., "Human health effects of air pollution", *Environmental pollution*, 2008, vol. 151, (2).

④ Geravandi, S., Takdastan, A., Zallaghi, E., Niri, M. V., Mohammadi, M. J., Saki, H., Naiemabadi, A., "Noise pollution and health effects", *Jundishapur Journal of Health Sciences*, 2015, vol. 7 (1).

Sharma 的研究显示，环境破坏，特别是氧化亚氮、二氧化碳、甲烷等温室气体导致的气温升高，正对我们这个星球构成致命的危险，全球变暖对天气、海平面、生物多样性、人类健康等都带有灾难性的影响，在全球范围内威胁人类的生存。[1]

二 现有的努力及其效果

事实上，人们早已认识到环境污染对人类带来的不良影响，面对来势汹汹的环境污染及其全球变暖，各国政府和国际的组织机构已经采取了各种措施。遗憾的是，这些措施未能有效阻止环境污染和全球变暖。针对环境污染和全球变暖的问题所采取的措施中，《联合国气候变化框架公约》（UNFCCC）（2003）框架下的世界气候大会及其采取的手段值得一提。《联合国气候变化框架公约》在 1992 年 6 月 4 日巴西里约热内卢举行的联合国环发大会上通过，这是世界上第一个为全面控制二氧化碳等温室气体排放，以应对全球气候变暖给人类经济和社会带来不利影响的国际公约。[2] 在这个框架之下，自 1995 年 3 月 28 日首次缔约方大会在柏林举行以来，缔约方每年都召开会议。1997 年在东京举行的会议，149 个参会国和地区代表通过了《联合国气候变化框架公约京都议定书》（以下简称《京都议定书》），该议定书制定了具体减少温室气体排放的目标，并确立了三个实现减排的灵活机制：联合履约、排放贸易和清洁发展机制。[3] 许多国家批准了相关公约并采取一定的措施实现公约制订的目标。遗憾的是，实际情况不容乐观。个别国家并不愿意执行公约所规定的义务，在科技还没有达到足以逆转污染趋势的情况下，一些国家还要保留他们污染环境的权利，以方便他们发展本国的经济，保证其 GDP 的增长。这可以间接地从近些年全球气温加速上升可以得知。从下面这个来自 Ritter（2009）文章的图 1 可知，20 世纪末的几十年全球气温急速攀升，相比公

---

[1] Sharma, A., "Environmental Pollution and Global Warming", *International Journal of Interdisciplinary and Multidisciplinary Studies*, 2014, Vol 1, (7).

[2] 《联合国气候变化框架公约京都议定书》2017 年 9 月 17 日（http://eelib.zshb.com.cn/show article）。

[3] 同上。

元 200—2000 年的气温变化，这是很不正常的。[①]

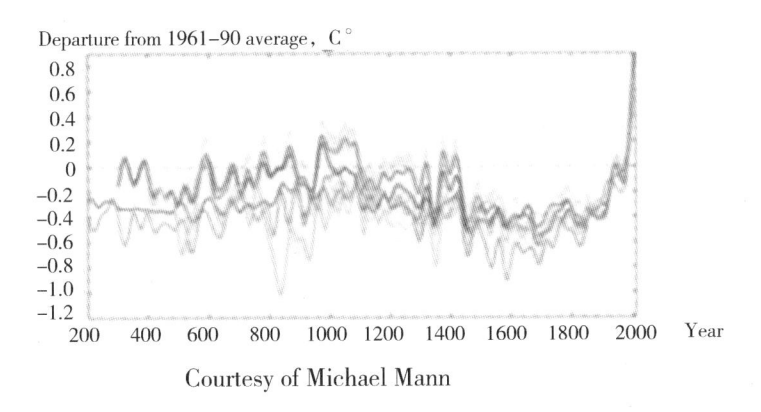

图 1　200—2000 年全球气温变化

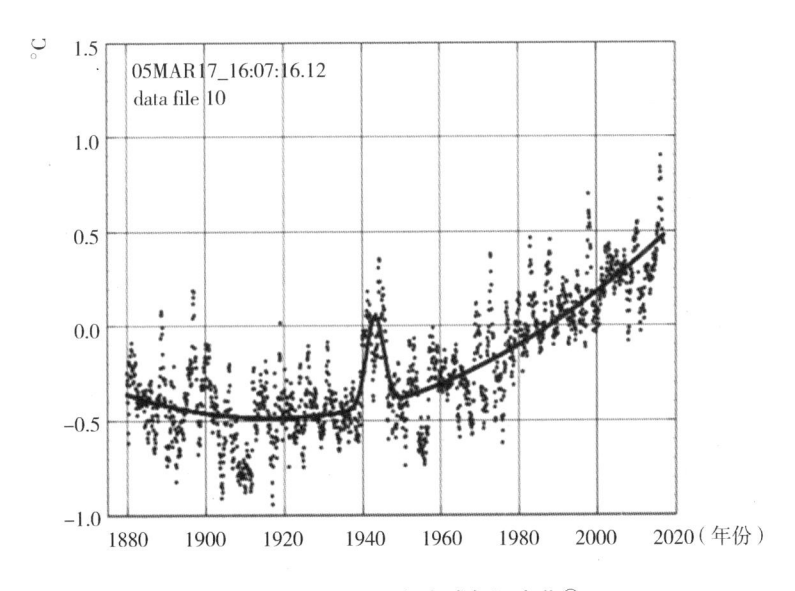

图 2　1880—2016 年全球气温变化[②]

图 2 是来自 Gottschalk 的研究（2017），结合该研究的内容可知从 2000—2016 年，全球气温上升速度比 1990—2000 年这段时间加快了（20

[①] Ritter, Stephen K., "Global warming and climate change", *Chem. Eng. News*, 2009, pp. 11 – 21.（http://faculty.tamucc.edu/plarkin/4292folder/Climate%20Change%20CEN.pdf）.

[②] Gottschalk, B., *Global surface temperature trends and the effect of World War II*, 2017（https://arxiv.org/pdf/1703.09281.pdf）.

世纪40年代全球气温突然变暖根源在于第二次世界大战)。[①] 从上面的讨论可知，因为环境污染及其导致的全球变暖，人类面临着越来越严重的威胁。虽然人类并没有坐以待毙，采取了一些积极的措施，但是，效果并不理想。随着时间的推移，地球变暖的趋势不是减弱了，而是加快了。现在，人类面临的危机如此之大，以致一些科学家对人类提出了一些警告。世界著名科学家霍金警告人类必须在百年之内离开地球，否则将在千年之内灭亡。在霍金看来，导致这种局面主要原因有：核战争、基因改造过的病毒和全球气候变暖等。目前我们还没有看到前面两种原因对人类造成的危害，但是，全球气候变暖却是真真切切地危害、威胁着人类和其他物种的生存。

三 全球环境污染和气候变暖的一些深层次原因

从上面的讨论可知，全球气温变暖主要始于20世纪五六十年代，因而全球范围内的环境污染特别是空气污染也应该是百年以内的事。是什么样的深层次原因导致全球范围内严重的环境污染？笔者认为，以下因素与全球范围的环境污染紧密相关。随着科技的发展、物质的丰富，人们的物欲没有得到满足，反而不断膨胀了。当今社会世界上几乎所有的国家都关注GDP，GDP重要性似乎超过了其他任何事情如社会风气、道德等。以"the importance of GDP"作为关键词检索Google，可以获取大约78800000条相关结果。第一条结果是Picardo的文章。在Picardo看来，GDP是关乎一个国家整个经济的晴雨表。[②] 学术界经常用GDP来估计人口变化、医疗保健、劳动力供给、公共政策、货币控制等，而所有这些似乎与人们的福利甚至幸福挂钩。GDP的波动会带来这些福利的波动。因而，人们非常关注GDP的变化情况，趋向于不惜一切代价保持GDP的增长。许多国家不惜污染环境，不惜花费大量的军费以获得国家之间争斗的胜利，其主要原因就是为了保护本国经济利益，保持本国GDP的增长，以满足其国民

[①] Gottschalk, B., *Global surface temperature trends and the effect of World War II*, 2017 (https://arxiv.org/pdf/1703.09281.pdf).

[②] Picardo, Elvis, *The GDP and its Importance*, August 2, 2016 (http://www.investopedia.com/articles/investing/121213/gdp-and-its-importance.asp).

不断膨胀的物欲。

物欲没有得到控制，与资本主义社会提倡的物欲主义（materialism）和（高）消费主义（Consumerism）有着密切的联系。参照相关定义，我们可以这样理解物欲主义：作为一种学说，它认为人类唯一的或最高的价值目标在于物质生活和物质文明的发展。物欲主义过分强调物质而忽视智力或精神的东西。与物欲主义密切相关的是消费主义。参考现有的一些定义可知，消费主义的内核是体面的消费，为了面子而消费；受消费主义控制的人只考虑享受，而不因考虑物质资源有限性而约束自己，它已成为许多消费者的生活目标和价值取向。消费主义使得受其影响的人特别是年轻人变得物质，使他们的物欲没有节制地膨胀。进而人类不得不疯狂掠夺和消耗地球资源，最终导致环境严重污染和全球变暖。现有研究已经证明了消费主义对环境所带来的灾难性的破坏。如 Luinstra 的研究显示，在消费主义指导下的美国生活方式是不可持续的，因为这种消费正在掏空环境资源基础，加重了贫富分化。因而，消费主义造成了极大的不公平，一方面，通过优势人们不顾后果地消费，使得财富更加集中在少数人手里；另一方面，环境污染让没有参与肆意消费的人（特别是穷人）也饱受污染带来的各种损害，这是很不公平的。消费主义还造成了其他一些悲剧，比如少数（女）学生为了物质享受而出卖自己的身体（有人因此而得各种性病甚至艾滋病），近些年大学校园出现了不少"裸贷"事件，也有个别孩子为了购买奢侈品而卖肾或者逼迫收入不高的父母同意出钱。

物欲主义和（高）消费主义的上述特征，注定他们会被商家利用。可以说，传媒发达的当今社会很大程度上受物欲主义和消费主义的支配，人们的物欲因此而变得失控。物欲太强会在很大程度上蒙蔽人们的道德观念，降低人们的德道水平。

四 因物欲而迷失方向的人们并不真正幸福

膨胀的物欲和对物质的刻意追求，带来了环境的污染、全球的变暖，导致了道德水平的下降，亲情、友情和人类曾经的崇高追求都受到了严重冲击。在付出如此惨重的代价之后，超出人类必需的物质条件并不能为人们带来更大的幸福。太多的人在追求幸福的道路上迷失了方向，有太多人甚至把物质看成是实现更高层次需求的必要条件，虽然这已经被证明是错误的。从 Mogilner 和 Norton 的研究可以看到，现有研究的大部分数据显示，在满足了必要的需求之后，额外的收入并不能增加一个人的幸福感；这个研究表明相比把注意力集中在花钱上面，把更多的注意力集中在如何支配时间将为人们带来更大的幸福感，金钱带来的幸福感更多地与花钱的方式相关：把钱花在他人身上带来的幸福感要超过拥有金钱所带来的幸福感。[1] 类似地，与其把时间花在自己身上，把时间花在他人身上也能带来更多的、更强的幸福感。

Mogilner 和 Norton 的研究可以看作是 Maslow 在 1943 年提出的需求层次理论[2]的很好的脚注。Poston 用图 3 简明扼要地表达了需求层次理论的核心内容。

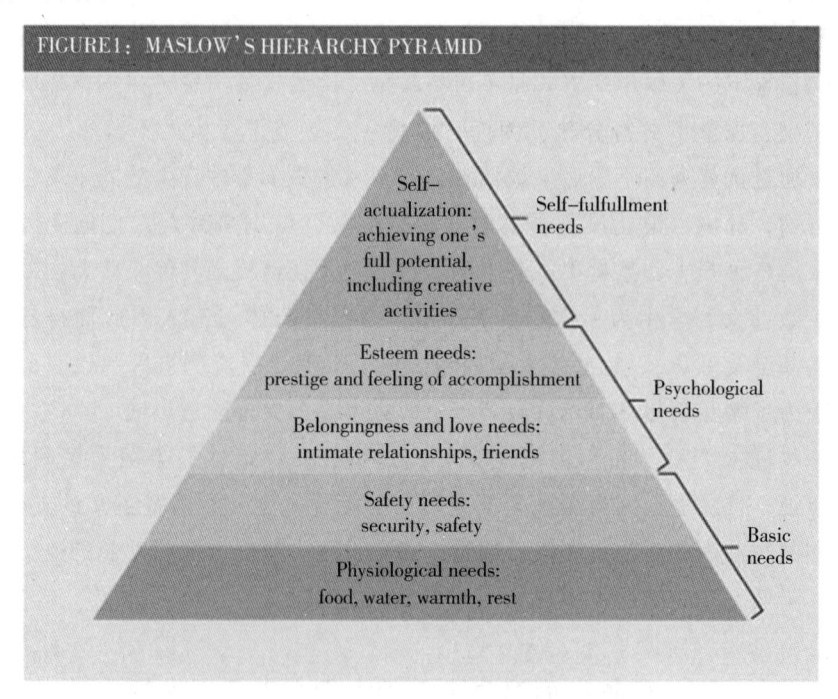

图 3　马斯洛人类需求层级金字塔

---

[1] Mogilner, C., Norton, M. I., "Time, money, and happiness", *Current Opinion in Psychology*, 2016, Vol. 35 (10).

[2] Maslow, A. H., "A theory of human motivation", *Psychological review*, 1943, 50 (4).

从这个图可以看到，物质需要只不过是人类最基本和低层次的需要。人类应该有更高的追求如归属感和爱的需求、受尊重的需要（借助声誉和成就来实现）、自我实现（如充分发挥自己的潜力如创造力等）。更高一个层次上，人类需要还可以包括对社会的贡献和了脱生死。

五　传统村落：内涵和特点

不断膨胀的物欲，不仅不能给人类带来真正的幸福，还给人类带来了惨重的代价：严重污染的环境、全球气温的上升，地球变得越来越不适合人类和其他生物生存。现有措施在解决这些问题的时候效果不尽如人意，还有什么办法来帮助解决这些问题呢？笔者认为，复兴传统村落在解决这些问题上有重要的作用，特别是对中国这样人口数量和密度都很大的国家来说，复兴传统村落意义重大。那么传统村落的内涵和特点是什么呢？胡燕等人指出传统村落的内涵包括以下三个方面。

一是传统建筑风貌完整。传统建筑在村落中应该占有一定数量和规模，同时要求遗存的历史文物古迹和建筑物布局集中、紧凑，用地面积达到保护区内建筑总用地的70%以上；建筑的形式、高度、体量、屋顶、墙体、门窗、色彩等基本保持着传统的地方风格和风貌特色。

二是村落选址和格局保持传统特色。也就是村落的演变和发展基本延续了始建年代的堪舆选址特征，仍然体现着人与自然的和谐共生关系，蕴含着古代先民的天地人和哲学观，在一定程度上反映了建筑风水理念，以及儒家礼制规范和伦理道德；村落的各类建筑布局、路网格局大体保持着传统的空间结构、空间肌理和空间形态。

三是非物质文化遗产活态传承。也就是村落依然保持着传统的富有生命力的生产、生活方式和鲜活的起居形态，以及依托传统方式和形态，在历代生息繁衍中创造的以声音、形象和技艺为表现手段，并以身口相传作为文化链而得以延续的口头文化、体型文化、造型文化和综合文化等。[①]

从上述内容看，胡燕等人所提出的传统村落内涵是为筛选值得和需要

[①] 胡燕、陈晟、曹玮、曹昌智：《传统村落的概念和文化内涵》，《城市发展研究》2014年第1期。

保护的村落提供参考。不过，上述内涵较同样适合于讨论传统村落在对抗全球环境污染、全球变暖及其原因如物欲主义、消费主义和导致的严重后果如道德水平下降、亲情友情等变得淡薄等。可以看出，传统村落的下面几个特点将有助于对抗全球污染，清除产生全球变暖的根本原因，并帮助道德重建，让人们重新回到和谐的社会：首先，传统村落的建造体现道家精神，如天人合一、轻物重生、自然无为等思想；其次，传统村落的灵魂是儒家的伦理道德和礼制规范；最后，传统村落保持着传统的生活方式。

由此可知，中国传统村落文化，不仅存留了作为中华民族文化的基本内核精神，而且也是我国传统文化中"修身、齐家、治国、平天下"人文理想最具基础性和根本性的文化依托。正是历朝历代无数传统村落中的原住民，通过时代相继的身体力行、忠实践行，使得我们优秀的传统文化得以不断传承、光大和创新，铸就了我国传统社会乃至现代社会的品质和国家民族文化精神。所以说"小村落，大文化"。

六 传统村落复兴的意义：控制环境污染、阻止全球变暖

结合环境污染、全球变暖及其产生的原因与传统村落的内涵和特点可知，传统村落的复兴，具有从根本上控制环境污染、阻止全球变暖的作用。全球环境污染、气候变暖的根本原因是人类放任的物欲，将自然处于对立的、可以征服的对象，向自然进行毫无节制的索取，肆意消耗自然资源。而传统村落可以从根本上消除这些导致污染和气候变暖的原因。

传统村落所蕴含的道家的如天人合一、轻物重生、自然无为等思想有助于抑制环境污染和全球变暖。前文提到，传统村落通常都是基于一定的风水（堪舆）理论建造的，而风水通常以道家的思想理念作为指导。浙江大学孔令宏教授指出风水的哲理与道家、道教哲理相通或相同，风水与道教都用《周易》的理论模式（都用阴阳、五行、八卦来解释有关现象）。[①] 这意味着，道家思想自然也会融入传统村落的建筑，影响着人们的生产方式和生活方式。天人合一的思想理念，将会阻止人们无限地向地球索取，

---

① 孔令宏：《论风水与道家、道教——兼及景观案例》，《第 2 届国际道家学术大会论文集》，2009 年。

每当人们向地球索取的时候，天人合一和无为而治的理念将会促使他们考虑：向地球要资源的时候，必须是有限度的、不以破坏环境为前提，否则将威胁到人类自身的生存。

轻物重生的理念将促使人们把人生需求从底层的物质满足转向更高层次如归属感、自我实现和对社会的贡献等精神层面的内容。一个有着轻物重生思想的人，能有效地阻止物欲主义和消费主义的侵蚀，不再受物欲的控制，进而把精力集中在精神层次如自尊、自我实现、帮助他人和服务社会上来。如此，亲情、友情将会回归，再次成为人们生命的重要意义，人际关系将因此变得和谐而亲密。总而言之，轻物重生将会促使人们从膨胀的物欲中回归到对精神的追求，因而不再无节制地消耗地球资源，地球的环境将趋向好转，全球变暖趋势有望被阻止甚至逆转。

传统村落所包含的儒家伦理道德和礼制规范同样有助于改善地球环境、阻止全球变暖。范中峰指出，儒家伦理道德最核心的思想可以用一个"仁"字来表示，包括义、礼、智、信、温、良、恭、俭、让、宽、敏、惠等道德范畴；实践中注重自身修养的儒家，主张"杀身成仁""舍生取义""富贵不能淫，贫贱不能移，威武不能屈"。[1] 而当代人为了满足自己的物欲，可以不问过程，只问结果（是否获得了其所追求的物质），而不考虑其所作之事是否合乎道德、是否会危害他人利益。为了满足物欲，当代人可以不顾地球是否能够承受，肆意污染环境，导致全球变暖，使地球越来越不适合包括人类在内的生物生活，这是不仁、不智的；更有甚者，为了满足自身的物欲，可以出卖肉体甚至灵魂。让物欲支配自身，实际上是让人的最基本的生理需求支配自身，丧失了太多的人性。出卖灵魂，导致人间悲剧的发生。儒家伦理道德看重精神层面的升华，是人之所以成为人的标准。儒家的"仁者爱人""己所不欲勿施于人"等思想是对抗物欲主义、消费主义和全球环境、全球变暖的利器。Blundell 和 Preston 的研究显示，在消费领域存在不公平现象：收入越高的人，消费越多，虽然收入

---

[1] 范中峰：《儒家伦理道德思想对当代青年德育的启示》，《沈阳师范大学学报》（社会科学版）2008 年第 3 期。

与消费是不成正比的。[①] 消费不平等，与"仁者爱人""己所不欲勿施于人"等儒家思想是相违背的。其中，笔者认为，收入高的人，更倾向于开好车、开高排量的车，而低收入人群开的更多的是低排量的车甚至不开车。如此，相对于低收入的人来说，高收入人群对环境的污染是负有更大责任的。但是，由于各种原因，高收入人群受到环境污染所带来的伤害往往比低收入的人要低。比如，高收入人群有更多、更好的手段对抗污染和气候变暖，他们可以购买高效的空气净化器和空调，而低收入人群则倾向于购买廉价、效率低的产品。一句话，高收入人群本来对环境污染和全球变暖负有更大的责任，但是，低收入人群却承受了更大的伤害，这是不公平的。高收入人群没有节制的消费，实际上是不仁的行为，因为他们的行为给低收入人群带来了不该承受的损害，违背了儒家"己所不欲勿施于人"的思想原则。唤醒人们特别是高收入人群的人性，为他们灌入儒家思想，将有效地去除他们思想中的物欲主义和消费主义。这将有助于解决全球环境污染和气候变暖。

对抗环境污染、全球变暖，传统村落所保持传统的生活方式也将起到重要作用。学者毕昌萍和田娟指出，无论是传统的劳动与交往生活方式、消费方式，还是闲暇生活方式，抑或是精神生活方面，传统生活都合乎体现幸福和和谐、共享性、简单性、适度性、精神性等本质特征；因此，中国传统生活方式本质上就是一种幸福生活方式；其中，和谐性不仅体现在人与人之间的关系，也体现在人与自然之间的关系；在人与自然的和谐相处之下，人们是知足常乐的，不会向大自然无尽索取，人类不是征服自然、改造自然，而是顺应自然界的规律，春耕夏种，秋收冬藏；简约性和适度性使人们摒弃了对物质财富的极度占有欲，并造就了安贫、知足、乐观的心态，也造就了人们节俭的生活习惯；传统生活中简约和谐的休闲方式如做针线活、喝茶、捉迷藏、听先生说书、看露天电影或者戏曲等，无疑也是低消费、低能耗的；简约和和谐的精神生活方式如吟诗作画，拨弦弄琴，对弈良宵，品茶论道，游山玩水等等高雅、积极的精神生活，意在追求一种深层次的精神放松和心灵愉悦的体验，使人们对生活的追求超越

[①] Blundell, R and Preston, I., "Consumption inequality and income uncertainty", *The Quarterly Journal of Economics*, 1998, Vol. 69 (4).

了物欲和物质的束缚。①

可见，作为道家、儒家思想重要载体的传统村落将能有效地对抗物欲主义、消费主义，帮助人们树立正确的消费观念，在对抗全球环境污染和气候变暖方面有着不可替代的作用。道家和儒家思想，是中华民族特有的文化遗产，必须借助传统文化村落的复兴加以发扬光大。如此，抑制全球环境严重污染和全球变暖就有了更大的胜算。

七　结语

环境污染和全球气候变暖，已经把包括人类在内的生物置于极度危险之中。现有的措施对抗相关问题的效果并不明显，污染和气候变暖仍在继续，是时候寻找新的出路了。复兴中国传统村落有望成为对抗全球环境问题和气候变暖的利器。因为，传统村落承载了中华民族的文化精华，强调天人合一、轻物重生、仁者爱人、己所不欲勿施于人等观点，能有效去除物欲主义和消费主义等错误的思想观念，从而根除环境污染和气候变暖，还我们一个干净、清凉的新世界和真正的幸福感。

---

① 毕昌萍、田娟：《论幸福视界下的中国传统生活方式》，《学术探索》2013年第1期。

发展研究专题书评

农民家庭经济态度变迁下的经济行为改变
——评《小农理性及其变迁——中国农民家庭经济行为研究》[*]

于福波[**]

内容提要：家庭一直是中国农村社会的基本单位，对于农民家庭经济的研究一直是学界的焦点和热点。可惜的是，在现有研究中很少有系统性的探讨农村家庭经济态度和行为之间关系的论著。《小农理性及其变迁——中国农民家庭经济行为研究》一书为我们提供了可借鉴的视角，该书探讨了农民家庭经济态度和行为的选择动力，以及农民家庭从"勤劳经济"走向"消费经济"的经济态度及行为的变迁动因。本文通过对这本学术著作的分析与探讨，将该著作的核心理念进行呈现，并进一步分析该著作中存在的问题和不足。对于该著作的研究，将有助于我们更深入地了解农村问题，也为理解农村社会变迁和农村问题提供新的思路。

关键词：家庭经济；经济态度；经济行为；变迁

一 引言

以血缘和婚姻关系为基础的农民家庭不仅是农村最基本的社会单

---

[*] 基金项目：国家社会科学基金重大项目"三权分置、农地流转与农民承包权益保护研究"；项目负责人：张应良。

[**] 作者简介：于福波（1991— ），男，汉族，西南农业大学经济管理学院博士研究生，主要研究农村组织与制度。

位，也是集生产与消费为一体的经济单位。随着市场经济的发展和城镇化、工业化的推进，作为农业微观组织基础的农民家庭正在不断发生变迁与分化。农民家庭经营变迁与分化主要表现为经营行为的变迁和经营态度的转变，当前大量文献从行为经济学视角和社会学视角对农民家庭经营行为的变迁进行了探讨，比较具有代表性的观点认为，农民家庭经营行为正在向专业化和兼业化两个方向分化①。换句话说，擅长并且愿意种地的农民对土地更加偏好，并且对土地的数量需求和质量管理也不断提升；而不愿意或不擅长种地的农民正在从土地耕作中解放出来，选择在其他行业从事生产。而这一切的变化归根到底是农民家庭从事生产经营的经济态度的变化，那么一直以来农民家庭经济态度是什么样的？又出现了哪些变迁？变迁的动因是什么？农民家庭经济态度的变迁又给农民家庭经济行为带来了哪些影响？这些问题都值得我们去探讨。

笔者认为，《小农理性及其变迁——中国农民家庭经济行为研究》一书，为我们回答上述问题提供了可借鉴的视角。该书于2017年12月由华中科技大学出版社出版，全书共30万字左右，隶属《中国现代农业治理研究丛书系列》。全书共用7章22节详细探讨了农民家庭经济态度和行为转变的原因及其结果。第一章介绍了本书的研究问题、研究方法与内容；第二章对农民家庭经济的基本形态进行了分析；第三章中重点分析了勤劳经济态度和行为的形成与农民家庭伦理的关系；第四章中重点分析了勤劳经济态度和行为的形成与村庄社会结构中的"人情消费""面子竞争"的关系；第五章中重点分析了不同区域和阶层下的农民家庭经济态度和行为的差异；第六章中重点分析农民经济态度变迁下的农民经济行为的改变；最后一章为结论，认为农民家庭经济行为并非纯粹的经济理性行为，社会文化结构中的家庭伦理责任、社会结构压力等因素均会对农民家庭经济行为产生影响。作者袁明宝认为："农民家庭所进行的一切经济活动都指向一个富有哲理性和超越性的问题，即为何而做。虽然这个问题不及哲学的终极拷问'从哪里来'、'到哪里去'，但却能够影响农民家庭经济行为的

---

① 赵佳、姜长云：《兼业小农抑或家庭农场——中国农业家庭经营组织变迁的路径选择》，《农业经济问题》2015年第3期。

选择，即做什么。"① 换句话说，农民家庭经济态度决定了农民家庭的行为选择。

二 农民家庭经济态度的基本形态及其变迁

（一）农民家庭经济态度的基本形态呈现："勤劳经济"

农民家庭的经济行为包括生产、消费、投资、储蓄等，而农民家庭经济态度则表现为对经济行为的选择。作者认为，中国农民自古以来就具有吃苦耐劳和勤俭节约的品质，这也导致了农民家庭的经济态度倾向于生产和储蓄行为，除了必要的农业生产必须投资，农民家庭几乎将所有的收入用于储蓄，长期以来形成了"多积累、少消费"的经济态度，而这种经济态度所带来的结果正如费孝通所言，"中国农民经常会遇到这样的情况，耐了一世的苦，却未享着半点尘世之福"。这种"苦勤"的精神品质和勤俭的消费观正是成百上千年来中国农民家庭经济态度的真实写照。在这种经济态度的指引下，"挣更多的钱"几乎成为每个农民家庭的共识，与此同时，农民家庭的经济行为受到深刻影响，非农生产、务工经商等兼业化经济行为成为实现家庭收入增长的新动力。总而言之，中国农民家庭一直以来始终保持着一种一生操劳忙碌的状态。而这种经济态度表现的是一种不同于西方国家"消遣经济"的"勤劳经济"。

那么，这种农民家庭勤劳经济态度选择的动力是什么？作者认为，"勤劳经济"的产生主要受到家庭伦理和村庄社会结构双重因素的影响。"消遣经济"是一种低水平劳动辛苦投入换取低水平需求满足的经济形态。而对于以维持生计和延续发展的家庭来说，则必须通过高强度的劳动投入来满足需求，以作者的视角来看，勤劳经济也就是我们常说的"勤劳致富"，而这种无休止的勤劳是出于对家庭"代际责任"和"人生任务"的实现。家庭代际责任主要包括抚育孩子成人、供孩子上学直到孩子完成婚嫁，而这些责任的实现不仅需要以家庭经济作为支撑，而且被视为农民家庭的"人生任务"。因此，由于受到家庭成员所带来的经济和社

---

① 袁明宝：《小农理性及其变迁：中国农民家庭经济行为研究》，华中科技大学出版社 2017 年版。

会的双重压力，农民家庭被迫选择"勤劳经济"作为安身立命之本。

相对于家庭伦理责任所带来的压力，村庄社会结构中的"人情交往"和"面子竞争"更成为农民家庭"勤劳经济"形成所需要考虑的两种因素。这里隐含了一层假设，也就是说农民家庭不仅仅考虑个体需要和生活上的享受，具有天然的"无私"的经济态度，这在某种程度上是完全不同于西方的"消费经济"下的家庭观念。正如费孝通在《乡土中国》中所言，农村社会是一个熟人社会，"亲密社群的团结性就倚赖于各分子间都相互地拖欠着未了的人情"①，人情构成了乡土社会的基本思维方式，农民家庭所构建的社会关系主要通过血缘和地缘进行。通过人情往来，便可以解决生产和生活中遇到的困难，不然容易被边缘化。而人情的往来与人情的消费有着密不可分的联系，俗话说"人穷不走亲"，人情交往需要礼尚往来，需要发生礼物交换的过程来增进农民家庭间的情感。我们常说，中国人讲面子、讲究排场，这种现象在农村社会更为普遍。比如，大操大办红白喜事、交罚款生儿子、"三间大瓦房"等农村社会现象，淋漓尽致地体现了农民之间的"面子竞争"。

（二）农民家庭经济态度基本形态的变迁：从"勤劳经济"走向"消遣经济"

受"家庭伦理责任"和"村庄结构性力量"的制约，农民被迫或自觉接受了将"勤劳经济"作为安身立命的态度。作者认为，这种家庭经济态度实际上是一种经济理性，但是经济理性只是农民家庭经济态度的基本形态之一，除此之外，农民家庭还具有目的理性。在作者看来，经济理性和目的理性是不同的，经济理性主要指农民家庭为了保障家庭基本经济生活，通过务农和务工等行为追求家庭收入最大化的态度。而目的理性主要指农民家庭除了对经济收入的追求，还具有社会文化诉求及情感诉求等态度。经济理性是农民家庭选择"勤劳经济"的根本所在，且在整个家庭经济态度中占据了主导地位。但是，近年来，随着打工经济的兴起和消费文化的蔓延，农民家庭经济态度已经悄然地发生了改变。过去农民家庭想方设法赚钱，现在他们不再疲于奔命。为了说明这种变化，作者列举了

---

① 费孝通：《乡土中国　生育制度》，北京大学出版社1998年版。

许多生动有趣的例子，比如，农民过去为了50块钱可以起早贪黑地工作一整天，而现在很多人选择不做这种"价劳不对等"的工作，四川的农民宁可打一整天麻将也不会去做这种工作。这实际上是农民家庭学会了在劳动生产与劳动闲暇之间寻找平衡点。

那么，农民家庭经济态度从"勤劳经济"走向"消遣经济"的根源是什么？与农民家庭选择"勤劳经济"态度相一致，这种变迁的根源在于家庭伦理责任意识的弱化和村庄社会结构性力量的瓦解。作者认为，农民家庭伦理责任意识的弱化主要表现在以下几个方面：一是生育观念的转变。过去农民家庭中父代将子代抚养成人视为人生任务，然而现在很多的农民家庭已经不太愿意为抚养和生育子女而承担过重的经济负担，他们开始计算抚育成本，并且将其纳入生育考量中，改变了以往家庭延续的伦理责任观念；二是劳动与消费观念的转变。过去农民家庭选择高劳动投入、低消费享受的生活观念，现在农民家庭开始寻求劳动与休闲之间的平衡；三是代际关系的失衡。过去正常的代际关系应该是父代承担对子代的优先抚养义务，子代承担对父代的赡养义务。然而当下这种健康的代际关系却出现了严重的失衡，一方面，父代需要对子代承担无限的抚养义务，表现为不仅需要抚养其子女成长，甚至还要为子女所组建的家庭进行无限期的经济投入；另一方面，子代对父代的赡养义务弱化，反馈机制断裂，许多子代只顾自身享受却不思父母养育之情，更甚者没有能力养活家庭，就更谈不上赡养老人。基于这种情况，父代开始被迫"考虑自身的生活和未来"，他们开始考虑"要多吃多喝，不然划不来"。[①]

过去"面子竞争"和"人情交往"是农民家庭为了进入村庄社会结构性位置，农民所选择的"勤劳经济"态度也是为了能够在村庄内部各项竞争中不落后。但这一切竞争的背后的逻辑仍然离不开经济支持，所以农民家庭也逐渐认识到这一点，开始由"面子竞争"转向"经济竞争"。进一步来说，经济竞争需经由消费经济来实现，只有通过消费才能体现出经济竞争的真正内涵。与"面子竞争"不同的是，农民家庭的消费行为更加趋于理性，不再通过过度消费来展现自身经济实力，而是选择量力而

---

① 孙新华、王艳霞：《交换型代际关系：农村家际代际关系的新动向——对江汉平原农村的定性研究》，《民俗研究》2013年第1期。

为。过去村庄的开放性和流动性都比较弱，因此农民家庭间很容易形成共同的规范，这些规范将他们联系在一起，进而在这些规范上进行"面子竞争"和"人情来往"，随着村庄流动性和开放性的增强，这种基于共同规则的竞争也就瓦解了。

三 农民家庭经济态度变迁下的经济行为改变

（一）生产行为的改变：从高强度劳动投入到适度劳动投入

随着农民家庭经济态度从"勤劳经济"向"消遣"经济转变，农民家庭经济劳动行为随之发生改变。作者认为，在"打工经济"和"消费文化"到来之前，农民家庭经济行为表现为"勤劳经济"态度下的高强度劳动投入和低闲暇享受。但随着两者的兴起，农民家庭劳动投入发生了最为明显的改变。一是农业生产活动中出现了大量的抛荒、撂荒行为，农民家庭不再像之前一样进行过密化的劳动生产；二是农民家庭开始对劳动所得与劳动辛苦程度进行主观评价，如果后者大于前者，他们将考虑退出农业生产活动或者更换现有工作，也就是说他们开始对工作质量进行一定的选择行为。在作者看来，农民家庭经济行为之所以会发生这种改变，在于"打工经济"兴起前，农地是收入的唯一来源，因此他们不会对单位劳动的产生和收益最大化进行比较，也就是说他们根本就别无选择。如果说以前农民家庭没有兼业机会，他们不会进行比较；现在他们拥有了兼业机会，他们应该即刻投入其中，珍惜现有的兼业机会。但事实并非如此，他们不仅对各种兼业机会进行比较，而且还着重考虑每种劳动方式的劳动辛苦程度。这种兼业行为的选择以及对兼业"挑择"的行为与农村劳动力价格的形成也有着密切的关系。在"打工经济"兴起前，农村劳动力是没有价格的，但是随着其产生和发展，农村劳动力开始向城市劳动力一样具有了"工资"价格，而且这种外出务工的价格已经形成了全国性的市场价格，在这种情况下，农民逐步认识到哪些经济行为的价格是不合理的，而哪些工作能够带来更大的效用。

农村劳动力价格的出现，不仅影响了农民家庭对兼业行为的选择，还进一步影响了农民家庭间的社会行为。传统的农村社会是基于血缘所建构的人情社会，在血缘社会中，"商业行为"是不能存在的，也就是说，人与人之间的往来需要靠"人情"维持。所谓"人情"往来,也就是说不能什么事都讲价钱,维系感情需要靠互帮互助。但是劳动价格的出现却改变了这一社会行为。作者为了说明这种社会行为的改变,谈到了农村修房子的例子,过去农民修房子,请村里的邻里帮忙都是不需要任何工资的无偿劳动,只需请对方吃顿饭就可以解决。但现在农民不再免费请他们帮工,而是需要通过劳动力价格向对方支付相应工资。

(二)消费、储蓄行为的改变:从"低消费—高储蓄"到"高消费—低储蓄"

与农民家庭劳动投入行为相对应的变化便是消费和储蓄行为的改变。中国农民自古以来以"勤俭节约"为美。农村人常说要"会过日子",一个"会"字对消费态度和盘托出,"会过日子"一般是家庭中的长者对晚辈的嘱托,希望能够懂得积累财富,而不能大手大脚地挥霍金钱。受到这种"会过日子"的态度的影响,农民家庭在消费行为方面显得比较谨慎,往往处于一种低度消费的状态,也就谈不上"享受日子"。当然,这种态度的形成的原因是多方面的。首先,农业生产具有不稳定性,这导致农民家庭很难获取稳定的农业收入,在无法预期未来收入的情况下,便需要"未雨绸缪"进行储蓄行为;其次,对于大多数农民家庭来说,即便能够获得稳定的农业收入,这种收入也是一种低收入的状态,而通过这种"低收入"来维持一家几口人的基本生活开支往往"入不敷出"。因此,农民家庭想要谋求长远发展,就必须过"勒紧裤腰带的生活",长此以往形成了"低消费、高储蓄"的行为。但情况也并非完全如此,在作者看来,不同的农民阶层选择的消费行为是不同的,而且区域间存在着明显的差异。中国的北方农村注重在储蓄和投资间寻找一种平衡,但更重要的还是储蓄,而非消费和享受;但中部农村家庭却更加注重生活享受,消费水平也较高。除此之外,农村不同阶层的家庭消费行为也大不相同。学者根据收入标准将农村阶层分为新富阶层、中等收入阶层、贫困者三个层次。[①] 作者认为,村庄中的上层一般都是精英阶层,他们有着稳定的收入和生活保障,基本不会在劳动生产中付出辛苦劳动,他们更加注重生活质

---

① 唐忠新:《贫富分化与公平、效率的关系刍议》,《天津社会科学》1998年第4期。

量和品质，因此消费水平和储蓄水平也比较高。村庄中的中层一般通过兼业和土地流转等行为获得了较多的收入，他们的收入同样足够应付日常的家庭开支，因此，消费水平虽然低于精英阶层，但也保持着较高的消费支出和家庭储蓄。而村庄中的下层一般是靠土地维持生计，因此收入水平也比较低，导致消费水平也比较低。不仅如此，由于低收入和低产出的恶性循环，一大部分村庄下层往往对农业生产持较为消极的态度，长此以往陷入一种低收入、低消费、无储蓄的均衡状态。

虽然家庭消费和储蓄行为存在着区域差异和阶层差异，但放眼全国这种差别可能并不是十分明显，毕竟对于农村家庭来说，面临的境况和遭遇是十分相似的，而且阶层区分也未必那样明显，毕竟精英阶层只占据少数。因此，"低消费、高储蓄"应该是大多数农村家庭的一种惯常状态。但在打工经济和城市消费文化风靡下，作者认为，农民家庭消费、储蓄行为发生了较大的改变。农民开始考虑通过消费来获得更多享受，而获得享受则意味着需要更多的收入来支撑，因此可以说打工经济促进了农民家庭消费行为的改变，而消费行为的改变又进一步促进打工经济的繁荣。在打工经济浪潮中，相较于老一代农民工人，新生代的农民工人消费行为的改变最为明显。老一代的农民工人通过打工为获取更多的财富累积，从而维持家庭开支和再生产；而新一代的农民工人，其赚钱的目的更多地是为了消费，而非储蓄，他们往往将打工收入用于各种娱乐活动以及高质量的生活开支，因此很少进行储蓄行为。比如，他们经常出去歌厅、溜冰场等各种娱乐场所，以及置办摩托车、苹果手机等花费较高的物件。换句话说，老一代农民工趋于将工作和生活融为一体，赚钱是为了生存，而新生代农民工人更多地是为了生活而赚钱，两者的目的完全不同。这也导致了在新一代农民工群体中形成了"高消费—低储蓄"的行为状态。

四 对"目的理性与经济理性""人情消费与面子竞争"的再讨论

（一）"目的理性"与"经济理性"

综观全文，作者以敏锐的视角和具有洞见性的观察，对农村社会的人的精神层面和行为层面对经济反映的变迁作了深刻的描述和解释。作者从理论上对于农民家庭的行为动机、目的历史脉络作了清晰地梳理，不仅从微观视角提出，农民家庭经济中的勤劳态度和行为的变迁并不能恰当地用生产与闲暇之间的关系进行替代解释，原因在于农民家庭经济态度和行为并非像经济中的假设那样完全，还在经济学的基础上加入经济人类学和社会学的视角，进一步提出了农民家庭经济行为的形成源于经济理性和目的理性两个方面。经济理性可以解释农民可以不计成本的进行农业生产，他们根本不关心劳动生产率，而只关心土地产出率。但是，农民家庭在家庭仪式性消费上的高投入、低储蓄、高消费的行为却无法用经济理性来解释，只能用农民家庭的目的理性来解释。作者认为，目的理性主要指农民群体在劳动和闲暇之间作权衡、在辛苦程度和需求满足程度之间的平衡，一旦超过这种平衡，在劳动的边际收益递减的情况下，仍然进行劳动投入，保持着"低需求、高劳动投入"状态时就只能用目的理性进行解释。而农民家庭的目的理性正是受到"家庭伦理责任"和"村庄结构性力量"的制约。

  目的理性和经济理性两者的划分似乎是含混不清的，关于农民是否是理性人的争论一直存在着。也就是说，如果假定农民是理性的，那么他们肯定不会在劳动报酬递减的情况下继续进行劳动投入。如果假定农民是不完全理性的，那么他们将会在劳动报酬为零的情况下，停止劳动的继续投入。很显然，作者所说的农民家庭经济行为的变迁属于后一种情况，但问题是目的理性究竟是理性还是非理性行为，如果是理性行为，农民家庭经济行为从"高劳动投入、低消费需求"转向"低劳动投入、高消费需求"的临界点又在哪里？实际上，农民家庭经济行为并没有像经济理性和目的理性划分的一样具有一种明显的区别。如果目的理性是非理性的，那么目的理性和经济理性的区别又在哪里？按照作者的逻辑，目的理性是在"家庭伦理责任"和"村庄结构性力量"的制约而决策反应，也就是说承担"家庭伦理责任"和面对"村庄结构性力量"是一种非经济目的或者非完全的经济目的驱使，但如果农民有足够的钱来承担这些责任和面对这些竞争，他们是否需要继续投入高强度的劳动？答案是显而易见的，这仍然是一种经济目的或者经济理性。他们之所以选择这种行为，并非目的的差别，而是行为能力的差别。因此，只能说农民家庭经济行为的动机不同，或者经济目的不同，却非理性的差别。因此，笔者认为，作者对于经济理性和目的理性的划分是牵强的。

(二)"面子竞争"与"人情消费"

为了说明"勤劳经济"形成的原因,作者在第四章提出"面子竞争"和"人情往来"是农民家庭进入村庄社会性结构位置的重要因素,一方面农民家庭深深嵌入农村社会结构之中,迫使他们不得不进行面子竞争;另一方面,面子竞争可以使他们在村庄竞争中处于不落后的境地,这也成为农民家庭形成的"高劳动投入、低消费需求、低储蓄"的重要原因。这种推论在逻辑上似乎是矛盾的,如果农民因为需要进行面子竞争,而选择高强度的劳动来获得更多的收入作为支撑,这在理论上是说得通的,但面子竞争的本身又是一种高消费需求的体现,那么说面子竞争的消费需求不是农民家庭总消费需求的一部分吗?显然答案是否定的,虽然说面子竞争可以解释农民家庭选择高强度劳动投入的行为动机,但是对于农民家庭低消费行为的解释是行不通的。

同样的道理,作者认为村庄中存在着一种无形的力量使得每个村民被迫参与到人情交往中来,并进一步形成了一种制度性、结构性的力量,而且农村的人情交往是没有退出机制的,一旦开始就很难退出。为了满足人情交往上的开支,农民家庭选择在劳动报酬边际递减的情况下仍然高强度的劳动投入和财富积累进而形成"高劳动投入、高储蓄"的行为。但这种推论在逻辑上也是不能自洽的,据常识可知,农民家庭在人情交往上的开支是显而易见的,农村人常说亲戚之间要相互"走动",走动便是指人情往来,但这种走动在时间和范围上是限定的。一方面,一般"逢年过节"才相互"走动",次数并不是非常频繁;另一方面,并非所有的街坊邻居和亲朋好友都需要走动,这种"走动"的对象一般带有一定的选择性。此外,对于农民家庭来说,也不需要在人情往来上有太多支出,一般家庭选择"薄礼"用于人情往来,而且农村人常说"人穷不走亲",如果是特别贫困的家庭,他们可能根本不会进行人情往来。因此,用"人情往来"来解释"高劳动投入和低消费"行为的形成未免有些牵强。

五 结语

无疑,中国农民家庭经济态度和行为的改变是一个不争的事实。农民家庭经济态度和行为的选择不仅对于农村社会整体的变迁具有重要意义，对于国家各项政策的制订和执行也具有重要的参考价值。当前，随着市场经济的发展和城市化的推进，国家政治、经济、文化、社会层面均发生了重大的变迁，在这种变迁下人们的思想和行为均受到了影响，虽然农村社会具有一定的"封闭性"，对这种变迁的反应具有"滞后性"，但不可避免地受到波及。

"乡村振兴战略"和"农村扶贫"工作快速推进，改变农村贫困落后和"凋敝"的局面成为摆在学界和政界的一个重要课题，但改变这种局面的根本是对农民的经济态度和行为的改造，因此，对于当前农村家庭经济态度和行为的理解将事关各项政策成败。《小农理性及其变迁——中国农民家庭经济行为研究》为我们开辟了一个窗口，为我们提供了一个可以一探究竟的机会。这本著作的意义不仅仅局限于农村家庭经济层面，也不仅仅局限于某个学科内部，而是对于中国农村经济发展的探讨及政治学、经济学等学科对于"三农"问题的探讨均有借鉴意义。

中国小农家庭的未来:兴起抑或衰微?
——兼评《发展型小农家庭的兴起》[*]

程军 刘玉珍[**]

内容提要:长期以来,小农经济一直是中国农业经营的主要模式,虽饱受诟病,但其发展现实业已证明:小农经济在我国的农业经济发展过程中发挥了重要作用,这是其历史的必然性与合理性。基于文献研究与实践调查,以《发展型小农家庭的兴起》为对话文本,本文在解析小农经济模式与小农家庭概念的基础上,分析了中国小农经济面临的内部困境和外部挑战,进一步对中国小农家庭的未来作出预测。当前,小农经济模式面临"人""地""业"等内部困境的制约,还受到市场和资本等外部因素的挑战。小农家庭的外在形式虽然还在延续,但其内在运行逻辑已然发生变化,"半工半耕"模式中"半工"的比例在增加,"半耕"的比例在减少。中国小农家庭自改革开放以来,呈现出逐步兴起的态势,然而在近十年间已呈现出逐步衰微之势,但亦不会趋于消亡。

关键词:小农经济;兴起;衰微;发展型小农家庭

---

[*] 基金项目:江苏省社会科学基金项目"土地征收与流转背景下江苏农民的土地情感研究"(17SHC007);江苏高校哲学社会研究重点项目"新时代江苏乡村振兴战略的实施路径"(2018SJZDI120)。

[**] 作者简介:程军(1981—),男,汉族,南京工业大学法学院讲师,河海大学管理科学与工程流动站博士后,主要研究方向为农村社会学、社区治理;刘玉珍(1985—),女,汉族,河海大学社会学系博士研究生,主要研究方向为农村社会学、社会性别等。

一 由《发展型小农家庭的兴起》谈起

无论是在开始实行家庭联产承包责任制之初的改革开放初期，还是在实施乡村振兴战略的当前，小农经济均是我国三农发展的重要组成部分，关于小农经济模式的相关讨论也从未停止。中华人民共和国成立后，由于社会主义制度的确立，苏联围绕小农经济展开的相关讨论也对我国小农经济的发展及其讨论产生了难以磨灭的影响。列宁与恰亚诺夫围绕农民家庭经营的性质、农民分化的性质与后果、对小农未来出路的设想等展开了系统的争论。列宁—恰亚诺夫之争的核心问题，始终是后发现代化国家和地区在发展过程中必然要面对的重大现实问题，在具有悠久小农经济历史传统的当代中国依然回响。[①] 那么，中国小农经济以及小农家庭在未来究竟会面临何种发展趋势呢？这一问题的探讨对于我国正在推进的乡村振兴战略，具有重要的历史价值与时代意义。然而，这一问题内含的系列问题是：1. 何谓"小农经济"？何谓"小农家庭"？2. "小农经济"与小农家庭有何关联？3. 是哪些动力因素决定了中国小农家庭未来？4. 基于动力因素的考虑，中国小农家庭的未来发展是兴起还是衰微？

关于中国小农家庭的未来，学界已有相关论述，尤以张建雷博士的专著《发展型小农家庭的兴起——皖东溪水镇的小农家庭与乡村变迁（1980—2015）》最为聚焦。在该书中，作者的论证逻辑是：1. 在市场、制度与农民家庭互构的过程中，发展型小农家庭正处于逐步兴起的过程中；2. 发展型小农家庭的制度化机制与基本结构形态；3. 基于上述 1 和 2 的论证，得出三个基本结论：第一，发展型小农家庭的兴起，既体现了农民家庭与市场的亲和关系，也体现了其制度建构的特点是由市场、制度和农民家庭"互构"的结果；第二，发展型小农家庭突破了"过密化"农业的低水平增长陷阱，在向城市化发展的过程中推动了农业经营体系的转型以及村庄社会结构的发育；第三，在政治上，发展型小农家庭的普遍

[①] 张慧鹏：《农民经济的分化与转型：重返列宁—恰亚诺夫之争》，《开放时代》2018 年第 3 期。

兴起奠定了中国农村社会秩序稳定的结构性基础。① 不难看出，依据张建雷博士的田野调查及其结论，发展型小农家庭在一定意义上将是中国农业经济的主体力量，同时由于其在农业经济上的主体地位，发展型小农家庭还将是中国农村社会秩序的"稳定器"。必须肯定的是，该研究以农民家庭为分析单位，在系统考察的基础上指出我国小农家庭发展的独特路径，在一定程度上对当前我国农村社会发展问题做出了新的解释。

中国小农家庭的未来是否正如张博士的研究结论呢？对此，笔者至少在以下两个方面是心存疑虑的。

第一，作者基于皖东溪水镇4个村庄的调查，尝试在个案研究的基础上，通过类型比较的方法超越个案研究的局限性②，从而得出上述3个结论。该文的基本研究路径与相关结论对于皖东地区甚至更大区域范围内是具有参考和应用价值的，但是在作者论证的过程中，显然缺乏类型化比较，至少也是不够突出的。也就是说，作者在研究结论中，冠以"中国农村"或"中国农业"，而没有如研究方法中所强调的"以个案为基础的类型分析"进行论证，因而，通过对"皖东溪水四村"的研究，进一步将其研究结论扩大至"中国农村"或"中国农业"，在论证逻辑上似有"不当扩大"之嫌疑，同时也是与当前现实不相符合的。例如，在笔者多次调研的皖中地区，小农家庭在现代性整体的冲击下，半工半耕式的小农家庭在时间的冲刷下逐年减少而不是正在兴起；在苏北淮安市涟水县大东镇调查的3个村庄发现，主要是本地大农户或外地人租种农地；在苏南，苏州市吴江区多个村庄，农业从业人员主要为外地人。研究表明，小农家庭是否成为所在区域农村农业的主体，是与区域发展阶段和经济发达程度紧密相关的。

第二，作者的论证基础，即"发展型小农家庭的（普遍）兴起"是基于调查区域"当前"状况的一种判断，即使假定"发展型小农家庭"是当前农业发展的主体，这种"半工半耕"农民家庭在未来是更多地向务工方向倾斜而不是务农方向倾斜，这种分化本身即会导致发展型小农家

---

① 张建雷：《发展型小农家庭的兴起：皖东溪水镇的小农家庭与乡村变迁（1980—2015）》，法律出版社2018年版，第33—37页。

② 同上书，第29页。

庭在体量上缩小，加之新型农业经营主体的大量介入则可能导致小农家庭的式微。易言之，发展型小农家庭难以担当未来乡村农业的主体。基于上述讨论，中国小农家庭在未来会走向何方呢？显然，这正如哈姆雷特之问，是一个值得探索的问题。本文将以笔者对中国小农家庭的田野调查作为现实基础，以学界既有的小农研究为理论基础，对中国小农家庭的发展趋势做出相对客观而全面的判断。张建雷博士之大作《发展型小农家庭的兴起：皖东溪水镇的小农家庭与乡村变迁（1980—2015）》作为新时期小农经济研究的先行尝试与典型示范，是本研究重要的参照对象。在相关议题的判断上，笔者与张博士的观点有分歧之处，但是这丝毫不会削弱这本著作的学术价值，更不会影响笔者对于这本著作的高度评价。这本著作对小农发展现实的描述、分析与论证，在很大程度上增进了笔者对相关问题的理解深度，便是这本学术著作的重要价值在引起读者思想共鸣方面的例证。因此，在本文的论证中，将在不同部分与张建雷博士的研究予以对话。当然，这并非会意笔者与其观点具有一致性，事实上在这一问题的理解上，虽然对于小农经济的发展现状上有些接近，但是对于发展趋势的判断上，可谓大相径庭。

二 两个概念：小农经济模式及小农家庭

（一）小农经济模式

马克思的小农经济理论在世界范围内具有广泛的影响力。在马克思相关理论涉及小农经济的论述时，小农经济在我国早已延续数千年了。根据笔者所涉猎的研究文献来分析，小农经济在历史上的发展也存在中西之别。马克思在《资本论》中，对于小农经济的批判事实上基于西方国家的"小农经济"，其实质是历史上小生产的一种方式，农业领域中的小生产。[1] 马克思指出，从事小农经济的"这种小生产者包括手工业者，但主要是农民……农民阶级必然是这种小生产者的大多数"[2]。国内学者将马

---

[1] 罗正月：《马克思小农经济思想对解决我国"三农"问题的启示》，《当代经济研究》2009年第4期。

[2] ［德］马克思：《资本论》第3卷，人民出版社2004年版，第672页。

克思理论中小农经济概括为5个方面的特点，分别为：1. 以个体家庭为生产单位；2. 生产过程孤立分散；3. 生产方式落后，生活水平低下；4. 个体劳动者直接占有生产资料；5. 人与人之间关系的封闭性①。在马克思的理论语境下，小农经济特指自给自足的个体化小生产，与之相对的是建立在分工协作基础上的社会化大生产。马克思的小农经济理论为后来的研究者提供了基本的分析框架，在总体上秉承了一种批判的角度，因而认为小农经济是与传统农业相匹配的，随着资本主义现代化大生产的推进，小农经济将逐步趋于衰亡。作为一个概念，小农经济的内涵并不是一成不变的，结合中国传统农业经济的特征，小农经济可以理解为在农业领域内与使用手工工具相联系的个体经济，其本质内涵包括两个方面：一是以个体家庭为生产和消费的单位，即把物质再生产和人口再生产结合在一个家庭中；二是以直接生产者的小私有制为基础，这种小私有制包括对土地、农具、耕畜和其他生产资料程度不同的所有权。② 这与我国历史上人多地少的矛盾休戚相关，传统亲属结构中兄弟平分土地的制度（诸子均分制），使得男耕女织、农工相辅的小农生产方式在中国历史上长期占主导地位。③

另外，基于中华人民共和国成立以来的土地制度改革，我国当前的小农经济表现出诸多新的特征。黄宗智的研究认为，在处于大规模非农就业、人口自然增长减慢和农业生产结构转型三大历史性变迁的交汇之中④，新时代小农经济的主要特征表现为高附加值农产品生产的"新农业"大规模兴起；主要劳动力相对廉价，但其农场的经济效率要高于大规模化雇工大农场；是一种兼非农打工和农业生产的半工半耕家庭经济。⑤ 杨华则认为小农经济、社会主义与中国特色是我国小农经济的三重内涵。⑥

透过现有研究，我们可以较为稳妥地得出以下结论：第一，在实施联

---

① 罗正月：《马克思小农经济思想对解决我国"三农"问题的启示》，《当代经济研究》2009年第4期。
② 李根蟠：《从〈管子〉看小农经济与市场》，《中国经济史研究》1995年第3期。
③ 《费孝通文集》，群言出版社1999年版，第200—201页。
④ 黄宗智、彭玉生：《三大历史性变迁的交汇与中国小规模农业的前景》，《中国社会科学》2007年第4期。
⑤ 黄宗智：《中国新时代小农经济的实际与理论》，《开放时代》2018年第3期。
⑥ 杨华：《论中国特色社会主义小农经济》，《农业经济问题》2016年第7期。

产承包责任制40年后，小农经济仍是我国农业的主要表现形式之一；第二，在性质方面，与其他国家小农经济具有共性，诸如小规模的经营组织方式，农业和副业相结合的家庭经济，在家庭内部按照性别予以分工等；但同时具有不同的特征，如，处于急剧的时代性变迁之中，统分结合的双层经营体制，半工半耕的经营模式等。可以预言，新时代小农经济正在面临着前所未有的现实挑战，在市场化、工业化、城市化的日益逼近中，小农经济及其经营主体，即小农经济模式必将难以避免地被裹挟进时代的浪潮之中。

（二）小农家庭

小农经济模式的特征之一，即是以家庭作为基本的生产和消费单位。小农经济模式的发展与变迁，小农家庭既是推动的主体之一，也是最重要的受影响主体。在一定意义上，中国农民家庭的基本特征是"以代际分工为基础的半工半耕"的劳动力再生产模式。[1] 仅从小农经济生产的角度来看，小农家庭特征可以解析为三个方面：第一，有着较为清晰的代际分工，在大多数小农家庭中，年轻子女外出务工，年龄比较大的父母留守在家务农；第二，在收入结构上，存在务工与务农双重收入，但二者的比例却是务工收入愈加占据重要的地位；第三，在劳动力的再生产上，按照一定周期实现劳动力的再生产。由于中国农民家庭的独特性质，农民家庭的生产和消费行为，既受制于制度和市场所提供的外部环境的约束，也是由其所处家庭关系中的伦理规范所决定的。[2] 此外，我们对于小农家庭概念的理解，一方面会随着对于小农经济概念的变迁而变化；另一方面小农家庭概念的本身在内涵与外延也是存在变迁可能性的。

三 中国小农经济模式的内部困境与外部挑战

自春秋战国以来，小农经济传统一直延续至今。小农的存在对社会稳定、粮食安全、食品安全、社区秩序、景观创造、乡村复兴和文化保护等

---

[1] 贺雪峰：《关于"中国式小农经济"的几点认识》，《南京农业大学学报》（社会科学版）2013年第6期。

[2] 张建雷：《发展型小农家庭的兴起：皖东溪水镇的小农家庭与乡村变迁（1980—2015）》，法律出版社2018年版，第23页。

方面依然发挥着积极的维护和促进作用①,这便是小农经济的历史的必然性与合理性②。然而,我们必须承认,无论是从小农发展的现实来看,还是从当前学界的研究结论来看,小农经济以及小农家庭均正在面临前所未有的转型。小农经济的转型,主要取决于两个方面的动力因素:一则是农民内部的动力因素;二则是农民外部的动力因素。陈航英对皖南地区的研究表明,正是在内部和外部的各种动力因素与反向力量的共同作用下,原先的农业生产关系和市场关系才被彻底重构并形成一个新型农业经营体系。③ 张建雷关于发展型小农家庭的研究也认为,正是在市场、制度与农民家庭的互构过程中,新的小农家庭形态得以形成④。不难看出,二者关于转型动力的区分只是表述上的区别,无实质差异。为了更加准确地预测中国小农家庭的未来,本研究亦通过内、外部两方面的动力因素予以阐释。

(一) 内部困境:人、地、业的三重困境

小农家庭发展的内部因素主要包括家庭劳动力的再生产、家庭收入结构、分工结构等。在内部动力因素方面,张建雷显然是属于乐观派的,其研究指出,自20世纪80年代以来,市场化的兴起、工业化和城市化的加速发展,使农民家庭的发展迎来了新的契机,在制度、市场和农民家庭共同作用下形成一种结构化的发展秩序:1. 在"半工半耕"的基础上,部分农民家庭开始回归农业,寻求家庭经济在务工和务农之间的新的平衡;2. 农民家庭进一步向城市流动,并逐步实现城市化。这种发展秩序体现出当前"半工半耕"小农家庭的弹性发展特征,即农民家庭在城乡之间、工农之间自由往返、有序进退,在流动中寻求最有利的发展结构。⑤ 这种对于当前小农经济发展状况的判断,是与现实基本相符的。对于小农家庭而言,"人"与"地"是可供使用的最重要的两种资源:前者是家庭经济发展的人力资

---

① 付会洋、叶敬忠:《论小农存在的价值》,《中国农业大学学报》(社会科学版)2017年第1期。
② 王家范:《中国历史通论》,华东师范大学出版社2000年版,第167—182页。
③ 陈航英:《中国农业转型及其动力机制再思考——基于皖南河镇的经验研究》,《开放时代》2018年第3期。
④ 张建雷:《发展型小农家庭的兴起:皖东溪水镇的小农家庭与乡村变迁(1980—2015)》,法律出版社2018年版,第23页。
⑤ 同上书,第169—170页。

源，是"三农"发展的主体性要素；后者则是家庭经济发展可供挖掘与开发的最为重要的生产资料，是"三农"发展的客体性要素。就内部动力而言，小农经济以及小农家庭的未来发展主要受制于主、客体要素及二者之间的互动，因而还涉及第三类要素，即"业"。在人地关系地域系统中，"人"与"地"的互动通过"业"实现，也就是说"业"是"人地关系"的中介性要素。[①] 就当前发展状况而言，小农经济模式在其内部主要面临人、业、地三方面的困境。唯其如此，习近平总书记2016年4月在凤阳小岗村调研时就指出："我国农村改革是从调整农民和土地的关系开启的。新形势下深化农村改革，主线仍然是处理好农民和土地的关系。"可见，进一步调整农民和土地的关系，是新时期深化农村土地制度改革的主线，也是乡村振兴战略实施的重要维度。农民和土地的关系，归根结底是一种人地关系，因而农民和土地关系的调整是"业"的调整。

1. "人"的困境

在小农经济与小农的发展过程中，"人"的因素是最为重要也最为能动的要素。目前，"人"的因素几乎成为小农经济与小农家庭发展最为棘手的掣肘。具体而言，主要包括小农从业人员后续供给不足，可行能力不高和土地情感微弱等方面的困境。

(1) 小农从业人员后续供给不足。在总体上，农村空心化的现实状况已经难以逆转。由于城乡二元体制的长期存在，城乡之间的势能导致人口流动主要呈现为一种单向流动：劳动力大量从农村流入城市。在城市的包容性逐步提高、二代农民工的可行能力有所增强的综合作用下，二代农民工不仅具有"离乡"的能力，也具有了更高的"离土"的可能性。在"离土"能力方面，二代农民工接受了较高的学历教育，就学就业的人生经历也使他们更愿意也更有能力融入城市生活。在"离土"的可能性方面，二代农民工的父辈，即一代农民工则无疑成为重要的推手。在传统农民的价值观引导下，为孩子能够"成家立业，延续血脉"，或者最基本的只为达到"作个交代"，一代农民工也需要"举全家之力甚至借钱（在城市）买

[①] 丁建军、冷志明：《区域贫困的地理学分析》，《地理学报》2018年第2期。

房"①，为已成长至学龄阶段的孩子接受最好的教育做最大的努力和准备，并以此作为家族兴旺的最佳途径；或者为孩子彻底离开农村，通过接受最好教育来获得体面的工作、过上体面的生活打下基础。"房子"被视为二代农民工立足城市生活的最大障碍，一旦房屋问题得以解决，二代农民工的婚恋以及城市的日常生活则均为顺理成章之事。简言之，二代农民工的大量"离土""进城"与"留城"从根本上则会导致小农后续从业人员的数量不足，而自20世纪80年代以来实施的"计划生育"政策，也是导致小农后续从业人员不足的叠加性因素。如笔者在苏北和皖中地区调研时，大部分村庄土地流转率比较高，不同村庄的村干部均做出了相同的预测：目前有部分村民土地流转意愿低，这是因为还有少量老年农民暂时还具备种地的体力，3—5年后，将会有95%以上的农民要主动将土地流转。

(2) 小农从业人员可行能力不高。在城乡二元机制的作用下，城乡之间在发展空间、就业机会、收入大小等的多元差异，自然而然形成一种筛选机制，即能力偏强的人员首先选择城市作为发展空间，当且仅当被城市排斥在外的人员才会选择在农村从事小农。正是在这种意义上，当前的小农在某种意义上可以理解为弱势群体农业。学界的相关研究，诸如"农业女性化"②"老人农业"③则是从不同角度对弱势群体农业的准确定位。

(3) 小农从业人员土地情感微弱。情感（Feelings）是人们对于某种事物是否符合人的需要和欲望而产生的一种复杂而又持续稳定的内在心理体验，并与较高的心理境界相联系，能长时间地影响甚至支配人的行为。④情感是"关于"或"指向"某个对象的⑤，这个作为对象的"某人""某事"或"某物"就是情感的意向性对象。因此，土地情感可以理解为：以人们对于土地的长期占有和使用为基础，在土地为人们提供就业、收入和社会保障等多项功能的过程中，养成的人们对于土地的一种持续稳定的内在心理体验。从业

---

① 冯亮：《城镇化植根于农村的动力机制——从村镇调查到假设及其验证》，《甘肃行政学院学报》2015年第1期。
② 蔡弘、黄鹂：《何谓"农业女性化"：讨论与反思》，《农林经济管理学报》2017年第5期。
③ 贺雪峰：《乡村振兴战略要服务老人农业》，《河海大学学报》（哲学社会科学版）2018年第3期。
④ 卜长莉：《社会资本与社会和谐》，社会科学文献出版社2005年版，第113页。
⑤ 左稀：《情感与认知——玛莎·纳斯鲍姆情感理论概述》，《道德与文明》2013年第5期。

人员的土地情感会影响到小农的行动选择：土地情感强烈的小农一方面会通过土地来满足就业、收入和社会保障等方面的多种功能；另一方面则会在使用土地的过程中注重对土地的保护。反之，土地情感微弱的小农，当土地所能提供的功能可为货币等实物所替代时，他们则可能将土地流转给新型农业经营主体。已有研究表明，土地情结浓厚时有利于保护耕地质量，却阻滞了土地流转；淡化时有利于土地流转，却又对耕地质量保护不利。[1] 笔者在苏北的调查表明，中青年农民群体的土地流转意愿大大高于老年群体，造成流转意愿差异的根源正是在于两个群体土地流感强度的差异。在这种意义上，村干部关于"3—5 年后，将会有95%以上的农民要主动将土地流转"的预测是有实践基础的。

2. "地"的困境

（1）土地规模细碎化。20 世纪 80 年代家庭联产承包责任制的实施，极大地促进了农业生产力的提高。联产承包责任制的内生需求则是在土地集体所有的基础上，按照人口来均分土地。[2] 土地细碎化是当前农业结构调整和成本降低的一个重要障碍[3]，导致效率损失[4]。土地细碎化一方面导致适度规模的农业种植方式无法展开；另一方面则会导致先进的耕种技术无法普及，例如在我国的高原地区以及偏远山区为例，由于地形的客观条件而难以普及机械化耕作。可见，小农经济在一定程度上受制于土地细碎化的影响而难以采取更加先进的生产技术。

（2）土地质量低劣化。自中华人民共和国成立以来，为了满足持续增加的人口对于粮食的巨大需求，全国的复种指数不断提高，从 1950 年的 128% 上升到 1998 年的 164%，而二熟区和三熟区的复种指数还要高于全国平均数。[5] 长期以来，我国的土地利用几乎处于掠夺式开发状态，从而导致土地本身及其所在区域存在生态脆弱、污染严重等一系列问题。土

---

[1] 陈胜祥：《农民土地情结变迁的经济意义——基于1149 份问卷的调查分析》，《青海社会科学》2012 年第 6 期。

[2] 冀县卿、黄季焜、邰亮亮：《中国现行的农地政策能有效抑制农地调整吗——基于全国村级数据的实证分析》，《农业技术经济》2014 年第 10 期。

[3] 谭淑豪、曲福田、尼克·哈瑞柯：《土地细碎化的成因及其影响因素分析》，《中国农村观察》2003 年第 6 期。

[4] 王兴稳、钟甫宁：《土地细碎化与农用地流转市场》，《中国农村观察》2008 年第 4 期。

[5] 王宏广：《中国耕作制度 70 年》，农业出版社 2005 年版，第 118 页。

地过度利用的直接后果,是造成土地质量的低劣化倾向,具体表现为:第一,土壤肥力下降;第二,土地环境恶化。土地质量低劣化的现状也会在一定程度上限制了小农收入的增加,进而导致小农的发展空间受限。

3. "业"的因素及其困境

人类文明的发展,到目前为止大致可分为农耕文明、工业文明和后工业文明三个不同的时代。从宏观的角度而言,农耕、工业以及后工业均为不同的"业"态。我国的《土地管理法》规定:禁止利用农用土地修建房屋、开采矿物等非农业建设的行为。《农村土地承包法》第十七条规定,承包方承担的义务之一,即为"维持土地的农业用途,不得用于非农建设"。从"业"限制来看,小农家庭的土地只能从事与农业相关的种养殖活动,而不得从事非农用途,因此,在比较收益上,农业总体上是低于非农产业的。不仅如此,"业"还可以进一步具体化为农作物的种植种类。目前,小农户仍然主要种植传统作物,即水稻、小麦、玉米等传统作物,由于从事小农种植的多数是年龄较大的"老农",他们对于科技以及新的经济作物种植方式比较陌生,同时也缺乏学习兴趣。传统作物种植由于技术含量低、附加值低,在市场上只能获取低于平均利润的利润。

(二)外部挑战:资本与市场的双重挑战

外部动力因素对于小农家庭的挑战,不仅表现在挑战的动力来源更加强大,更表现在挑战的结果上也会愈加残酷。当前,从外部动力的来源来看,决定小农经济未来的主要因素至少包括市场、资本与政策等。政策总体上是保护并促进三农发展的,但是也只是将普通农户和其他农业经营主体置于同等重要的地位,也就是说,处于同样重要地位的小农经济并没有享受到特别待遇而优先发展。甚至在某种程度上,当前我国农村的政策表达深受现代化理论——这一宏大理论范式的影响,无一例外地强调了农业现代化、农民等规则化的政策话语表达及实践,因而主流政策基于抽象的现代模式,将"半工半耕"视之为传统小农生产的延续,因而要施之以更彻底的现代化措施,对其加以充分改造。[①] 即使政策本身并没有对小农

[①] 张建雷:《发展型小农家庭的兴起:皖东溪水镇的小农家庭与乡村变迁(1980—2015)》,法律出版社2018年版,第169—170页。

经济视作一种落后的生产模式，小农经济在新时代依然受到来自市场与资本的两大挑战。

1. 市场的挑战

党的十八届三中全会《中国共产党关于全面深化改革若干重大问题的决定》指出："经济体制改革是全面深化改革的重点，核心问题是处理好政府和市场的关系。"在实践中体现为使市场在资源配置中起"基础性作用"转向"决定性作用"。市场定位的改变，必将对经济社会发展产生重大影响，当然也包括对于"小农经济"以及"小农家庭"的影响，这种影响在很大程度上体现于市场对于小农的支配关系。在市场经济作用逐步彰显的过程中，小农与市场的关系发生了结构性的变化，已经由一种传统关系转化为一种现代关系，前者体现为小农决定市场、小农可控市场；而后者体现为小农成了市场的被摆布者、被控者、边缘者，小农对市场的关系从游刃有余转变为心有余而力不足。[①]

40年以来，小农面对的"市场"范围处于持续扩大的进程中。在联产承包责任制初期，在"交足国家的，留够集体的"之后，对于"剩下的都是自己的"这部分虽然比"人民公社"时期的有所增加，但是受制于生产力水平，这部分农产品在总体上仍限制于"自给自足"。直至20世纪80年代末至90年代初，由于"中国的隐性农业革命"[②]，"自己"的这部分农产品才有所增加，但是其交易范围仍然是地方性的市场，恰似施坚雅市场理论中的"基层市场体系"或者"中间集镇"，难以超出"集镇"范围[③]。90年代中后期，市场经济的基础性作用得到进一步发挥，农民面对的市场扩展到市、省乃至全国范围。2001年12月，中国正式加入WTO，中国的农产品市场亦渐次放开，农民面对的已是一个全球化市场了。市场规则形式上赋予市场主体相同的进入规则、竞争规则与交易规则，这种程序上的公平在事实上对于竞争力相对较弱的小农而言是非常不利的。市场主体竞争范围的扩大、国内发达地区在规模农业中先进生产技

---

① 邓大才：《农户的市场约束与行为逻辑——社会化小农视角的考察》，《中州学刊》2012年第2期。

② 黄宗智：《中国的隐性农业革命》，《法律出版社》2010年版。

③ 施坚雅：《中国农村的市场和社会结构》，史建云译，中国社会科学出版社1998年版，第21—40页。

术的使用等对小农经济模式提出了严峻的挑战,甚至是直接影响小农家庭的生存与发展。

2. 资本的挑战

2012 年,我国十八大提出构建新型农业经营体系和培育新型农业经营主体。2013 年以来的中央 1 号文件,多次强调要培育和壮大新型农业生产经营组织,发展多种形式规模经营,扶持发展新型农业经营主体。2019 年的中央 1 号文件指出,"坚持家庭经营基础性地位,赋予双层经营体制新的内涵。突出抓好家庭农场和农民合作社两类新型农业经营主体,启动家庭农场培育计划,开展农民合作社规范提升行动,深入推进示范合作社建设,建立健全支持家庭农场、农民合作社发展的政策体系和管理制度。"当前,新型农业经营主体主要包括农业专业大户、农民专业合作社、农业企业、龙头企业等经营主体等,其数量、规模与外延均伴随实践的创新而持续保持增势。与小农经济主体相比,新型农业经营主体至少具有两方面的优势:(1)资本优势凸显,这方面的优势不仅在于主体自身的资本实力,还体现在各种金融机构的支持与保障。金融改革创新丰富了新型农业经济主体产权抵押融资方式,享受了较为全面的财税优惠政策;[1](2)基于资本优势可能转化或与其他要素融合而形塑的综合优势。由于资本优势,新型农业经营主体则可能利用资本,发挥在人员雇用、技术采用、土地整理、基础设施等方面的优势,从而形成小农家庭难以比拟的优势。当然,这并不能说明小农经济没有优势可言,而是说新型农业经营主体在资本、技术、规模方面的优势会增强其市场支配能力,小农经济主体原有的地方性知识、农业技能则会逐步失效[2],从而表现为一个"去能化"[3] 和 "去技能化"[4] 的过程。在小农经济主体与新型农业经营主体的共同发展中,二者在资本实力、应对风险能力以及其他综合实力的比较

---

[1] 刘炼:《金融支持新型农业经营主体面临的制度优势、约束和创新发展方向探析——以重庆市为例》,《时代金融》2014 年第 20 期。

[2] 吴重庆、张慧鹏:《小农与乡村振兴——现代农业产业分工体系中小农户的结构性困境与出路》,《南京农业大学学报》(社会科学版) 2019 年第 1 期。

[3] 吴重庆:《内发型发展与开发扶贫问题》,《天府新论》2016 年第 6 期。

[4] Schmalzer, Sigrid, *Red Revolution, Green Revolution: Scientific Farming in Socialist China*, Chicago: The University of Chicago Press, 2016, p. 35.

中，前者的优势逐步丧失，由此形成前者对于后者的依附，即由新型农业经营主体引领市场前沿并居于农业市场的主导地位。

四 中国小农家庭的未来：兴起抑或衰微

回顾历史，小农经济模式作为中国农业经济长期以来的经营模式，具有其社会现实的合理性。放眼未来，小农经济模式却又面临难以规避的严峻挑战。对于小农经济模式的未来，这种挑战即使不是致命的，那至少也是艰难的。小农经济模式的未来发展境地，张建雷在其著作中这样论述道：较为抽象的政策非源自于农民家庭具体发展经验的总结，更多的是来自于欧美发达国家为模板的抽象现代化理念，这不仅极大地忽略了我国独特的制度安排以及农民家庭现代化的独特机制，而且盲目推行也会导致较为严重的社会后果。① 张建雷提及但却没有言明的"社会后果"，或许正是小农经济模式以及小农家庭在未来的生存与发展中所要面临的社会风险。笔者赞同张建雷关于小农经济模式可能遭遇的社会后果的论断，但是对于将这一后果归结为"基层政策"本身，笔者认为这一判断过于武断。恰恰相反，笔者认为我国的农业政策在很大程度上对于小农经济模式是采取保护发展策略的。例如，有研究指出，党的十九大报告继续强调要"巩固和完善农村基本经营制度，保持土地承包关系稳定并长久不变"，实际上主要是出于对现实条件下广大小农的保护和农村社会稳定的考虑。② 2019年的中央1号文件以及近期印发的中共中央办公厅、国务院办公厅印发的《关于促进小农户和现代农业发展有机衔接的意见》，正是体现了对于小农户这种我国农村独特的生产生活方式的扶持与保护，以更好地发挥其在稳定农村就业、传承农耕文化、塑造乡村社会结构等方面的重要作用与多重价值。③

---

① 张建雷：《发展型小农家庭的兴起：皖东溪水镇的小农家庭与乡村变迁（1980—2015）》，法律出版社2018年版，第169—170页。
② 凫水清：《论小农经济和"三农"困境的突破口——兼评"小农立场"》，《学术研究》2018年第5期。
③ 中共中央办公厅、国务院办公厅：《关于促进小农户和现代农业发展有机衔接的意见》2019年2月21日。

当前中国的农村问题实则为亿万小农家庭的发展出路问题[①]，张建雷对于小农经济模式的关注，集中体现了我国学者对于"三农"发展的学术关怀。张建雷基于皖东溪水镇在 1980—2015 年间小农家庭与乡村变迁的考察，描述了发展型小农家庭的兴起过程。在笔者看来，这种断定正是基于"1980—2015"的分析与考察，当我们放眼于未来时，"兴起"则可能转为"衰微"。但是，笔者并不如张建雷对于小农经济的未来一样乐观，然而也并不持"消亡"的悲观态度。本文基于小农经济、小农家庭两个概念，从"内部困境"以及"外部挑战"两个方面分析了小农经济模式在当前以及未来所面临的严峻风险，想要阐释的正是：1. 自家庭联产承包责任制以来，小农经济模式在很大程度上促进了中国城乡的发展；2. 小农经济在相当长的历史时期内，释放了巨大的发展潜力，其发展正在面临前所未有的社会风险；3. 在未来的发展中，小农经济在总体上将会趋于"衰微"而不是"兴起"；4. 遭遇内部困境与外部挑战的双重压力，小农经济模式在未来的发展过程中虽然会逐渐衰微，但是小农经济基于其"船小好调头"的特点，仍然可以通过把传统经验同现代农业技术相结合的方式继续发扬中国农民的家庭经营的优势，从而弥补规模农业的劣势，促进我国经济社会的良性发展。当然，对于小农经济模式的适当保护，以及在政策与实践层面，采取适当策略促进小农户和现代农业发展更加有机的衔接是必不可少的。

[①] 张建雷：《发展型小农家庭的兴起：皖东溪水镇的小农家庭与乡村变迁（1980—2015）》，法律出版社 2018 年版，第 2 页。

国家形式转变与发展的"经济化"
——兼评《发展的迷思：一个西方信仰的历史》[*]

李文钢[**]

内容提要：在民族国家彻底成为世界体系的缔造者后，不同国家之间的竞争转变为以经济实力为基础的竞争时，发展这个概念越来越被经济一词所形塑。即使是省去了"经济"二字，人们在提及发展时，很大程度上指的仍然是经济发展。瑞士学者吉尔贝·李斯特在《发展的迷思：一个西方信仰的历史》一书中将发展的顽固性理解为对经济发展的追求已经成为西方社会的一种宗教信仰。作者在书中从历史和现实的维度论述了发展的信仰何以形成，解构了发展的话语，并建构了一种超越当前发展方式的另类的发展。文章介绍了此书的大致内容，并放入了有关发展研究的学术史中指出了此书存在的优点和不足之处。

关键词：发展；信仰；话语；解构

一 导言

当人们在提及发展一词时，"发展"这个概念就如同日常生活中最为

---

[*] 2018年度贵州财经大学引进人才科研启动项目；贵州社会科学界联合会2017年度哲学社会科学创新团队成果（省社科通〔2017〕28号）；宁夏大学部区共建民族学重大课题"新时代中国特色民族理论与现实问题研究"。

[**] 作者简介：李文钢（1986—），男，汉族，民族学博士，贵州财经大学公共管理学院副教授，贵州大学中国喀斯特地区乡村振兴战略研究院研究员（兼），《生态经济评论》执行主编，主要研究方向为民族地区农村发展。

常见的"社会"和"文化"等概念一样,人们能够强烈地感觉到它们的真实存在,但要说明这些概念的具体含义时则又变得十分困难。发展在日常用语中,有时被用来指某种状态,有时指某种过程,涵盖了动植物的生长变化,人类社会的福利、进步、社会公正、经济增长、人的全面发展等。人们也可以随意诠释这些定义和阐明它们不同的假设:发展意指社会进化论,农业国家追上工业化国家;也可以指个人主义,个人人格的发展和充分完善;发展也可以指经济主义,一国经济总量的增长和国民收入的提高等。

在民族国家彻底成为世界体系的缔造者后,不同国家之间的竞争转变为以经济实力为基础的竞争时,发展这个概念越来越被经济一词所形塑,即使是省去了"经济"二字,人们在提及发展时,很大程度上指的仍然是经济发展。正如马克斯·韦伯指出的,自从民族国家出现以来,如何促进国家经济实现发展的经济政策也开始成为民族国家的一项重要的内政和外交政策。[①] 于是,"发展"成为当代基本问题之一,用一些论者的话来说,"发展"构成每个国家不可剥夺的权利和我们时代的主题。[②] 也有论者指出,当发展遭遇民族国家时,更有意义的问题也许不再是到底如何理解"原初丰裕社会"以及这些社会中的"丰裕"及"闲暇"的实质是什么,更为现实的是如何实现发展的问题。[③] 因为,木已成舟,不管你喜不喜欢,它就在那里,人们只能认真审视这个现实中的生活世界,也就是承认国家矢志不渝地追求经济发展时所具有的合理性,关键是如何促进经济发展。

当下关于发展研究的著作可以说是已经汗牛充栋,新论迭出,观点多样,学派众多,立论也多是如何在已有基础上实现经济的可持续发展。在当今时代,"发展"这样一个本该具有浓厚哲学意味的问题已经被降格为一个如何实现经济发展的国家政策问题。当我们已经习惯了经济发展带来

[①] [德] 马克斯·韦伯:《民族国家与经济政策》,甘阳等译,生活·读书·新知三联书店1997年版,第86—95页。

[②] 陆象淦:《译序——"后发展"的呼喊》,载 [瑞士] 吉尔贝·李斯特《发展的迷思——一个西方信仰的历史》,陆象淦译,社会科学文献出版社2011年版,第1页。

[③] 马翀炜、张振伟:《身处国家边缘的发展:缅甸那多新寨考察》,《广西民族大学学报》(哲学社会科学版) 2013年第2期。

的种种变化时，这种变化既包括好的变化，也包括不好的变化，很少有人再去质疑我们为什么要发展，想尽各种办法实现发展的终极目标又是什么，可不可以不发展。如果不按照当前的发展模式走下去，世界又将拥有一幅什么样的图景？又能否寻找到一种替代的发展方案？尽管发展遭遇民族国家后成为被经济所修饰的对象，但关于发展以及有关发展研究的思考，我们似乎仍然可以仿照莎士比亚戏剧《哈姆雷特》中的一句经典独白"To be, or not to be: That is the question."来设问，"发展，还是不发展：那是一个问题"。特别是近年来，对经济发展的可持续性的怀疑和批判催生了一些学者断言"发展"已经终结，也许是时候寻找"另类的发展"了。

在此背景下，有关发展的批判论说中，瑞士学者吉尔贝·李斯特的《发展的迷思：一个关于西方信仰的历史》以其文笔犀利和论说系统而引起学术界的巨大关注，目前我们看到的中文译本已经是经过李斯特不断修改完善的第三个版本。在此书中，李斯特强调必须从"发展"理念何以形成，演变过程本身来揭示发展的实质是什么。在李斯特看来，发展作为西方的一个信仰，源自古希腊的亚里士多德等哲人的历史观，经过中世纪和近代历史进程中的种种"变形"，特别是受进化论的影响后，如同进步理念一样形成一种自然观、社会观和"天然"信念。阅读此书时，读者很容易明白此书的核心意识是发展本身所蕴含的丰富内涵是如何被经济所"霸占"，发展作为一种救世良方为什么会从一种神话成为现实，以及当前的发展方式被证明已经存在很大问题后能否超越当前的发展方式寻求"另类的发展"。在本文中，笔者将结合自身的阅读感悟，尝试对此书的论述逻辑进行分析梳理，并结合近年来的发展研究成果将此书放入学术史中进行检视，指出其贡献和不足之处。

二 "发展"成为一种宗教信仰

对发展的反思并非是一种新现象。随着20世纪50年代以后全球化进程的加速，多次全球性经济危机的出现，以及日益严重的生态环境问题，使学者们不得不正视已有的经济发展方式存在的问题。特别是当经济发展被政客鼓吹后，一直被人们认为是缓解全球贫困问题的一剂良药，但南北之间持续存在着的巨大鸿沟以及多个国家内部贫富差距的不断扩大，使人们越来越质疑经济发展对于缓解贫困的实际作用。在对发展的批判反思策略上，李斯特首先要做的是对发展这个概念"正本清源"，从历史、政治、文化与经济的多维度指出发展是如何被一步步地与经济捆绑在一起，发展如何成为一种世界的普遍信仰，发展所能带来贫困的消除和人类福祉的增长如何成为一种幻象。李斯特所要解释的是，即使是当发展总是无法兑现自己当初许下的种种诺言，仍然有那么多人对发展的作用深信不疑，毫无怀疑、反思和批判。

在发展领域，关于经济发展后所能带来的种种好处的承诺被不厌其烦地重复，经济试验始终不断地进行。目前的经济发展方式即使不能说是失败，但可以说是乏善可陈，存在的问题比取得的成就更令人担心。那么，如何解释每一次失败就是一次新的开始？李斯特认为，面对如此怪异的现象，要理解发展在人们心中的作用，就只能将发展比喻为是一种宗教信仰，其他的因素已经无法解释这种怪异现象。因为，一旦人们虔诚地信仰一种宗教时，他们往往会对这种宗教毫无怀疑和不求回报。因此，当我们将发展比喻为是一种"现代宗教"时，那么，我们就可以理解为什么即使发展总是不能兑现当初的种种诺言，我们仍然对发展不离不弃，对发展的追求矢志不渝。李斯特调侃道："犹如基督徒毫不讳言以他们的信仰名义犯下的诸多无可否认的罪恶一样，'发展'专家们越来越频繁地承认所犯的错误，却并不因此而质疑他们坚持这样做的理由。这样构建的信仰能够轻易地容纳各种矛盾，尽管它违背科学理论，却是无法拒绝的。"[①]

任何一种信仰并非立即出现在个人的感悟中，而是沿着历史的脉络被集体所建构。李斯特在反思与批判发展时，不仅非常巧妙地将发展理解为一种现代社会的宗教信仰，还要进一步解释这种现代信仰形成背后的种种因素。李斯特首先就这种源头追溯到了哲学家亚里士多德那里。"在亚里士多德看来，'自然'的第一个意义是指'正在发展的事务的发生'，其另一个意义则是这种事物内含应该相信由其出发得到生长的东西。自然的第一个基本的意义，乃是自身具有运动原理的事务的本质，而发生和生长

[①] ［瑞士］吉尔贝·李斯特：《发展的迷思——一个西方信仰的历史》，陆象淦译，社会科学文献出版社2011年版，第21页。

过程被称为'自然',因为事物是从自然中取得其运动的。"① 在这里,李斯特其实是想说明,从古希腊的哲学家就开始认为事物的发生、发展、变化是一种自然存在事物,但是,此时对发展变化的认识仅仅是在抽象的哲学层次,并没有将世俗生活中经济的发展、变化与进步看成是一种自然而然的事情。

当然,古希腊先贤和奥古斯丁所处的神学时代对发展的认识只是一种抽象的言说,随着科学技术的发展变化,物质财富积累速度空前提高,人们对发展的认识变得越来越具体,也越来越与经济产生紧密联系。从17世纪末开始,随着第一次工业革命的出现,全球化首次开始出现,物质财富开始快速积累,过去不可设想的东西变成情理之中的东西。知识的景象出现了逆转,进步的意识形态赢得了主导地位。因此,"事物的秩序"即进步是作为一种"天然的需要"行进着的,没有任何东西能够阻止它,发展并不是一种选择,而是历史的目的和命运。② 特别是在19世纪之后,作为启蒙主义思想的总结和延续,思考世界发展变化的新的范式以社会进化论的形式完美出炉,这种理论演说促使西方比其他社会优越的观念牢固地扎根于西方人的集体想象之中。

作为启蒙运动的产物,社会进化论表达的是一种对整个人类社会"进步"前景的乐观和自信。这种发展、进步观的思路在于:"以西方科技高度发达的工业社会是'文明'进化的终极目标,人类社会的发展必将沿着从低级到高级,从落后到先进,从'传统'到'现代'的直线和单向的轨迹,技术和经济基础在发展过程中起决定作用。"③ 社会进化论的提出对广大的非西方社会而言,虽然非西方社会和西方社会仍然处于同一个物理时空中,但非西方社会变成了西方社会的"前现代"时期。与西方社会相比,非西方社会同时丧失了历史和他们的文化,非西方社会的历史发展只能沿着西方的历史轨迹前行,非西方社会的文化则是很快将消亡,彻底同化于西方社会。在世界殖民体系的建立过程中,社会进化论还可以论证西方对非西方殖民的合理性,可将非西方社会的殖民化视为旨在

---

① [瑞士] 吉尔贝·李斯特:《发展的迷思——一个西方信仰的历史》,陆象淦译,社会科学文献出版社2011年版,第27页。
② 同上书,第37页。
③ 潘天舒:《发展人类学概论》,华东理工大学出版社2009年版,第36页。

促使或多或少是落后的社会向着文明世界前进。特别是随着科学技术的发展，总体上人们的福利水平是有所增长的，"发展"能够借助被认为是无限的增长遍及全球，这不是一种选择，而是一种必然。①

在19世纪之后，发展成为社会科学古典进化论的关键词之一，被特别用于解释经济变迁，尤其是被用于解释工业化和市场经济的变迁过程。②当经济的发展、人民福祉的增加、文明的不断进步成为一种宗教信仰时，即使发展总是遭遇失败，也能够顺利地再生产发展，使得发展具有不容置疑的合理性。发展到底有着怎样的魔力，能够让人们如此着迷呢？对此，李斯特的解释是，"增长的假设显然也许比增长本身更重要，因为正是这些假设归根结底保证了它的再生产"③。因为，从人们将发展当作一种信仰，并认同其所具有的合理性时，一旦发展不能兑现事先许下的诺言时，解决这一问题的方法并不是去取消发展，而是朝着相反的方向不断强化发展。至于发展过程中所存在的问题，并不是发展本身无效，而是没有更好地实现发展。通过不断调整发展的举措和引入新的发展元素，人们确信发展是可以实现的。"用一个比喻来说，今天的'发展专家'犹如过去确信自己掌握财富奥秘而试图点石成金的术士。一旦人们懂得真正的财富来自其他途径——人和商业，炼金术士就销声匿迹了。何时才能证明福利并非来自增长呢？"④确实，我们在这里应该像李斯特一样质问，人们福利的增长是不是只能来自于经济增长，而不是生活方式和物欲的改变就能实现福利的变化？

三 "发展"的全球化

如果对发展的迷思只是局限于所谓的西方文明世界，那么发展所造成的影响就不至于扩散进入全球社会，让每一个国家的政府为之痴狂。发展

---

① ［瑞士］吉尔贝·李斯特:《发展的迷思——一个西方信仰的历史》，陆象淦译，社会科学文献出版社2011年版，第41页。

② 杨小柳:《发展研究:人类学的历程》，《社会学研究》2007年第4期。

③ ［瑞士］吉尔贝·李斯特:《发展的迷思——一个西方信仰的历史》，陆象淦译，社会科学文献出版社2011年版，第42页。

④ 同上。

最为本质的特征是对经济增长的无节制追求，随着世界殖民体系的建立而扩散至全球各地，并在第二次世界大战后的战后国家经济恢复过程中彻底全球化。正如左派文化批评学者雷蒙·威廉斯指出的，发展与经济变迁之间的联系在20世纪日益普遍化，第二次世界大战以后"发展"成为一种不言自明的概念，并且成为世界大多数人日常生活中的现实。① 发展的全球化既是西方发达资本主义国家的援助项目使然，也是第二次世界大战后新出现的民族国家主动拥抱发展的结果。不仅如此，在很多时候，新出现的民族国家的政党常常以发展经济、改善民生作为自身获取统治合法性的基础。但是，这里的问题是，没有任何一个国家的经济能够实现一直高速发展。新兴民族国家将政党的统治合法性与经济发展捆绑在一起后，又反过来强化了发展的迫不及待和不可置疑。

发展的发明与发展和经济之间联系的固定化开始于美国总统杜鲁门1949年1月20日发表的"国情咨文演说"，就是所谓的"第四点计划"，这个计划建议将给予一些拉美国家的技术援助扩大至全球的不发达国家。既然发展被认为是一种被发明的概念，那么，这个概念就应该具有具体的指涉对象。发展不仅仅被默认为是发展经济，但仍然需要说明发展什么样的经济。从19世纪社会进化论出现以来，在西方的世界观中就已经毫无怀疑地认为工业化的西方是全球世界演进、变化的方向。因此，第二次世界大战后的发展并非指西方世界的经济发展，更多的是指新出现的民族国家的经济发展。为了使新出现的民族国家追求经济发展的动机和发达国家的经济发展援助具有合理性和道义上的正确性，西方世界又发明了一个"欠发达"的概念来描述新出现民族国家的现实情况。李斯特指出："恰恰是这种词汇创新改变了'发展'一词的意义，导入了'发展'与'欠发达'之间的一种新颖的关系。"② 当发展被用于解决"欠发达"问题时，发展终于变得"名正言顺"，而且还具有道义上的正确性。西方发达国家援助新兴民族国家不仅被看成是一种责任，还被理解为是一种必须履行的义务。

---

① [英]雷蒙·威廉斯：《关键词：文化与社会的词汇》，生活·读书·新知三联书店2005年版，第125—126页。

② [瑞士]吉尔贝·李斯特：《发展的迷思——一个西方信仰的历史》，陆象淦译，社会科学文献出版社2011年版，第68页。

当然，在李斯特看来，发展与"欠发达"之间所构成的新颖关系，不仅使得经济发展的合理性扩充至世界各地，还重构了国际关系体系。在第二次世界大战以前的世界体系中，描述不同国家在世界体系中的位置时，大体上可以将世界二分为殖民国家和被殖民国家，还有少数一直保持独立的国家。殖民国家将被殖民国家当作经济的依附，后者为前者提供廉价的自然资源和劳动力资源，还提供广阔的市场。殖民体系的建立自然是伴随着战争、屠戮与种种非正义行为，这种世界体系随着第二次世界大战的结束，新兴民族国家的建立而开始走向崩溃。第二次世界大战的结束虽然改变了世界体系的构成方式，但仍然没有改变世界的经济格局。率先工业化的西方国家相比新出现的民族国家在经济实力和经济发展方式方面仍然存在压倒性的优势，工业化的国家也仍然需要新兴民族国家廉价的劳动力和自然资源，以及广阔的国内市场。

同时，新兴民族国家也需要借助工业化国家的技术促进本国的经济发展。于是，第二次世界大战后，殖民国家摇身一变成为发达国家，被殖民国家也被"欠发达"国家的称呼所取代。"发达"和"欠发达"的隐秘之处在于，新的话语形态表明"发达"和"欠发达"并非像殖民国家和被殖民国家一样处于二元对立、你死我活的竞争状态，而是"发达"和"欠发达"两种状态处于连续统之中，通过采用西方发达国家的发展方式，新兴民族国家是可以由"欠发达"过渡到"发达"状态。由此，过去殖民国家和被殖民国家之间血与火的冲突斗争被更为隐秘和更为温和的"发达"和"欠发达"所取代，两者之间的差别也从绝对向相对转变。即使如此，我们所能看到的仍然是"欠发达"国家和过去一样向"发达"国家提供廉价的劳动力和自然资源，同时也开放广阔的国内市场。更为隐秘的是，在"发达"和"欠发达"的比较游戏中，每个国家被认为是自愿所为，发展在极大程度上被内化为自生和自我运动着的内部现象，尽管可能需要来自外部的发展干预。"发达"国家对"欠发达"国家的经济干预和资源掠夺也被"发展援助"这种具有政治正确性的描述所取代。

最后，由发展所制造出来的"发达"与"欠发达"的连续统也试图放下资本主义和共产主义之间意识形态的争论。不管是发达国家还是发展中国家，广泛存在着的贫困现象都已经被问题化，而解决贫困问题的唯一方法就是促进经济发展。李斯特指出，在第二次世界大战后美国制订的发展计划就试图以发展来超越资本主义和共产主义之间的争论,并在全球建立自身的霸权。繁荣和幸福的关键在于生产的增长,而不在于围绕社会组织、生产资料的所有制或者国家在社会生活中的作用展开无休止的争论。① 毫无疑问,这种话语模式已经宣告不管是什么类型的国家,发展是解决人类问题的唯一办法。从此,我们对发展的合理性就不可能再提出任何的质问。正如沃勒斯坦指出的"环顾当今世界,无论左派右派如何界定,他们的区别不在于发展经济与否,而在于谁的方针能给此目标的实现带来更大的希望"②。虽然,我们可以对发展方式,对促进发展的具体措施和如何促进更加有效地公平分配发展的成果展开争论,但发展的内在合理性,以及发展在国际和国内事务中的不可置疑性则是毫无疑问的。用李斯特的话说就是:"大家不会去抨击一个决定着旨在创造普遍幸福的计划的信仰;大家不会对理所当然的事情说三道四,至多只是寻求如何对其进行改进之法。"③

至于发展话语所衍生出来的现代化理论、国际援助机构的广泛建立和全球活动,以及若干的改善人类生活状况的宣言(例如,可持续的发展、人道的发展)均进一步强化了发展的合理性。事实上,在发展的全球化过程中,"欠发达"国家也在不断挑战"发达"国家的地位,试图快速改变全球经济秩序来缩短"发达"和"欠发达"在连续统中的距离。第三世界国家"万隆会议"的召开,以及1973年10月份发生的"石油危机"就是这样的努力。但李斯特悲观地认为,这些努力无不是以失败告终。建立国际新秩序的努力只是强化了旧秩序,并没有提出不同于提倡主流经济思想所说的那种"发展"的新东西。事实上,构成国家经济新秩序的基础是三个密切相连的概念,即经济增长,扩大国际贸易,以及增加工业化国家对欠发达国家的发展援助。④ 建立国际经济新秩序的努力非但没有缩

---

① [瑞士]吉尔贝·李斯特:《发展的迷思——一个西方信仰的历史》,陆象淦译,社会科学文献出版社2011年版,第71页。

② [美]沃勒斯坦:《发展是指路明灯还是幻象?》,黄燕堃译,载许宝强、汪晖选编《发展的幻象》,中央编译出版社2000年版,第1页。

③ [瑞士]吉尔贝·李斯特:《发展的迷思——一个西方信仰的历史》,陆象淦译,社会科学文献出版社2011年版,第72页。

④ 同上书,第138页。

小分隔中心和外围的差距,反而增大了中心与边缘的差距。归根结底,被认为有利于促进"发展"的一切,包括国际援助,还有私人投资,现代科学技术,基础产品和合理的市场价格,债务的重新谈判等,无一不是来自于中心国家。因此,国际经济新秩序与其说是在抨击依附式发展,还不如说边缘国家主动拥抱依附式发展。即使是东亚少数国家和地区在经济上的崛起,也不能在全球经济格局中挑战发达国家。在全球价值链分配体系中,传统的发达国家仍然占据价值链的顶端。

与发展话语的全球化相伴生的现象是全球化本身。全球化被认为是信息、资本、技术和人员在全球范围内的流通,南北之间的鸿沟由此变得扁平化,全球化也因此被认为是实现发展的最后希望。例如,麦高登在《香港重庆大厦:世界中心边缘地带》一书中所讨论的低端全球化现象,这种全球化的意义不仅是较为发达的地区向欠发达地区输出质量低劣的科技产品,还在于让欠发达地区享受到了科技的发展对生活的改变和福利增长。因此,尽管全球化仍然是一种不平等的全球化,所造成的客观后果仍然是有利促进了欠发达地区人民福利的增长。即使是可怜的福利增长,仍然比停滞不前要好。但是,李斯特认为:"当人们搞不清何人必须适应全球化之时,不可能对自己不得不被动地去'适应'的想法感到欢欣鼓舞。于是,全球化是通过巨大的通信说服手段,简单地肯定'没有其他解决办法'来推行的。"① 在李斯特看来,通过全球化的方式实现发展仍然只是一种幻象,所造成的结果仍然是固化了原有的不平等关系。

四 超越"发展"是否可能?

众所周知,在人类学者对发展的研究中,已经形成两条知识积累的学术脉络;另一条是发展人类学的脉络;另一条是发展的人类学的脉络。前者关注的是在承认当前发展方式所具有的合理性的前提下,研究具体的发展实践,促进边缘群体福利的增长,以便实现更好地发展;后者站在后现代的立场,采用福柯式的话语研究进路,将发展话语的产生、内涵、全球

---

① [瑞士] 吉尔贝·李斯特:《发展的迷思——一个西方信仰的历史》,陆象淦译,社会科学文献出版社2011年版,第209页。

扩展和危害作为研究对象，解构发展的合理性，试图将发展的现实基础连根拔除。"后现代强调多样性、地方知识的重要性以及发展话语的殖民根基，强调第三世界问题，这从根本上削弱了任何进行理论概化的尝试。"[①] 发展的人类学能够让我们认清楚发展的本质和危害之处，但常常难以顾及现实的发展需求，全球性的贫困问题毕竟是真实存在，而不仅仅只是话语的建构。尽管发展与人类学之间的关系很成问题，但人类学家对现实状况不能袖手旁观，只批评而不提出一些建设性的意见。因为，发展的话语是可以在内部被挑战和改变，发展内部的人可以帮助挑战发展的核心假设和实践，而外部的人可以揭示对世界的不同理解及变化的不同过程。[②]

因此，在当前时代，如果一个学者只是对有关发展的知识做知识考古学式的研究，对发展所造成的危害不遗余力地抨击，而不对现实的发展实践提供任何具有建设性的意见，那么这样的研究并非是一种新的立论，还可能被同行批评为是老生常谈。很显然，李斯特并非是这种滥竽充数的学者，在破的同时，也提出了自己的观点，试图构造一种新的发展方式。那么，李斯特又具有什么样的高见来超越当前的发展呢？"既然无限的经济增长既是不可能的，又对于社会关系和环境具有破坏性，那么，'无增长'理应成为常识性的解决办法，尽管这并非是很有原创性的思想。"[③] 李斯特这么说的目的是要人们摒弃一个习以为常的信念，那就是必须通过经济增长才能解决就业问题，保持社会福利的增加并给予一切人以更加美好生活的希望。

李斯特之所以这么认为，是因为他相信人们所具有的观念在指导着人们的实践，看问题的视角决定了问题是否真实存在。而要改变人们的认知观念和实践，首先应该拿当前的经济学祭旗，经济学帝国主义在不断地再生产和散布有关发展的信仰。在李斯特看来，当前的经济学研究范式存在以下问题：一是标准的经济学不能解释能源危机和生态危机，更不能解决

---

① [美] 凯蒂·加德纳、大卫·刘易斯：《人类学、发展与后现代挑战》，张有春译，中国人民大学出版社2008年版，第20页。

② 同上书，第23页。

③ [瑞士] 吉尔贝·李斯特：《发展的迷思——一个西方信仰的历史》，陆象淦译，社会科学文献出版社2011年版，第224页。

这些问题；二是所谓的市场规律将自私自利的个人推上了舞台，他们像是原子一样分散的个体，逃避社会义务和道德义务，只对在市场交换中获得财富感兴趣；三是资源的天然稀缺性假设成为标准经济学的基础，而人类学长期以来反对此说，如对小规模社会的经济人类学研究；四是经济学所鼓吹的完全的市场竞争并不存在，市场从来不是透明的，信息从来不是完全的，市场中的各个参与者从来就不是相互独立的，而是彼此依靠来做出决策，始终存在必须遵守的规则和惯例。① 在面对发展所造成的种种后果时，经济学的出路意味着要抛弃一个过时的范式，不再为国家管理者巩固自己的地位而摇旗呐喊。人们对于发展的信仰建立在人们对于经济学的信仰基础上，不摆脱后者就摆脱不了前者。因此，李斯特认为，如何超越发展在于看问题时应该转换视角，以另一种方式来观察世界，审视我们陷入其中的困境。发展与达至美好生活的承诺只是短短的两个世纪，与人类社会的历史相比仍然显得十分短暂，我们为什么不能果断抛弃只存在了两个世纪的生活方式呢？继续相信当前的发展模式等同于走向自杀，只要人们觉醒破除发展的信仰，放弃对发展的迷恋，引导新的知识战胜信仰，人们就可以设想存在着一条"后发展"的道路。

如果我们将李斯特所构建的"后发展"设想放入学术史的脉络中考察，这种声音并非是孤例，李斯特的看法也就显得不再那么新颖。在学术研究中，对发展的反思和批判常常会简单化地走入反面。对发展持反对意见的学者常常引用马歇尔·萨林斯在《石器时代的经济学》一书中所论述的"原初丰裕社会"，也常常引用人类学家对非洲布须曼人低水平均衡的研究来驳斥当代经济学对发展信仰的迷恋。"原初社会的采猎民族的物质生活是否十分匮乏，处于绝对贫困的水深火热之中？若从人的欲望无限，却受有限资源制约的现代经济学逻辑出发，答案才会是'对'的。"② 人们对物质需求的无限欲望只是一种现代社会的建构，并非是亘古不变的规律，欲望的满足绝对不需要通过不断拥有物质财富来实现。循此思路，财富的不断积累才是制造贫困的源头，因为贫穷的意思就是对物质财富的

---

① ［瑞士］吉尔贝·李斯特：《发展的迷思——一个西方信仰的历史》，陆象淦译，社会科学文献出版社 2011 年版，第 231—234 页。

② 许宝强：《前言：发展、知识、权力》，载许宝强、汪晖选编《发展的幻象》，中央编译出版社 2000 年版，第 6 页。

占有不够充足,而在一个欲望无限的社会中财富的积累也可以说是无限的,贫穷也就难以克服。

但是,从改变人的欲望着手来构建一种另类的发展也常常遭受批评,类似于"何不食肉糜"的反问。对当前发展方式持批评的学者以"原初丰裕社会"为例来论证改变欲望从而实现另类发展的问题在于过于一厢情愿和客位化。也许,在学者看来,某些边缘群体的生活方式足以让我们反思和批评这个"欲壑难填"的现代社会。然而,如果是站在边缘群体的角度来看,学者所赞美的"原初丰裕社会"对他们而言只是一种无可奈何的生活窘境。马翀炜对边缘群体缅甸那多新寨人的发展实践研究后指出,那多新寨阿卡人村民的"闲暇"是在低生活需求及没有更好的机会和更高的能力去从事他们愿意进行发展的活动的结果。并以此个案指出,在现代民族国家体系下,国家应当主动承担起改善人民福祉的责任,这也是国家获得其统治合法性的前提,国家向边缘群体提供必要的公共服务,是身处国家边缘的群体进入国家化进程并实现其发展目标的必要条件。[1] 朱凌飞对一个被外界标签化为"拒绝修路的村庄"普米族玉狮场的研究也表明,当地村民不仅不拒绝修路,还非常欢迎修路,道路的修通不仅让他们卷入现代市场经济体系,更为重要的是他们能够实实在在地改变他们的生活状态,尽管他们仍然是市场经济的边缘参与者。[2] 由此,我们可以发现,当生活于西方发达国家的学者在反思与批判发展时,生活于边缘国家的边缘群体正在想方设法地融入已有的世界体系,努力成为边缘的参与者。如此看来,发展还是不发展确实是一个问题。

可以说,李斯特花费了大量的篇幅批评和解构发展,相比之下仅用很小的篇幅来阐释如何实现另类的发展,而且是理念建构多于现实检验。另一位重要学者阿图罗·埃斯科瓦尔在《遭遇发展:第三世界的形成与瓦解》一书中也采用了李斯特一样的话语分析策略,将发展看成是一种话语建构而并非真实存在。同样,有评论者指出,埃斯科瓦尔无情撕碎发展谎言后将后发展时代到来的希望寄托在草根运动,底层政治及 NGO 之上,

---

[1] 马翀炜、张振伟:《身处国家边缘的发展:缅甸那多新寨考察》,《广西民族大学学报》(哲学社会科学版) 2013 年第 2 期。

[2] 朱凌飞:《玉狮场:一个被误解的普米族村庄——关于利益主体话语权的人类学研究》,《民族研究》2009 年第 3 期。

相比于对发展机制淋漓尽致的无情解剖，埃斯科瓦尔对这种当地策略性运动的接受和坚信显得相当草率和急切。① 李斯特、埃斯科瓦尔等"后发展"专家将发展的信仰归咎于经济学帝国主义的话语建构，而忽视了现代民族国家成为世界体系的最为主要的参与者才是塑造当前发展信仰的终极原因。

在全球化过程中，民族国家的建立不仅是为了更为有效地实现对国民的统治和整合，还在于可以集中力量展开世界竞争，据此争夺有限的资源，也用于改善人民的福利水平，获得统治的合法性。因此，如何实现经济发展成为了民族国家最为关心的事业。发展之所以成为一种信仰，不仅同人们对物质欲望的变迁有关，也不仅是与经济学帝国主义对发展的鼓吹有关，更多的是和国家形式在历史进程中的转变有关。正如亨廷顿认为的："贫困与落后，动乱与暴力，这两者之间的表面关系乃是一种假象。产生政治秩序混乱的原因，不在于缺乏现代性，而在于为实现现代性所进行的努力。如果贫穷国家出现动乱，并非是因为贫穷，而是因为他们想致富。"② 对于民族国家而言，知识生产即使是强大如经济学帝国主义，也只不过是民族国家用于实现发展的工具而已。

一般而言，传统的帝国或是王朝国家可能是贫穷的，国家对军事力量的追求远远超过了对经济发展的关注。在这样的传统国家，人民的识字水平可能很低，但国家却是稳定的。但是，到了第二次世界大战之后，传统的帝国和王朝国家都已经向现代民族国家转变，国家具有了明确的疆界，人民也拥有了确定的国民身份。人民因为对国家的认同"自我赋予"了一种国民身份，而这种认同感很大程度上来自于生活状况的改善。在民族国家的制度框架内讨论发展问题，既要处理国内与国际关系，也要讨论国家的一体化和地方群体的多样化之间的关系。与第一次工业革命相伴随的全球化过程将孤立的世界联系在一起，各国人民因此能够进行不同国家之间的"福利比较"，再据此建构自己的国家认同。造成全球此起彼伏人口迁移的主要动力就是来自于对生活状况改善的追求，也自然体现了对移出

---

① 孙睿昕：《超越"另类"——对〈遭遇发展〉的话语分析》，《中国农业大学学报》（社会科学版）2012年第2期。

② [美] 塞缪尔·亨廷顿：《变化社会中的政治秩序》，王冠华等译，生活·读书·新知三联书店1989年版，第38页。

国和移入国民族国家政府的认同或是不认同。

从另一个方面来看，马克斯·韦伯在《民族国家与经济政策》的一次著名的公开演讲中就指出，一个民族国家必须坚持有利于本民族的经济政策。一些人认为经济可以脱离政治是一种幻想：因为经济权力的背后是政治权力，更准确地说就是一个民族在全球的政治领导权。韦伯认为德国资产阶级急需进行一场政治教育，以意识到如何凝聚国民力量在全球经济领域争夺领导权，而非在国际上依附英美资本，在国内压迫德国百姓。[①]在韦伯看来，民族国家绝非只是单纯的"上层建筑"，绝非只是统治经济阶级的组织。相反，民族国家立足于根深蒂固的心理基础，这种心理基础存在于最广大的国民中，包括经济上受压迫的阶层。只不过，在通常情况下这种政治本能仍沉淀在大众的无意识层次。但正因为如此，经济政治领导阶层的特殊职能恰恰就是要成为民族政治意识的担纲者，事实上这是这些阶层存在的唯一政治理由。而民族政治意识的担纲者，又必须去实现民族国家的经济发展，这也是当今任何一个民族国家的领导人将实现国家经济发展作为一种政治任务。

五 结语

当前发展的人类学在发展研究方面已经成为一种主流的研究范式，不断拆解发展话语的合理性，破除发展信仰的崇拜，对于人们认识当前的发展现状和发展方式确实是一种很好的研究切入点。但是，秉持这类路径的研究基本上会遭遇"破而不立"的困境。深刻地批判发展只需要洞察力和深厚的学术功底就行，建构另类的发展却需要现实境况的支持，也需要考虑复杂多样的现实。至于发展的人类学家所构建的后发展路径多是强调与国家相对的地方性，以及改变人们的理念来建构新的发展实践。发展的人类学对地方性和多元化发展的强调，既是对多样化发展模式的无原则主张，也忽视了边缘地区边缘人群对拥抱现有发展方式改变生活状况的渴望。同时，对发展的批判和反思也存在着中心—边缘效应，已经得到充分

[①] [德] 马克斯·韦伯：《民族国家与经济政策》，甘阳等译，生活·读书·新知三联书店1997年版。

发展的国家内部的学者在不断的解构原有的发展方式，建构一个"后发展"时代，没有得到充分发展的国家却在做出各种努力积极拥抱发展。总之，只要是发展还在全球各个角落"埋头苦干""默默耕耘"，对发展的反思、批判与构建另类的发展的努力就不会停止。

"三农"政策需要体现利益包容

——对龚春明和梁振华商榷文的思考与回应

宁夏[*]

内容提要：村干部的自利行为已经成为一个十分普遍的现象，也是导致"三农"政策目标偏离和农村发展停滞的重要原因。龚春明教授的论文《精致的利己主义者》和梁振华博士提出的商榷《何种角色？谁之利益？》都对这种干部自利现象及其不利影响予以揭示，但未能提出现实可行的解决方案。江苏射阳在发展联耕联种合作社过程中化解各方利益矛盾、实现互利共赢的成功经验，对于改进我们的"三农"政策工作、改变村干部自利行为阻碍农村发展的局面或能有所启示。只有在承认人人皆有自利心的前提下，将"三农"政策工作纳入利益考量、体现利益包容，才能让人们顺应本性"做好事"，共同把"三农"事业推向前进。

关键词："三农"政策；利益包容；村干部；精致的利己主义者；联耕联种

近日阅读龚春明教授的论文《精致的利己主义者：村干部角色及"无为而治"》[①] 和梁振华博士对龚教授论文提出的商榷《何种角色？谁

---

[*] 作者简介：宁夏（1985—），男，满族，主要研究方向为小农户、家庭农场和"三农"政策。

① 龚春明：《精致的利己主义者：村干部角色及"无为之治"——以赣东D镇乡村为例》，《南京农业大学学报》（社会科学版）2015年第3期。

之利益?》①,对于两位学者基于实地研究得出的"村干部自利"观点以及对村干部何以自利、如何自利的深刻分析均深表赞同。从过往的农村实地调研经历看,村干部自利行为已经成为一个十分普遍的现象。特别是当项目成为财政资金投向农村的主要方式,各种项目资金为村干部提供了从中分利的机会,而争取、实施项目和应付验收检查时的各种选择空间和操作空间则为村干部的谋利行为提供了现实可能②,有学者将这种现象称为政策执行过程中的"精英俘获"③。其实也不应过分苛责基层干部,各种公共政策的出台,又有哪些不或多或少体现出政策背后的部门利益呢?然而正如马克思所言,哲学家们只是在解释世界,而关键在于改造世界。作为一名三农政策研究者,与龚教授和梁博士两位学者致力于呈现村干部的利己形象、阐释利己行为并分析其产生原因、给予人文关怀的批判不同,笔者更关注在这样一种村干部作为"三农"政策落实者、执行者而又普遍自利的现实环境下,为了让"三农"政策得到切实贯彻执行,让政策目标更好地瞄准,应当如何改进我们的政策工作。

一 村干部的"精致利己"还是人人皆有自利心?

在《精致的利己主义者》一文中,龚教授基于对现有文献的梳理和对赣东D镇乡村的田野考察,发现村干部在日常工作中更多代表的是自身利益而非国家或村民的利益,他们在履行职责是采取的是"对上应付,对下对付;无利无为,有利就为"的策略,并学会了一种"精致"的工作方法来隐藏内心的"聪明才干"和真实的利己目的,从而成为一群"精致的利己主义者"。龚教授认为,如果任由村干部以这种应付工作、为己谋利的方式来治理村庄,农村社会必将陷入长期停滞的状态,要实现农村跨越式发展或可持续发展更是无从谈起。为此,龚教授提出的建议是

---

① 梁振华:《何种角色?谁之利益?——兼与龚春明〈精致的利己主义者〉一文商榷》,《山西农业大学学报》(社会科学版)2017年第10期。

② 梁振华、李倩、齐顾波:《农村发展项目中的村干部能动行为分析——基于宁夏张村的个案研究》,《中国农业大学学报》(社会科学版)2013年第1期。

③ 邢成举、李小云:《精英俘获与财政扶贫项目目标偏离的研究》,《中国行政管理》2013年第9期。

吸纳、选拔和培养一批德才兼备的村干部,并提升村干部工资待遇,希望通过提升村干部的思想觉悟与道德修养以及采取"高薪养廉"的方式来防止他们以权谋利。然而,龚教授给出的建议存在几个现实难题:首先,由上级政府选拔培养村干部是否违反了《村民委员会自治法》中对于村民委员会成员产生的规定,侵犯了村民的民主权利?其次,既然经过相互知根知底的村民以直接民主方式选出的村干部尚且如此"利己",又如何能够相信上级政府"选拔"的干部就能够大公无私呢?再次,如何判断干部是否"德才兼备",这样的干部候选人在农村是否具有足够的基数?正如龚教授文中所描述的,对村民来说能办事、能为村庄争取资源的干部就是有才的干部,而有才的干部也最能为自己谋取利益,所谓"德才兼备"在现实中成为一个矛盾悖论。最后,"高薪养廉"在中国历史上不乏例子,然而薪要多高才能确保干部清廉,又是否会养成一批不求有功、但求无过、无所作为只求稳拿高薪的"太平官"呢?如此看来,尽管龚教授希望通过改变村干部的"精致利己主义"来消除负面影响,但并没有能给出切实可行的解决方案。

梁博士的商榷文,一方面肯定了龚教授论文中对村干部为己谋利现象的呈现与批判,以及这种精致利己主义可能对农村发展带来的消极影响的阐述;另一方面也指出龚文在强调村干部"自利性"的同时忽视了乡村社会的人情、面子、社会关系等地方性因素,并认为村干部在现实生活中的立场与行为选择往往受到多元因素影响而因事而异,其角色表现为多元"摇摆"。然而,梁博士的商榷文也没有给出扭转村干部"精致利己"导致消极后果的解决方案,文中最后指出"乡村干部的利己行为在今后会长期存在,而如何在制度设计和社会监管方面进行创新将是一个长期挑战",说明这依然是一个悬而未决的问题。

笔者认为,人的利己心是人性中重要且不可或缺的方面,是人在漫长进化历史中形成的生物本能。正如亚当·斯密所言,利己心与同情心构成了人内心世界的两面,而利己心又是其中主要的一面,"每个人生来首先主要关心自己;而且,因为他比任何其他人都更适合关心自己,所以他这样做是恰当和正确的"[①]。包括利己心在内的人的内心是人在人格上独立

---

① [英]亚当·斯密:《道德情操论》,蒋自强译,商务印书馆1997年版,第101页。

自由的基础，也是人作为个体最为自治、最难为外界所左右控制的部分。任何以外部的力量来强行消除或扭转人内心中利己倾向的企图，既是因其剥夺人的独立自由而不道德的，也是因其违背人的天性而不可能的。因此，要改变村干部"精致利己"阻碍农村发展的局面，指望通过提高村干部道德觉悟、使其"德才兼备"来消除村干部的自利天性是不可能的，只能是在承认包括村干部在内人人皆有自利心的前提下，寻求解决方案。

最近，笔者在调研江苏射阳联耕联种过程中发现，当地在培育新型经营主体发展农业规模经营方面采取的一系列制度设计与创新做法，对于解决龚教授提出的村干部"精致利己"阻碍农村发展问题能够有所启示。

二 江苏射阳在发展"联耕联种"中解决利益矛盾冲突的实践经验

射阳县位于江苏省盐城市，属于里下河沿海平原，全县境内地势平坦，农业基础设施完善，适宜发展农业机械化，实现规模化、集约化生产。射阳县拥有耕地170万亩，2015年粮食总产量达114.54万吨，为全国产粮大县。同时，射阳县因其临近长三角的地理位置，又属于农村劳动力流出县，全县绝大多数农村青壮年劳动力在外务工就业，从事农业生产的多为50岁以上的留守老人，农业老龄化问题十分突出。尽管农业在当地农民家庭生计中已经逐渐副业化，但家庭农业经营仍然是农村留守老人重要的收入来源，既起到对家庭特别是老年人基本生活的保障作用，也是老年人实现自身社会价值与人生意义的重要途径，具有十分重要且特殊的意义。

为了解决农户分散经营、土地细碎化不利于使用大型农机具的问题，射阳县从2013年开始试点推广联耕联种模式。所谓"联耕联种"即由农户自愿破除各家地块之间的田埂，变"一户多田"为"多户一田"，实现有组织的连片耕种。通过实行联耕联种，可以方便使用大型农机具下田作业，开展集中统一的生产管理与服务，从而在保持家庭承包经营基本形式的基础上，不流转土地而实现农业生产的适度规模化，达到提升农业生产效率、减轻农民劳动负担、降低农业经营成本、实现粮食增产和农民增收的目的。

(一) 联耕联种面临的两大阻力

在射阳联耕联种模式中,由村两委组织联耕联种农户成立土地合作社,由村组干部参与合作社经营管理,是其中的重要内容。农民合作社本质上是利益相关者相互关系的联结①,合作社内部各利益相关群体之间的利益矛盾,以及因为合作社导致利益受损的各利益相关群体的阻挠,成为影响合作社成立与顺利经营的两大阻力。

一是合作社内部的利益矛盾。联耕联种合作社的组建,涉及到全体参与联耕联种的农户。因为要把各家各户的田块打破田埂界线合并到一片,由合作社统一经营,相当于农户让渡出自家的部分土地经营权委托给合作社,因此参与合作社的各个农户之间和农户与合作社之间的相互信任非常重要。过去人民公社大集体时期,就是没有处理好各个农户之间和农户与集体之间的利益联结与信任关系问题,农民因为看到干多干少、干好干坏、干与不干都一个样,导致劳动积极性低下、为集体干活出工不出力,教训十分深刻。同时,因为合作社是由村两委领办的,又独立于村两委(包括村集体经济组织)并开展自主经营,但实际从事合作社经营管理的多为村两委干部,因此又存在农户与村"两委"(村干部)之间、合作社与村"两委"(村集体经济组织)之间、合作社与村干部之间的利益关系,这些利益关系能否得到良好处理,实现农户、村"两委"(村集体经济组织)和村干部之间的相互信任,直接影响到合作关系能否稳定持久。在现实中,我们经常能看到一些空有合作社名头、实为大股东控制或者一家经营的假"合作社",而村干部凭借对集体资产的控制权假公济私、损公肥私、捞取个人利益的腐败现象也屡见不鲜,其背后都是由于合作社或村集体的集体利益同经营管理者的个人利益之间存在矛盾,一方对利益的追求会导致另一方的利益受损。这种利益矛盾下无序的争利、分利、夺利、蚀利行为,必然会破坏合作者之间的信任,让合作关系最终土崩瓦解。

二是因合作社而利益受损的群体。联耕联种合作社的组建,相当于以

---

① 黄胜忠:《利益相关者集体选择视角的农民合作社形成逻辑、边界与本质分析》,《中国农村观察》2014 年第 2 期。

一个大经营主体瞬间取代了几十上百个小经营主体。对于乡镇范围内的农业社会化服务市场，这种市场力量对比发生的变化会是一个巨大的冲击，而当地许多小农机手、小农资店、小粮贩会成为这个冲击下的利益受损者。在合作社成立之前，各家各户分散经营，对农机服务的需求主要是适合小田块作业的小型农机，众多小农机手成为这个服务市场的主要供给方；同样由于分散经营，农户购买农资也是分散、少量、就近购买，销售粮食也是直接在田间卖给小粮贩，与这种购销服务需求相适应的则是散布在村庄集镇的小农资店和活跃在田间地头的小粮贩。合作社成立之后，地块合并使土地规模扩大，需要使用大型农机来作业，小农机失去了用武之地，直接导致众多小农机手面临失业；合作社的农资实行统一购买、生产的粮食实行统一订单销售，直接绕过了农资的终端零售环节和粮食的田间收购环节，众多小农资店和小粮贩瞬间被排除在市场之外。这些小农机手、小农资店、小粮贩绝大多数都是本地农村的普通村民，村里成立联耕联种合作社断绝了他们重要的经济收入来源，直接损害到了他们的切身利益，因此他们会成为从外部反对合作社的主要力量。

（二）如何变阻力为动力

对于利益矛盾产生的这两大阻力，射阳县从阻力产生的利益矛盾根源入手，按照先理顺利益关系、再寻求共同利益、进而促成利益联结的顺序，让原先利益矛盾冲突的各方在联耕联种事业实现发展这一政策目标下结成利益共同体，变影响联耕联种发展的阻力为推动联耕联种发展的动力。

对于合作社内部各参与方的利益矛盾，重在完善制度设计，使各方利益在合作社共同利益下得到协调，规范各方分利秩序。以射阳县新坍镇新集村"钟星"联耕联种合作社为例，通过组织发动全体社员制订合作社章程，在章程中明确了参与合作社各方的权责利关系和收益分配方式、比例。通过承诺保证每亩每年850元的纯收入和增产部分20%的分红，确保入社农户歉年基本收入不减、丰年有赚头。通过规定合作社管理人员能够按增产部分30%的比例提取分红，同时按比例承担经营风险、赔偿经营损失，建立起对村组干部、带头人承担合作社经营管理工作的正向激励和责任约束机制，调动起他们的工作积极性。通过建立公积金、公益金提取机制，明确50%的增产部分作为村集体收入，从而能够实现集体积累，壮大集体经济实力。这个合作社的章程将参与合作社的社员农户、合作社经营管理人员、村组干部、村集体的各自利益都纳入其中予以考虑，将各方的利益实现都同合作社的经营绩效相挂钩，使全体合作社成员成为一个利益共同体，使合作社的利益成为合作社全体成员的共同利益。通过章程的形式，将合作社各参与方特别是经营管理者的利益来源、得利方式、分利比例给予了明确、量化、可操作的规定，使所有的利益分配都有法可依、有规可循、置于监督之下。这种制度化、规范化、透明化的利益分配，既赋予了受益者分享利益的合法性，又是对合作社经营管理者的一种正向激励，也能防止在合法分利之外的各种侵蚀合作社、社员农户和集体利益的腐败行为。

对于因为实行联耕联种而失去市场、利益受损的小农机手、小农资店、小粮贩等合作社外部利益受损群体，则主要通过政策引导，帮助他们实现转型、实现与联耕联种合作社的利益契合，让他们能够通过联耕联种的带动实现共同发展。首先是开展宣传教育，让小农机手、小农资店、小粮贩认识到规模经营是农业发展的大趋势，他们之前主要服务的小农一家一户的生产经营方式终将被规模化的生产经营所取代，他们的市场空间必定会越来越小。通过宣传教育，让他们意识到现在不主动转型将来必定会面临残酷的市场淘汰，现在及早转型则有可能占得市场先机；其次是给予引导扶持，帮助这些小农机手、小农资店、小粮贩向能够为联耕联种开展规模化、专业化服务的现代新型农业服务主体转型。以射阳县通海镇富丰农业服务合作社为例，这个合作社原来只是一个销售种子、化肥、农药的个体农资店，在当地政府部门的引导扶持下转向为联耕联种合作社提供集中育秧，并利用自身在植保服务方面的经验优势为合作社开展植保服务。通过与联耕联种合作社的利益联结、共同发展，富丰农业服务合作社不断成长壮大，在今年又新添置了粮食烘干设备，拥有了从育秧、插秧、植保到收获、烘干的全过程一条龙服务能力。亲身经历让富丰合作社的带头人由衷感叹道：如果没有联耕联种的发展，他们自己也走不到今天。正是通过这样的政策引导，帮助利益受损群体自身实现转型，寻找他们同联耕联种之间的利益契合点，最终实现在联耕联种带动下的共同发展。

（三）因势利导，事半功倍

利益包容的制度设计、积极主动的政策引导，消弭了联耕联种合作社的内外利益矛盾与冲突，把之前阻碍联耕联种合作社发展的不利因素转化为推动合作社发展壮大的有利因素。

前文提到的新集村"钟星"合作社，通过集中采购农资、统一购买农机和农技服务，使稻麦两季每亩能节约成本180元；加上破除田埂带来的耕地面积扩大，统一采用优良品种、先进技术实现的单产和品质提升，借助"射阳大米"区域公用品牌实现的优质优价销售，每亩可让农民实现增收500元。一减一增，让加入合作社的农民实实在在尝到了甜头，犹豫观望的农民真真切切看到了奔头，合作社从2015年成立时的127户成员、358亩土地扩大到现在的300户成员、900亩土地。而作为合作社领办人的新集村书记就表示，自己原来也经营有生意，现在从事合作社经营管理工作，虽然收益高能获得30%的增产分红，但责任也重一旦出现亏损需要个人承担一半的损失，他感到肩上压力十分巨大，所以为了集中精力做好合作社管理工作而把自己的生意也停掉了。在联耕联种的引领带动下，过去的小农机手、小农资店、小粮贩纷纷转型，有的直接加入联耕联种合作社成为合作社的专业农机手和农业技术员，有的自我升级成为农机合作社、农技服务公司等具有规模化、专业化服务能力的新型服务主体，成为联耕联种发展的助推器。

通过推动发展联耕联种，射阳县不仅解决了土地细碎化的问题，还因为能够使用大型农机将秸秆充分粉碎深翻还田，从而解决了困扰许多基层政府的秸秆禁烧和资源化利用难题。以联耕联种合作社为代表的新型经营主体和服务主体，开展机械化作业和生产环节社会化服务，极大地减轻了留守老农们的劳动负担。从2013年开始试点推广起，这一模式受到当地农民群众的普遍欢迎，四年来（2017年）已在当地累计推广70万亩，占到射阳全县耕地面积四成多。射阳县试点推广联耕联种的工作获得"2013年中国全面小康十大民生决策奖"，并得到中央领导肯定，这一模式作为农业适度规模经营的典型模式在2016年被写入了中央1号文件。

三 射阳县的启示：利益包容的政策让"利己"的人"做好事"

射阳县的农村是中国农村一个普通的局部，射阳县的村干部也未必就比其他地区的村干部在思想觉悟、道德修养上更为高尚，他们更有可能是同样"精致的利己主义者"。但是作为一项关系到村民切身福祉和集体共同利益，同时又需要村干部积极参与、主动担当的工作，联耕联种没有因为村干部的"精致利己"以及其他各利益相关方的"精致利己"而偏离目标、陷入僵局或归于失败，而是能够落实推进、取得成效、得到农民群众的广泛认可，可以说是取得了相当的成功。因此，在各种"精致"或不"精致"的利己主义构成的大环境下，射阳在试点推进联耕联种过程中协调各方利益、化阻力为动力的工作经验，对于改进我们的政策设计和政策执行工作，提升"三农"政策在基层的有效性，具有重要的启示借鉴意义。

一是政策工作需要不讳言利，承认人的自利本性，正视利益矛盾。过去，我们的政策工作总是把政策设计和执行者设定为具有高尚道德水准与思想觉悟、大公无私的人；把作为政策工作对象的人民群众视作利益高度一致、高度团结的群体；在政策设计和执行工作中讳言利益，好像一旦涉及利益就缺少了毫不利己专门利人的觉悟、背离了全心全意为人民服务的宗旨。然而现实中的人们，不论是政策设计者、执行政策的各级干部还是普通群众，人的自利本性决定了谁都难免心怀私利，也决定了利益矛盾的客观存在。早在20世纪50年代毛泽东同志就对"正确处理人民内部矛盾"的问题进行了论述，现在随着农村和农民内部日趋分化，各种利益矛盾只会愈加凸显、愈加复杂。即使我们的政策工作不承认人的自利本性、不正视客观存在的各种利益矛盾，这种自利本性和利益矛盾也最终会以对政策资源的"精英俘获"、政策执行中的腐败寻租、对政策执行的阻挠对抗等各种破坏性的方式表现出来，让我们的政策目标偏离、政策执行受到挫折。市场经济本身就是靠人的利己心和逐利行为运转起来的一种经济体制，对市场经济的调控更多要靠对市场主体的利益引导来实现调控目标。随着农业市场化程度、农村和农民融入市场的程度不断加深，我们的"三农"政策更需要学会通过利益引导来实现政策目标。

二是政策设计应考虑各利益相关方，兼顾各方利益。一项政策，从其设计、出台到落实、执行，需要众多人的配合参与，而政策执行过程中会对更多的人造成影响。这些配合、参与政策执行的人，以及因为政策执行而受到影响的人，都构成了此项政策的利益相关方。我们的政策设计，应当尽可能充分地考虑到政策出台可能涉及、影响到的各类人群，对这些人群的利益会造成何种影响、影响的方式及程度，这些人群内部相互之间的利益关系等。在政策设计执行过程中要广泛倾听各方的利益诉求，尽可能地兼顾他们的利益特别是切身利益，对于利益受损的群体在政策设计中应有利益补偿的政策安排。只有对政策涉及的各个利益相关方都尽可能考虑周全，认识到其中哪些可能是政策的拥护者、哪些是政策的反对者、哪些群体会主动参与配合政策执行、哪些群体会阻挠政策执行、还有哪些群体是意图借政策执行搭便车牟取私利，才能对政策执行的动力和阻力、有利条件和不利因素了然于心，做到心中有数、从容应对。只有在政策设计中充分考虑各利益相关方，兼顾各方的利益，把共同参与、共同发展、共同富裕作为政策大目标，设计出的政策才能最大程度实现利益包容，得到更为广泛的拥护与支持。

三是政策执行应善于利益引导，寻求共同利益。设计出台的政策，需要经过各级政府部门、干部和农民群众的共同参与，需要各方面的支持与配合，才能够得到贯彻执行，让纸面的政策落实到地面、产生政策效果、实现政策目标。然而，政策涉及的各利益相关方的利益诉求不一、相互存在矛盾，各方利益目标的指向也未必同政策目标相一致。这种情况下，就需要我们的政策执行部门主动开展利益引导工作，协调各利益相关方之间的利益关系，帮助他们寻找与政策目标之间的利益契合点、在政策目标下寻求共同利益，建立利益联结机制。对于可能因为政策原因而利益受损的群体，既要向他们宣传讲解政策出台的目的以寻求理解，同时要积极支持、帮助他们寻求新政策条件下的发展途径，特别是探索让新政策能够带动他们共同发展的有效途径，从而建立起他们和新政策目标之间的利益契合，变不利条件为有利条件。利益引导工作的目标，就是尽可能将政策涉及的各方利益群体团结在一起，构建起与政策目标相一致的利益共同体，以此扩大推动政策执行的动力来源、减少阻力因素，为政策执行创造有利的环境条件。

四是政策落实应重视利益分配，规范分利秩序。政策能否顺利执行、得到贯彻落实、达成政策目标，利益分配是关键，任何利益都要通过利益分配来实现。好的利益分配机制可以将不利因素消除甚至转化为有利因素，而解决不好利益分配问题则会导致外部阻力与内部矛盾对前进动力的不断消耗。好的利益分配机制，首先要建立规范明晰的利益分配制度，让利益分配有章可循、有规可依、有序不紊，并在任何时候坚持规则制度的权威性；其次要让利益分配的激励取向与政策目标相一致，让利益分配对参与政策执行、推动政策落实、帮助实现政策目标的工作起到正向激励的作用；同时要体现利益与责任对等的原则，一切因政策而得利者都应当承担与其获得利益相对等的、对实现政策目标的义务和责任，包括投入相应资源和承担因自身原因造成的损失，要给予"股权激励"而非仅仅"高薪养廉"；最后要让一切利益分配公开透明、置于全体利益相关方的监督之下，一切不公开和不受监督都是导致腐败的根源，因此应当坚决杜绝私相授受和私下瓜分利益的行为，将利益分配纳入依法公开有序受监督的轨道。

有一种说法，叫好的制度能够让坏人做好事，不好的制度会迫使好人办坏事。以上这四点启示，或许不能从根本上解决龚教授和梁博士论文中提出的"精致的利己主义"问题，却能够帮助指导我们改进"三农"政策设计、执行等各项工作，让人们能够顺应自己本性的同时"做好事"，共同把"三农"事业向前推进。